Aktienrechtliche Vorstandshaftung
und ausgewählte Fragen
der D&O-Versicherung

Europäische Hochschulschriften Recht

European University Studies in Law

Publications Universitaires Européennes de Droit

Band/Volume **6135**

Andreas Keller

Aktienrechtliche Vorstandshaftung und ausgewählte Fragen der D&O-Versicherung

PETER LANG

Bibliografische Information der Deutschen Nationalbibliothek
Die Deutsche Nationalbibliothek verzeichnet diese Publikation in der Deutschen Nationalbibliografie; detaillierte bibliografische Daten sind im Internet über http://dnb.d-nb.de abrufbar.

Zugl.: Münster (Westfalen), Univ., Diss., 2019

D 6
ISSN 0531-7312
ISBN 978-3-631-78900-1 (Print)
E-ISBN 978-3-631-81029-3 (E-PDF)
E-ISBN 978-3-631-81030-9 (EPUB)
E-ISBN 978-3-631-81031-6 (MOBI)
DOI 10.3726/b16487

Peter Lang – Berlin · Bern · Bruxelles · New York · Oxford · Warszawa · Wien

Diese Publikation wurde begutachtet.

www.peterlang.com

Danksagung

Mein Dank gilt meinem Doktorvater Prof. Dr. Heinrich Dörner, der meine Dissertation stets konstruktiv begleitet hat. Für hilfreiche Anregungen danke ich ebenso Prof. Dr. Martin Schulze-Schwienhorst, der meine Doktorarbeit als zweiter Gutachter betreut hat.

Ich danke zudem ganz besonders meinen Eltern, die mich auf meinem Weg durch das Studium und bei Anfertigung der Dissertation unermüdlich unterstützt haben.

Nicht zuletzt gilt mein Dank meiner Frau Marie-Christine sowie meiner Tochter Klara Sophie, ohne deren Geduld und Zuspruch die Fertigstellung meiner Dissertation nicht möglich gewesen wäre.

Meiner Familie ist diese Arbeit daher gewidmet.

Inhaltsverzeichnis

A. Einleitung

Am Anfang der Geschichte der D&O-Versicherung stand eine Krise: Die Weltwirtschaftskrise der 1930er Jahre führte neben einer Reihe von sonstigen Verwerfungen auch zu einer Verschärfung der persönlichen Haftung von Managern. Die Versicherungswirtschaft erkannte rasch das Bedürfnis der Geschäftsleiter, sich gegen die gestiegenen Haftungsrisiken abzusichern, weshalb die Markteinführung einer entsprechenden Versicherung nicht lange auf sich warten ließ. Bereits 1933 wurde bei Lloyds in London erstmalig eine D&O-Police angeboten.[1] Dabei steht der Begriff D&O für „Directors und Officers". Dies erklärt sich aus der angelsächsischen Herkunft der Versicherung, denn dort ist das sog. *Board-System*[2] bei juristischen Personen verbreitet. Anders als in Deutschland sind die Leitungs- und Kontrollorgane nicht voneinander getrennt, sondern in einem Gremium vereint. Die Mitglieder dieses Gremiums nennt man *Directors*, die aus ihrer Mitte die *Officers* bestimmen, denen die eigentliche Geschäftsleitung obliegt.

Ähnliche Schockwellen wie der Börsencrash des *schwarzen Freitags* am 24. Oktober 1929 löste im September 2008 der Insolvenzantrag der Investmentbank *Lehman Brothers Holdings Inc.* aus, die vor ihrem Insolvenzantrag die viertgrößte Investmentbank der USA gewesen war. Folge der *Lehmann*-Insolvenz war eine erneute globale Finanzkrise, auf die eine breite öffentliche Diskussion über persönliche Verantwortlichkeit von Geschäftsleitern folgte. Die verantwortungslose Spekulation mit Hypothekenkrediten, die Manipulierung von Zinssätzen und exzessive Gehaltszahlungen innerhalb der Bankenwirtschaft sowie weitere Skandale wie der *Siemens*-Korruptionsskandal oder der *VW*-Dieselabgasskandal ließen immer wieder Kritik am Verantwortungsbewusstsein von Vorständen von Aktiengesellschaften aufkommen. Für viele Kommentatoren des wirtschaftlichen Geschehens war infolge dieser Skandale das Prinzip von Risiko und

---

1 *Beckmann,* in: Beckmann/Matusche-Beckmann, Versicherungsrechts-Handbuch, § 28 Rn. 2.

2 Das Board-System ist ein monistisches Verwaltungssystem, bei dem das geschäftsführende Leitungsorgan *Board* durch sog. *directors* bzw. *officers* besetzt ist. Eine Trennung von Leitungs- und des Kontrollsorgan ist dem Board-System grundsätzlich fremd. Allerdings findet eine Kontrolle der Geschäftsführung –der sog. *executive directors* – regelmäßig durch eine Gruppe von *non-executives directors* im Board statt (*Reiches/Brandes*, in: MünchKomm, AktG, Art. 38 SE-VO Rn. 4).

Haftung aus den Fugen geraten.[3] Diese Diskussion erreichte schließlich auch die juristische Fachöffentlichkeit, in der das richtige Maß an persönlicher Haftung von Geschäftsleitern seit längerer Zeit Diskussionsgegenstand ist. Zudem sind Umfang und die Grenzen der persönlichen Haftung durch die Rechtsprechung kontinuierlich neu definiert worden. Die Haftung von Geschäftsleitern war gerade in jüngster Zeit Gegenstand einer ständigen rechtlichen Weiterentwicklung, wozu nicht zuletzt auch gesetzgeberische Maßnahmen beigetragen haben.

Weil die Haftung von Managern immer mehr in den Fokus geraten ist und die Fallzahlen gerade im Bereich der Innenhaftung (d.h. eine Haftung von Geschäftsleitern gegenüber derjenigen Gesellschaft, für die sie tätig sind oder waren)[4] stark angestiegen sind und nach wie vor zunehmen,[5] wurde im Laufe der Zeit auch die D&O-Versicherung immer bedeutender. Heute ist sie bei Aktiengesellschaften absoluter Marktstandard. Rechtsprechung und gesetzgeberische Maßnahmen haben auch bei der D&O-Versicherung dazu geführt, dass sie bzw. ihre Bedingungen immer wieder den neuen Gegebenheiten angepasst werden mussten. Diese rechtlichen Rahmenbedingungen sollen den Kern dieser Arbeit bilden, wobei im Folgenden mit einem Überblick über die Haftung von Geschäftsleitern begonnen werden soll.

---

3 Guter Überblick bei *Hellwig*, NJW-Beil. 2010, 94.

4 Ausführlich unter B. III.

5 Vgl. u.a. *Haidar*, Welt Online v. 19. September 2017: „*Wenn die Chefs Fehler machen.*“

B. Persönliche Haftung von Unternehmensleitern

Bei einer Aktiengesellschaft handelt es sich um eine sog. *Körperschaft*, die durch das Prinzip der Fremdorganschaft geprägt ist.[6] Eine Fremdorganschaft zeichnet sich dadurch aus, dass die Gesellschaft regelmäßig nicht von ihren Eigentümern geführt wird, wie es beispielsweise bei den Personengesellschaften der Fall ist, die sich durch das Prinzip der Selbstorganschaft auszeichnen.[7] Das Auseinanderfallen von Eigentümerstellung und Verwaltung der Gesellschaft führt zu einer Professionalisierung der Geschäftsführung, bewirkt aber auch, dass die Verbundenheit zum Unternehmen nachlässt.[8]

Für die Kapitalgesellschaften gilt das sog. *Trennungsprinzip*, d.h. ihre Eigentümer können nicht für die Gesellschaft handeln, tragen aber auch keine finanzielle Verantwortung im Außenverhältnis.[9] Die Haftung der Gesellschaft gegenüber ihren Gläubigern ist auf ihr Gesellschaftsvermögen beschränkt (vgl. § 1 Abs. 1 AktG).[10] Dieses Vermögen wird bei der Aktiengesellschaft durch die Aktionäre aufgebracht, die finanzielle Beiträge einbringen und im Gegenzug Anteile an der Gesellschaft (Aktien) erhalten.[11] Diese Aufteilung der Geschäftsführung und der Aufbringung des Gesellschaftsvermögens ist auch durchaus sinnvoll, da es denjenigen, die das Kapital aufbringen, womöglich nicht die erforderliche Sachkunde mitbringen. Die Fremdorganschaft dient demnach den Bestand der Gesellschaft zu sichern.[12]

Mit dem Auseinanderfallen von Kapital und Leitung geht einher, dass diejenigen Personen, die die Geschäfte der Gesellschaft führen, nicht um den Verlust des von ihnen eingesetzten Kapitals bangen müssen. Falls sich die von ihnen geführte Gesellschaft aufgrund einer misslichen Entscheidung wirtschaftlich

6 *Müller*, in: Müller/Rödder, Beck'sches Handbuch der AG, § 1 Rn. 79; *Saenger*, Gesellschaftsrecht, § 2 Rn. 14.

7 *Müller*, in: Müller/Rödder, Beck'sches Handbuch der AG, § 1 Rn. 79 f.; *Saenger*, Gesellschaftsrecht, § 2 Rn. 14.

8 *Müller*, in: Müller/Rödder, Beck'sches Handbuch der AG, § 1 Rn. 79.

9 *Müller*, in: Müller/Rödder, Beck'sches Handbuch der AG, § 1 Rn. 77.

10 *Bitter/Heim*, Gesellschaftsrecht, § 1Rn. 18.

11 *Fock*, in: Spindler/Stilz, AktG, § 1 Rn. 94 ff.

12 *Saenger*, Gesellschaftsrecht, § 2 Rn. 33.

negativ entwickelt, hat dies grundsätzlich keinen Einfluss auf das persönliche Vermögen der Geschäftsleiter.

Die Aufspaltung von Entscheidungsbefugnis und Verantwortlichkeit kann allerdings dazu führen, dass die Unternehmensleiter übermäßige, nicht mehr vertretbare Risiken eingehen. Vor allem variable Vergütungsbestandteile, die sich am Gewinnergebnis des Unternehmens ausrichten, könnten Geschäftsführer bewegen, riskante Geschäfte abzuschließen, die sie nicht eingehen würden, wenn sie für ihre unternehmerischen Entscheidungen mit ihrem eigenen eingesetzten Kapital hafteten.[13] Je höher der Anteil der variablen Vergütung an der Gesamtvergütung ist, umso mehr besteht die Gefahr von extrem risikoreichen, unvernünftigen Entscheidungen und Maßnahmen. Dabei dürfen allerdings die positiven Effekte von variablen Vergütungsbestandteilen auf die Leitung eines Unternehmens nicht außer Acht gelassen werden. Finanzielle Anreize in der Form variabler Vergütungsbestandteile führen zu höheren Anstrengungen von Geschäftsführern im Hinblick auf das Erreichen der vorgegebenen Ziele.[14] In einem gewissen Umfang sind sie daher ausdrücklich gewünscht. So schreibt beispielsweise auch Ziff. 4.2.3 Abs. 2 des Deutschen Corporate Governance Kodexes („DCGK")[15] für börsennotierte Aktiengesellschaften vor, dass die Vergütung von Vorständen aus festen und variablen Vergütungselementen bestehen soll. Dabei unterlag die Höhe der variablen Vergütung infolge der Finanzkrise der Jahre 2008 ff. einer kritischen Betrachtung, da man angenommen hat, dass eine zu starke Ausrichtung auf eine sich zuvorderst an kurzfristigen finanziellen Zielwerten ausgerichtete (variable) Vergütung zu Fehlanreizen geführt hat.[16]

Um derartigen Fehlanreizen künftig vorzubeugen, wurden die Regelungen zu den variablen Vergütungsbestandteilen sowohl im AktG als auch im DCGK neu gefasst und die Vergütung an eine längerfristige Entwicklung der Gesellschaft geknüpft.[17] Zudem soll seit jeher die aktienrechtliche Innenhaftung des Vorstandes positive Verhaltensanreize schaffen.[18] Gemäß § 93 Abs. 2 S. 1 AktG sind Vorstandsmitglieder, die ihre Pflichten verletzen, der Gesellschaft zum Ersatz des daraus entstehenden Schadens als Gesamtschuldner verpflichtet. Dabei sind die Details dieser aktienrechtlichen Innenhaftung seit längerer Zeit nicht nur in

---

13 Zur Ausgestaltung der Vergütung: *Spindler*, in: MünchKomm, AktG, § 87 Rn. 1 ff.

14 *Dzida/Naber*, BB 2011, 2613.

15 Aktuelle Fassung vom 7. Februar 2017, abrufbar unter http://www.dcgk.de/de/kodex/aktuelle-fassung/praeambel.html.

16 *Lingemann*, BB 2009, 1918.

17 *Lingemann*, BB 2009, 1918 (1919).

18 *Fleischer*, in: Spindler/Stilz, AktG § 93 Rn. 2.

der Fachöffentlichkeit stark umstritten. So wurde im Zuge der Finanzkrise und von Unternehmensskandalen wie der Siemens-Bestechungsaffäre die Innenhaftung auch vermehrt von populären Medien aufgegriffen und diskutiert. Daneben zeigte sich in den letzten Jahren bis Jahrzehnten ein ungebrochener Trend zu einer gesteigerten praktischen Bedeutung der Innenhaftung, da sowohl die Anzahl der Inanspruchnahmen als auch für die Höhe der geltend gemachten Forderungen konstant gestiegen ist und nach wie vor ansteigt.[19]

Im Falle einer Pflichtverletzung während der Ausübung des Mandats besteht neben der Kompensationspflicht gegenüber der Gesellschaft im Innenverhältnis darüber hinaus die Möglichkeit, dass Geschäftsleiter auch Dritten gegenüber ersatzpflichtig sind, die außerhalb der Gesellschaft stehen. Für den Komplex dieser Außenhaftung hat sich durch höchstrichterliche Rechtsprechung eine ausführliche Kasuistik entwickelt, auf die noch im Detail einzugehen sein wird.[20] Auch für die Außenhaftung besteht regelmäßig Versicherungsschutz unter den D&O-Versicherungswerken, weswegen ihre Darstellung Bestandteil dieser Arbeit sein soll.[21] Wie bei der Innenhaftung ist auch ihre Bedeutung in den letzten Jahren durch Entscheidung des BGH immer weiter angestiegen und damit mittelbar auch ihre Bedeutung für die D&O-Versicherung.[22]

Im Folgenden sollen zunächst die Aufgaben und die Pflichten von aktienrechtlichen Vorständen dargestellt werden (Ziff. I und II), um dann unter den Ziff. III. und IV. auf den derzeitigen Status Quo der Innen- und der Außenhaftung einzugehen. Unter V. sollen die aktuellen Reformüberlegungen im Hinblick auf die persönliche Haftung von Vorständen beschrieben und bewertet werden.

I. Aufgaben des Vorstands

Dem Vorstand ist ein weiter Bereich zu freien Gestaltung übertragen. Gemäß § 76 Abs. 1 AktG hat er das Recht – aber auch die Pflicht –, die Gesellschaft in eigener Verantwortung zu lenken.[23] Der Vorstand ist das allein verantwortliche Organ im Hinblick auf die Führung der Gesellschaft. Ausschließlich er – und

---

19 *Ihlas*, Directors & Officers Liability, S. 190; *Obmann*, Handelsblatt v. 29. Dezember 2017: *„Vorsicht, Falle.“*

20 *Fleischer*, in: Spindler/Stilz, AktG, § 93 Rn. 308 m.w.N,

21 *Finkel/Seitz*, in: Seitz/Finkel/Klimke, D&O-Versicherung, Ziff. 1 AVB-AVG Rn. 4.

22 *Ferck*, Der Selbstbehalt in der D&O-Versicherung für Organmitglieder von Aktiengesellschaften, S. 8.

23 *Spindler*, in: MünchKomm, AktG, § 76 Rn. 14.

nicht etwa die Hauptversammlung oder der Aufsichtsrat – ist hierzu berufen.[24] Damit legt die Vorschrift des § 76 AktG eine Kompetenzverteilung innerhalb einer Aktiengesellschaft fest und billigt dem Vorstand eine absolute Handlungsfreiheit in unternehmerischen Belangen zu, die nur wenige Einschränkungen kennt.[25] Dabei ist es die Aufgabe des Vorstands, die Erreichung der satzungsmäßigen Ziele zu verfolgen und für die Wahrnehmung der Rechte und Pflichten der Gesellschaft einzustehen.[26]

Bei der Wahrnehmung seiner Führungsaufgaben hat der Vorstand sein Augenmerk auf die Wahrung des Gesellschaftsinteresses zu legen, was die Interessen eines breiten Personenkreises, der sog. *Stakeholder*, einschließt, die aber regelmäßig mit denen der Gesellschaft gleichlaufen. Stakeholder einer Gesellschaft sind neben den Aktionären auch die Gläubiger der Gesellschaft sowie Arbeitnehmer, Kunden und Lieferanten, Verbraucher sowie die allgemeine Öffentlichkeit.[27] Dem entsprechend wird in Ziff. 4.1.1 DCGK ebenfalls eine Berücksichtigung der Belange der Aktionäre gefordert, der Arbeitnehmer und sonstiger mit dem Unternehmen verbundenen Gruppen mit dem Ziel nachhaltiger Wertschöpfung.

Dem Vorstand obliegt es ferner, eine adäquate Organisation der Gesellschaft sicherzustellen sowie für eine Unternehmensplanung und für die Steuerung der Unternehmensabläufe zu sorgen. Er muss darüber hinaus die Finanzen der Gesellschaft überwachen und steuern sowie eine effiziente Steuerung der Informationsflüsse gewährleisten.[28]

II. Organschaftliche Pflichten

Bei der Leitung der Geschäfte einer Aktiengesellschaft ist der Vorstand nicht völlig frei. Vielmehr hat er sein Handeln an den ihm obliegenden organschaftlichen Pflichten auszurichten. Bezüglich dieser Pflichten ist zwischen solchen

---

24 *Fleischer*, in: Spindler/Stilz, AktG, § 76, Rn. 1; *Spindler*, in: MünchKomm, AktG, § 76 Rn. 1.

25 *Spindler*, in: MünchKomm, AktG, § 76 Rn. 22; als Einschränkungen sind zu nennen § 119 AktG und die Grundsätze der Holzmüller-Rechtsprechung des BGH, nach der eine Hauptversammlungskompetenz für solche Entscheidungen der Geschäftsleitung besteht, die eine außerordentliche Tragweite für die Gesellschaft haben, vgl. dazu im Einzelnen: *Wellhöfer*, in: Wellhöfer/Peltzer/Müller, Die Haftung von Vorstand, Aufsichtsrat, Wirtschaftsprüfer, § 4 Rn. 288 ff.

26 *Spindler*, in: MünchKomm, AktG, § 76 Rn. 24.

27 *Seibt*, in: Schmidt/Lutter, AktG, § 76, Rn. 12.

28 Im Einzelnen *Hölters*, in: Hölters, AktG, § 93 Rn. 52.

zu unterscheiden, die im Gesetz ausdrücklich geregelt sind, und denjenigen, die von der Rechtsprechung entwickelt wurden und mittlerweile gemeinhin akzeptiert sind.

Den Vorstandsmitgliedern einer Aktiengesellschaft obliegt es bei der Führung der Geschäfte der Gesellschaft, die Sorgfalt eines gewissenhaften und ordentlichen Geschäftsleiters anzuwenden, vgl. § 93 Abs. 2 S. 1 AktG. Hierbei handelt es sich um die sog. *allgemeine Sorgfaltspflicht* des Vorstands. Aus der generalklauselartigen Formulierung von § 93 Abs. 2 S. 1 AktG werden mehrere Einzelpflichten abgeleitet, die neben die ausdrücklich normierten Pflichten des AktG treten.[29] Aufgrund des zwingenden Charakters von § 93 AktG können die Anforderungen an die Sorgfalt der Unternehmensführung des Vorstands nicht ergänzt, gekürzt oder auf sonstige Weise verändert werden. Eine Konkretisierung der Pflichten im Anstellungsvertrag des Vorstands ist aber denkbar.[30] Dabei muss sich eine solche Konkretisierung innerhalb des Rahmens der gesetzlichen Vorgaben bewegen.[31] Zudem finden sich häufig weitere Konkretisierungen in der für den Vorstand geltenden Geschäftsordnung.[32]

Darüber hinaus obliegt es dem Vorstand, sich treu gegenüber der Gesellschaft zu verhalten. Diese sog. organschaftliche *Treuepflicht* ist nicht ausdrücklich im AktG geregelt, sie leitet sich vielmehr aus dem Organverhältnis der Vorstandsmitglieder ab.[33] Auch eine Verletzung der Treuepflicht kann einen Innenhaftungsanspruch der Gesellschaft gegen das pflichtwidrig handelnde Vorstandsmitglied

29 Ausdrücklich im AktG geregelte Pflichten sind: Die Pflicht zur Leitung der Gesellschaft (§ 76 Abs. 1 AktG), die Pflicht zur Angabe des Namens auf Geschäftsbriefen gemäß § 80 AktG, die aus 81 AktG folgende Pflicht zur Anmeldung von Änderungen des Vorstands, die Vorbereitung und Ausführung von Beschlüssen der Hauptversammlung (§ 83 AktG), die Einhaltung des Wettbewerbverbotes (§ 88 AktG), die Pflicht zur Berichterstattung gegenüber dem Aufsichtsrat (§ 90 AktG), die aus § 91 AktG folgende Anforderung zur Buchführung und Einführung eines Frühwarnsystems, um den Fortbestand der Gesellschaft gefährdende Entwicklungen frühzeitig erkennen zu können, die in § 92 AktG normierte Pflicht zur Verlustanzeige und Stellung des Insolvenz- und Vergleichsantrag sowie die aus § 93 Abs. 1 S. 3 AktG folgende Pflicht zur Verschwiegenheit.

30 *Hölters*, in: Hölters, AktG, § 93 Rn. 13.

31 *Spindler*, in: MünchKomm, AktG, § 93, Rn. 29.

32 *Hölters*, in: Hölters, AktG, § 93 Rn. 28; *Spindler*, in: MünchKomm, AktG, § 93 Rn. 73.

33 *Hölters*, in: Hölters, AktG, § 93 Rn. 114.

auslösen. Abweichend zur Sorgfaltspflicht findet die Business-Judgement-Rule auf sie keine Anwendung.[34]

1. Allgemeine Sorgfaltspflicht

§ 93 Abs. 1 S. 1 AktG beinhaltet eine generalklauselartige Umschreibung derjenigen Sorgfalt, welche Vorstandsmitglieder einer Aktiengesellschaft bei der Ausübung ihres Mandates zu beachten haben. Sie haben bei der Leitung der Gesellschaft die Sorgfalt eines ordentlichen und gewissenhaften Geschäftsleiters anzuwenden.

Der Begriff der Geschäftsführung in § 93 Abs. 1 S. 1 AktG knüpft dabei an die Kompetenzregel des § 76 Abs. 1 AktG an, womit sich aus § 93 Abs. 1 S. 1 AktG ein Verhaltensmaßstab ergibt, der die in § 76 Abs. 1 AktG kodifizierte Leitungsverantwortung näher konkretisiert.[35] § 93 Abs. 1 S. 1 AktG legt die objektiven Verhaltenspflichten von Mitgliedern des Vorstands einer Aktiengesellschaft in einer generalklauselartigen Formulierung nieder.[36] § 93 Abs. 1 S. 1 AktG hat dabei eine Doppelfunktion, als zum einen ein Verschuldensmaßstab für die persönliche Haftung von Vorständen im Gesetz verankert wird und zum anderen objektive Verhaltensanforderungen an die Mitglieder des Vorstands gestellt werden.[37]

Die Sorgfaltspflicht der Leitungsorgane einer Aktiengesellschaft ist grundsätzlich umfassender als die eines gewöhnlichen Geschäftsmannes, da der Vorstand als Treuhänder fremden Vermögens fungiert.[38] Es ist aber nicht möglich, aus der Formulierung des § 93 Abs. 1 S. 1 AktG einen einheitlichen Sorgfaltsmaßstab abzuleiten, der für alle Aktiengesellschaften in gleicher Weise gilt. Es müssen vielmehr spezifische Maßstäbe für jede einzelne Gesellschaft definiert werden, die sich an der Größe der Gesellschaft, der Lage im Marktumfeld und den Aufgabenbereich des jeweiligen Vorstandsmitgliedes auszurichten haben. Von Bedeutung sind insbesondere Art und Größe des Unternehmens, die Zahl der Beschäftigten, die Konjunkturlage sowie unterschiedliche Marktverhältnisse.[39]

---

34 *Hölters*, in: Hölters, AktG, § 93 Rn. 114; zur Business Judgement Rule ausführlich unter B. III. 3. A) bb.

35 *Hölters*, in: Hölters, AktG, § 93 Rn. 3.

36 *Koch*, in: Hüffer/Koch, AktG, § 93 Rn. 5.

37 *Fleischer*, in: Spindler/Stilz, AktG, § 93 Rn. 10; *Koch*, in: Hüffer/Koch, AktG, § 93 Rn. 5.

38 *Spindler*, in: MünchKomm, AktG, § 93 Rn. 25.

39 *Spindler*, in: MünchKomm, AktG, § 93 Rn. 25.

Der durch § 93 Abs. 1 S. 1 AktG im Gesetz verankerte Maßstab für die Sorgfaltspflicht von Mitgliedern des Vorstands einer Aktiengesellschaft ist aufgrund der Satzungsstrenge der Regelungen des AktG (§ 23 Abs. 5 AktG) zwingend; er kann also weder abbedungen noch verändert werden.[40] Aber auch eine Haftungsverschärfung zulasten des Vorstandsmitglieds ist unzulässig.[41] Sie wäre zudem aus geschäftlicher Perspektive nicht ratsam, da dadurch die Gefahr bestünde, dass die Mitglieder des Vorstands sich zu risikoavers verhalten und sich bietende Geschäftschancen auslassen würden.[42] Dies könnte zu einer Lähmung der Gesellschaft führen, was nicht gewollt ist und schließlich auch Grund für die Einführung der Business-Judgement-Rule war, durch die die Anforderungen an eine haftungsauslösende Pflichtwidrigkeit erhöht worden sind.

Die anzuwendende Sorgfalt ist im Gesetz nicht näher konkretisiert und bedarf daher einer Auslegung durch Rechtsprechung und Literatur.[43] Eine allgemein gültige und alle denkbaren Sachverhalte abdeckende Definition ist allerdings aufgrund der mannigfaltigen Aufgaben der Vorstandsmitglieder nicht möglich, weswegen die allgemeine Sorgfaltspflicht in weitere Unterpflichten aufgeteilt wird, was eine nähere Ausdifferenzierung der Pflichten zulässt. Aufgrund der Unterschiedlichkeit der einzelnen Aktiengesellschaften, der zu treffenden Geschäftsmaßnahmen und des jeweiligen konjunkturellen Umfelds ist es nicht möglich, allgemeingültige Kriterien für die Sorgfalt zu bestimmen.[44] In die Beurteilung miteinzubeziehen sind immer auch die finanzielle Lage der Gesellschaft[45] und die Aufgabenverteilung innerhalb des Vorstands.[46] Der BGH orientiert sich an einem ordentlichen und gewissenhaften, selbstständig tätigen Leiter eines nach Art und Größe gleichen oder zumindest ähnlichen Unternehmens und fragt, wie sich dieser in gleicher Situation verhalten hätte.[47] Maßstab ist ein mit den erforderlichen Kenntnissen und Fähigkeiten ausgestatteter, hauptamtlicher Geschäftsleiter.[48] Eine Sorgfaltspflichtverletzung ist demnach zu bejahen, wenn die Vorstandsmitglieder ihre Entscheidungen nicht sorgfältig am Interesse der Gesellschaft ausrichten, zum Schaden der Gesellschaft handeln oder sich

---

40 *Hölters*, in: Hölters, AktG, § 93 Rn. 11.
41 *Hölters*, in: Hölters, AktG, § 93 Rn. 12.
42 *Hölters*, in: Hölters, AktG, § 93 Rn. 12.
43 So auch: *Hölters*, in: Hölters, AktG, § 93 Rn. 2.
44 Für den Geschäftsführer der Treuhandanstalt: BGHZ 129, 30 (34).
45 Für den GmbH-Geschäftsführer: OLG Jena NZG 2001, 86 (87).
46 *Fleischer*, in: Spindler/Stilz, AktG, § 93 Rn. 41.
47 BGHZ 129, 30 (34); für den GmbH-Geschäftsführer: OLG Jena, NZG 2001, 86 (87).
48 *Fleischer*, in: Spindler/Stilz, AktG, § 93 Rn. 41.

von sachfremden Erwägungen leiten lassen.[49] Um ihren Pflichten nachkommen zu können, obliegt es den Mitgliedern des Vorstands, sich diejenigen Mindestkennnisse und -fähigkeiten anzueignen, die für die Ausübung ihres Mandates unentbehrlich sind. Eine in der Person des Vorstands liegende Unfähigkeit entlastet nicht vom Vorwurf der Pflichtverletzung. Sie führt vielmehr zur Pflicht einer Amtsniederlegung.[50]

a) Legalitätspflicht

Ein Unterfall der allgemeinen Sorgfaltspflicht ist die Legalitätspflicht, eine primäre Pflicht von Vorständen einer Aktiengesellschaft. Sie besagt, dass bei Verstößen gegen gesetzliche Regelungen auch immer eine Pflichtverletzung vorliegt, unabhängig davon, ob die Gesetzesverletzung zu einer Gewinnsteigerung der Gesellschaft geführt hat.[51] Rechtswidriges Handeln stellt auch immer eine Pflichtverletzung im Innenverhältnis dar.[52] Ist die Rechtslage im konkreten Fall unklar, liegt kein Pflichtenverstoß vor, wenn das jeweilige Vorstandsmitglied nach gründlicher Abwägung und Einholung von Rechtsrat zu der Entscheidung kommen durfte, dass sein Handeln rechtmäßig sei.[53]

aa. Ausländische Rechtsordnungen

Dabei stehen die Regelungen des deutschen (Aktien-)Rechts zwar im Zentrum der Betrachtung,[54] jedoch gibt es keine Beschränkung auf das deutsche Recht. Sofern der Vorstand aufgrund eines Auslandsbezuges der unternehmerischen Tätigkeit ausländische Gesetze zu beachten hat, muss er aufgrund seiner aktienrechtlichen Pflicht auch für die Einhaltung ausländischer Rechtsvorschriften Sorge tragen.[55] Im Falle eines Konflikts zwischen deutscher und ausländischer Rechtsordnung soll allerdings das deutsche Recht vorrangig zu beachten sein.[56] Hingegen muss deutschem Recht auch im Ausland dann Folge geleistet werden, wenn es auf die in Frage stehenden ausländischen Sachverhalte unmittelbare

49 Begr. RegE UMAG BT-Drucks. 15/5092 S. 11; *Hölters*, in: Hölters, AktG, § 93 Rn. 38.
50 *Hopt/Roth*, in: GroßKomm AktG, § 93 Rn. 59.
51 *Krieger/Sailer-Coceani*, in: Schmidt/Lutter, AktG, § 93 Rn. 6.
52 *Fleischer*, in: Spindler/Stilz, AktG, § 93 Rn. 24; *Hopt/Roth*, in: GroßKomm AktG, § 93 Rn. 74.
53 *Hölters*, in: Hölters, AktG, § 93 Rn. 76.
54 Bisweilen als interne Pflichtenbindung bezeichnet, so z.B. bei *Fleischer*, in: Spindler/Stilz, AktG, § 93 Rn. 15 ff.
55 *Hölters*, in: Hölters, AktG, § 93 Rn. 71 ff.
56 *Mertens/Cahn*, in: Kölner Kommentar, AktG, § 93 Rn. 73.

Anwendung findet. Dies ist vor allem bei den nach deutschem Recht unzulässigen Schmiergeldzahlungen und Korruptionssachverhalten von Bedeutung.[57]

bb. Etablierung einer Compliance - Struktur

Die Vorstände tragen ferner die Verantwortung dafür, dass auf nachgelagerten Ebenen des Unternehmens keine Gesetzesverstöße begangen werden.[58] Um dies zu erreichen, bedarf es einer funktionierenden Betriebsstruktur. Dabei ist auf die Rechtmäßigkeit der Unternehmensorganisation zu achten, insbesondere müssen zwingende gesetzliche Kompetenzregelungen beachtet werden.[59] Vorstände müssen zudem sicherstellen, dass Arbeitnehmer über gesetzliche Vorgaben aufgeklärt werden. Handelt es sich im Einzelfall um komplexe Rechtsfragen, sind vor allem Arbeitnehmer in Leitungspositionen damit vertraut zu machen, so dass diese in die Lage versetzt werden, derartige Sachverhalte zumindest zu erkennen und gegebenenfalls Rechtsrat einzuholen.[60] Vorstände müssen sich zudem ständig über die aktuelle Gesetzeslage und Rechtsprechung unterrichten lassen. Im Falle von Gesetzesänderungen haben sie Auskünfte an die Angestellten zu erteilen.[61] Neben der Aufklärung der Angestellten zählt auch deren Überwachung - z.B. durch stichprobenartige Kontrollen - zu den aus der Legalitätspflicht folgenden Vorstandspflichten.[62] Der Vorstand muss Kontrollvorkehrungen treffen, die sich an der Größe des Unternehmens und den im Rahmen der Unternehmenstätigkeit vorgenommenen Geschäften ausrichten.[63] Es bietet sich an bzw. ist bei größeren Unternehmen vielmehr unerlässlich, ein geeignetes Compliance-System im Unternehmen zu etablieren,[64] das regelmäßig im Hinblick auf Wirksamkeit und auf angemessene Reaktionen auf Verstöße von der Unternehmensführung untersucht werden muss.[65] Dies sieht auch Ziff. 4.1.3 DCGK vor, in der es heißt, dass die Vorstände „sich um die Einhaltung der gesetzlichen Bestimmungen und der unternehmensinternen Richtlinien zu sorgen und auf deren Beachtung hinzuwirken haben".

---

57 *Fleischer*, in: Spindler/Stilz, AktG, § 93 Rn. 26 f.; *Mertens/Cahn*, in: Kölner Kommentar, AktG, § 93 Rn. 74.

58 Ziff. 4.1.3 DCGK; *Hölters*, in: Hölters, AktG, § 93 Rn. 54.

59 *Hölters*, in: Hölters, AktG, § 93 Rn. 63.

60 *Hölters*, in: Hölters, AktG, § 93 Rn. 64.

61 *Fleischer*, in: Fleischer, Handbuch des Vorstandsrechts, § 8 Rn. 31.

62 *Hölters*, in: Hölters, AktG, § 93 Rn. 65.

63 *Mertens/Cahn*, in: Kölner Kommentar, AktG, § 93 Rn. 80.

64 Im Einzelnen *Hölters*, in: Hölters, AktG, § 93 Rn. 91 ff.

65 *Krieger/Sailer-Coceani*, in: Schmidt/Lutter, AktG, § 93 Rn. 6.

cc. Rechtswidrige Beschlüsse der Hauptversammlung

Des Weiteren hat der Vorstand auch Beschlüsse der Hauptversammlung auf ihre Rechtmäßigkeit hin zu überprüfen.[66] Nichtige und anfechtbare Beschlüsse darf er nicht ausführen.[67] Dies folgt aus den aktienrechtlichen Bestimmungen der § 83 Abs. 2 i.V.m. § 93 Abs. 4 S. 1 AktG, die einen rechtmäßigen Beschluss voraussetzen.[68] Nach Ablauf der einmonatigen Anfechtungsfrist für Hauptversammlungsbeschlüsse aus § 246 Abs. 1 AktG wird der Beschluss allerdings wirksam, weswegen er dann vom Vorstand umgesetzt werden muss.[69] Hat der Vorstand begründete Zweifel an der Rechtmäßigkeit des Beschlusses, ist er zu dessen Überprüfung verpflichtet. Er muss sich rechtlichen Rat einholen und gegebenenfalls den Beschluss mittels Klage anfechten.[70] Bestehen trotz Einholung eines Gutachtens noch Zweifel und gebietet der Beschluss aufgrund seines Inhalts eine schnelle Umsetzung, die keine Aussetzung des Vollzugs bis zur Entscheidung über die Anfechtungsklage zulässt, hat der Vorstand den Beschluss der Hauptversammlung erneut zur Entscheidung vorzulegen. Wird dieser bestätigt, muss der Vorstand ihn dann ausführen. Stellt er sich dann nachträglich als rechtswidrig heraus, ist der Vorstand in jedem Fall von einer Haftung aus § 93 Abs. 2 S. 1 AktG befreit.[71]

b) Organisations- und Überwachungspflicht

Bestandteil der allgemeinen Sorgfaltspflicht ist zudem die bereits im Rahmen der Legalitätspflicht angesprochene und im Verantwortungsbereich des Vorstands liegende Organisation des Unternehmens und die Überwachung der dort stattfindenden Arbeitsabläufe. Der Vorstand hat mit einer den konkreten Bedürfnissen angepassten Betriebsorganisation eine effiziente Funktionsweise der Gesellschaft zu gewährleisten.[72] Mithin erstreckt sich die Pflicht zu einer den Unternehmungen der Gesellschaft angemessenen Organisation auch auf die Strukturierung des Vorstands selbst.[73] Demzufolge unterscheidet man

---

66 *Fleischer*, in: Spindler/Stilz, AktG, § 83 Rn. 10.

67 *Fleischer*, in: Spindler/Stilz, AktG, § 83 Rn. 10.; *Hölters*, in: Hölters, AktG, § 93 Rn. 66.

68 *Koch*, in: Hüffer/Koch, AktG, § 243 Rn. 50.

69 *Casper*, in: Spindler/Stilz, AktG, § 242 Rn. 17; *Hüffer/Schäfer*, in: MünchKomm, AktG, § 242 Rn. 22; *Koch*, in: Hüffer/Koch, AktG, § 243 Rn. 50; a.A. *Mertens/Cahn*, in: Kölner Kommentar, AktG, § 93 Rn. 155 f.

70 *Spindler*, in: MünchKomm, AktG, § 83 Rn. 20.

71 *Spindler*, in: MünchKomm, AktG, § 83 Rn. 20.

72 *Hölters*, in: Hölters, AktG, § 93 Rn. 43.

73 *Hölters*, in: Hölters, AktG, § 93 Rn. 44.

üblicherweise zwischen vertikaler und horizontaler Arbeitsteilung.[74] Innerhalb des Vorstands werden die Aufgaben einzelnen Ressorts zugeteilt und Fachausschüsse gebildet.[75] Bei mittleren bis größeren Gesellschaften ist eine solche Aufteilung aufgrund des Umfangs der zu bewältigenden Aufgaben unerlässlich.[76] Betreut ein Vorstandsmitglied seinen Aufgabenbereich nicht mit der notwendigen Sorgfalt, sind die anderen Vorstände aufgrund ihrer Gesamtverantwortung zum Eingreifen verpflichtet.[77]

Grundsätzlich können Aufgaben von den Mitgliedern des Vorstands auch auf die nachfolgenden Ebenen im Unternehmen übertragen werden. Ausgenommen von dieser Möglichkeit sind allerdings solche Leitungsaufgaben, die dem alleinigen Verantwortungsbereich des Vorstands zugewiesen sind.[78] So kann der Vorstand keine Geschäftsführungsentscheidungen auf nachfolgende Ebenen übertragen, wenn diese Bestandteil der Unternehmerfunktion und Unternehmensleitung sind. Beispielshaft zu nennen sind Leitungs- und Führungsentscheidungen, die in die originäre Verbandskompetenz des Vorstands fallen.[79] Darunter fallen grundlegende Gestaltungsfragen bei der Planungs- und Unternehmensstrategie und die Koordination bzw. Kontrolle von Entscheidungen, welche die Besetzung von Führungspositionen innerhalb des Unternehmens betreffen. Darüber hinaus gehören auch Entscheidungen im Hinblick auf die Steuerung, die Organisation und die Finanzen der Gesellschaft dazu.[80] Außerdem kann der Vorstand solche Entscheidungen nicht delegieren, die ihm das Gesetz als Kollegialorgan zuweist.[81] Bei börsennotierten Unternehmen ist die Zuteilung zudem gemäß § 289a HGB durch leicht zugängliche Informationen als Teil des Lageberichts i.S.v. § 289 HGB der Öffentlichkeit preiszugeben. Börsennotiert sind Gesellschaften, wenn ihre Aktien an einem Markt zugelassen sind der von staatlichen Stellen geregelt und überwacht wird, der Markt regelmäßig stattfindet und zumindest mittelbar für das öffentliche Publikum zugänglich ist.[82]

74 *Spindler*, in: MünchKomm, AktG, § 93 Rn. 98.
75 *Hölters*, in: Hölters, AktG, § 93 Rn. 44.
76 *Hölters*, in: Hölters, AktG, § 93 Rn. 44.
77 *Hölters*, in: Hölters, AktG, § 93 Rn. 44.
78 *Hölters*, in: Hölters, AktG, § 93 Rn. 46.
79 *Mertens/Cahn*, in: Kölner Kommentar, AktG, § 76 Rn. 45.
80 *Mertens/Cahn*, in: Kölner Kommentar, AktG, § 76 Rn. 45.
81 *Koch*, in: Hüffer/Koch, AktG, § 76 Rn. 8 f.; *Mertens/Cahn*, in: Kölner Kommentar, AktG, § 76 Rn. 45; als Beispiele zu nennen sind die §§ 83, 90, 91, 92, 110 Abs. 1, 118 Abs. 2, 121 Abs. 2, 124 Abs. 3 S. 1, 170, 245 Nr. 4 AktG.
82 *Böcking/Gros/Worret*, in: Ebenroth/Boujong/Joost/Strohn, HGB, § 289a Rn. 6.

Sollte der Vorstand Aufgaben in zulässiger Weise delegiert haben, ist er von seinen Pflichten aber nicht entbunden. Vielmehr wandeln diese sich in Auswahl-, Einweisungs-, Überwachungs- und Aufsichtspflichten.[83] Dabei ist das Handeln der Gesellschaft einer laufenden Wirtschaftlichkeits-, Zweckmäßigkeits- und Legalitätskontrolle zu unterziehen.

Darüber hinaus trägt der Vorstand die Pflicht zur ununterbrochenen Überwachung der Finanzen. Nach § 91 Abs. 2 AktG muss der Vorstand geeignete Maßnahmen treffen, welche die Vorhersehung von Entwicklungen ermöglichen, die zur einer Bestandsgefährdung führen könnten. Als geeignete Maßnahme ist in § 91 Abs. 2 AktG ausdrücklich die Einrichtung eines Überwachungssystems genannt. Dieses soll dem Vorstand die Möglichkeit eröffnen, sich zu jedem Zeitpunkt über Rentabilität und Liquidität des Unternehmens informieren zu können.[84] Dies ist schon deshalb unerlässlich, weil den Vorstand im Falle der Insolvenz eine Antragspflicht trifft, die keinen Aufschub duldet.[85] Bei schuldhaft verspäteter Anzeige haftet er aus § 93 Abs. 2 S. 1 AktG.[86]

Überdies trägt der Vorstand eine Auswahl-, Einweisungs-, Informations- und Überwachungspflicht im Hinblick auf die Arbeitnehmer der Gesellschaft.[87] Er hat für eine Organisationstruktur zu sorgen, welche die Einhaltung dieser Pflichten gewährleistet.[88] Zweckmäßigerweise werden Abteilungen gebildet, denen konkrete Aufgabenbereiche zugewiesen werden. Zudem muss der Vorstand Beauftragte einsetzen, die den einzelnen Verantwortungsbereichen vorstehen, jedoch muss er dabei sicherstellen, dass ihm in seinem Ressort das Letztentscheidungsrecht zusteht.[89] Arbeitnehmer in leitenden Positionen sind vom Vorstand sorgfältig auszuwählen und müssen umfassend eingewiesen und informiert werden. Je größer der übertragene Verantwortungsbereich ist, desto gründlicher hat die Auswahl zu erfolgen.[90]

Zur besseren Kontrolle der Einhaltung der gesetzlichen Vorgaben ist es in der Praxis der Aktiengesellschaften üblich, ein Corporate-Compliance-System zu installieren. Dies gilt insbesondere für börsennotierte Gesellschaften und

---

83 Für den GmbH-Geschäftsführer: BGH NJW 1995, 326 (329).
84 *Hölters*, in: Hölters, AktG, § 93 Rn. 52.
85 BGH NJW 2007, 2118 (2120).
86 BGH NJW 2007, 2118 (2120).
87 Für den GmbH-Geschäftsführer: BGH NJW 1995, 326 (329).
88 Für den GmbH-Geschäftsführer: BGH NJW 1997, 130 (132).
89 Für den GmbH-Geschäftsführer: BGHZ 134, 304 (313).
90 *Fleischer*, in: Spindler/Stilz, AktG, § 93 Rn. 102.

wird in Ziff. 4.1.3 DCGK ausdrücklich erwähnt.[91] Unter dem Sammelbegriff der Compliance sind sowohl präventive als auch aus repressive Maßnahmen zu verstehen.[92] Ein Compliance-System soll die Haftungsrisiken der Gesellschaft minimieren und das rechtmäßige Verhalten im Unternehmen organisieren und kontrollieren.[93] Über diesen unmittelbaren Zweck hinaus möchte man durch die Einrichtung eines Compliance-Systems eine Stärkung des Vertrauens der Geschäftspartner und des Marktes in das Unternehmen erreichen.[94] Die Einrichtung ist aber keine Rechtspflicht. Es ist dem Vorstand grundsätzlich freigestellt zu entscheiden, wie er die Einhaltung der Gesetze in seinem Unternehmen gewährleisten möchte.[95] Wie die Compliance im jeweiligen Unternehmen ausgestaltet werden muss, hängt vom Einzelfall ab. Relevante Faktoren sind dabei die Größe der Gesellschaft, die Branchenzugehörigkeit und die Ausrichtung des Unternehmens.[96] Es muss sichergestellt werden können, dass in Verdachtsfällen ermittelt wird, dass Informationen zu für die Compliance relevanten Sachverhalten innerhalb des Unternehmens weitergeleitet werden und dass gegebenenfalls repressive Maßnahmen ergriffen werden.[97]

c) Sorgfaltspflicht im engeren Sinne

Unter den Sammelbegriff der Sorgfaltspflicht im engeren Sinne fallen eine Vielzahl einzelner Verhaltensanforderungen, die sich nicht abschließend formulieren lassen.[98] Sie können sich vor allem aus dem Anstellungsvertrag der Vorstandsmitglieder ergeben, der die organschaftliche Sorgfaltspflicht zwar nicht abändern, wohl aber ergänzen kann.[99] Freiwillige Verhaltensrichtlinien nationaler Verbände oder Empfehlungen staatlicher Institutionen bzw. nationale oder internationale Verhaltenskodizes[100] begründen dagegen keine gesellschaftsrechtliche Pflichtenbindung.[101]

---

91 *Spindler*, in: MünchKomm, AktG, § 91 Rn. 65.

92 *Hölters*, in: Hölters, AktG, § 93 Rn. 99.

93 *Hölters*, in: Hölters, AktG, § 93 Rn. 91.

94 *Hölters*, in: Hölters, AktG, § 93 Rn. 91.

95 *Hölters*, in: Hölters, AktG, § 93 Rn. 92; *Kort*, in: GroßKomm AktG, § 91 Rn. 65; *Spindler*, in: MünchKomm, AktG, § 91 Rn. 30.

96 *Spindler*, in: MünchKomm, AktG, § 91 Rn. 66.

97 *Hölters*, in: Hölters, AktG, § 93 Rn. 99.

98 *Fleischer*, in: Spindler/Stilz, AktG, § 93 Rn. 41.

99 *Fleischer*, in: Spindler/Stilz, AktG, § 93 Rn. 43.

100 Zu nennen sind vor allem der DCGK sowie die OECD Principles on Corporate Governance.

101 Ausführlich dazu: *Fleischer*, in: Spindler/Stilz, AktG, § 93 Rn. 44 ff.

Wie bereits angesprochen, ist es kaum möglich einen allgemein gültigen Sorgfaltsmaßstab zu entwickeln, der für alle Gesellschaften gleichermaßen Geltung hat. Dies liegt an der Unterschiedlichkeit von Aktiengesellschaften. Kleinere Unternehmen mit nur wenigen Aktionären haben andere Bedürfnisse als börsennotierte Weltkonzerne. Es gibt aber ein paar Pflichten, die unabhängig von der Art und dem Umfang der Unternehmungen der Gesellschaft von jedem Vorstand zu beachten sind. So haben sich Vorstände untereinander kollegial zu verhalten. Sie müssen gesicherte betriebswirtschaftliche Erkenntnisse berücksichtigen.[102] Sie haben sich laufend über alle relevanten politischen und wirtschaftlichen Entwicklungen zu informieren.[103] Sie müssen im Spannungsverhältnis zwischen unternehmerischer Initiative und Risikoprävention vertretbare Entscheidungen treffen. Übermäßige Risiken dürfen sie dabei nicht eingehen.[104] Dies gilt selbst dann, wenn das mit übermäßigen Risiken behaftete Geschäft mit sehr großer Wahrscheinlichkeit einen finanziellen Gewinn für die Gesellschaft erziele, sofern eine negative Entwicklung gravierende Folgen für das Unternehmen hätte.[105] Allerdings läuft es den Interessen der Gesellschaft und ihrer Eigentümer auch zuwider, wenn der Vorstand nur noch defensiv handelt und infolgedessen aussichtsreiche Geschäfte in Ansehung einer persönlichen Haftung nicht eingeht. Daher war die Business-Judgement-Rule auch bereits weit vor ihrer Kodifizierung im Jahr 2005 in der Rechtsprechung anerkannt.[106] Des Weiteren ist der Vorstand verpflichtet, das Vermögen der Gesellschaft zu wahren und alle Ansprüche der Gesellschaft, deren Geltendmachung wirtschaftlich sinnvoll erscheint, auch tatsächlich durchzusetzen. Sollten die Nachteile einer Anspruchsdurchsetzung die Vorteile allerdings überwiegen, ist von einer Durchsetzung des Anspruches abzusehen.[107]

2. Treuepflicht

Anders als die Sorgfaltspflicht findet die Treuepflicht keine ausdrückliche Erwähnung im Gesetz. Sie wird vielmehr aus dem organschaftlichen Vertrauensverhältnis der Mitglieder des Vorstands zu der anstellenden Gesellschaft

---

102 *Mertens/Cahn*, in: Kölner Kommentar, AktG, § 93 Rn. 81 ff.
103 *Mertens/Cahn*, in: Kölner Kommentar, AktG, § 93 Rn. 83.
104 *Mertens/Cahn*, in: Kölner Kommentar, AktG, § 93 Rn. 86.
105 *Mertens/Cahn*, in: Kölner Kommentar, AktG, § 93 Rn. 87.
106 *Fleischer*, ZIP 2004, 685.
107 *Mertens/Cahn*, in: Kölner Kommentar, AktG, § 93 Rn. 89.

hergeleitet.[108] Demzufolge besteht sie grundsätzlich nur im Verhältnis zwischen den Vorständen und der Gesellschaft, aber nicht im Verhältnis zwischen Vorständen und Aktionären.[109] Grundlage der Treuepflicht ist die Organstellung des Vorstands und seine Funktion als Verwalter fremden Vermögens.[110] In der Praxis werden üblicherweise konkrete Pflichten ausdrücklich im Anstellungsvertrag vereinbart, der damit als weitere Rechtsgrundlage dient.[111] Jedoch können, wie bei der Sorgfaltspflicht, aus dem Gesetz abgeleitete Pflichten nicht grundsätzlich geändert, sondern nur konkretisiert werden.[112]

Nach der Rechtsprechung des BGH besteht die Treuepflicht auch noch nach Beendigung des Organverhältnisses fort.[113] Der BGH greift dabei auf den vertragsrechtlichen Rechtsgedanken der nachvertraglichen Pflichten zurück.[114] Die Vorstandsmitglieder müssen nach wie vor auf alle Interessen der Gesellschaft Rücksicht nehmen, soweit diese auf eine Tatsache zurückzuführen sind, deren Grundlage bereits zu der Zeit geschaffen wurde, in der das Anstellungsverhältnis noch bestand.[115] Ferner darf ein Mitglied des Vorstands Kenntnisse, das es während seiner Geschäftstätigkeit erlangt hat, nicht gegen die Interessen der Gesellschaft verwenden.[116]

Ebenso wie die Sorgfaltspflicht kann auch die Treuepflicht in weitere Unterpflichten ausdifferenziert werden. Zentral ist dabei die sog. *Loyalitätspflicht*, nach der sich die Mitglieder des Vorstands immer loyal zu der Gesellschaft zu verhalten haben, was insbesondere immer dann eine Rolle spielt, wenn Interessenkonflikte eines Vorstands bestehen. Da dies ein zentraler Punkt der Treuepflicht ist, sollen unter Punkt (2) noch gesondert Erläuterungen dazu erfolgen.

---

108 BGHZ 13, 188 (192 ff.); 20, 239 (246); *Fleischer*, in: Spindler/Stilz, AktG, § 93 Rn. 117; *Hölters*, in: Hölters, AktG, § 93 Rn. 114; *Koch*, in: Hüffer/Koch, AktG, § 84 Rn. 10.

109 *Hölters*, in: Hölters, AktG, § 93 Rn. 114.

110 BGH NJW 2006, 522 (523) (= Mannesmann); *Hopt/Roth*, in: GroßKomm AktG, § 93 Rn. 224; *Spindler*, in: MünchKomm, AktG, § 93 Rn. 108.

111 *Hölters*, in: Hölters, AktG, § 93 Rn. 114.; *Spindler*, in: MünchKomm, AktG, § 93 Rn. 108.

112 *Hölters*, in: Hölters, AktG, § 93 Rn. 114.

113 Für den GmbH-Geschäftsführer: BGH WM 1977, 194 f.; *Fleischer*, in: Spindler/Stilz, AktG, § 93 Rn. 158; *Hölters*, in: Hölters, AktG, § 93 Rn. 132; *Hopt/Roth*, in: GroßKomm AktG, § 93 Rn. 273; *Mertens/Cahn*, in: Kölner Kommentar, AktG, § 93 Rn. 112.

114 Für den GmbH-Geschäftsführer: BGH WM 1977, 194.

115 *Hölters*, in: Hölters, AktG, § 93 Rn. 132.

116 *Hölters*, in: Hölters, AktG, § 93 Rn. 132.

a) Loyalitätspflicht

Vorstände müssen sich gegenüber der Gesellschaft zu jeder Zeit loyal verhalten. Das bedeutet, dass sie ihre Arbeitskraft ganz der Gesellschaft zu widmen haben.[117] Sie dürfen sich nicht negativ über die Gesellschaft in der Öffentlichkeit äußern, da ein solches Verhalten grundsätzlich geeignet ist, Vermögensschäden der Gesellschaft herbeizuführen.[118] Illoyales Verhalten kann auch darin begründet sein, dass ein Vorstandsmitglied sein Amt willkürlich und überraschend ablegt und dadurch der Gesellschaft ein Schaden entsteht, wenn seine Interessen die Loyalitätspflicht nicht ausnahmsweise überwiegen, wie es bei einer Niederlegung aus gesundheitlichen Gründen der Fall ist.[119] Grenzen findet die Loyalitätspflicht allerdings im Recht des jeweiligen Vorstandsmitgliedes auf freie Entfaltung der Persönlichkeit. Diese darf nicht übermäßig durch die Treupflicht eingeschränkt werden.[120] So sind Vorstandsmitglieder nicht verpflichtet, ihren Lebensstil derart anzupassen, dass ihre persönliche Einsatzfähigkeit gewährleistet bleibt.[121]

Die Pflicht zu loyalem Verhalten gilt insbesondere auch bei aufkommenden Interessenkonflikten[122] und Eigengeschäften des Vorstands mit der Gesellschaft, also bei solchen geschäftlichen Beziehungen, die der Vorstand entweder selbst mit der Gesellschaft unterhält oder die Gesellschaft mit ihm nahestehenden dritten Personen.[123] Vorstände müssen Interessenkonflikte möglichst vermeiden und, falls sie entstehen, zumindest offenlegen.[124] So verlangt auch Ziff. 4.3.3 DCGK die Offenlegung von Interessenkonflikten gegenüber dem Aufsichtsrat und die Informierung aller übrigen Mitglieder des Vorstands. Um der Rechenschaftspflicht in ausreichendem Maße nachzukommen, müssen die Vorstände Kontrollen ermöglichen, was sie durch die Vorlage von Aufzeichnungen und Belegen gewährleisten können.[125]

---

117 *Hölters*, in: Hölters, AktG, § 93 Rn. 115.

118 *Hopt/Roth*, in: GroßKomm AktG, § 93 Rn. 239.

119 *Hölters*, in: Hölters, AktG, § 93 Rn. 117.

120 *Hölters*, in: Hölters, AktG, § 93 Rn. 116; *Mertens/Cahn*, in: Kölner Kommentar, AktG, § 93 Rn. 96.

121 *Fleischer*, in: Spindler/Stilz, AktG; § 93 Rn. 129; *Hopt/Roth*, in: GroßKomm AktG, § 93 Rn. 239.

122 Vgl. die Konkretisierungen der Verhaltenspflichten in Ziff. 4.3 DCGK.

123 *Mertens/Cahn*, in: Kölner Kommentar, AktG, § 93 Rn. 100; *Fleischer*, in: Spindler/Stilz, AktG, § 93 Rn. 156 f.; zu nennen sind: Ehegatten, Lebenspartner, Geschwister und sonstige nahe Angehörige.

124 *Spindler*, in: MünchKomm, AktG, § 93 Rn. 108.

125 *Fleischer*, in: Spindler/Stilz, AktG, § 93 Rn. 124.

Auch das Aktiengesetz enthält Regelungen zur Vermeidung von Interessenkonflikten. So ist in § 88 AktG ein umfassendes Wettbewerbsverbot geregelt und auch die Verschwiegenheitspflicht soll aufkeimenden Konflikten vorbeugen. Für eine Kreditgewährung der Gesellschaft an Vorstandsmitglieder fordert § 89 Abs. 1 AktG einen Aufsichtsratsbeschluss, damit bereits der Anschein von Selbstbegünstigung zulasten der Gesellschaft vermieden wird. Gleiches sieht § 89 Abs. 3 AktG für Familienmitglieder von Vorständen vor. Ferner besteht die ungeschriebene Pflicht, Geschäftschancen für die Gesellschaft wahrzunehmen, und das Verbot, persönliche Interessen zulasten der Gesellschaft zu verfolgen.[126]

Eigengeschäfte eines Vorstandsmitgliedes mit der Gesellschaft (sog. *Self-Dealing*) berühren die Vermögensinteressen der Aktionäre im besonderen Maße.[127] Dabei hat sich der Maßstab des Drittvergleiches etabliert, um die Rechtmäßigkeit des Vorstandshandelns objektiv beurteilen zu können. Demnach müssen die Konditionen des Eigengeschäfts denen eines Fremdgeschäftes entsprechen (sog. Geschäft *At Arm's Length*).[128] Dieser Gedanke wurde in Ziff. 4.3.3 S. 2 DCGK aufgegriffen, wonach Geschäfte zwischen der Gesellschaft und Vorständen bzw. zwischen der Gesellschaft und den Vorständen nahestehenden Personen den branchenüblichen Standards entsprechen müssen. Zudem bedürfen nach Ziff. 4.3.3 S. 4 DCGK wesentliche Geschäfte der Zustimmung des Aufsichtsrates.

Überdies sieht § 112 AktG zur Vermeidung von Interessenkonflikten bei der Vertretung der Gesellschaft eine Ausnahme von § 78 Abs. 1 AktG vor. Danach wird die Gesellschaft gegenüber Vorstandsmitgliedern ausnahmsweise durch den Aufsichtsrat und nicht wie üblich durch den Vorstand gerichtlich und außergerichtlich vertreten. In diesen Zusammenhang stellen Geschäfte des täglichen Lebens einen Sonderfall dar, bei denen ein genereller Aufsichtsratsbeschluss genügt, wonach die Vorstände zum Vertragsschluss bevollmächtigt sind.[129]

§ 112 AktG gilt ausweislich seines Wortlauts nur für tatsächliche Eigengeschäfte des Vorstands und nicht für geschäftliche Beziehungen mit nahen Angehörigen des Vorstands. In solchen Konstellationen bleibt es bei der Grundregel des § 78 Abs. 1 AktG, weswegen der Vorstand vollumfassend vertretungsberechtigt ist. Er ist aber aus seiner Treuepflicht gegenüber der Gesellschaft verpflichtet, das für die Gesellschaft beste Ergebnis zu verhandeln.[130]

---

126 *Spindler,* in: MünchKomm, AktG, § 93 Rn. 108.

127 *Fleischer,* in: Spindler/Stilz, AktG, § 93 Rn. 131.

128 *Fleischer,* in: Spindler/Stilz, AktG, § 93 Rn. 135; *Hopt/Roth,* in: GroßKomm AktG, § 93 Rn. 241.

129 *Hölters,* in: Hölters, AktG, § 93 Rn. 124.

130 *Hölters,* in: Hölters, AktG, § 93 Rn. 125.

b) Verschwiegenheitspflicht

Gemäß § 93 Abs. 1 S. 3 AktG sind die Vorstandsmitglieder verpflichtet, „über vertrauliche Angaben und Geheimnisse der Gesellschaft Stillschweigen zu bewahren, von denen sie durch ihre Tätigkeit im Vorstand Kenntnis erlangen". Die Verschwiegenheitspflicht gilt als besondere Ausprägung der Treue- und der Sorgfaltspflicht.[131] Sie kann wegen § 23 Abs. 5 AktG weder in der Satzung noch in der Geschäftsordnung des Vorstands verschärft oder abgemildert werden.[132] Denkbar sind lediglich Richtlinien zur Präzisierung.[133] Ein Verstoß gegen die Vorgaben des § 93 Abs. 1 S. 3 AktG kann ebenso eine Haftung nach § 93 Abs. 2 S. 1 AktG nach sich ziehen wie ein Handeln gegen die Vorgaben des § 93 Abs. 1 S. 1 AktG oder eine Nichtbeachtung der allgemeinen Treuepflicht.[134] Ein Verstoß kann zudem einen Widerruf der organschaftlichen Bestellung i.S.d. § 84 Abs. 3 AktG legitimieren oder einen Kündigungsgrund nach § 626 BGB darstellen.[135] Außerdem ist die Offenbarung von Geheimnissen der Gesellschaft gemäß § 404 AktG strafbewehrt.

Legt man den Gesetzeswortlaut wörtlich aus, unterliegen nur solche Geheimnisse und vertrauliche Angaben der Verschwiegenheitspflicht, von denen Vorstände im Rahmen ihrer Tätigkeit Kenntnis erlangen. Diese Formulierung wird allerdings als zu eng empfunden, weswegen es vom Wortlaut abweichend genügen soll, wenn das jeweilige Mitglied des Vorstands Kenntnis aufgrund der Organstellung erlangt.[136] Dies bedeutet allerdings nicht, dass Vorstände mit privat erlangten Kenntnissen nach Belieben umgehen können, vielmehr ergibt sich für derartige Kenntnisse eine Verschwiegenheitspflicht aus der allgemeinen Treuepflicht.[137]

Die Verschwiegenheitspflicht beginnt mit der Bestellung zum Vorstand, aber endet nicht mit der Entlassung. Sie besteht der allgemeinen Treuepflicht entsprechend über die Beendigung der Organstellung hinaus fort.[138]

---

131 BGH NJW 1975, 1411.

132 Für den Aufsichtsrat: BGHZ 64, 325 (326 f.); *Fleischer,* in: Spindler/Stilz, AktG, § 93 Rn. 162.

133 *Fleischer,* in: Spindler/Stilz, AktG, § 93 Rn. 162; *Spindler,* in: MünchKomm, AktG, § 93 Rn. 113.

134 *Krieger/Sailer-Coceani,* in: Schmidt/Lutter, AktG, § 93 Rn. 24.

135 *Krieger/Sailer-Coceani,* in: Schmidt/Lutter, AktG, § 93 Rn. 24.

136 *Mertens/Cahn*, in: Kölner Kommentar, AktG, § 93 Rn. 114.

137 *Mertens/Cahn*, in: Kölner Kommentar, AktG, § 93 Rn. 114.

138 *Mertens/Cahn*, in: Kölner Kommentar, AktG, § 93 Rn. 122; *Spindler,* in: MünchKomm, AktG, § 93 Rn. 132.

III. Aktienrechtliche Innenhaftung des Vorstands

Wie bereits angesprochen, ist die aktienrechtliche Innenhaftung von Mitgliedern des Vorstands einer Aktiengesellschaft in § 93 AktG geregelt. Dabei wird im 1. Absatz von § 93 AktG die allgemeine Sorgfaltspflicht der Vorstandsmitglieder bei der Geschäftsführung normiert, während sich in den Absätzen 2 bis 6 Regelungen zur persönlichen Verantwortlichkeit von Vorständen gegenüber der Gesellschaft finden.[139]

1. Normzweck

Die Haftung nach § 93 Abs. 2 S. 1 AktG verfolgt zwei unterschiedliche Ziele. Sie soll Vorstandsmitglieder disziplinieren und sie von dem Eingehen übermäßiger Verlustrisiken abhalten. Damit sollen das Gesellschaftsvermögen und die Aktionäre der Gesellschaft präventiv geschützt werden.[140] Daneben dient § 93 Abs. 2 S. 1 AktG wie jede Schadensersatznorm auch der Kompensation von Schäden, die der Gesellschaft infolge einer Pflichtverletzung ihrer Vorstände entstanden sind.[141] Primär geschützt werden sollen das Gesellschaftsvermögen und damit die Aktionäre der Gesellschaft Dies führt mittelbar aber auch zu einem Schutz der Gläubiger der Gesellschaft,[142] zu denen auch die Arbeitnehmer zu zählen sind.[143]

2. Abdingbarkeit

Die Schadensersatzhaftung aus § 93 Abs. 2 S. 1 AktG ist zwingendes Recht und kann weder durch die Satzung noch durch den Anstellungsvertrag des Vorstands abbedungen werden.[144] Für Satzung und Geschäftsordnung ergibt sich dies durch die Bestimmung der Satzungsstrenge in § 23 Abs. 5 S. 1 AktG, wonach die Satzung einer Aktiengesellschaft von den Vorgaben des kodifizierten Aktienrechts nur dann abweichen kann, wenn dies im Gesetz ausdrücklich vorgesehen ist. Dabei erstreckt sich diese sog. *Satzungsstrenge* auch auf den in § 93 Abs. 2 S. 1 AktG niedergelegten Verschuldensmaßstab, der weder zulasten

139 *Spindler,* in: MünchKomm, AktG, § 93, Rn. 1.
140 *Hölters,* in: Hölters, AktG, § 93 Rn. 8.
141 *Fleischer,* in: Spindler/Stilz, AktG, § 93 Rn. 2; *Hölters,* in: Hölters, AktG, § 93 Rn. 8.
142 *Hölters,* in: Hölters, AktG, § 93 Rn. 8; *Spindler,* in: MünchKomm, AktG, § 93, Rn. 1.
143 *Hölters,* in: Hölters, AktG, § 93 Rn. 8.
144 *Fleischer,* in: Spindler/Stilz, AktG, § 93 Rn. 3, *Koch,* in: Hüffer/Koch, AktG, § 93 Rn. 2.

noch zugunsten der Mitglieder des Vorstands abgeändert werden kann, da im Gesetz keine Öffnungsklausel vorgesehen ist.[145]

3. Tatbestandsvoraussetzungen

Eine persönliche Haftung nach § 93 Abs. 2 S. 1 AktG setzt voraus, dass der Anspruchsgegner Vorstand einer Aktiengesellschaft ist und er eine gesellschaftliche Pflicht bei Ausübung seiner Tätigkeiten verletzt hat. Die Pflicht muss er dabei schuldhaft verletzt haben. Durch die Pflichtverletzung muss ferner zu einem Vermögensschaden der Gesellschaft geführt haben. Schließlich muss zwischen der Pflichtverletzung und dem Eintritt des Schadens eine kausale Beziehung bestehen.[146]

a) Pflichtverletzung

Die Vorstandshaftung gegenüber der Gesellschaft gemäß § 93 Abs. 2 S. 1 AktG setzt zunächst voraus, dass ein Mitglied des Vorstands seine ihm obliegenden – und bereits oben beschriebenen – gesellschaftlichen Pflichten verletzt hat. Ferner muss das Organ die Pflicht während der Wahrnehmung von organschaftlichen Aufgaben verletzt haben. Sofern zwischen der Pflichtverletzung und dem organschaftlichen Handeln des Vorstands kein Zusammenhang bestehen sollte, scheidet eine Haftung nach § 93 Abs. 2 S. 1 AktG im Ergebnis aus.[147]

aa. Kollegialentscheidungen

Etwas anderes könnte bei Maßnahmen gelten, die durch eine gemeinsame Kollegialentscheidung des Vorstands beschlossen wurde. Dieser Fall ist insbesondere im Hinblick auf diejenigen Vorstandsmitglieder problematisch, die bei der Beschlussfassung überstimmt worden sind. Grundsätzlich sind diese angehalten, die getroffene Entscheidung gesellschaftstreu mitzutragen.[148] Ist die Entscheidung allerdings pflichtwidrig oder gar gesetzeswidrig, besteht die Pflicht eines jeden Vorstands, auf pflichtgemäßes Verhalten des Gesamtvorstands hinzuwirken.[149]

---

145 *Fleischer,* in: Spindler/Stilz, AktG, § 93 Rn. 4 f, *Hopt/Roth*, in: GroßKomm AktG, § 93 Rn. 47; *Spindler*, in: MünchKomm, AktG, § 93 Rn. 26 ff.

146 *Fleischer,* in: Spindler/Stilz, AktG, § 93, Rn. 164.

147 *Fleischer,* in: Spindler/Stilz, AktG, § 93 Rn. 202; *Mertens/Cahn*, in: Kölner Kommentar, AktG, § 93 Rn. 65.

148 *Fleischer,* in: Spindler/Stilz, AktG, § 77 Rn. 29.

149 OLG Hamm ZIP 1995, 1263 (1268); *Fleischer,* in: Spindler/Stilz, AktG, § 77 Rn. 29; *Kort*, in: GroßKomm AktG, § 77 Rn. 22; *Mertens/Cahn*, in: Kölner Kommentar, AktG, § 77 Rn. 50; *Spindler*, in: MünchKomm, AktG, § 77 Rn. 29.

Allerdings ist es nicht erforderlich, dass das betroffene Vorstandsmitglied in solch einem Fall eine Beschlussunfähigkeit durch ein Verlassen der Sitzung herbeiführt. Es ist vielmehr angehalten, an der Sitzung teilzunehmen und seine rechtlichen Bedenken vorzutragen.[150] Darüber hinaus muss es alle zumutbaren Maßnahmen ergreifen, um eine rechtmäßige und pflichtgemäße Entscheidung herbeizuführen bzw. zumindest dessen Umsetzung zu verhindern.[151]

bb. Business-Judgement-Rule

Von entscheidender Bedeutung für die Beurteilung eines pflichtwidrigen Verhaltens von Vorständen einer Aktiengesellschaft ist die seit 2005 kodifizierte Business-Judgement-Rule. Nach § 93 Abs. 1 S. 2 AktG handelt ein Mitglied des Vorstands nicht pflichtwidrig, wenn es „vernünftigerweise annehmen durfte, zum Wohle der Gesellschaft zu handeln". Dabei muss es allerdings aufgrund einer angemessenen Informationsgrundgrundlage gehandelt haben. Die Anwendbarkeit dieser Vorschrift setzt voraus, dass ein Vorstandsmitglied eine unternehmerische Entscheidung (1) frei von Interessenkonflikten und ohne sachfremde Einflüsse getroffen hat (2), diese dem Wohle der Gesellschaft gedient hat (3) und sie auf einer angemessenen Informationsgrundlage basierte (4).[152]

Diese Business-Judgement-Rule ist im Ergebnis eine Tatbestandseinschränkung, die angemessenes unternehmerisches Handeln vom Haftungstatbestand ausnehmen soll.[153] Dabei findet sie ausschließlich auf den Bereich der Innenhaftung nach § 93 Abs. 2 S. 1 AktG Anwendung. Eine Haftung gegenüber Dritten kann nicht beschränkt werden.[154] Bereits vor ihrer Kodifizierung war das Bedürfnis nach einer Haftungseinschränkung bei unternehmerischen Handlungen in der Rechtsprechung anerkannt.[155] Man war sich bewusst, dass eine zu restriktive Haftungspraxis Unternehmensführer veranlassen kann, risikoreiche Entscheidungen generell zu meiden. Dies wiederum wäre mittel- bis langfristig nachteilig für die Gesellschaft und für die Aktionäre der Gesellschaft.[156] Einem

150 *Fleischer*, in: Spindler/Stilz, AktG, § 77 Rn. 30.

151 Für den GmbH-Geschäftsführer: BGHSt 37, 106 (131 f.) (= Lederspray-Entscheidung); *Fleischer*, in: Spindler/Stilz, AktG, § 77 Rn. 31; *Mertens/Cahn*, Kölner Kommentar, AktG, § 77 Rn. 50; *Spindler*, in: MünchKomm, AktG, § 77 Rn. 29.

152 *Koch*, in: Hüffer/Koch, AktG, § 93 Rn. 9; *Mertens/Cahn*, in: Kölner Kommentar, AktG, § 93 Rn. 117 ff.

153 Begr. RegE UMAG, BT-Drucks. 15/5092, 11.

154 *Mertens/Cahn*, in: Kölner Kommentar, AktG, § 93 Rn. 15;

155 Für die GmbH & Co. KGaA: BGHZ 134, 392 (398 f.); BGHZ 135, 244 (253 f.) (= ARAG/Garmenbeck); BGHZ 136, 133 (139).

156 *Mertens/Cahn*, in: Kölner Kommentar, AktG, § 93 Rn. 13.

über die Maßen risikoscheuen Verhalten sollte durch die Einführung der Business-Judgement-Rule entgegengesteuert werden.

Gemäß § 93 Abs. 1 S. 2 AktG haften Vorstände dann nicht, wenn sie vernünftigerweise davon ausgehen durften, zum Wohle der Gesellschaft zu handeln. Das gilt auch dann, wenn sich ihre Einschätzungen und Prognosen im Nachhinein aus einer Ex-post-Perspektive als unzutreffend herausgestellt haben.[157] Sollten die Voraussetzungen von § 93 Abs. 1 S. 2 AktG tatsächlich vorliegen, kommt auch eine Abberufung aus wichtigem Grund gemäß § 84 Abs. 3 AktG nicht in Betracht.[158]

b) Verschulden

Vorstandsmitglieder haben bei Ausübung ihrer Mandatstätigkeit die Sorgfalt eines ordentlichen und gewissenhaften Geschäftsleiters anzuwenden, es handelt sich hierbei um einen sogenannten *typisierten Verschuldensmaßstab*.[159] Sie haften bereits für leichte Fahrlässigkeit,[160] wobei Bezugspunkt für das Verschulden die Pflichtverletzung als solche ist und kein darüber hinausgehendes Schädigungsbewusstsein erforderlich ist.[161]

Da sich der Verschuldensmaßstab objektiv beurteilt, richtet er sich an den konkreten Erfordernissen der anvertrauten Stellung aus; mangelnde Kenntnisse oder Fähigkeiten vermögen ein pflichtverletzendes Vorstandsmitglied daher nicht zu entlasten.[162] Fehlen die erforderlichen Fähigkeiten, ist dem Vorstand vorzuwerfen, dass er ein Amt übernommen hat, für das er nicht die erforderliche Qualifikation besitzt.[163] Ist er mit einer Aufgabe überfordert, hat er sich sachkundigen Rat einzuholen.[164] Nur wenn es sich um eine dringliche Entscheidung handelt, die in zeitlicher Hinsicht keine Beratung mehr zulässt, ist eine Entschuldigung denkbar. Allerdings kann der Vorwurf dann darin bestehen, dass das

---

157 *Mertens/Cahn*, in: Kölner Kommentar, AktG, § 93 Rn. 15.

158 *Mertens/Cahn*, in: Kölner Kommentar, AktG, § 93 Rn. 15.

159 *Spindler*, in: MünchKomm, AktG, § 93 Rn. 176.

160 *Fleischer*, in: Spindler/Stilz, AktG, § 93 Rn. 206.

161 *Fleischer*, in: Spindler/Stilz, AktG, § 93 Rn. 208; so auch *Spindler*, in: MünchKomm, AktG, § 93 Rn. 178.

162 Für die Genossenschaft: RGZ 163, 200 (208); vgl. auch *Fleischer*, in: Spindler/Stilz, AktG, § 93 Rn. 205; *Mertens/Cahn*, in: Kölner Kommentar, AktG, § 93 Rn. 137; *Spindler*, in: MünchKomm, AktG, § 93 Rn. 177.

163 Für die Genossenschaft: RGZ 163, 200 (208); *Spindler*, in: MünchKomm, AktG, § 93 Rn. 177.

164 *Mertens/Cahn*, in: Kölner Kommentar, AktG, § 93 Rn. 137.

betroffene Vorstandsmitglied nicht umsichtiger gehandelt und bereits das Entstehen solch einer Situation vermieden hat.[165]

Aufgrund des objektivierten Maßstabes geht eine Pflichtverletzung in aller Regel mit einem Verschulden einher. Demzufolge kommt dem Verschuldenserfordernis keine entscheidende Bedeutung im Hinblick auf die Haftung des Vorstands zu.[166] Selten wird nur eine objektive, aber keine subjektive Pflichtwidrigkeit gegeben sein.[167]

Die Haftungsvorschrift des § 93 Abs. 2 S. 1 AktG gilt nur für Pflichtverletzungen, die Vorstandsmitglieder in eigener Person begehen. Es findet keine Zurechnung von Erfüllungs- oder Verrichtungsgehilfen (§§ 278 und 821 BGB) der Gesellschaft statt.[168] Selbst bei Vertretung eines Vorstandsmitgliedes durch einen Prokuristen bei einem Geschäftsabschluss findet keine Zurechnung zulasten des Vorstandsmitglieds nach § 278 BGB statt,[169] denn der Prokurist hat eigene Pflichten und nicht die des Organmitgliedes zu erfüllen. Er haftet daher aus unmittelbar eigenem Verschulden.[170] Auch bei unzulässiger Aufgabendelegation ist § 278 BGB unanwendbar. Vielmehr begründet sich der Pflichtwidrigkeitsvorwurf bereits aus der Unzulässigkeit der Aufgabenübertragung.[171] Gleiches gilt für die Auswahl ungeeigneter Hilfspersonen und Mitarbeiter[172] bzw. bei einer nur unzureichenden Arbeitnehmerüberwachung.[173]

Vorstandsmitgliedern ist es verwehrt, das Verhalten anderer Vorstände nach § 254 BGB anspruchsmindernd geltend zu machen.[174] Auch ein eventuell gegebenes Überwachungsverschulden des Aufsichtsrates kann die Mitglieder des

---

165 *Mertens/Cahn*, in: Kölner Kommentar, AktG, § 93 Rn. 137.

166 *Fleischer*, in: Spindler/Stilz, AktG, § 93 Rn. 205; *Hopt/Roth*, in: GroßKomm AktG, § 93 Rn. 392.

167 *Spindler*, in: MünchKomm, AktG, § 93 Rn. 176.

168 *Koch*, in: Hüffer/Koch, AktG, § 93 Rn. 42; *Spindler*, in: MünchKomm, AktG, § 93 Rn. 179.

169 BGHZ 13, 61 (65); BGHZ 62, 166 (172); *Spindler*, in: MünchKomm, AktG, § 93 Rn. 178.

170 *Hopt/Roth*, in: GroßKomm AktG, § 93 Rn. 160; *Spindler*, in: MünchKomm, AktG, § 93 Rn. 178.

171 *Fleischer*, AG 2003, 291 (293).

172 OLG Stuttgart AG 2010, 133 (135); *Fleischer*, AG 2003, 291 (293).

173 *Fleischer*, AG 2003, 291 (293 ff.).

174 OLG Düsseldorf AG 1997, 231 (237) (= ARAG/Garmenbeck); *Fleischer*, in: Spindler/Stilz, AktG, § 93 Rn. 210.

Vorstands nicht entlasten.[175] Lediglich ein anspruchsverkürzendes Mitverschulden der Hauptversammlung aufgrund der Bestellung nicht geeigneter Aufsichtsräte kommt in Ausnahmefällen in Betracht.[176]

c) Schaden

Wie bei allen Schadensersatzansprüchen muss auch bei § 93 Abs. 2 S. 1 AktG ein Vermögensschaden der Gesellschaft eingetreten sein.[177]

aa. Grundsatz

Das Vorliegen eines Schadens beurteilt sich unter Zugrundelegung der Differenzhypothese nach den allgemeinen zivilrechtlichen Schadensvorschriften der §§ 249 ff. BGB.[178] Es ist das aktuelle Vermögen der Gesellschaft mit dem zu vergleichen, das bei hypothetischer Betrachtung ohne die pflichtwidrige Handlung bestanden hätte.[179] Die Vermögensentwicklung bei den Aktionären ist hingegen nicht zu berücksichtigen.[180]

Regelmäßig wird es an einem Schaden bei sog. *nützlichen Pflichtverletzungen* fehlen, die im vermeintlichen Interesse des Unternehmens vorgenommen worden sind (z.B. Schmiergeldzahlungen, unlauterer Wettbewerb, Steuermanipulation oder Umweltrechtsverstöße).[181] Bußgelder und andere Strafzahlungen, die der Gesellschaft aufgrund eines Vorstandshandelns auferlegt werden, sind demgegenüber Schäden i.S.v. § 93 Abs. 2 S. 1 AktG.[182]

---

175 OLG Düsseldorf AG 1997, 231 (237) (= ARAG/Garmenbeck); *Fleischer*, in: Spindler/Stilz, AktG, § 93 Rn. 210.

176 *Fleischer*, in: Spindler/Stilz, AktG, § 93 Rn. 210; *Hopt/Roth*, in: GroßKomm AktG, § 93 Rn. 405.

177 *Fleischer*, in: Spindler/Stilz, AktG, § 93 Rn. 211; *Hopt/Roth*, in: GroßKomm AktG, § 93 Rn. 406.

178 *Fleischer*, in: Spindler/Stilz, AktG, § 93 Rn. 211; *Hölters*, in: Hölters, AktG, § 93 Rn. 252; *Koch*, in: Hüffer/Koch, AktG, § 93 Rn. 47; *Spindler*, in: MünchKomm, AktG, § 93 Rn. 171.

179 *Fleischer*, in: Spindler/Stilz, AktG, § 93 Rn. 211.

180 *Fleischer*, in: Spindler/Stilz, AktG, § 93 Rn. 214; *Hopt/Roth*, in: GroßKomm AktG, § 93 Rn. 412.

181 *Hölters*, in: Hölters, AktG, § 93 Rn. 75; *Thole*, ZHR 173 (2009), 504 (512 ff.).

182 *Hölters*, in: Hölters, AktG, § 93 Rn. 255; *Koch*, in: Hüffer/Koch, AktG, § 93 Rn. 48.

bb. Ausnahme: Schadensvermutung

§ 93 Abs. 3 AktG enthält eine Aufzählung von neun Gesetzesverstößen, bei denen die handelnden Vorstandsmitglieder grundsätzlich zum Ersatz verpflichtet sind. Es handelt sich eigentlich um eine Vorschrift, die den Bereich der Außenhaftung betrifft, da bei einer Anspruchserhebung durch Gläubiger der Gesellschaft (vgl. dazu die Voraussetzungen in § 93 Abs. 5 AktG) der Verschuldensmaßstab modifiziert ist. In den Fällen des § 93 Abs. 3 AktG tritt eine Haftung gegenüber den Gläubigern der Gesellschaft bereits bei leichter Fahrlässigkeit ein, während bei sonstigen Pflichtwidrigkeiten eine grobe Verletzung der durch Abs. 1 vorgegebenen Sorgfalt begangen worden sein muss. Überwiegend wird § 93 Abs. 3 AktG daher als eigene Anspruchsgrundlage angesehen.[183]

Allerdings ist § 93 Abs. 3 AktG auch in schadensrechtlicher Hinsicht für den Innenhaftungsanspruch nach § 93 Abs. 2 S. 1 AktG von Relevanz, da die Vorschrift eine Schadensvermutung und damit eine Abweichung von den §§ 249 ff. BGB beinhaltet.[184] Es findet in Abweichung zur Differenzhypothese keine vermögensrechtliche Gesamtbetrachtung statt.[185] Mit Feststellung der Tatbestandsverwirklichung ist nach gesetzgeberischer Wertung von einem Mindestschaden in der Höhe des Kapitalabflusses bzw. der Vorenthaltung auszugehen.[186] Allerdings steht es dem betroffenen Vorstandsmitglied offen, die Vermutung zu widerlegen.[187] Dafür ist der Nachweis erforderlich, dass eine Schädigung unter allen Umständen ausgeschlossen ist, da der Betrag an die Gesellschaft zurückgeführt worden ist.[188] Dass der Gesellschaft bisher noch kein Schaden entstanden ist, vermag das betroffene Vorstandsmitglied hingegen nicht zu entlasten.[189]

---

183 *Fleischer*, in: Spindler/Stilz, AktG, § 93 Rn. 256; *Hölters*, in: Hölters, AktG, § 93 Rn. 273; *Koch*, in: Hüffer/Koch, AktG, § 93 Rn. 69; *Spindler*, in: MünchKomm, AktG, § 93 Rn. 223.

184 *Fleischer*, in: Spindler/Stilz, AktG, § 93 Rn. 258; *Koch*, in: Hüffer/Koch, AktG; § 93 Rn. 68; *Spindler*, in: MünchKomm, AktG, § 93 Rn. 222.

185 *Fleischer*, in: Spindler/Stilz, AktG, § 93 Rn. 258.

186 *Spindler*, in: MünchKomm, AktG, § 93 Rn. 222.

187 *Fleischer*, in: Spindler/Stilz, AktG, § 93 Rn. 258.

188 *Fleischer*, in: Spindler/Stilz, AktG, § 93 Rn. 258; *Spindler*, in: MünchKomm, AktG, § 93 Rn. 222.

189 *Fleischer*, in: Spindler/Stilz, AktG, § 93 Rn. 258; *Spindler*, in: MünchKomm, AktG, § 93 Rn. 222.

d) Kausalität

Des Weiteren erfordert eine Haftung nach § 93 Abs. 2 S. 1 AktG einen Kausalitätszusammenhang zwischen der Pflichtverletzung und dem eingetretenen Schaden.[190] Unter Anwendung der Adäquanztheorie ist dieser zu bejahen, wenn der Schadenseintritt als Folge der Pflichtverletzung nicht außerhalb jeder Wahrscheinlichkeit liegt.[191]

Dem in Anspruch genommenen Vorstandsmitglied steht die Berufung auf rechtmäßiges Alternativverhalten offen. Gelingt ihm der Nachweis, dass der Schaden auch bei pflichtgemäßem Verhalten mit an Sicherheit grenzender Wahrscheinlichkeit eingetreten wäre, ist er von der Haftung befreit.[192] Diese Möglichkeit besteht allerdings nicht im Hinblick auf seine Stimmabgabe bei Kollegialentscheidungen, denn jede unterstützende Stimme stellt für sich genommen bereits eine Pflichtverletzung dar.[193]

4. Geltendmachung des Anspruchs

Der Anspruch aus § 93 Abs. 2 S. 1 AktG wird grundsätzlich durch den Aufsichtsrat im Namen der Gesellschaft geltend gemacht und gerichtlich durchgesetzt (vgl. § 112 AktG). Daneben können auch die Gläubiger der Gesellschaft einen Anspruch unter den Voraussetzungen von § 93 Abs. 5 AktG gegen Mitglieder des Vorstands geltend machen.

a) Durch den Aufsichtsrat

Der Aufsichtsrat vertritt gemäß § 112 AktG die Gesellschaft gegenüber Mitgliedern des Vorstands gerichtlich und außergerichtlich; ihm obliegt die Prozessführung.[194] Hat fälschlicherweise der grundsätzlich im Namen der Gesellschaft vertretungsbefugte Vorstand (vgl. § 78 Abs. 1 S. 1 AktG) die Prozessführung übernommen, kann dieser Mangel durch eine nachträgliche Genehmigung der

---

190 *Fleischer*, in: Spindler/Stilz, AktG, § 93 Rn. 215; *Hölters,* in: Hölters, AktG, § 93 Rn. 262; *Hopt/Roth,* in: GroßKomm AktG, § 93 Rn. 413; *Spindler*, in: MünchKomm, AktG, § 93 Rn. 174.

191 *Fleischer*, in: Spindler/Stilz, AktG, § 93 Rn. 215; *Hölters,* in: Hölters, AktG, § 93 Rn. 262.

192 *Fleischer*, in: Spindler/Stilz, AktG, § 93 Rn. 215; *Hölters,* in: Hölters, AktG, § 93 Rn. 262; *Hopt/Roth,* in: GroßKomm AktG, § 93 Rn. 415; *Spindler*, in: MünchKomm, AktG, § 93 Rn. 174.

193 *Hölters,* in: Hölters, AktG, § 93 Rn. 263 *Spindler*, in: MünchKomm, AktG, § 93 Rn. 175.

194 BGHZ 135, 244 (252) (= ARAG/Garmenbeck).

bisherigen Prozessführung durch den Aufsichtsrat und dessen Eintritt in den Prozess geheilt werden.[195]

Bestandteil dieser originären Pflicht des Aufsichtsrates ist eine vorprozessuale Einschätzung des Prozessrisikos und der tatsächlichen Realisierbarkeit der Forderung.[196] Jedoch darf diese Abwägungspflicht nicht grundsätzlich zu dem Ergebnis führen, dass von einer Anspruchsverfolgung abgesehen wird. Bis vor einigen Jahren war eine tatsächliche Inanspruchnahme des Vorstands eher die Ausnahme, da zwischen Vorstand und Aufsichtsrat üblicherweise ein Loyalitätsverhältnis besteht.[197] Vor allem die landläufig unter dem Begriff der *Deutschland AG* bekannten personellen Verflechtungen in deutschen börsennotierten Aktiengesellschaften führten zu einer nur seltenen tatsächlichen Realisierung von Ansprüchen gegen den Vorstand.[198] Zwar haben sich diese Abhängigkeiten durch den Verkauf gegenseitiger Beteiligungen und die Globalisierung der Finanzmärkte in den letzten Jahren immer weiter reduziert, jedoch besteht die Gefahr einer Nichtinanspruchnahme aufgrund von personeller Loyalität nach wie vor fort. Unterstützt wird und wurde diese Zurückhaltung durch die Möglichkeit für ehemalige Vorstände, unmittelbar nach Ende des Mandats in den Aufsichtsrat der Gesellschaft zu wechseln.[199]

Im Laufe der Zeit ist allerdings eine Verbesserung der Situation eingetreten, die einerseits auf der Auflösung der alten gegenseitigen Beteiligungsstrukturen der Konzerne und andererseits auf der Entwicklung in der Rechtsprechung beruht.[200] Maßgeblich dazu beigetragen hat die sog. *ARAG/Garmenbeck*-Entscheidung des BGH.[201] In dieser Entscheidung hat der BGH klargestellt, dass

195 BGH DStR 2009, 867 (868).

196 BGHZ 135, 244 (253) (= ARAG/Garmenbeck).

197 *Hölters*, in: Hölters, AktG, § 93 Rn. 23.

198 *Hölters*, in: Hölters, AktG, § 93 Rn. 23.

199 Ein nahtlosen Wechsel unterbindet nunmehr allerdings § 100 Abs. 2 S 1 Nr. 4 AktG, wonach ein Wechsel aus dem Vorstand in den Aufsichtsrat bei börsennotierten Gesellschaften nicht vor Ablauf von 2 Jahren nach dem Ausscheiden aus dem Vorstand erfolgen soll. Diese Änderung ist durch das VorstAG vom 31.07.2009, BGBl. I S. 2509, Bestandteil des Aktiengesetzes geworden. Eine Ausnahme soll allerdings gelten, wenn der Wechsel auf Vorschlag von Aktionären erfolgt, die mehr als 25% der Stimmrechte der Gesellschaft halten. Einen entsprechenden Vorschlag enthält auch Ziff. 5.4.4 DCGK vor, der allerdings für alle Aktiengesellschaften gelten soll, nicht nur für börsennotierte. Darüber empfiehlt Ziff. 5.4.2 S. 3 DCGK, dass dem Aufsichtsrat nicht mehr als zwei ehemalige Mitglieder des Vorstands angehören sollen.

200 So auch *Hölters*, in: Hölters, AktG, § 93 Rn. 23.

201 BGHZ 135, 244 (= ARAG/Garmenbeck).

regelmäßig eine Sorgfaltspflichtverletzung des Aufsichtsrates vorliegt, wenn er nichts gegen ein pflichtwidrig handelndes Mitglied des Vorstands unternimmt. Er darf ausnahmsweise von einer Verfolgung absehen, wenn es im Interesse der Gesellschaft liegt, wobei der Ermessensspielraum des Aufsichtsrates in dieser Frage sehr eng ist.[202] Die Interessen der Gesellschaft müssen dabei zwingend die Interessen an der Rechtsverfolgung gegenüber dem betroffenen Vorstandsmitglied überwiegen.[203] Beispielshaft genannt werden können negative Auswirkungen auf die Geschäftstätigkeit, das Arbeitsklima, das Ansehen der Gesellschaft oder auf die Vorstandstätigkeit.[204] Keine Rolle darf grundsätzlich die persönliche Situation des Vorstandsmitglieds spielen. Dies kann ausnahmsweise anders sein, wenn das pflichtwidrige Verhalten und die Folgen für die Gesellschaft nur unerheblich waren, die möglichen Folgen für das betroffene Organmitglied aber gravierend ausfallen.[205]

Ein weiterer entscheidender Faktor für den Klimawandel im Bereich der Anspruchsverfolgung durch den Aufsichtsrat ist das gestiegene öffentliche Interesse und die damit einhergehende Sensibilisierung der Öffentlichkeit, deren Vertrauen in die gesetzestreue und pflichtgemäße Leitung von Aktiengesellschaften im Zuge der Bankenkrise weiter gemindert wurde. Mittlerweile ist die Vergütung der Vorstände und die Durchsetzung von Schadensersatzansprüchen der Gesellschaft ein alltägliches Thema der Tagespresse geworden, wodurch der Druck auf die Aufsichtsräte weiter erhöht wurde.[206]

b) Auf Geheiß der Hauptversammlung

Gemäß § 147 Abs. 1 S. 1 AktG müssen Ersatzansprüche gegen Mitglieder des Vorstandes, was § 93 Abs. 2 S. 1 AktG einschließt,[207] geltend gemacht werden, wenn die Hauptversammlung der Gesellschaft dies mit einfacher Mehrheit beschließt. Nach Beschlussfassung muss der Anspruch binnen eines Zeitraums von 6 Monaten geltend gemacht werden (§ 147 Abs. 1 S. 2 AktG). Der Anspruch aus § 147 Abs. 1 AktG ergibt sich aus dem jeweiligen Ersatzanspruch,[208] d.h. bei einem Ersatzanspruch nach § 93 Abs. 2 S. 1 AktG richtet sich der Anspruch

---

202 BGHZ 135, 244 (255) (= ARAG/Garmenbeck).
203 BGHZ 135, 244 (255) (= ARAG/Garmenbeck).
204 BGHZ 135, 244 (255) (= ARAG/Garmenbeck).
205 BGHZ 135, 244 (255) (= ARAG/Garmenbeck).
206 *Hölters*, in: Hölters, AktG, § 93 Rn. 24.
207 *Mock*, in: Spindler/Stilz, AktG, § 147 Rn. 12.
208 *Mock*, in: Spindler/Stilz, AktG, § 147 Rn. 16.

wie vorstehend gezeigt gegen den Aufsichtsrat der Gesellschaft, der diese gemäß § 112 AktG gegenüber dem Vorstand vertritt.

c) *Durch die Gläubiger*

Die Möglichkeit der Gläubiger, einen Schaden unmittelbar gegen die ersatzpflichtigen Vorstände geltend zu machen, besteht nach § 93 Abs. 5 AktG immer dann, wenn die Gesellschaft zur Befriedigung der Gläubiger nicht in der Lage ist. Dafür müssen die Gläubiger nicht erst erfolglos gegen die Gesellschaft vorgegangen sein.[209] Unter den Voraussetzungen von § 93 Abs. 5 AktG haben die Gläubiger der Gesellschaft die Möglichkeit, den Anspruch aus § 93 Abs. 2 S. 1 AktG im eigenen Namen geltend zu machen.[210] Allerdings verbleibt dem Vorstandsmitglied die Möglichkeit, befreiend an die Gesellschaft zu zahlen, wodurch die Praxisrelevanz von § 93 Abs. 5 AktG deutlich gemindert wird.[211]

§ 93 Abs. 5 AktG setzt eine auf Geld gerichtete bzw. eine solche Forderung der Gläubiger voraus, die in eine Geldforderung übergehen kann, wobei die Art des Rechtsgrundes unerheblich ist.[212] Ferner muss der Gesellschaft ein Anspruch nach Abs. 2 S. 1 gegen ein Vorstandsmitglied zustehen, der aber noch nicht tituliert sein muss.[213] Ein Verzicht oder ein Vergleich der Gesellschaft oder ein gesetzmäßiger Beschluss der Hauptversammlung zur Entlastung der Vorstandsmitglieder hat keine Auswirkung im Verhältnis zu den Gläubigern (§ 93 Abs. 5 S. 3 AktG). Dem Vorstandsmitglied steht keine Einrede der Vorausklage zu. Allerdings müssen die Gläubiger den Nachweis führen, dass die Gesellschaft ihren Anspruch nicht begleichen kann.[214] Es genügt, dass die Gesellschaft zur Zahlung nicht in der Lage ist, ein Vollstreckungsversuch muss nicht vorgenommen worden sein. Allerdings reicht die einfache Zahlungsunwilligkeit nicht aus.[215] Zahlungsunfähigkeit liegt insbesondere dann vor, wenn die Gesellschaft in der Form überschuldet ist, dass der Vorstand nach § 92 Abs. 2 AktG die Eröffnung des Insolvenzverfahrens beantragen muss. Demzufolge kommt

---

209 *Mertens/Cahn*, in: Kölner Kommentar, AktG, § 93 Rn. 179.
210 *Spindler*, in: MünchKomm, AktG, § 93 Rn. 267.
211 *Mertens/Cahn*, in: Kölner Kommentar, AktG, § 93 Rn. 179; *Spindler*, in: MünchKomm, AktG, § 93 Rn. 267.
212 *Mertens/Cahn*, in: Kölner Kommentar, AktG, § 93 Rn. 182; *Spindler*, in: MünchKomm, AktG, § 93 Rn. 268.
213 *Spindler*, in: MünchKomm, AktG, § 93 Rn. 269.
214 *Spindler*, in: MünchKomm, AktG, § 93 Rn. 271.
215 *Koch*, in: Hüffer/Koch, AktG, § 93 Rn. 82; *Mertens/Cahn*, in: Kölner Kommentar, AktG, § 93 Rn. 182.

Abs. 5 insbesondere dann in der Praxis eine Bedeutung zu, wenn das Insolvenzverfahren mangels Masse abgelehnt wurde.[216] Denn nur in diesem Fall bleibt die Gesellschaft verfügungsbefugt. Wurde allerdings das Insolvenzverfahren über das Vermögen der Gesellschaft eröffnet, übt nach § 93 Abs. 5 S. 4 AktG der Insolvenzverwalter bzw. der Sachwalter das Recht der Gläubiger aus Abs. 5 gegenüber den Vorstandsmitgliedern aus.

Zu berücksichtigen bleibt, dass außer in den Fällen von Abs. 3 das haftende Vorstandsmitglied seine Pflichten als Geschäftsleiter mindestens gröblich verletzt haben muss, damit sich die Möglichkeit der persönlichen Inanspruchnahme eröffnet. Damit soll einer Einschränkung der Entschlussfreudigkeit der Vorstände entgegengewirkt werden.[217] Gröblich meint (wenigstens) grob fahrlässig.[218] Der Ausnahmevorschrift des Abs. 3 kommt daher im Verhältnis zwischen Vorständen und Gesellschaft echte materielle Wirkung zu und sie begründet einen Direktanspruch bei bloß leichter Fahrlässigkeit.[219]

Neben der Möglichkeit des Abs. 5 kann ein Gläubiger den Ersatzanspruch der Gesellschaft aus Abs. 2 S. 1 gegen das haftende Vorstandsmitglied i.S.d. §§ 828 ff. ZPO pfänden und sich überweisen lassen. Diese Vorgehensweise setzt einen bestehenden Zahlungstitel der Gläubiger gegen die Gesellschaft voraus. Liegt ein solcher vor, können die Gläubiger entscheiden, ob sie diesen Weg oder den des § 93 Abs. AktG bzw. beide Wege gleichzeitig beschreiten wollen. Dies kann für einen Gläubiger Sinn machen, da bei einem Vorgehen nach Abs. 5 die Gefahr besteht, dass das haftende Vorstandsmitglied befreiend an die Gesellschaft leistet,[220] während bei einer Pfändung zur Überweisung die Zahlung an einen anderen Gesellschaftsgläubiger nicht ausgeschlossen ist.[221]

5. Rechtsfolgen

Sofern alle Voraussetzungen von § 93 Abs. 2 S. 1 AktG erfüllt sind, haften mehrere Vorstandsmitglieder als Gesamtschuldner im Sinne der §§ 421 ff. BGB.[222] Dabei umfasst der Anspruch der Gesellschaft alle Schäden, die kausal auf der

---

216 *Spindler,* in: MünchKomm, AktG, § 93 Rn. 271.

217 *Spindler,* in: MünchKomm, AktG, § 93 Rn. 269.

218 *Koch,* in: Hüffer/Koch, AktG, § 93 Rn. 82; *Mertens/Cahn,* in: Kölner Kommentar, AktG, § 93 Rn. 82; *Spindler,* in: MünchKomm, AktG, § 93 Rn. 269.

219 *Spindler,* in: MünchKomm, AktG, § 93 Rn. 269.

220 *Koch,* in: Hüffer/Koch, AktG, § 93 Rn. 83.

221 *Mertens/Cahn*, AktG, § 93 Rn. 181.

222 *Koch,* in: Hüffer/Koch, AktG, § 93 Rn. 57.

pflichtwidrigen Handlung des haftenden Vorstandsmitgliedes beruhen.[223] Jedoch muss sich die Gesellschaft etwaige finanzielle Vorteile anrechnen lassen, die sie aus der schädigenden Handlung zieht. Das allgemeine schadensrechtliche Prinzip der Vorteilsanrechnung findet auch auf den Anspruch des § 93 Abs. 2 S. 1 AktG Anwendung.[224]

6. Beweislastverteilung

Im Streitfall haben die Mitglieder des Vorstands gemäß § 93 Abs. 2 S. 2 AktG nachzuweisen, dass sie die Sorgfalt eines gewissenhaften und ordentlichen Geschäftsleiters eingehalten haben. Diese Beweislastverteilung kann vertraglich abgeändert werden, da sie zwingender Natur ist und gläubigerschützenden Charakter hat.[225]

Die Beweislastregel umfasst sowohl die subjektive Vorwerfbarkeit als auch die objektive Pflichtwidrigkeit (= Rechtswidrigkeit) von vorstandlichen Handlungen[226] sowie die Regeln der Business-Judgement-Rule.[227] Diese Beweislastverteilung hat ihren Grund vor allem in der Nähe der Vorstandsmitglieder zu den zu beweisenden Tatsachen und den gleichermaßen bestehenden Beweisproblemen für die geschädigte Gesellschaft.[228] Im Hinblick auf das Handeln von Angestellten genügt den Vorständen allerdings die Führung des sog. *dezentralisierten Entlastungsbeweises* für eine Exkulpation.[229] Darunter versteht man grundsätzlich die Entlastung eines Geschäftsherrn durch die Darlegung einer sorgfältigen Auswahl, Überwachung und Anleitung der an der Spitze der Hierarchie stehenden Angestellten.[230]

Demgegenüber obliegt der Gesellschaft der Nachweis der Kausalität sowie der Nachweis der schädigenden Handlung bzw. des schadensbegründenden

---

223 *Spindler*, in: MünchKomm, AktG, § 93 Rn. 174.

224 *Spindler*, in: MünchKomm, AktG, § 93 Rn. 171.

225 *Spindler*, in: MünchKomm, AktG, § 93 Rn. 189.

226 Für den GmbH-Geschäftsführer mit Verweis auf § 93 Abs. 2 S. 2 AktG: BGHZ 152, 280 (284 f.); *Mertens/Cahn*, in: Kölner Kommentar, AktG, § 93 Rn. 140; *Spindler*, in: MünchKomm, AktG, § 93 Rn. 181.

227 *Koch*, in: Hüffer/Koch, AktG, § 93 Rn. 54; *Mertens/Cahn*, in: Kölner Kommentar, AktG, § 93 Rn. 140.

228 *Mertens/Cahn*, in: Kölner Kommentar, AktG, § 93 Rn. 138; *Spindler*, in: MünchKomm, AktG, § 93 Rn. 184.

229 *Mertens/Cahn*, in: Kölner Kommentar, AktG, § 93 Rn. 137.

230 *Wagner*, in: MünchKomm, BGB, § 831 Rn. 35 ff.

Unterlassens. Zudem muss sie die Höhe des behaupteten Schadens konkret beziffern.[231] Das in Anspruch genommene Vorstandsmitglied muss dann im Gegenzug – wie bereits dargestellt – darlegen, dass es die Pflicht eines ordentlichen und gewissenhaften Geschäftsführers eingehalten hat oder es muss versuchen, sich durch die Darlegung zu entlasten, dass der Schaden auch bei Einhaltung der erforderlichen Sorgfalt eingetreten wäre (rechtmäßiges Alternativverhalten).[232]

Bisweilen kann bereits die Art des Schadens auf eine Pflichtwidrigkeit der Mitglieder des Vorstands hindeuten, so dass die Gesellschaft ihre Vorwürfe nicht weiter zu substantiieren braucht.[233] Zugunsten der Gesellschaft ist eine Beweiserleichterung in Bezug auf das Handeln bzw. das Unterlassen des Vorstandsmitgliedes bis zur Grenze eines Anscheinsbeweises möglich, wenn der Schaden typischerweise auf einem vorstandlichen Verhalten beruht, dass in die Risikosphäre der Geschäftsleitung fällt.[234]

Sollte es sich hingegen um einen Schaden der Gesellschaft handeln, bei dem ein solcher Schluss nicht gerade nahe liegt, steigen die Anforderungen an die Gesellschaft im Hinblick auf die Substantiierung ihres Vortrages. Dem betroffenen Vorstandsmitglied muss es möglich gemacht werden, sich substantiell mit den konkreten Vorwürfen auseinandersetzen zu können.[235] Die Gesellschaft muss dagegen darlegen, dass der konkret und individuell abgrenzbare Schaden bei Beachtung gesetzlicher Vorkehrungsverpflichtungen nicht eingetreten wäre.[236] Der allgemeine Verweis auf ein Organisations- und Kontrolldefizit reicht in solchen Fällen nicht aus.[237]

Die Vorstandsmitglieder können alle Tatsachen vortragen, die ihrer Entlastung dienen und damit entgegen der durch § 93 Abs. 1 S. 2 AktG angeordneten Verschwiegenheitspflicht vertrauliche Informationen offenbaren.[238] Nehmen die Gesellschaft ein bereits ausgeschiedenes Mitglied des Vorstands in Anspruch, muss sie ihm gemäß § 810 BGB Einsicht in alle für seine Beweisführung relevanten Schriften und Bücher genehmigen.[239] Nur so wird es ihm nach seinem

---

231 *Mertens/Cahn*, in: Kölner Kommentar, AktG, § 93 Rn. 142; *Spindler*, in: MünchKomm, AktG, § 93 Rn. 185.
232 *Hölters*, in: Hölters, AktG, § 93 Rn. 262.
233 *Mertens/Cahn*, in: Kölner Kommentar, AktG, § 93 Rn. 142.
234 *Spindler*, in: MünchKomm, AktG, § 93 Rn. 186.
235 *Mertens/Cahn*, in: Kölner Kommentar, AktG, § 93 Rn. 142.
236 *Mertens/Cahn*, in: Kölner Kommentar, AktG, § 93 Rn. 142.
237 *Mertens/Cahn*, in: Kölner Kommentar, AktG, § 93 Rn. 142.
238 *Spindler*, in: MünchKomm, AktG, § 93 Rn. 183.
239 *Mertens/Cahn*, in: Kölner Kommentar, AktG, § 93 Rn. 147.

Ausscheiden überhaupt möglich sein, sich gegen die Vorwürfe effektiv zur Wehr zu setzen.

7. Verjährung

In Abs. 6 von § 93 AktG findet sich eine Bestimmung zur Verjährung, die für alle Ansprüche des § 93 AktG gilt und damit auch für die Innenhaftungsansprüche der Gesellschaft gegen ihre Geschäftsführer aus § 93 Abs. 2 S. 1 AktG.[240] Diese verjähren grundsätzlich in fünf Jahren. Ist die Gesellschaft allerdings im Moment der Pflichtverletzung börsennotiert im Sinne des § 3 Abs. 2 AktG, verlängert sich die Frist auf zehn Jahre. Diese Fristverlängerung für börsennotierte Gesellschaften wurde mit Art. 6 Nr. 1 des Restrukturierungsgesetzes vom 14. Dezember 2010 ins Gesetz eingeführt.[241] Begründet wurde die Verlängerung mit dem Umstand, dass eine Börsennotierung mit einer Anonymisierung der Aktionärsbasis verbunden sei und dies dazu führe, dass die Aktie als reines Finanzanlageprodukt wahrgenommen werde.[242] Anonyme Aktionäre haben oft keine enge Verbundenheit mit der Gesellschaft, weswegen ihr Hauptaugenmerk oftmals auf Erzielung einer möglichst schnellen Rendite liege. Sollten diese dann zur Erzielung ihre Renditeziele Einfluss auf die Geschäftsführung nehmen, bestehe die Gefahr einer zu starken Fokussierung auf die kurzfristigste Steigerung des Börsenwertes und weniger auf der Ergreifung längerfristiger und nachhaltiger Maßnahmen.[243] Zudem bestehe, so der Gesetzgeber, die Gefahr, dass bei großen börsennotierten Gesellschaften eine Pflichtverletzung des Vorstands in Ermangelung des besonderen Engagements und Interesses der Aktionäre erst spät entdeckt wird.[244] Ferner seien Sonderprüfungen zur Feststellung erforderlich, die oftmals zeitaufwendig seien.[245] Andererseits sei die Aufklärung nach längerer Zeit noch möglich, da Handlungen des Vorstands bei börsennotierten Gesellschaften in der Regel mit größerer Sorgfalt dokumentiert werden.[246] Gemäß § 24 EGAktG findet die geänderte Verjährungsfrist auch auf solche Ansprüche Anwendung, die vor dem 15. Dezember 2010 entstanden sind.

---

240 *Koch,* in: Hüffer/Koch, AktG, § 93 Rn. 86.

241 BGBl. I, S. 1900 = Gesetz zur Restrukturierung und geordneten Abwicklung von Kreditinstituten, zur Errichtung eines Restrukturierungsfonds für Kreditinstitute und zur Verlängerung der Verjährungsfrist der aktienrechtlichen Organhaftung.

242 Begr. RegE BT-Drucks. 17/3024, 81.

243 Begr. RegE BT-Drucks. 17/3024, 81.

244 Begr. RegE BT-Drucks. 17/3024, 81.

245 Begr. RegE BT-Drucks. 17/3024, 81.

246 Begr. RegE BT-Drucks. 17/3024, 81.

Der Fristbeginn bestimmt sich nach § 200 BGB, weswegen auf die Entstehung des Anspruchs als objektiven Zeitpunkt abzustellen ist.[247] Damit kommt es nicht auf die Kenntnis der Gesellschaft an, selbst wenn das den Tatbestand durch seine Handlungen erfüllende Vorstandsmitglied die anspruchsbegründenden Tatsachen verheimlichen sollte.[248] Der Anspruch gilt erst dann als entstanden, wenn er durch Klage – gegebenenfalls durch Feststellungsklage – gegen das Vorstandsmitglied effektiv geltend gemacht werden kann.[249] Dabei muss der Schaden bereits entstanden, aber noch nicht zwingenderweise in seiner Entwicklung abgeschlossen sein.[250] Spätere Schadensfolgen sind dann als Einheit mit der Pflichtverletzung zu werten, wenn mit ihnen bereits bei Auftritt des ersten Schadens zu rechnen war.[251] Bei wiederholten Verstößen beginnt die Verjährung für jede Pflichtverletzung gesondert.[252] Gleiches gilt im Hinblick auf im Zeitpunkt des ersten Schadens noch nicht vorhersehbare Schadensfolgen.[253]

Das Abstellen auf die Pflichtverletzung und das Außerachtlassen der Kenntnis der Gesellschaft dient der Rechtssicherheit und damit der Erleichterung des Abschlusses von D&O-Versicherungsverträgen.[254] Dadurch wird die Risikokalkulierbarkeit für D&O-Versicherer verbessert.[255] Stellt man hingegen auf den in § 199 BGB geregelten Verjährungsbeginn ab, erfordert der Beginn der

---

247 Für den GmbH-Geschäftsführer: BGH NZG 2008, 908 (910); OLG Stuttgart WM 2010, 120 (126); *Fleischer*, in: Spindler/Stilz, AktG, § 93 Rn. 303; *Koch*, in: Hüffer/Koch, AktG, § 93 Rn. 87; *Spindler*, in: MünchKomm, AktG, § 93 Rn. 291.

248 Für den GmbH-Geschäftsführer: BGH NZG 2008, 908 (910); *Fleischer*, in: Spindler/Stilz, AktG, § 93 Rn. 303e

249 *Koch*, in: Hüffer/Koch, AktG, § 93 Rn. 87; *Spindler*, in: MünchKomm, AktG, § 93 Rn. 292.

250 BGHZ 100, 228 (231 f.); für den Abschlussprüfer einer Aktiengesellschaft: BGHZ 124, 27 (29 f.); OLG Stuttgart WM 2010, 120 (126); *Fleischer*, in: Spindler/Stilz, AktG, § 93 Rn. 303a; *Koch*, in: Hüffer/Koch, AktG, § 93 Rn. 87; *Spindler*, in: MünchKomm, AktG, § 93 Rn. 292.

251 Allgemein: BGHZ 50 21 (24); BGHZ 100, 228 (232); für den Abschlussprüfer einer Aktiengesellschaft: BGHZ 124, 27 (29 f.); *Spindler*, in: MünchKomm, AktG, § 93 Rn. 292.

252 *Mertens/Cahn*, in: Kölner Kommentar, AktG; § 93 Rn. 202; *Spindler*, in: MünchKomm, AktG, § 93 Rn. 292.

253 *Mertens/Cahn*, in: Kölner Kommentar, AktG; § 93 Rn. 202; *Spindler*, in: MünchKomm, AktG, § 93 Rn. 292.

254 Begr. RegE BT-Drucks. 15/3653, 12 = Gesetzesentwurf zur Anpassung von Verjährungsvorschriften an das Gesetz zur Modernisierung des Schuldrechts; vgl. auch *Spindler*, in: MünchKomm, AktG, § 93 Rn. 291.

255 So die Begr. RegE BT-Ducks. 15/3653, 12.

Frist zusätzlich die Kenntnis der Gläubiger von den Anspruch begründenden Umständen und der Person des Schuldners bzw. zumindest deren grob fahrlässige Unkenntnis (§ 199 Abs. 1 Nr. 2 BGB). Dies könnte eine Unsicherheit schaffen, die nicht nur ein Problem für die versicherungsmathematische Risikokalkulation darstellt, sondern darüber hinaus auch nachteilig für die Mitglieder des Vorstands ist, die ein Interesse an einem nach objektiven Kriterien bestimmbaren Ende einer möglichen Inanspruchnahme haben.[256]

Die Berechnung der Frist bestimmt sich nach den §§ 187 Abs. 1, 188 Abs. 2 B GB.[257] Der Neubeginn der Frist und deren Hemmung sind in den §§ 203 ff. BGB geregelt.[258] Nimmt die Gesellschaft den Vorstand in Anspruch, so ist die Verjährung zugunsten aller anderen Gläubiger gehemmt. Andersherum wirkt die Hemmung durch einen einzigen Gläubiger nur für diesen (und den Insolvenzverwalter) und nicht für andere Gläubiger und die Gesellschaft.[259]

IV. Außenhaftung

Verletzt das handelnde Vorstandsmitglied eine organschaftliche Pflicht, so haftet es grundsätzlich keinem außerhalb der Gesellschaft stehenden Dritten persönlich.[260] Der Gesetzgeber hat sich durch die Statuierung der Innenhaftung von Vorständen in § 93 Abs. 2 S. 1 AktG für eine Haftungskonzentration zugunsten der Aktionäre (und Gläubiger) der Gesellschaft entschieden.[261] Aufgrund dieser klaren Haftungssystematik handelt es sich bei § 93 Abs. 2 S. 1 AktG nicht um ein Schutzgesetz i.S.d. § 823 Abs. 2 BGB.[262] Dies würde die Konzeption der Innenhaftung umgehen. Auch aus § 93 Abs. 5 AktG lässt sich nichts Abweichendes herleiten.[263] Eine Haftung gegenüber Dritten durch Handlungen in Ausführung des vorstandlichen Mandates kommt aber nach anderen Vorschriften in Betracht. Somit können diese unter gewissen Umstände direkt gegen das

256 So die Begr. RegE BT-Ducks. 15/3653, 12.

257 *Koch*, in: Hüffer/Koch, AktG, § 93 Rn. 87.

258 *Fleischer*, in: Spindler/Stilz, AktG, § 93 Rn. 303h; *Spindler*, in: MünchKomm, AktG, § 93 Rn. 294.

259 *Koch*, in: Hüffer/Koch, AktG, § 93 Rn. 87; *Spindler*, in: MünchKomm, § 93 Rn. 294.

260 *Hölters*, in: Hölters, AktG, § 93 Rn. 360.

261 *Hölters*, in: Hölters, AktG, § 93 Rn. 360.

262 St. Rechtsprechung, vgl. LG Düsseldorf AG 1991, 70 (71); LG Bonn AG 2001, 484 (486); *Mertens/Cahn*, in: Kölner Kommentar, AktG, § 93 Rn. 207.

263 *Koch*, in: Hüffer/Koch, AktG, § 93 Rn. 65.

Vorstandsmitglied vorgehen, was ihnen eine zusätzliche Absicherung im Schadensfall verschafft.

1. Gesamtschuldnerische Haftung

Im Regelfall der Außenhaftung haften Gesellschaft und Organwalter gemeinsam, denn ist das handelnde Organ im Außenverhältnis gegenüber einem Dritten aus § 823 Abs. 1 BGB ersatzpflichtig, erlangt der Geschädigte über § 31 BGB auch einen unmittelbaren Anspruch gegen die Gesellschaft.[264] Organ und Gesellschaft haften in diesem Fall gemäß §§ 840, 421 ff. BGB als Gesamtschuldner,[265] so dass derjenige von beiden, der zuerst in Anspruch genommen wird und daraufhin an den Geschädigten leistet, einen Ausgleichsanspruch nach § 426 Abs. 1 und 2 BGB gegen den jeweils anderen Schädiger erlangt. Höhe und Umfang des Ausgleichsanspruchs richten sich dabei nach dem zugrundeliegenden Innenverhältnis und dem Grad der individuellen Verantwortlichkeit.[266] In der Regel besteht beim Geschädigten der Wille, die Gesellschaft als den solventeren der beiden Schuldner in Anspruch zu nehmen, wenngleich das Vorstandsmitglied dann wie beschrieben einen *Regressanspruch* der Gesellschaft zu befürchten hat.[267]

2. Haftungstatbestände

Anders als im Bereich der Innenhaftung existiert kein gesetzlicher Grundtatbestand, der die Maßgaben einer Außenhaftung von Vorständen einer Aktiengesellschaft regelt.[268] Vielmehr sind die allgemeinen (deliktischen) Anspruchsgrundlagen anzuwenden.[269] Daher sollen diejenigen Haftungsgrundlagen dargestellt werden, die überwiegend eine Haftung von Vorständen bei Ausübung ihrer gesellschaftlichen Aufgaben gegenüber gesellschaftsfremden Dritten begründen können.

---

264 Es ist allgemein anerkannt, dass § 31 BGB in entsprechender Weise auf alle juristischen Personen des Privatrechts Anwendung findet, vgl. *Arnold*, in: MünchKomm, BGB, § 31 Rn. 11; *Beck*, VersR 2017, 855 (856).

265 *Mansel*, in: Jauernig, BGB, § 31 Rn. 1.

266 *Wagner*, in: MünchKomm, BGB, § 840 Rn. 15 f.

267 *Olbrich*, Die D&O-Versicherung, S. 139.

268 *Beckmann*, in: Beckmann/Matusche-Beckmann, Versicherungsrechts-Handbuch, § 28 Rn. 42.

269 Vgl. exemplarisch *Hölters*, in: Hölters, AktG, § 93 Rn. 361 ff.

a) Vertragliche Haftung

Zunächst kommt eine vertragliche Haftung der handelnden Vorstände in Betracht. Dabei müssen diejenigen Verträge, deren Verletzung durch gesellschaftsfremde Dritte behauptet wird, in einem unmittelbaren Zusammenhang zu der Ausübung der Organtätigkeit des Mandatsträgers stehen. Der BGH hat die bereits für eine Haftung aus einer Bürgschaft[270] und einen selbstständigen Garantieversprechen[271] bejaht.[272]

Ferner ist eine originäre Eigenhaftung von Mitgliedern des Vorstandes denkbar, wenn es für den Dritten nicht erkennbar war, dass das Vorstandsmitglied einen Vertrag für die Gesellschaft abschließen wollte.[273] In diesem Fall wird das Vertrauen des Vertragspartners auf die persönliche Haftung des Vorstandsmitgliedes geschützt; es handelt sich mithin um eine Haftung wegen der Setzung eines zurechenbaren Rechtsscheines.[274] Dieser kann durch eine fehlerhafte Firmierung (§ 4 AktG) oder dadurch begründet werden, dass das handelnde Organ den Anschein erweckt hat, es sei der Inhaber der Gesellschaft.[275]

b) Sachwalterhaftung

Überdies kommt eine Einstandspflicht nach den Grundlagen der sog. *Sachwalterhaftung* aus §§ 280 Abs. 1, 311 Abs. 3 BGB in Betracht.[276] Danach haftet ein sog. Sachwalter (Vertreter, Erfüllungsgehilfen, Vermittler oder Garanten), wenn er am Abschluss des Vertrages ein unmittelbares wirtschaftliches Eigeninteresse[277] oder für sich persönlich besonderes Vertrauen in Anspruch genommen und dadurch entweder den Abschluss des Vertrages oder dessen Durchführung beeinflusst hat.[278]

---

270 Für den GmbH-Geschäftsführer: BGHZ 153, 337.

271 Für den Geschäftsführer einer GmbH & Co. KG: BGH NJW-RR 2001, 1611 (1612).

272 *Fleischer*, in: Spindler/Stilz, AktG, § 93 Rn. 309; *Hölters*, in: Hölters, AktG, § 93 Rn. 361.

273 *Hölters*, in: Hölters, AktG, § 93 Rn. 361; *Hopt/Roth*, in: GroßKomm AktG, § 93 Rn. 650.

274 *Hölters*, in: Hölters, AktG, § 93 Rn. 365.

275 Für die GmbH: BGH NJW 1990, 2678 (2679).

276 *Fleischer*, in: Spindler/Stilz, AktG, § 93 Rn. 310 ff.; *Hölters*, in: Hölters, AktG, § 93 Rn. 362 ff.; *Koch*, in: Hüffer/Koch, AktG, § 93 Rn. 67.

277 Auch wenn nicht ausdrücklich im Wortlaut erwähnt ständige Rechtsprechung, vgl. exemplarisch BGHZ 56, 81 (83); BGHZ 79, 281 (286).

278 BGHZ 63, 382; BGHZ 70, 337; BGHZ 103, 310 (313); für den GmbH-Geschäftsführer: BGHZ 126, 181 (189).

Im Hinblick auf das wirtschaftliche Eigeninteresse hat der BGH unter Abkehr von seiner bisherigen Rechtsprechung entschieden, dass die bloße Beteiligung der Vorstände an der Gesellschaft, selbst in einem beherrschenden Umfang, für sich genommen nicht ausreicht, um den Tatbestand von § 311 Abs. 3 BGB zu bejahen.[279] Ebenso reicht die Stellung von Sicherheiten für Verbindlichkeiten der Gesellschaft oder die Gewährung eines Darlehens zugunsten der Gesellschaft alleine nicht aus.[280] Daraus folgt, dass der Anwendungsbereich für eine Eigenhaftung von Vorständen aus §§ 280 Abs. 1, 311 Abs. 3 BGB unter dem Gesichtspunkt des wirtschaftlichen Eigeninteresse sehr begrenzt ist.[281] Dieses liegt selbst dann nicht vor, wenn das Handeln des Vorstandsmitglieds in erster Linie darauf abzielt, eine Provision für den Abschluss des Vertrages zu erhalten. In diesem Fall fehlt es an der erforderlichen Unmittelbarkeit des Interesses.[282] Die erforderliche Unmittelbarkeit ist nur dann gegeben, wenn das Vorstandsmitglied neben der Gesellschaft im eigenen wirtschaftlichen Interesse, d.h. in eigener Sache tätig wird.[283]

Eine persönliche Inanspruchnahme von besonderem Vertrauen bejaht der BGH immer dann, wenn der Sachwalter eine persönliche Gewähr für die erfolgreiche Vertragsdurchführung übernimmt.[284] Das handelnde Vorstandsmitglied muss ein über das normale Verhandlungsvertrauen hinausgehendes, besonderes Vertrauen für sich in Anspruch genommen haben.[285] Dies ist beispielsweise dann der Fall, wenn es durch sein Verhalten zum Ausdruck bringt, persönlich für die Verlässlichkeit der Gesellschaft und des Geschäfts einstehen zu wollen.[286] Ferner kann ein schutzwürdiges Vertrauen i.S.d. § 311 Abs. 3 BGB durch besondere Sachkunde, außergewöhnliche persönliche Zuverlässigkeit oder enge persönliche Beziehungen hervorgerufen werden.[287] Dies ist in der Literatur auch bezüglich

---

279 Für den GmbH-Geschäftsführer: BGH NJW 1986, 586 (587) und BGHZ 126, 181 (184); anders noch BGH NJW 1983, 676 (677).

280 Für den GmbH-Geschäftsführer: BGHZ 126, 181 (187 ff.).

281 So auch *Fleischer,* in: Spindler/Stilz, AktG, § 93 Rn. 311.

282 *Stadler*, in: Jauernig, BGB, § 311 Rn. 64.

283 *Fleischer,* in: Spindler/Stilz, AktG, § 93 Rn. 311; *Spindler,* in: Fleischer, Handbuch des Vorstandsrechts, § 13 Rn. 3.

284 BGH NJW-RR 2006, 993 (994).

285 Für den GmbH-Geschäftsführer: BGHZ 126, 181 (189).

286 *Fleischer,* in: Spindler/Stilz, AktG, § 93 Rn. 312; *Hopt/Roth,* in: GroßKomm AktG, § 93 Rn. 653.

287 Für den GmbH-Geschäftsführer: BGH NJW-RR 1988, 615 (616); auch für den GmbH-Geschäftsführer: BGH NJW-RR 1991, 289 (290).

der Haftung von Vorständen einer Aktiengesellschaft anerkannt, wenngleich die bisherigen Urteile nur GmbH-Geschäftsführer betroffen haben.[288] Wegen der Vergleichbarkeit der Sachverhalte können die dort angestellten Überlegungen aber auf die AG übertragen werden.[289]

c) Deliktische Außenhaftung

Erfüllen Vorstände im Rahmen der Ausübung ihres Mandates deliktische Tatbestände, sind sie für daraus entstehende Schäden bei außerhalb der Gesellschaft stehenden Dritten persönlich verantwortlich. Zwar hat der geschädigte Dritte dann auch einen unmittelbaren Anspruch gegen die Gesellschaft gemäß § 31 BGB (sog. *Repräsentantenhaftung*), der auf die Aktiengesellschaft analog angewendet wird (s.o.) und deliktisches Verhalten des Vorstands gegenüber Dritten der Gesellschaft zurechnet (sog. Haftungsvertretung).[290] Jedoch schließt dies eine persönliche Haftung der Vorstände nicht aus. Vielmehr stehen die beiden Haftungen nebeneinander, Gesellschaft und Vorstand haften als Gesamtschuldner im Sinne der §§ 421 ff. BGB.[291]

aa. § 823 Abs. 1 BGB

Sollte ein Mitglied des Vorstands alle Tatbestandsmerkmale des § 823 Abs. 1 BGB in seiner Person erfüllen, so muss es dem Dritten den kausal hervorgerufenen Schaden persönlich ersetzen.[292] Dem steht eine Rechtsgutverletzung als Mittäter oder Teilnehmer (§ 830 Abs. 1 und 2 BGB) gleich.[293]

Unklar und umstritten ist allerdings, wann eine Haftung aus § 823 Abs. 1 BGB eintritt, wenn die Mitglieder des Vorstands nicht selber gehandelt haben, sondern ihnen nur ein Vorwurf im Hinblick auf mangelhafte Organisation und Leitung der Gesellschaft gemacht wird. Man spricht dann von sog. mittelbaren

---

288 BGH NJW 1981, 2810; BGH NJW 1986, 586 (587); BGH NJW 1994, 2220; BGH ZIP 1995, 211 (212).

289 *Fleischer*, in: Spindler/Stilz, AktG, § 93 Rn. 310; *Hölters*, in: Hölters, AktG, § 93 Rn. 363 f.

290 *Koch*, in: Hüffer/Koch, AktG, § 93 Rn. 65.

291 Vgl. bereits unter B. IV. 1.

292 Für den GmbH-Geschäftsführer: BGH NJW 1974, 1371 (1372 f.); *Fleischer*, in: Spindler/Stilz, AktG, § 93 Rn. 313; *Hölters*, in: Hölters, AktG, § 93 Rn. 366; *Hopt/Roth*, in: GroßKomm AktG, § 93 Rn. 656; *Spindler*, in: Fleischer, Handbuch des Vorstandsrechts, § 16 Rn. 6.

293 *Fleischer*, in: Spindler/Stilz, AktG, § 93 Rn. 313; *Hölters*, in: Hölters, AktG, § 93 Rn. 366.

Verletzungshandlungen.[294] Maßgeblich für die Beantwortung dieser Frage war die sog. Baustoff-Entscheidung des BGH, bei der eine Außenhaftung eines GmbH-Geschäftsführers streitgegenständlich war.[295] Dieser hatte infolge organisatorischer Mängel keine Sorge dafür getragen, dass Werklohnforderungen an Lieferanten der GmbH abgetreten wurden, die ihr Eigentum aufgrund des Einbaus der Stoffe bei den Auftraggebern verloren hatten. Der verlängerte Eigentumsvorbehalt zugunsten der Lieferanten wurde damit verletzt.[296] Der VI. Zivilsenat hat in diesem Fall eine persönliche deliktische Haftung angenommen, da die von der Gesellschaft zu beachtenden Pflichten zum Schutz absoluter Rechtsgüter Dritter auch die Geschäftsleiter treffen.[297] Die Entscheidung hat im Hinblick auf den Grundsatz der Haftungskonzentration auf die Gesellschaft[298] erhebliche Kritik ausgelöst, da sie das bestehende Regel- und Ausnahmeverhältnis zwischen Innen- und Außenhaftung aufzulösen und den Anwendungsbereich der Außenhaftung zu überdehnen schien.[299] Dieser Kritik hat sich unlängst auch die jüngere Rechtsprechung angeschlossen und den Anwendungsbereich der Außenhaftung bei Organisationsverschulden wieder reduziert. So hat der VI. Zivilsenat im Jahre 2012 selbst festgehalten, dass die Rechtspflicht, dafür zu sorgen, dass sich die Gesellschaft und andere Vorstandskollegen an geltende Gesetze halten, als Ausprägung der Legalitätspflicht grundsätzlich nur im Innenverhältnis gegenüber der Gesellschaft selbst bestehe und nicht auch im Außenverhältnis wirke.[300] Dem entsprechend hat der II. Zivilsenat im Jahre 2014 entschieden, dass ein Geschäftsführer nur dann für Wettbewerbsverstöße im Außenverhältnis haftet, wenn er an diesen selbst beteiligt ist oder die Verstöße aufgrund einer nach den Grundsätzen des Deliktsrechts bestehenden Garantenstellung hätte verhindern müssen.[301]

---

294 *Fleischer*, in: Spindler/Stilz, AktG, § 93 Rn. 314 ff.; *Hölters*, in: Hölters, AktG, § 93 Rn. 367 ff.

295 BGHZ 109, 297.

296 BGHZ 109, 297 (298 f.).

297 BGHZ 109, 297 (302 ff.).

298 Haftungskonzentration bedeutet, dass die Verletzung von organschaftlichen Pflichten grundsätzlich nur zu einer Innenhaftung der Leitungsorgane gegenüber der Gesellschaft führt und nicht gegenüber außerhalb der Gesellschaft stehenden Dritten, vgl. für den GmbH-Geschäftsführer m.w.N.: *Fleischer*, in: MünchKomm, GmbHG, § 43 Rn. 339.

299 *Fleischer*, in: Spindler/Stilz, AktG, § 93 Rn. 314 ff. m.w.N.; *Hölters*, in: Hölters, AktG, § 93 Rn. 368 f. m.w.N.

300 BGH NJW 2012, 3439.

301 BGH NZG 2014, 26.

Eine persönliche Haftung bei einer Verletzung von Organisations- und Leitungspflichten immer nur anzunehmen, wenn die Vorstandsmitglieder neben diesen allgemeinen Pflichten zusätzliche persönliche Verkehrssicherungspflichten gegenüber der Allgemeinheit treffen. Diese persönliche Pflichtenstellung kann entweder aus einer ausdrücklichen Pflichtenübernahme folgen oder aufgrund besonderer Umstände eintreten.[302] Dies macht Sinn, da sonst die Gefahr einer Ausuferung der Außenhaftung bestünde. Der Vorwurf einer fehlerhaften Organisation wird bei einer Schädigung Dritter durch Maßnahmen der Gesellschaft wohl regelmäßig im Raum stehen, so dass der Ausnahmecharakter der persönlichen Außenhaftung von Unternehmensleitern praktisch aufgehoben wäre. Dies wiederum würde eine erhebliche Steigerung der Haftungsgefahr mit sich bringen und damit risikoscheues Verhalten fördern. Im austarierten Verhältnis zwischen Innenhaftung gegenüber der Gesellschaft und persönlicher Haftung im Außenverhältnis würde eine Unwucht entstehen, die so wohl auch nicht vom Gesetzgeber gewollt sein kann, der eine persönliche Außenhaftung schließlich ausdrücklich überhaupt nicht vorgesehen hat.

Eine weitere wegweisende Entscheidung traf der XI. Zivilsenat des BGH in der Rechtssache *Kirch ./. Deutsche Bank/Breuer*.[303] Der BGH bejahte einen rechtswidrigen Eingriff in den eingerichteten und ausgeübten Gewerbebetrieb des Klägers aufgrund einer Äußerung des beklagten ehemaligen Vorstandssprechers der Deutschen Bank AG, Rolf-Ernst Breuer. Dieser hatte in seiner Funktion als Vorstandssprecher öffentlich Zweifel an der Kreditwürdigkeit der Unternehmungen des Klägers geäußert. Der BGH sah die Meinungsfreiheit von Herrn Breuer im konkreten Fall als eingeschränkt an, da eine vertragliche Pflicht bestehe, Vermögensschäden beim Vertragspartner zu vermeiden.[304] Damit entschied der BGH wegweisend, dass Mitgliedern des Vorstands einer Aktiengesellschaft vertragliche Pflichten gegenüber Dritten obliegen und sie den Dritten bei Verletzung dieser Pflichten persönlich haften.[305]

Problematisch an dieser Entscheidung ist allerdings die Durchbrechung des Grundsatzes der Relativität von Schuldverhältnissen, da kein Vertrag zwischen Herrn Breuer und dem Kläger bestand. Das Urteil hat zur Konsequenz, dass ein Vertrag zwischen einem gesellschaftsfremden Dritten und der Gesellschaft negative Folgen für Vorstandsmitglieder haben kann. Dies wird in der Literatur

302 So auch *Fleischer*, in: Spindler/Stilz, AktG, § 93 Rn. 317.
303 BGH NJW 2006, 830.
304 BGH NJW 2006, 830.
305 BGH NJW 2006, 830.

bisweilen als unzulässiger Vertrag zulasten Dritter angesehen.[306] Dem lässt sich allerdings entgegenhalten, dass der XI. Zivilsenat keine vertragliche Haftung angenommen hat, sondern eine deliktische, die jede außerhalb eines Vertrages stehende Person treffen kann. Dass es durch die vertragliche Beziehung mit der Gesellschaft zu einer Pflichtenbindung der Vorstandsmitglieder gekommen ist, lässt sich mit der besonderen Stellung rechtfertigen, die diese im Rahmen des Vertragsschlusses einnehmen. Schließlich vertreten sie die Gesellschaft gerichtlich und außergerichtlich (§ 78 AktG) und leiten deren Geschäfte (§ 76 AktG).[307] Die Annahme eines Vertrags zulasten Dritter ist daher eher fernliegend.

bb. § 823 Abs. 2 BGB

Zudem ist an eine persönliche Haftung aus § 823 Abs. 2 BGB in Verbindung mit einem Schutzgesetz zu denken, die grundsätzlich die Verletzung eines Schutzgesetzes voraussetzt. Ein Schutzgesetz kann jede Rechtsnorm im Sinne von § 2 EGBGB sein, die zumindest auch dem Schutz von Individualinteressen zu dienen bestimmt ist.[308]

Dabei sind eine Reihe von Schutzgesetzen denkbar, deren Verletzung bei der Wahrnehmung von organschaftlichen Aufgaben eines AG-Vorstands in Betracht kommt. Im AktG sind die §§ 399 (falsche Angaben in den dort genannten Fällen) und 400 (unrichtige Darstellungen in den dort genannten Fällen) als Schutzgesetze anerkannt.[309] Darüber hinaus sind die für eine organschaftliche Betätigung von Vorständen relevanten Straftatbestände aus den §§ 222, 229, 246, 263, 264a, 266, 266a StGB Schutzgesetze für Handlungen von Vorstandsmitgliedern einer Aktiengesellschaft bei der Ausübung ihres Mandates.[310] Auch die Führung von Bankgeschäften ohne erforderliche Erlaubnis führt zu einer persönlichen Haftung gegenüber den Kapitalanlegern der Gesellschaft (§§ 32, 54 KWG i.V.m. § 14 StGB).[311]

Überdies kann eine unrichtige Bilanzierung zu einer Außenhaftung gegenüber aktuellen und potentiellen Aktionären führen.[312] Dies betrifft die

---

306 So z.B. *Hölters*, in: Hölters, AktG, § 93 Rn. 369; *Höpfner/Seibl*, BB 2006, 673 (678).

307 Hierzu bereits unter B. I.

308 BGHZ 12, 146 (148); BGHZ 84, 312 (314); BGHZ 106, 204 (206).

309 BGHZ 105, 121 (124 f.); BGHZ 149, 10 (20 f.); *Fleischer*, in: Spindler/Stilz, AktG, § 93 Rn. 318; *Hölters*, in: Hölters, AktG, § 93 Rn. 370; *Hopt/Roth*, in: GroßKomm AktG, § 93 Rn. 659; *Spindler*, in: MünchKomm, AktG, § 93 Rn. 310.

310 *Hölters*, in: Hölters, AktG, § 93 Rn. 370; *Spindler*, in: MünchKomm, AktG, § 93 Rn. 327.

311 BGH NJW 2005, 2703.

312 *Fleischer*, in: Spindler/Stilz, AktG, § 91 Rn. 24.

Eröffnungsbilanz, den Jahresabschluss, den Lagebericht, den Konzernabschluss und den Konzernlagebericht. Die Haftung folgt aus § 823 Abs. 2 BGB i.V.m. § 331 Nr. 1 und 2 HGB.[313] § 400 AktG tritt als Schutzgesetz dahinter zurück.[314] Die Haftung für die fehlerhafte Darstellung erfordert allerdings, dass das erklärende Vorstandsmitglied die Fehlerhaftigkeit zumindest für möglich gehalten und billigend in Kauf genommen hat.[315] Die Unterzeichnung des Jahresabschlusses ist hingegen weder ein Schuldanerkenntnis der unterzeichnenden Vorstände, noch handelt es sich bei § 245 HGB um ein Schutzgesetz, so dass im Zusammenhang mit der bloßen Unterzeichnung keine deliktische Außenhaftung begründet werden kann.[316]

Nach § 823 Abs. 2 BGB kommt es zu keiner persönlichen Haftung gegenüber Anlegern wegen fehlerhafter Information des Kapitalmarktes. Art. 12 f., 15 VO (EU) Nr. 596/2014 sind – wie schon ihre Vorgängervorschriften § 20a WpHG a.F. und § 88 BörsG a.F. – nach einhelliger Auffassung kein Schutzgesetze.[317] Nähme man eine derartige Haftung an, käme es zu einem Wertungswiderspruch gegenüber § 37b und § 37c WpHG, die eine persönliche Haftung erst ab grober Fahrlässigkeit vorsehen.[318] Zudem soll § 20a WpHG ebenso wie die §§ 14 und 15 WpHG die Funktionsfähigkeit des Marktes gewährleisten und nicht einzelnen Anlegern Schutz bieten.[319]

cc. § 826 BGB

Eine persönliche Haftung von Vorstandsmitgliedern kann sich auch gemäß § 826 BGB wegen einer vorsätzlichen sittenwidrigen Schädigung eines Dritten ergeben. Der Tatbestand des § 826 BGB setzt sich aus vier Elementen zusammen und erfordert neben dem Eintritt eines Schadens (1) und dem ursächlichen Verhalten des Inanspruchgenommenen (2) die Sittenwidrigkeit der Handlung (3) und den Vorsatz des in Anspruch genommenen Organs (4).[320] Vorsatz

---

313 LG Bonn AG 2001, 484 (485 f.); *Fleischer*, in: Fleischer, Handbuch des Vorstandsrechts, § 14 Rn. 51.

314 LG Bonn AG 2001, 484 (488).

315 *Fleischer*, in: Spindler/Stilz, AktG, § 91 Rn. 24.

316 *Fleischer*, in: Spindler/Stilz, AktG, § 91 Rn. 24.

317 *Hölters*, in: Hölters, AktG, § 93 Rn. 372; *Spindler*, in: MünchKomm, AktG, § 93 Rn. 326.

318 So auch *Fleischer*, in: Fleischer, Handbuch des Vorstandsrechts, § 14 Rn. 24; *Hölters*, in: Hölters, AktG, § 93 Rn. 372; *Spindler*, in: MünchKomm, AktG, § 93 Rn. 289.

319 *Hölters*, in: Hölters, AktG, § 93 Rn. 372; *Spindler*, in: MünchKomm, AktG, § 93 Rn. 325.

320 *Wagner*, in: MünchKomm, BGB, § 826 Rn. 8.

bedeutet mindestens *dolus eventualis*, was bedeutet, dass der Schadenseintritt zumindest für möglich gehalten und billigend in Kauf genommen werden muss.[321] Der Vorsatz muss sich dabei auf den Schadenseintritt bezogen haben, wobei eine genaue Vorstellung von dem tatsächlichen Kausalverlauf in allen Einzelheiten nicht erforderlich ist, sondern Vorsatz in Bezug auf Art und Richtung des Schadens und der Schadensfolge als ausreichend erachtet wird.[322] Ferner ist Vorsatz im Hinblick auf die eine Sittenwidrigkeit begründenden Umstände zu fordern.[323] § 826 BGB ist im Hinblick auf eine persönliche Außenhaftung von Mitgliedern des Vorstands einer Aktiengesellschaft vor allem im Rahmen von Unternehmenskrisen von Bedeutung, kommt aber auch bei fehlerhafter oder unzureichender Informationserteilung außerhalb von Krisenzeiten in Betracht.

(1) Unternehmenskrise

In der Krise wird von der Rechtsprechung eine sittenwidrige Schädigung dann angenommen, wenn ein Geschäftspartner bzw. ein Gläubiger der Gesellschaft nicht in einem ausreichenden Maße über eine schlechte Vermögenssituation der Gesellschaft aufgeklärt werden.[324] Diese Pflicht besteht, sobald es für die Vorstandsmitglieder offensichtlich wird, dass die Gesellschaft nicht in der Lage ist bzw. sein wird, ihre Verbindlichkeiten zu erfüllen.[325] Ferner führt die billigende Inkaufnahme einer Schädigung der Gläubiger durch einen verschleppten Insolvenzantrag zu einer persönlichen Außenhaftung der Vorstandsmitglieder.[326] Demgegenüber scheidet eine persönliche Haftung aus, wenn aus Sicht der Vorstände die Krise als überwindbar erschien und keine ernsten Zweifel bestanden, dass Sanierungsmittel zu einer Gesundung der Finanzen führen werden.[327] Zudem begründet sich eine persönliche Haftung nach Maßgabe von § 826 BGB durch die Verletzung von Organisations- und Kontrollpflichten aber nur, wenn die Vorstände das Erfordernis grundlegender Vorsichtsmaßnahmen grob missachten.[328]

---

321 BGH ZIP 2004, 1593 (1598).

322 BGH NJW 1991, 636.

323 BGHZ 8, 83 (87 f.).

324 Für den GmbH-Geschäftsführer: BGH WM 1991, 1548 (1551); OLG Düsseldorf NJW-RR 1998, 1256 (1258); *Hölters*, in: Hölters, AktG, § 93 Rn. 374.

325 Für den GmbH-Geschäftsführer: BGH NJW-RR 1991, 1312 (1315).

326 BGHZ 75, 96 (114); BGHZ 108, 134 (142); *Spindler*, in: Fleischer, Handbuch des Vorstandsrechts, § 13 Rn. 58.

327 BGHZ 75, 96 (114).

328 Für den GmbH-Geschäftsführer: BGH GmbHR 1994, 464 (465).

(2) Fehlinformation außerhalb der Krise

Außerhalb von Unternehmenskrisen kommt eine Haftung nach § 826 BGB insbesondere bei unzutreffender oder nicht ausreichender Information des Kapitalmarktes in Betracht,[329] wobei insbesondere einer Verletzung der Ad-hoc-Publizitätspflicht (§ 15 WpHG) Bedeutung zukommt.[330] Neben dem objektiven Umstand der Begehung einer Pflichtverletzung müssen dabei weitere subjektive Umstände hinzutreten, die das Handeln der Vorstandsorgane als besonders verwerflich erscheinen lassen.[331] Diese können sich aus dem verfolgten Ziel, der aus dem Verhalten ableitbaren Gesinnung oder den sich ergebenden Folgen ergeben. Eine grob unrichtige Information indiziert dabei unter Umständen die Verwerflichkeit.[332] Unbestritten besteht eine persönliche Haftung aus § 826 BGB bei wissentlichen Falschmeldungen, die die mitteilenden Organe zu ihrem persönlichen Vorteil verlautbaren.[333] Handeln die Organe nicht aus Eigennutz, ist die Anwendbarkeit von § 826 BGB umstritten, wird aber vom Großteil der Stimmen im Schrifttum bejaht.[334] Auch der BGH neigt zu dieser Einschätzung.[335] Die willentliche Abgabe falscher Mitteilungen umfasse zumindest auch die billigende Inkaufnahme, dass aufgrund dieser Mitteilung Wertpapiere erworben werden.[336] Werden hingegen erforderliche Mitteilungen unterlassen, fordert der BGH eine ausreichend substantiierte Darlegung der Kausalität des eingetretenen Schadens durch die Anleger der Gesellschaft und im Bestreitensfall den Beweis, dass die Anteile aufgrund der unterlassenen Mitteilung erworben wurden.[337] Die Erleichterung des Nachweises durch Heranziehung der Grundsätze des Anscheinsbeweises ist durch die Rechtsprechung bislang abgelehnt worden.[338]

Ist der Tatbestand von § 826 BGB erfüllt, ist den Anlegern nicht nur die Differenz zwischen dem Erwerbspreis und dem Preis bei pflichtgemäßer Information zu erstatten, sondern sie können im Wege der Naturalrestitution gemäß

---

329 *Fleischer,* in: Fleischer, Handbuch des Vorstandsrechts, § 14 Rn. 1 ff.

330 BGHZ 160, 134 (142 ff.); BGHZ 160, 149 (151 ff.).

331 *Spindler,* in: MünchKomm, AktG, § 93 Rn. 334.

332 BGHZ 160, 149 (157); BGH NJW 2004, 2668 (2670); *Spindler,* in: MünchKomm, AktG, § 93 Rn. 334.

333 BGH NJW 1992, 3167 (3174); OLG München ZIP 2005, 901 (902).

334 *Fleischer,* in: Spindler/Stilz, AktG, § 93 Rn. 322; *Krause,* ZGR 2004, 799 (823).

335 BGHZ 160, 149 (158).

336 BGHZ 160, 149 (157 f.).

337 BGHZ 160, 134 (143 ff.) *Fleischer,* in: Spindler/Stilz, AktG, § 93 Rn. 322; *Spindler,* in: MünchKomm, AktG, § 93 Rn. 335.

338 BGHZ 160, 134 (145 f.).

§ 249 BGB den Kaufpreis der Aktien gegen Zurückgabe der Aktien verlangen.[339] Sollten die Papiere bereits weiterveräußert worden sein, ist der Veräußerungspreis mit dem Anspruch auf Kaufpreisrückzahlung zu verrechnen.[340]

3. Anwendbarkeit Business-Judgement-Rule

Grundsätzlich spricht die Stellung der Business-Judgement-Rule in § 93 AktG und damit im Kontext der Regelungen zur Innenhaftung nicht für eine unmittelbare Anwendbarkeit auf die Außenhaftung. Die Rechtsprechung hat dies dennoch bereits angenommen.[341] Insbesondere bei einer Außenhaftung wegen Untreue gemäß § 823 Abs. 2 BGB i.V.m. § 266 StGB ist die Business-Judgement-Rule zu beachten, da durch sie der von den Vorstandsmitgliedern zu beachtende Pflichtenmaßstab zur Feststellung einer Untreue mit festgelegt wird.[342] Zudem billigt die Rechtsprechung im Bereich der Insolvenzverschleppung den Vorständen einen Beurteilungsspielraum bei der Feststellung des Insolvenzzeitpunktes zu.[343]

4. Verjährung

Zwischen einer deliktischen Außenhaftung der Vorstandsorgane und der Innenhaftung aus § 93 Abs. 2 S. 1 AktG besteht Anspruchskonkurrenz, womit die Verjährungsfristen unterschiedlichen Regelungen unterliegen.[344] Auf deliktische Ansprüche ist die dreijährige Verjährungsfrist des § 195 BGB anzuwenden. Damit knüpfen sie hinsichtlich des Fristbeginns an die subjektive Kenntnis der den Anspruch begründenden Umstände und der Person des Schuldners an (§ 199 BGB).

---

339 BGHZ 160, 149 (153); *Hölters,* in: Hölters, AktG, § 93 Rn. 376; *Spindler,* in: MünchKomm, AktG, § 93 Rn. 335.

340 *Hölters,* in: Hölters, AktG, § 93 Rn. 376; *Spindler,* in: MünchKomm, AktG, § 93 Rn. 335.

341 M.w.N. *Fleischer,* in: Spindler/Stilz, AktG, § 93 Rn 78.

342 BGHSt 50, 331 (339); *Dreher,* AG 2006, 213 (219); *Spindler,* ZIP 2006, 349 ff.

343 BGHZ 75, 96 (108); für den GmbH-Geschäftsführer: BGHZ 126, 181 (200); *Fleischer,* ZGR 2004, 437 (458 ff.).

344 Für den GmbH-Geschäftsführer: BGHZ 100, 190 (200 ff.); *Hopt/Roth,* in: GroßKomm AktG, § 93 Rn. 580.

V. Ausblick

Der Umfang der aktienrechtlichen Managerhaftung ist fortwährend Gegenstand von lebhaften Diskussionen, die weit über die juristische Fachliteratur hinausgehen.[345] In Anbetracht dieser Relevanz war sie folgerichtig auch Gegenstand des 70. Deutschen Juristentages im Oktober 2014 in Hannover.[346] Diskussionsgegenstände waren unter anderem die Möglichkeit zu einer Haftungsbegrenzung in der Satzung der Gesellschaft sowie eine gesetzliche Haftungsbeschränkung, die Streichung der in § 93 Abs. 2 S. 1 AktG vorgesehenen Beweislastumkehr, die Streichung der Sperrfrist in § 93 Abs. 4 S. 3 AktG, die Statuierung eines Vertrauensgrundsatzes, wonach sich Vorstände auf das Handeln der ressortverantwortlichen Kollegen verlassen können, eine Ausdehnung der Business-Judgement-Rule auf alle Entscheidungen des Vorstandes, die Reduzierung der zehnjährigen Verjährungsfrist bei börsennotierten Gesellschaften, Erleichterungen von Aktionärsklagen sowie eine Berichtspflicht des Aufsichtsrates, sofern er sich entscheidet, von einer Verfolgung von Pflichtenverstößen abzusehen.[347] Eine Mehrheit der Teilnehmer sprach sich dabei für die Möglichkeit aus, Haftungserleichterungen in der Satzung einer Aktiengesellschaft vorzusehen, die Sperrfrist für Vergleiche sowie die Beweislastumkehr zulasten der Vorstände zu streichen, den vorstehend beschriebenen Vertrauensgrundsatz zu statuieren sowie die Verlängerung der Verjährungsfrist für börsennotierte Gesellschaften rückgängig zu machen, jedoch unter gleichzeitiger Einführung einer Verjährungshemmung während der Zeit der Sonderprüfung.[348]

Allerdings ist vorläufig nicht zu erwarten, dass der Gesetzgeber die Kritik an der Ausgestaltung der aktuellen gesetzlichen Regelung zur Managerhaftung aufgreifen und Änderungen an der statutarischen Grundlage vornehmen wird, die in der Öffentlichkeit als Aufweichung des vorstandlichen Haftungsregimes aufgenommen werden könnten, da dies nur schwer zu vermitteln wäre.[349] Insofern wird mit den vorstehend beschriebenen Regelungen auch in der mittelfristigen

---

345 Vgl. exemplarisch FAZ v. 12. Oktober 2015: *Steiler Aufstieg – tiefer Fall* (online unter: http://www.faz.net/aktuell/beruf-chance/recht-und-gehalt/managerhaftung-steiler-aufstieg-tiefer-fall-13846693.html) sowie Welt v. 13. September 2016: *Wenn die Chefs Fehler machen* (online unter: https://www.welt.de/sonderthemen/mittelstand/finanzierung/article158100629/Wenn-die-Chefs-Fehler-machen.html).

346 Überblick bei *Bachmann*, BB 2015, 771; *Bayer/Scholz*, NZG 2014, 926; *Paefgen*, AG 2014, 554.

347 *Bachmann*, BB 2015, 771 (775 f.).

348 *Bachmann*, BB 2015, 771 (775 f.).

349 *Bachmann*, BB 2015, 771 (776).

Zukunft noch umzugehen sein, weswegen ist an der Rechtsprechung ist, unbillige Härten zu vermeiden und von überzogenen Haftungsmaßstäben Abstand zu nehmen.[350] Trotz dieser Bestrebungen, die Haftung möglichst effizient zu handhaben, befürchten Manager nichtsdestotrotz, dass der es weiterhin zu steigenden Fallzahlen kommen wird und dies insbesondere in Insolvenzszenarien.[351]

350 So auch *Bachmann*, BB 2015, 771 (776).
351 *Surminski*, ZfV 2016, 72 f.

C. Aktuelle Probleme und Fragestellungen der D&O-Versicherung

Da es sich bei der D&O wie bei jeder Versicherung um ein Rechtsprodukt handelt[352] und zudem keine speziellen gesetzlichen Vorgaben im Hinblick auf ihre Ausgestaltung existieren, ist ihre nähere Ausgestaltung im entscheidenden Maße von den Versicherungsbedingungen der jeweiligen Versicherer bestimmt.[353] Als ein Rechtsprodukt wird der Vertragsgegenstand der D&O-Versicherung durch die Parteivereinbarungen (AVB) sowie durch gesetzliche Vorgaben (insbesondere die des VVG) bestimmt. Der Leistungsgegenstand ist damit anders als bei körperlichen Gegenständen nicht sinnlich wahrnehmbar. Erst durch Sprache und Schrift wird er zu einer handelbaren Ware. Demzufolge unterliegt die konkrete Ausgestaltung des Produktes D&O-Versicherung einem stetigen Wandel und ist abhängig von individuellen Vereinbarungen der Vertragsparteien.[354] Die Versicherer bieten dabei häufig individuelle Lösungen an, die durchaus stark voneinander abweichen können, weswegen nicht von einem einheitlichen Standard-Bedingungswerk ausgegangen werden kann.[355] Es existiert allerdings ein Musterregelungswerk des *Gesamtverbands der Deutschen Versicherungswirtschaft e.V.* (GDV) für die D&O-Versicherung mit der Bezeichnung *Allgemeine Versicherungsbedingungen für die Vermögensschaden-Haftpflichtversicherung von Aufsichtsräten, Vorständen und Geschäftsführern* (AVB-AVG).[356] Auf diese Musterbedingungen wird in der nachfolgenden Darstellung verschiedentlich Bezug genommen, da zumindest einige der dortigen Vorgaben auch in der Praxis in ähnlicher Form anzutreffen sind, da sich viele Versicherer an den AVB-AVG zumindest orientieren.[357]

---

352 *Pataki*, VersR 2004, 835 (836).

353 *Beckmann*, in: Beckmann/Matusche-Beckmann, Versicherungsrechts-Handbuch, § 28 Rn. 19.

354 Allg. hierzu *Dreher*, Die Versicherung als Rechtspodukt, S. 152 ff.

355 *Held*, CB 2014, 29 (31).

356 Stand August 2017.

357 *Finkel/Seitz*, in: Seitz/Finkel/Klimke, D&O-Versicherung, Einf. Rn. 4.

I. Allgemeines zur D&O-Versicherung

Seit ihrer Einführung im Jahr 1995 hat sich die D&O-Versicherung immer stärker verbreitet.[358] Sie wird mittlerweile von praktisch allen großen deutschen Versicherungsunternehmen angeboten und daneben auch von diversen kleineren Spezialversicherern[359] und ist heute bei mittleren und großen Unternehmen in Deutschland zum absoluten Marktstandard geworden.[360] Mit Anzahl der Policen ist auch das Gesamt-Prämienvolumen immer weiter angestiegen (auf insgesamt rund EUR 500 Mio. im Jahr in Deutschland), wobei die Policen in Anbetracht der hohen Schadensquote oftmals für den Versicherer ein defizitäres Produkt sind.[361]

1. Rechtsnatur und Grundprinzipien

Eine D&O-Versicherung schützt primär die versicherten Organe einer juristischen Person vor einer persönlichen Inanspruchnahme und damit vor einer finanziellen Überforderung, indem sie gegen die Organe erhobene Haftpflichtansprüche abwehrt und für den Fall der Begründetheit der Ansprüche von diesen freistellt.[362] Zusätzlich schützt eine D&O-Versicherung (reflexartig) originäre Interessen der anstellenden Gesellschaft. Denn sie sichert den Erhalt des Gesellschaftsvermögens, da sie für den Fall einer Innenhaftung das Bonitätsrisiko der Gesellschaft absichert.[363] Zusätzlich profitieren auch gesellschaftsfremde Gläubiger von ihr, da sie deren möglichweise gegen ein versichertes Organ bestehenden Haftpflichtansprüche absichert. Dabei besteht Versicherungsschutz auch im Falle einer Insolvenz der Gesellschaft.[364]

Rechtsdogmatisch ist die D&O-Versicherung in erster Linie eine Haftpflichtversicherung, auf welche die allgemeinen Regeln zur Haftpflichtversicherung

---

358 *Ulmer*, in: FS Canaris, S. 451 (452).

359 *Ulmer*, in: FS Canaris, S. 451 (452).

360 *Baumann*, NZG 2010, 1366 (1369); *Beckmann*, in: Beckmann/Matusche-Beckmann, Versicherungsrechts-Handbuch, § 28 Rn. 7; *Haidar*, Welt Online v. 13. September 2016: „*Wenn die Chefs Fehler machen.*"

361 *Fromme*, Süddeutsche Zeitung v. 2. November 2017: „*Wenig Freude am Managerschutz*".

362 So auch in Ziff. 4.1 AVG-AVG.

363 *Dreher/Thomas*, ZGR 2009, 31, 48 ff.

364 Vgl. Ziff. 3.4 AVB-AVG, wonach im Falle einer Insolvenz der Versicherungsnehmerin nur solche Haftpflichtansprüche gegen die versicherte Person gedeckt sind, die auf Pflichtverletzungen beruhen, die vor der Insolvenzreife begangen worden sind; zudem *Schmitt*, Organhaftung und D&O-Versicherung, S. 127.

Anwendung finden.[365] Solche allgemeine Vorschriften zur Haftpflichtversicherung finden sich in den § 100 ff. VVG. Zu den Leistungspflichten des Haftpflichtversicherers zählt neben der Freistellung von berechtigten auch die Abwehr unbegründeter Ansprüche. Konkret ist die D&O-Versicherung eine Vermögensschadenshaftpflichtversicherung, da sie das Vermögen der Versicherten absichert.[366] Da in der Praxis nicht die versicherten Personen selbst, sondern die sie anstellende Gesellschaft die Versicherung im eigenen Namen als Versicherungsnehmerin abschließt und auch die Prämien für die Versicherung trägt,[367] ist die D&O-Versicherung eine Vermögensschadenhaftpflichtversicherung auf fremde Rechnung gemäß der §§ 43 ff. VVG,[368] die wiederum eine Sonderform des echten Vertrags zugunsten Dritter ist.[369]

Da die gesellschaftsfinanzierte D&O-Versicherung in § 93 Abs. 2 S. 3 AktG nunmehr ausdrücklich erwähnt wird, ist ihre generelle Zulässigkeit mittlerweile gesetzlich abgesichert.[370] Bei einer Versicherung für fremde Rechnung handelt es sich um eine spezielle Form des Vertrages zugunsten Dritter gemäß der §§ 328 ff. BGB,[371] die für Versicherungsverträge in den §§ 43 ff. VVG konkretisiert und modifiziert werden.[372] Bei der D&O-Versicherung wird das Recht der Versicherungsnehmerin zur Geltendmachung des Anspruchs regelmäßig abbedungen, was von der Rechtsprechung als grundsätzlich zulässig angesehen wird.[373] Zudem steht in der D&O-Versicherung der versicherten Person regelmäßig das alleinige Ausübungsrecht über Ansprüche aus der Versicherung zu (vgl. auch Ziff. 10.1 AVB-AVG). Diese Ausgestaltung weicht von der gesetzlichen Vorgabe des § 44 Abs. 2 VVG ab, wonach die versicherte Person nur dann über die Ansprüche aus dem Versicherungsvertrag verfügen oder diese gerichtlich geltend machen kann, wenn der Versicherungsnehmer vorher zugestimmt hat oder wenn die versicherte Person im Besitz des Versicherungsscheins ist. Demnach sind die versicherten Personen auch dann verfügungsbefugt, wenn

365 *Finkel/Seitz*, in: Seitz/Finkel/Klimke, D&O-Versicherung, Einf. Rn. 2 ff.

366 *Beckmann,* in: Beckmann/Matusche-Beckmann, Versicherungsrechts-Handbuch, § 28 Rn. 1.

367 *Beckmann,* in: Beckmann/Matusche-Beckmann, Versicherungsrechts-Handbuch, § 28 Rn. 1.

368 Siehe nur zuletzt BGH VersR 2017, 683.

369 BGH VersR 2006, 686; *Klimke*, in: Prölss/Martin, VVG, Vorbem. z.d. §§ 43–48 Rn. 14.

370 *Spindler,* in: Spindler/Stilz, AktG, § 116 Rn. 184 f.

371 BGH VersR 1979, 176 (178).

372 *Dageförde*, in: Langheid/Wandt, MünchKomm VVG, Vorbem. zu § 43 bis 48 Rn. 1.

373 BGH VersR 2017, 683.

sie nicht im Besitz des Versicherungsscheins sind. Diese Abweichung von der gesetzlichen Regelung soll sicherstellen, dass Durchsetzung und Geltendmachung des Deckungsanspruchs durch die versicherte Personen nicht von einer Mitwirkung der Gesellschaft abhängen, was vor allem in Innenhaftungskonstellationen bedeutsam ist.[374] Man möchte ein Auseinanderfallen von materieller Anspruchsinhaberschaft und Prozessführungsbefugnis vermeiden und beide Elemente in der Person des Versicherten verbinden.[375]

2. Versichertes Risiko

Da es sich bei der D&O-Versicherung im Kern um eine Haftpflichtversicherung handelt, sorgt der Versicherer für die Abwehr von unberechtigten Ansprüche gegen das versicherte Vorstandsmitglied und für dessen Freistellung von berechtigten Schadensersatzverpflichtungen. Dies sehen auch die Bedingungen des GDV in Ziff. 4.1 S. 1 AVB-AVG vor und entspricht den gesetzlichen Vorgaben von § 100 VVG.

a) Versicherte Schäden

Versichert wird nur die Haftung für Vermögensschäden, also solche Schäden, die weder Personenschäden noch Sachschäden sind bzw. sich aus solchen herleiten. Damit fallen alle Vermögensschäden aus der Deckung, die kausale Folge einer Personen- oder Sachverletzung sind (so auch in Ziff. 1.1 Abs. 5 AVB-AVG).

b) Versicherte Ansprüche

D&O-Versicherungspolicen decken stets sowohl Ansprüche der Gesellschaft gegen die versicherten Personen als auch solche von gesellschaftsfremden Dritten ab. Deckung besteht somit für den Bereich der Innen- und der Außenhaftung. Dies ergibt sich auch aus Ziff. 1.2 AVB-AVG, in dem ohne weitere Begründung davon ausgegangen wird, dass die Ansprüche sowohl von einem gesellschaftsfremden Dritten, als auch von der Versicherungsnehmerin oder einer ihrer Tochtergesellschaften geltend gemacht werden können.

c) Versicherte Personen

Gemäß Ziff. 1.1 Abs. 1 AVB-AVG sind sowohl gegenwärtige Mitglieder des Vorstands und des Aufsichtsrates, als auch ehemalige in den Schutzbereich

---

374 *Finkel/Seitz*, in: Seitz/Finkel/Klimke, D&O-Versicherung, Ziff. 10 AVB-AVG Rn. 9.
375 *Looschelders/Derkum*, ZIP 2017, 1249 (1251).

einbezogen sind. Gruppenversicherungsverträge haben keine Verankerung im Gesetz, sie sind gleichwohl anerkannt. Die D&O-Versicherung ist als echter Gruppenversicherungsvertrag anzusehen, da in Abgrenzung zu einem unechten Gruppenversicherungsvertrag nur ein einziger einheitlicher Vertrag für alle Organe der Gesellschaft aufgrund ihrer Gruppenzugehörigkeit abgeschlossen wird.[376]

Soweit ersichtlich sind D&O-Versicherungsverträge in der Praxis stets als *Gruppenversicherungsverträge* ausgestaltet,[377] in denen neben Vorständen auch Aufsichtsräte und gegebenenfalls leitende Angestellte mitversichert werden.[378] Solche Policen werden üblicherweise als Konzern- oder Unternehmenspolicen bezeichnet, je nachdem, ob nur ein Konzernunternehmen versichertes Unternehmen im Rahmen der jeweiligen Police ist oder gleich mehrere Unternehmen eines Konzerns in den Versicherungsschutz nur einer Police zusammengefasst werden. Demzufolge ist bei der Prüfung des Bestehens von Versicherungsschutz immer darauf zu achten, ob es sich bei der pflichtverletzenden Person tatsächlich um eine versicherte Person handelt und ob es sich bei der anstellenden Körperschaft auch tatsächlich um ein versichertes Unternehmen handelt. Dabei sehen die meisten Bedingungswerke vor, dass neben der Versicherungsnehmerin auch alle ihre Tochterunternehmen in den Versicherungsschutz miteinbezogen sind (vgl. u.a. Ziff. 1.1 AVB-AVG).[379]

In letzter Zeit ist allerdings zu beobachten, dass vermehrt Spezialpolicen abgeschlossen werden, die nur wenige Schadenszenarien abdecken; es findet eine Individualisierung des Versicherungsschutzes statt.[380] Bereits seit längerer Zeit wird dies für den Aufsichtsrat diskutiert, der selbst immer häufiger sich hohen Haftpflichtansprüchen wegen einer vermeintlichen Verletzung von Aufsichtspflichten ausgesetzt sieht, die der bestehende Deckungsschutz über die D&O-Globalpolice nicht adäquat auffangen kann.[381] Zudem ist zu beobachten, dass Vorstände, die von der Gesellschaft in Anspruch genommen werden, ihrerseits den Aufsichtsräten vermehrt den Streit verkünden, um sich etwaige

376 Zur Abgrenzung vgl. *Schimikowski,* in: Schimikowski, Versicherungsvertragsrecht, Rn. 76.

377 *Säcker,* VersR 2005, 10.

378 *Beckmann,* in: Beckmann/Matusche-Beckmann, Versicherungsrechts-Handbuch, § 28 Rn. 52 ff.

379 *Beckmann,* in: Beckmann/Matusche-Beckmann, Versicherungsrechts-Handbuch, § 28 Rn. 51.

380 *Armbrüster,* NJW 2016, 897 (898 ff.).

381 *Von Schenck,* in: Semler/von Schenk, Der Aufsichtsrat, § 116 Rn. 842, 845.

Regressrechte zu sichern.[382] Neben vollständig eigenständigen Individualpolicen[383] werden auch sog. Two-Tier Trigger Policen diskutiert, die an die Trennung von Vorstand und Aufsichtsrat im deutschen Aktienrecht anknüpfen.[384] Solche Policen sehen vor, dass es neben der für alle versicherten Personen gleichermaßen bestehenden Grunddeckung spezielle Zusatzlimits für einzelne Personengruppen – in dem Fall für die Aufsichtsräte – gibt, die im Wege der Anschlussdeckung im Versicherungsfall unter bestimmten weiteren Voraussetzungen zur Verfügung stehen. Bisher habe sich solche Policen am Markt indes noch nicht etablieren können, weswegen ihre Verbreitung abzuwarten bleibt.[385] Jedoch könnte die Individualisierung von Versicherungspolicen möglicherweise noch weiter voranschreiten, da es in den Bedingungswerken auch immer mehr Komponente zur Eigenschadendeckung der Gesellschaft gibt und die hierdurch erweiterte Deckung mit der klassischen Personendeckung um die Ressource Deckungssumme konkurriert.[386] Bestrebungen, immer mehr Eigenschadenkomponente in die D&O-Deckung zu integrieren, sind bereits jetzt erkennbar.[387] Immer häufiger sind Klauseln anzutreffen, die einen Deckungsanspruch der Gesellschaft vorsehen, wenn eine Haftung von Organen in Innenhaftungskonstellationen aus gewissen Gründen ausscheiden oder nicht durchsetzbar sind.[388] Diese fortschreitende Aufnahme von (wesensfremden) Eigenschadenkomponenten führt letztlich dazu, dass die D&O-Versicherung ihren Charakter als Haftpflichtversicherung verliert, weswegen diese Entwicklung auch kritisch zu betrachten ist.[389]

3. Umfang des Versicherungsschutzes

Wie bei jeder anderen Haftpflichtversicherung obliegt es den Versicherern auch bei der D&O-Versicherung, unberechtigterweise gegen den Versicherungsnehmer oder die versicherte Person erhobene Schadensersatzansprüche abzuwehren bzw. diese von berechtigten Haftpflichtansprüchen freizustellen (vgl. § 100 VVG

382 *Reichert/Suchy*, NZG 2017, 88.
383 *Von Schenck*, in: Semler/von Schenk, Der Aufsichtsrat, § 116 Rn. 846.
384 *Reichert/Suchy*, NZG 2017, 88.
385 *Reichert/Suchy*, NZG 2017, 88.
386 *Hagen*, Versicherungsmonitor v. 15. Mai 2017.
387 *Cyrus*, NZG 2018, 7 (9).
388 *Cyrus*, NZG 2018, 7 (9).
389 So auch *Cyrus*, NZG 2018, 7 (10).

sowie Ziff. 4.1 AVB-AVG).[390] Dabei hat der Versicherer nach pflichtgemäßer Ermessensausübung zu entschieden, wie er verfahren möchte.[391] Dies ist auch deshalb sachgerecht, da die Interessen der versicherten Personen und des Versicherungsnehmers bisweilen gegenläufig sind. So hat der Versicherungsnehmer bei Innenhaftungsansprüchen als Gläubiger des Haftpflichtanspruchs ein Interesse an einer Freistellung der in Anspruch genommenen versicherten Personen, während diese (regelmäßig) eine Anspruchsabwehr begehren.[392]

a) Abwehrdeckung

Der Abwehranspruch des Versicherten ist inhaltlich nichts anderes als ein Rechtsschutzanspruch.[393] Es handelt sich ebenso wie die Freistellungsverpflichtung um eine Hauptleistungspflicht des Versicherers.[394] Die Gewährung von Abwehrdeckung präjudiziert dabei noch in keiner Weise, ob auch eine Freistellung des oder der Versicherten zu erfolgen hat. Dies gilt zumindest immer dann, wenn sich der Versicherer eine weitere Prüfung in der sog. Abwehrkostendeckungszusage vorbehält.[395]

Umstritten ist mittlerweile die gängige Praxis der D&O-Versicherer, geleistete Abwehrkosten auf die Versicherungssumme anzurechnen (vgl. etwa Ziff. 4.3 Abs. 1 S. 2 AVB-AVG.).[396] Die Anrechnung von Abwehrkosten führt zu einer Schmälerung der Versicherungssumme für eine etwaig erforderliche Freistellung der Versicherten und kann bei extrem hohen Abwehrkosten sogar dazu führen, dass das Deckungslimit durch die Anspruchsabwehr bereits in Gänze ausgeschöpft wird.[397] Dies wird von den Versicherern damit begründet, dass bei der Abwehr von Haftpflichtansprüchen gegen versicherte Organmitglieder hohe Kosten entstehen können, die sich vervielfachen, wenn das gesamte Kollegialorgan in Anspruch genommen wird.[398] In solchen Fällen können alleine die Abwehrkosten leicht das vereinbarte Deckungslimit übersteigen. Diese Unsicherheit im Hinblick auf die Möglichkeit, in den Allgemeinen Versicherungsbedingungen

---

390 *Beckmann,* in: Beckmann/Matusche-Beckmann, Versicherungsrechts-Handbuch, § 28 Rn. 84.
391 St. Rspr seit BGH NJW 1956, 826.
392 *Armbrüster,* VersR 2016, 897.
393 *Lücke,* in: Prölss/Martin, VVG, § 100 Rn. 9.
394 BGH NJW 2007, 2258.
395 BGH VersR 2009, 1485.
396 *Koch,* VersR 2016, 1405.
397 *Langheid/Grote,* VersR 2005, 1165 (1175); *Terno,* RuS 2013, 577 (578).
398 *Koch,* VersR 2016, 1405.

eine Anrechnung der geleisteten Abwehrkosten vorzusehen, folgt aus einer Entscheidung des OLG Frankfurt a.M. vom 9. Juni 2011.[399]

Das Oberlandesgericht hatte eine entsprechende Klausel wegen angeblicher Intransparenz gemäß § 307 Abs. 1 Nr. 2 BGB für unwirksam erklärt. Die streitgegenständliche Klausel sah vor, dass u.a. Anwalts-, Sachverständigen-, Zeugen- und Gerichtskosten in der Versicherungssumme enthalten sind. Aus Sicht des Senats war es für den Versicherungsnehmer bereits nicht ersichtlich, in welchen Zusammenhängen diese Kosten entstehen können, also ob beispielsweise auch rechtliche Auseinandersetzungen zwischen dem Versicherer und dem Versicherungsnehmer hiervon umfasst seien. Auch sei es dem Versicherungsnehmer nicht möglich, anhand der Klausel abzuschätzen, wie hoch die anzurechnenden Kosten ausfalle. Zudem nahm der Senat an, dass eine Anrechnung von solchen Kosten, die der Versicherer selbst veranlasst habe, gegen das gesetzliche Leitbild von § 150 Abs. 2 VVG a.F.[400] verstoße.[401]

Aus der Entscheidung des OLG lassen sich indes nur sehr begrenzt allgemeine Schlüsse ziehen, da sich die Feststellung des Gerichts, die Klausel sei intransparent, auf den konkreten Klauselinhalt bezogen hat, der eine für die D&O-Versicherung untypische Aufzählung von möglichen Kosten vorgesehen hatte. Zudem liegt ein Verstoß gegen das gesetzliche Leitbild von § 150 Abs. 2 VVG a.F. bzw. § 101 Abs. 2 S. 1 VVG nur dann vor, wenn die Kosten auf Veranlassung des Versicherers entstanden sind. Dies wiederum ist regelmäßig nicht der Fall, da versicherte Personen regelmäßig sich selbst einen Anwalt suchen und beauftragen, um sich gegen die gegen sie gerichteten Vorwürfe zu verteidigen. Vielfach ist in den Bedingungswerken – abweichend von Ziff. 4.4 Abs. 2 AVB-AVG – eine freie Anwaltswahl durch den Versicherten vorgesehen, womit dem Versicherer wenn überhaupt nur ein Widerspruchsrecht bleibt.[402] In solchen Fällen sind die Abwehrkosten aber nicht vom Versicherer veranlasst. Kommt der Versicherer für diese Anwaltskosten auf, steht das Urteil daher auch einer Anrechnung dieser Leistung auf die Versicherungssumme nicht entgegen. Insofern hat die Versicherungswirtschaft bisher auch noch keine Veranlassung gesehen, von der bisherigen Praxis abzuweichen, und verwendet nach wie vor Kostenanrechnungsklauseln. Dabei wird bei der Formulierung der Allgemeinen Versicherungsbedingungen

399 OLG Frankfurt RuS 2011, 509.

400 Heute findet sich eine inhaltsgleiche Regelung in § 101 Abs. 2 S. 1 VVG, s. Synopse, abrufbar unter: https://www.mannheimer.de/imperia/md/content/kundenbereich/synopse_vvg_alt_neu.pdf.

401 OLG Frankfurt RuS 2011, 509 (512).

402 *Finkel/Seitz,* in: Seitz/Finkel/Klimke, D&O-Versicherung, Ziff. 4 AVB-AVG Rn. 156.

allerdings darauf geachtet, die Anrechnung der Abwehrkosten an prominenter Stelle im Bedingungswerk zu kennzeichnen, um einer Unwirksamkeit der Klausel wegen Intransparenz vorzubeugen.

b) Freistellung

Die zweite Deckungskomponente einer Haftpflichtversicherung ist die Freistellung der Versicherten von begründeten Haftpflichtansprüchen.

aa. Inhalt Freistellungsanspruch

Sofern der Versicherer eine Verteidigung der versicherten Person gegen die Haftpflichtansprüche für nicht opportun hält, steht es ihm frei, diese von den gegen sie gerichteten Ansprüchen freizustellen. Dabei kann er – grundsätzlich auch gegen den ausdrücklichen Willen des Versicherten – den Anspruch sofort anerkennen und befriedigen. Darüber hinaus kann er aber durchaus auch Verhandlungen mit dem Anspruchsteller über den Anspruch führen, wobei er dabei die Interessen des Versicherten zu berücksichtigen hat.[403] In solchen Fällen hat er dann aber auch für etwaige negative Folgen seiner Verhandlungen einzustehen.[404] Üblicherweise stellt der Versicherer den Versicherten aber erst dann frei, wenn dessen Verpflichtung in einem rechtskräftigen Urteil, Vergleich oder Anerkenntnis festgestellt worden ist (vgl. § 106 VVG).[405]

Sollte die anstellende Gesellschaft das versicherte Organmitglied schon von den gegen ihn oder sie geltend gemachten Ansprüchen freigestellt haben, ermöglichen die sich auf dem Markt befindlichen D&O-Bedingungswerke in aller Regel einen Regress der Gesellschaft beim Versicherer (sog. *Company-Reimbursement Klausel*).[406] Eine Company-Reimbursement-Klausel soll die Interessen der anstellenden Gesellschaft als Versicherungsnehmerin bzw. ihrer Tochtergesellschaften sicherstellen. Auch in den Bedingungen des GDV findet die Company-Reimbursement-Klausel Erwähnung. Für den Fall ihrer Vereinbarung zwischen Versicherungsnehmer und Versicherer sieht Ziff. 1.2 AVB-AVG vor, dass bei Freistellung der versicherten Person durch den Versicherungsnehmer der Versicherungsschutz von der versicherten Person auf den Versicherungsnehmer übergeht, soweit der Übergang rechtlich zulässig ist.

---

403 *Lücke,* in: Prölss/Martin, VVG, § 100 Rn. 3.
404 *Lücke,* in: Prölss/Martin, VVG, § 100 Rn. 3.
405 *Lücke,* in: Prölss/Martin, VVG, § 100 Rn. 5.
406 *Finkel/Seitz,* in: Seitz/Finkel/Klimke, D&O-Versicherung, Ziff. 1 AVB-AVG Rn. 216.

bb. Abtretbarkeit des Freistellungsanspruchs

Zwar gilt in der Haftpflichtversicherung grundsätzlich das sog. Trennungsprinzip, was heißt, dass es eine Trennung zwischen dem zwischen dem Geschädigten und dem Versicherten bestehenden Haftpflichtverhältnis einerseits und dem zwischen dem Versicherten und dem Versicherer bestehenden Deckungsverhältnis andererseits gibt.[407] Jedoch ist eine Durchbrechung dieses Trennungsprinzips dergestalt denkbar – und in der Praxis nicht unüblich –, dass der Versicherte dem Geschädigten seinen Deckungsanspruch auf Freistellung abtritt und sich dieser Anspruch in der Person des Geschädigten zu einem direkten Zahlungsanspruch gegen den Versicherer wandelt.[408] Durch den im Rahmen der VVG-Reform neu ins Gesetz aufgenommenen § 108 Abs. 2 VVG ist es dem Versicherer nunmehr auch nicht mehr möglich, die Abtretung durch eine Regelung in den Allgemeinen Versicherungsbedingungen auszuschließen. Bei § 108 Abs. 2 VVG handelt sich um ein statuiertes Klauselverbot.[409]

Umstritten war bis vor Kurzem allerdings, ob sich das Abtretungsverbot auch auf die Abtretung des Freistellungsanspruchs an die geschädigte Gesellschaft in ihrer Eigenschaft als Versicherungsnehmerin und Gläubigerin des Ersatzanspruchs erstreckt, also ob die Versicherungsnehmerin ebenfalls eine Dritte im Sinne von § 108 Abs. 2 VVG sein kann.[410] Bedenken bestanden vor allem deswegen, weil man die Gefahr eines kollusiven Zusammenwirkens zwischen Versichertem und Versicherungsnehmer zum Nachteil des Versicherers befürchtete.[411]

Diese Streitfrage ist unlängst vom BGH in zwei unterschiedlichen Entscheidungen (beide vom 13. April 2016) entschieden worden, obwohl sie überhaupt nicht entscheidungserheblich war, da die streitgegenständlichen Bedingungswerke überhaupt keine Abtretungsverbote vorgesehen hatten.[412] Gleichwohl hat sich der BGH zu der Frage eindeutig positioniert und festgestellt, dass der Begriff des Dritten *nicht in der Weise eingegrenzt werden könne, dass alle am Vertrag beteiligten Personen von vorneherein nicht geschädigte Dritte sein können.*[413]

407 *Finkel/Seitz*, in: Seitz/Finkel/Klimke, D&O-Versicherung, Ziff. 1 AVB-AVG Rn. 204; *Leuering/Rubner*, NJW-Spezial 2016, 143.

408 *Wandt*, in: Langheid/Wandt, MünchKomm VVG, § 108 Rn. 23.

409 *Lange*, D&O-Versicherung und Managerhaftung, § 21 Rn. 19.

410 Zur Diskussion jeweils m.w.N.: *Ihlas*, Directors & Officers Liability, S. 408 ff; *Koch*, VersR 2016, 765; *Schimmer*, VersR 2008, 875.

411 *Armbrüster*, NJW 2016, 2155.

412 BGH VersR 2016 S. 786, vom Abdruck der im Wesentlichen gleichlautenden Entscheidung des BGH vom 13. 4. 2016 (BGH AZ. IV ZR 51/14) wurde abgesehen.

413 BGH VersR 2016 S. 786 (788).

Da § 108 Abs. 2 VVG ein gesetzliches Leitbild festlege, gelte dies auch für Großrisiken; hiervon abweichende Klauseln seien als unangemessen benachteiligend im Sinne von § 307 Abs. 2 Nr. 1 BGB zu qualifizieren.[414]

Mit vorgenannten Entscheidungen[415] hat der BGH nunmehr auch festgestellt, dass es nicht darauf ankommen kann, ob der geschädigte Versicherungsnehmer überhaupt auf das private Vermögen der versicherten Person zugreifen möchte oder ausschließlich eine Leistung des Haftpflichtversicherers bezwecke. Dies folge u.a. auch durch eine interessengerechte Auslegung von § 108 Abs. 2 VVG, der den Geschädigten in die Lage versetzen soll, direkt gegen den Versicherer vorzugehen.[416]

II. Innergesellschaftliche Abschlusskompetenz

Bereits die Frage, wer gesellschaftsintern die Entscheidungskompetenz für den Abschluss einer D&O-Versicherungspolice innehat, ist nach wie vor ungeklärt. Auch der BGH hat sich – soweit ersichtlich – hierzu noch nicht geäußert.[417] In der Praxis wird der Abschluss einer D&O-Police vornehmlich als geschäftsleitende Maßnahme im Sinne von § 76 Abs. 1 AktG angesehen, weswegen in einem Aktien-Konzern regelmäßig der Vorstand der Konzernobergesellschaft einen Gruppenversicherungsvertrag für alle versicherten Unternehmen und Personen mit dem Versicherer vereinbart.[418]

Bei einer gesellschaftsfinanzierten D&O-Versicherung ist diese Vorgehensweise allerdings nicht unumstritten. Es wird bisweilen angenommen, dass eine drittfinanzierte D&O-Versicherung ein Bestandteil der Gesamtvergütung des Vorstandes ist und die Abschlusskompetenz betreffend den Versicherungsschutz für den Vorstand gemäß § 87 Abs. 1 AktG dem Aufsichtsrat zusteht.[419] Die Befürworter dieser Ansicht befürchten andernfalls einen Interessenkonflikt des Vorstands, wenn dieser selbst über Art und Umfang seines D&O-Versicherungsschutzes bestimmen könnte.[420]

414 *Armbrüster*, NJW 2016, 2156 (2157); *Koch*, VersR 2016, 765 (767).

415 Hierzu noch näher unter C. III. 2. b).

416 BGH VersR 2016 S. 786 (789); *Wilhelm/Winkler*, VersPrax 2016, 31.

417 Ausdrücklich offen gelassen bei BGH VersR 2009, 1635 (1637)).

418 *Dreher*, ZHR 165 (2001), S. 293 (310); *Mertens*, AG 2000, 447 (448).

419 *Armbrüster*, NJW 2016, 897 (900).

420 *Pammler*, Die gesellschaftsfinanzierte D&O-Versicherung, S. 136 ff.; *Ulmer*, in: FS Canaris, S. 451 (471).

1. Aktienrechtliche Vorgaben

Die zentrale aktienrechtliche Regelung im Hinblick auf die Vergütung des Vorstands findet sich in § 87 AktG. Danach ist der Vorstand aus naheliegenden Gründen nicht befugt, über seine eigene Vergütung zu entscheiden. Dies obliegt gemäß § 87 Abs. 1 AktG vielmehr dem Aufsichtsrat. Aufgrund der für Aktiengesellschaften wegen § 23 Abs. 5 AktG geltenden Satzungsstrenge kann von dieser Zuständigkeitsverteilung auch nicht durch individuelle Satzungsregelung abgewichen werden.

Dabei ist Beantwortung der Frage, ob eine D&O-Versicherung als ein Vergütungsbestandteil im Sinne von § 87 Abs. 1 AktG anzusehen ist, neben der Relevanz für die Abschlusskompetenz auch deshalb von praktischer Bedeutung, da die Versicherungsprämien dann möglicherweise lohnsteuerpflichtige Einnahmen wären[421] und der Abschluss der D&O-Versicherung gemäß §§ 285 Nr. 9 lit. a HGB öffentlich bekannt gegebenen werden müsste.[422]

a) § 87 Abs. 1 AktG

§ 87 Abs. 1 S. 1 AktG soll sicherstellen, dass die Gesamtbezüge des Vorstands in einem angemessenen Verhältnis zu den erbrachten Leistungen des Vorstands stehen. Dabei ist bei der Bestimmung der Höhe der Vergütung des Vorstands darauf zu achten, dass *„ein angemessenes Verhältnis zwischen der Vergütung und den Aufgaben und Leistungen des Vorstandsmitglieds sowie zur Lage der Gesellschaft besteht“*. Zudem soll die Vergütung die *„üblichen Vergütung“* nicht ohne besondere Gründe übersteigen.

aa. Allgemeines

§ 87 Abs. 1 S. 1 AktG enthält eine nicht abschließende Aufzählung von Vorteilen, die zu den Gesamtbezügen des Vorstandes zu zählen sind. Der Begriff der Gesamtbezüge ist dabei weit zu verstehen. Es werden hiervon Vermögensvorteile erfasst, die Mitglieder des Vorstands als Gegenleistung für ihre Tätigkeit im Vorstand der Gesellschaft erhalten.[423] Leistungen ohne Entgeltcharakter sind keine Vergütung.[424]

---

421 *Peltzer*, in: FS Westermann, S. 1257 (1271).

422 *Sieg*, in: Höra, Münchener Anwaltshandbuch Versicherungsrecht, § 17 Rn. 43.

423 *Spindler*, in: MünchKomm, AktG; § 87 Rn. 22; *Weber*, in: Hölters, AktG, § 87 Rn. 5.

424 *Mertens*, AG 2000, 447 (448).

bb. Versicherungsentgelte

In der in § 87 Abs. 1 S. 1 AktG enthaltenen (nicht abschließenden)[425] enumerativen Aufzählung werden u.a. Versicherungsentgelte als Vergütungsbestandteile genannt. Damit liegt der Schluss nahe, dass auch die Entrichtung von Prämien für die D&O-Versicherung im Sinne des § 87 Abs. 1 S. 1 AktG als Teil der Gesamtvergütung zu verstehen ist.[426] Jedoch werden durch die Aufzählung in § 87 Abs. 1 S. 1 AktG nicht Versicherungsentgelte erfasst, die von der Gesellschaft entrichtet werden und (unter anderem) den Mitgliedern des Vorstandes Versicherungsschutz bieten. Es bedarf vielmehr einer wertenden Betrachtung jedes Einzelfalls, im Rahmen derer zu untersuchen ist, ob es sich bei den geleisteten Versicherungsprämien um Gegenleistungen der Gesellschaften für Tätigkeiten des Vorstandes im Dienste der Gesellschaft handelt und damit um eine Vergütung nach gesetzlicher Lesart.[427]

Versicherungsentgelte sind nur dann als Vergütungsbestandteile im Sinne des § 87 Abs. 1 AktG anzusehen, wenn sie der privaten Vermögenssphäre der Vorstandsmitglieder zuzurechnen sind.[428] Beispielshaft zu nennen sind vor allem die Prämien für Lebens- und Rentenversicherungen. In diesen Fällen ist die Prämientragung der Gesellschaft auch unzweifelhaft eine Gegenleistung für die Organtätigkeit des Vorstandes.[429]

Daneben gibt es aber auch unternehmensfinanzierte Versicherungen, die keine Gegenleistung für die Vorstandstätigkeit darstellen und damit auch keine Vergütungsbestandteile nach § 87 Abs. 1 AktG sind. So werden beispielsweise Insassenunfall-, Rechtschutz-, allg. Haftpflicht- sowie Entführungsversicherungen als Vergütungsbestandteile angesehen, die den Vorstand zwar begünstigen und absichern, jedoch kein Entgelt für die Vorstandstätigkeit seien, da ohne Ausübung des Mandats kein Bedarf für den Abschluss derartiger Versicherungen bestehe.[430]

---

425 *Weber*, in: Hölters, AktG, § 87 Rn. 5.

426 *Spindler*, in: MünchKomm, AktG, § 87 Rn. 25.

427 *Dreher*, ZHR 165 (2001), S. 293 (303); *ders./Thomas*, ZGR 2009, 39 (50); *Hölters*, in: Hölters, AktG, § 87 Rn. 5; *Spindler*, in: MünchKomm, AktG, § 87 Rn. 28.

428 *Dreher/Thomas*, ZGR 2009, 39 (50); *Schüppen/Sanna*, ZIP 2002, 550 (552).

429 *Dreher*, ZHR 165 (2001), S. 293 (303).

430 *Dreher*, ZHR 165 (2001), S. 293 (303).

cc. Einordnung der D&O-Versicherung

Mit den letztgenannten Versicherungen hat die D&O-Versicherung gemein, dass sich die Notwendigkeit ihres Abschlusses ausschließlich aus der Mandatstätigkeit ergibt. Ohne Wahrnehmung der Mandatstätigkeit besteht auch kein Bedarf für eine Managerhaftpflichtversicherung.[431] Sie ist zudem auch kein Inzentiv, um eine Vorstandstätigkeit aufzunehmen. Jemand, der von der Gesellschaft als Mandatsträger umworben wird, erteilt nicht deshalb eine Zusage, weil ihm eine Absicherung gegen Haftung aus der unternehmerischen Tätigkeit zugesichert wird. Jedoch wird man wohl heute kaum noch eine befähigte Person finden, die sich für den Einzelnen kaum noch überschaubaren Haftungsrisiken aussetzt, ohne dass Deckungsschutz zugesagt wird, der mit den einhergehenden Risiken korrespondiert. Insofern ist in der D&O-Versicherung letztlich auch ein Mittel zur Personalgewinnung zu sehen.[432]

Die D&O-Versicherung wäre als Bestandteil der Gesamtbezüge des Vorstands zu qualifizieren, wenn sie das jeweilige Vorstandsmitglied als Gegenleistung für die Erbringung der dienstvertraglich geschuldeten Hauptleistung, d.h. als Entgelt für die Mandatswahrnehmung, erhielte.[433] Dies ist jedoch nicht der Fall, da die D&O-Versicherung nur der Absicherung von Haftungsrisiken dient, die aus der Wahrnehmung der vorstandlichen Tätigkeiten folgen. Durch die Bereitstellung von D&O-Versicherungsschutz resultiert keine finanzielle Besserstellung der Vorstände und damit kein Vermögenszufluss im Vergleich zu der Lage vor Aufnahme der Tätigkeit.[434] Dies belegt die Kontrollüberlegung, dass eine ehrenamtliche Tätigkeit in einem Verein auch dann keine entgeltliche Tätigkeit wäre, wenn zum Schutze der Organe des Vereins eine D&O-Versicherung abgeschlossen würde. Vielmehr bliebe der ehrenamtlichen Charakter bestehen.[435]

Es wird daher vertreten, dass die D&O-Versicherung lediglich einen Teil der wirtschaftlichen und rechtlichen Grundlagen der Mandatstätigkeit bilde, sie also nur zu den Rahmenbedingungen der Tätigkeit zu zählen sei.[436] Da sie zudem nicht im überwiegenden Eigeninteresse der Mandatsträger liege, seien sie kein privater Vermögensvorteil, der als Gegenleistung für die Wahrnehmung des

---

431 So auch *Olbrich,* Die D&O-Versicherung, S. 207.

432 *Armbrüster,* ZVersWiss 2015, 73 (76); *Dreher/Thomas,* ZGR 2009, 39 (53); *Olbrich,* Die D&O-Versicherung, S. 207; *Schüppen/Sanna,* ZIP 2002, 550 (551).

433 *Weber*, in: Hölters, AktG, § 87 Rn. 5.

434 So auch *Dreher/Thomas,* ZGR 2009, 39 (51); a.A. *Pammler*, Die gesellschaftsfinanzierte D&O-Versicherung, S. 124 f.

435 *Vetter,* AG 2000, 453 (457).

436 *Vetter,* AG 2000, 453 (457).

Mandats zugesichert werde. Damit fehle es für die Einstufung als Vergütungsbestandteil am notwendigen Gegenseitigkeitsverhältnis.[437]

Diese Einstufung der D&O-Versicherung als nicht privater Vermögensvorteil ist jedoch nicht unumstritten. Vor allem die sich daraus ergebende Konsequenz, dass der Vorstand für ihren Abschluss zuständig bleiben soll, wird zum Teil ausdrücklich abgelehnt. Dabei wird regelmäßig auf den für den Vorstand bestehenden Interessenkonflikt verwiesen.[438] Daher lehnen sie eine Entscheidungsbefugnis des Vorstandes ab und stufen die D&O-Versicherung als Teil der Gesamtvergütung ein, deren Abschluss daher konsequenterweise der Kompetenz des Aufsichtsrates unterfällt (§ 87 Abs. 1 AktG).

Die Grenzziehung zwischen einem privaten Vermögensvorteil und einer sonstigen – lediglich tätigkeitsbezogenen – Aufwendung ist bisweilen nur schwer vorzunehmen. Es besteht indes Einigkeit darüber, dass das für die Abgrenzung entscheidende Kriterium das überwiegende Interesse am Abschluss der D&O-Versicherung ist.[439] Sofern der Vorstand das überwiegende Interesse an ihrem Abschluss haben sollte, wäre die D&O wohl auch als privater Vermögensvorteil einzustufen und damit als Vergütungsbestandteil nach § 87 Abs. 1 S. 1 AktG. Ist ihr Abschluss hingegen umgekehrt im überwiegenden Interesse der Gesellschaft, wäre sie folglich nicht als Vergütungsbestandteil, sondern als lediglich tätigkeitsbezogene Aufwendung anzusehen, was im Folgenden untersucht werden soll.

(1) Überwiegendes Interesse am Abschluss einer D&O-Versicherung

Auf den ersten Blick steht die D&O-Versicherung als Versicherung auf fremde Rechnung im Sinne der §§ 43 ff. VVG im überwiegenden Interesse der Vorstandsmitglieder, da eine D&O sie gegen Haftpflichtrisiken absichert.[440] Dieser Umstand alleine lässt allerdings noch nicht den Schluss auf ein überwiegendes persönliches Eigeninteresse der Vorstandsmitglieder zu. Andere Versicherungen wie zum Beispiel eine Rechtschutz- oder andere Haftpflichtversicherungen stehen ebenfalls im Interesse der Organmitglieder, ohne dass dies zu ihrer Einstufung als Vergütung im Sinne des § 87 Abs. 1 AktG führt.[441]

---

437 *Dreher/Thomas,* ZGR 2009, 39 (51); *Olbrich,* Die D&O-Versicherung, S. 207.

438 *Pammler,* Die gesellschaftsfinanzierte D&O-Versicherung, S. 169 f.; *Spindler,* in: MünchKomm, AktG, § 87 Rn. 28.

439 *Dreher,* ZGR 2009, 293 (310 f.); *Olbrich,* Die D&O-Versicherung, S. 208; *Spindler,* in: MünchKomm, AktG, § 93 Rn. 25; *Ulmer,* in: FS Canaris, S. 451 (460 ff.).

440 *Dreher/Thomas,* ZGR 2009, 39(51); *Mertens,* AG 2000, 447 (451).

441 So auch *Dreher,* ZHR 165 (2001), S. 293 (303).

Denn es bestehen ebenfalls gewichtige Eigeninteressen der Gesellschaft. Die D&O-Versicherung dient unter anderem auch der Absicherung/Valutierung von Innenhaftungsansprüchen, die gegen Vorstandsmitglieder aufgrund etwaig begangener Pflichtverletzungen bestehen.[442] In der Praxis tritt regelmäßig die Situation ein, dass der Innenhaftungsanspruch der Gesellschaft das Vermögen des haftenden Vorstandsmitgliedes um ein Vielfaches übersteigt. In diesem Fall ist der Kompensationsanspruch der Gesellschaft in der Höhe des überschießenden Teils für die Gesellschaft uneinbringlich. Mithin erhöht eine D&O-Versicherung die tatsächliche Werthaltigkeit von Innenhaftungsansprüchen und schützt daher (zumindest auch *reflexartig*) das Gesellschaftsvermögen.[443] Dies gilt auch für den Fall, dass der Gesellschaft mehrere Vorstände als Gesamtschuldner haften (§ 93 Abs. 2 S. 1 AktG) und einer oder mehrere auszufallen drohen. Dadurch käme es zu einer weiteren Risikoanhäufung zulasten der Gesellschaft, was eine Versicherung verhindern kann.[444] Bei einer rein wirtschaftlichen Betrachtung versichert sich die Gesellschaft selbst gegen einen Ausfall ihrer Schuldner.[445] Zudem wird auch in der Beschlussempfehlung des Rechtsausschusses des Bundestages zur Einführung des Pflichtselbstbehaltes für die D&O-Versicherung (§ 93 Abs. 2 S. 3 AktG) der Schutz des Gesellschaftsvermögens als zentrales Motiv für den Abschluss D&O-Versicherung bezeichnet. Dass der Ausfall eines haftenden Vorstandes eine Gefahr für die Bilanz darstellt, ist auskunftsgemäß einer der gesetzgeberischen Gründe für die *„höhenmäßige Beschränkung der Selbstbehaltes“*.[446]

Angesichts dieses hohen Eigeninteresses der Gesellschaft an der Absicherung etwaiger Schadensersatzansprüche gegen ihre Vorstände sehen manche in der D&O-Versicherung sogar eine Form der Eigenvermögensschadensversicherung, wenngleich sie formal als (Haftpflicht-)Versicherung auf fremde Rechnung ausgestaltet ist.[447] Andere werten die Absicherung von Innenhaftungsansprüchen hingegen als bloßen Reflex. Für sie steht die Absicherung der Mandatsträger vor einer Haftung mit dem eigenen Vermögen im Vordergrund. Die Absicherung des Gesellschaftsvermögens hat für sie eine lediglich nachgeordnete Bedeutung.[448]

---

442 *Finkel/Seitz*, in: Seitz/Finkel/Klimke, D&O-Versicherung, Ziff. 10 AVB-AVG Rn. 6.
443 *Dreher*, ZGR 165 (2001), S. 293 (313); vgl. auch Beschlussempf. Rechtsausschuss BT-Drucks 16/13433, 11.
444 *Dreher*, ZGR 165 (2001), S. 293 (313).
445 *Schüppen/Sanna*, ZIP 2002, 550 (551).
446 Rechtsausschuss-Beschlussempfehlung, BT-Drucks. 16/13433, 11.
447 *Kort*, DStR 2006, 799 (801).
448 *Dreher*, DB 2005, 1669 (1673); *Spindler*, in: MünchKomm, AktG, § 87 Rn. 26.

Die hohe Bedeutung der D&O-Versicherung für die Gesellschaft wird unter anderem aber auch dadurch deutlich, dass bei der Kalkulation der Versicherungsprämie nicht etwa primär die Anzahl der zu versichernden Organe und deren subjektive Risiken berücksichtigt werden, sondern regelmäßig ausschließlich auf fundamentale Unternehmensdaten abgestellt wird. Dabei sind Kriterien wie die Bilanz- und Umsatzsumme, die Rechtsform der Gesellschaft und die Branchenzugehörigkeit von entscheidender Bedeutung.[449] Für ein starkes Eigeninteresse der Gesellschaft spricht ferner, dass die D&O-Versicherung dazu beiträgt, die unternehmerische Handlungsfreiheit der Vorstände zu gewährleisten.[450] Sie reduziert das persönliche wirtschaftliche (Haftungs-)Risiko auf ein erträgliches Maß und garantiert damit die für eine erfolgreiche Unternehmensführung unerlässliche Entschlussfreudigkeit der Geschäftsleiter.[451] Gerade bei risikoanfälligen Tätigkeiten kann eine übermäßige Haftungsandrohung zu einem überzogen defensiven Handeln und zu Absicherungsstrategien führen.[452] Konsequenz hieraus wäre, dass die durch die persönliche Haftung(-sandrohung) angestrebte Verhaltenssteuerung von Vorständen zu einer Lähmung der Gesellschaft führen würde, da kein Vorstand mehr bereit wäre, unternehmerische Risiken einzugehen.

Überdies dient die D&O-Versicherung der Akquisition neuer Organmitglieder, da für eine solche Tätigkeit in Frage kommende Personen im Hinblick auf die gestiegenen Haftungsrisiken sensibilisiert sind und daher das Vorhalten von ausreichendem D&O-Versicherungsschutz zur Bedingung ihres Engagements machen.[453] Die Gesellschaft ist somit ohnehin gezwungen, eine D&O-Deckung einzukaufen, um die gewünschten Talente zu erhalten. Faktisch besteht für sie ein Versicherungszwang.[454] Wie bereits geschildert, sind die von der Gesellschaft gezahlten Versicherungsprämien insofern als Aufwendungen zum Zwecke der Personalgewinnung anzusehen.[455] Der Abschluss einer D&O-Versicherung ist damit keineswegs nur als ein Instrument zur Herbeiführung eines Bilanzschutzes anzusehen, ihre Bedeutung geht auch für die Gesellschaft weit darüber

449 *Lücke/Simon*, in: Saenger/Inhester, GmbHG, § 43 Rn. 14; *Olbrich*, Die D&O-Versicherung, S. 200.

450 *Dreher*, ZHR 165 (2001), S. 293 (310).

451 *Dreher/Thomas*, ZGR 2009, 39 (53); dem gegenüber allerdings kritisch: *Ulmer*, in: FS Canaris, S. 451 (465).

452 *Dreher*, ZHR 165 (2001), S. 293 (310).

453 *Mertens*, AG 2000, 447 (451); *Dreher*, ZHR 165 (2001), S. 293 (310).

454 *Dreher/Thomas*, ZGR 2009, 39 (53); *Schüppen/Sanna*, ZIP 2002. S. 550 (551).

455 *Dreher*, ZHR 165 (2001), S. 293 (310); *ders./Thomas*, ZGR 2009, 39 (53).

hinaus.[456] Da durch eine D&O-Versicherung die Gefahr einer persönlichen Haftung der Vorstände sinkt, reduziert sich entsprechend auch die Bemessungsgrundlage für die Vergütung der Vorstände, weshalb sie auch aus diesem Grund im wirtschaftlichen Interesse der Gesellschaft steht.[457] Darüber hinaus steht auch die Absicherung von Außenhaftungsansprüchen gegen die Vorstände im unmittelbaren Eigeninteresse der Gesellschaft.[458] Die Gesellschaft, die bei Außenhaftungsansprüchen gesamtschuldnerisch neben dem Organmitglied in Haftung steht, erlangt durch das Bestehen einer D&O einen unmittelbaren Vorteil, da sie in diesem Fall (unter anderem) einen etwaigen Regressanspruch der Gesellschaft gegen das pflichtverletzende Organmitglied absichert.[459]

Zusammenfassend bleibt daher festzuhalten, dass ein überwiegendes Eigeninteresse der Mandatsträger vorliegt, die Gesellschaft aber ebenfalls ein starkes Interesse an einem möglichst umfassenden D&O-Versicherungsschutz hat.

(2) Mangelnde individuelle Bestimmbarkeit

Darüber hinaus spricht gegen eine Einordnung einer (gesellschaftsfinanzierten) D&O-Versicherung als ein Vergütungsbestandteil gemäß § 87 Abs. 1 S. 1 AktG die Unmöglichkeit einer individuellen Zuordnung der Prämienzahlungen der Gesellschaft auf die jeweiligen Mitglieder des Vorstands.[460] Wie bereits oben erläutert, werden D&O-Versicherungsverträge in der Praxis regelmäßig als Gruppenverträge abgeschlossen, die nicht nur die aktuellen Organmitglieder versichern, sondern auch alle ehemaligen und künftigen.[461] Somit kann keine dem subjektiven Haftungsrisiko der individuellen Tätigkeit entsprechende Prämie gesondert auf die einzelnen versicherten Personen umgelegt werden.[462] Dies ist allerdings eine Voraussetzung für die Anwendbarkeit von § 87 Abs. 1 S. 1 AktG, da dieser eine Quantifizierbarkeit des Vermögensvorteils voraussetzt.[463] Die Unbestimmbarkeit der individuellen Prämienhöhe ist somit ein weiteres Argument, dass

---

456 *Armbrüster,* NJW 2016, 897 (900).

457 *Dreher,* ZHR 165 (2001), S. 293 (314).

458 *Dreher,* ZHR 165 (2001), S. 293 (311); *Mertens,* AG 2000, 450 (451); *Schüppen/Sanna,* ZIP 2002, 550 (551).

459 *Dreher,* ZHR 165 (2001), S. 293 (311); *Schüppen/Sanna,* ZIP 2002, 550 (551).

460 *Mertens/Cahn,* in: Kölner Kommentar, AktG, § 93 Rn. 246; *Schüppen/Sanna,* ZIP 2002, 550 (552).

461 *Ihlas,* in: Langheid/Wandt, MünchKomm VVG, 3. Bd., Ziff. 320 Rn. 156 f.

462 *Mertens,* AG 2000, 447 (452); *Olbrich,* Die D&O-Versicherung, S. 209.

463 *Mertens/Cahn,* in: Kölner Kommentar, AktG, § 93 Rn. 246.

gegen eine Einstufung der D&O-Versicherung als Bestandteil der Gesamtvergütung von Vorstandsmitgliedern einer Aktiengesellschaft spricht.[464]

(3) Mangelnde Praxistauglichkeit

Unterstellt, es handele sich bei der gesellschaftsfinanzierten D&O-Versicherung um einen Vergütungsbestandteil, käme es unter Berücksichtigung von § 87 Abs. 1 AktG zu einer gespaltenen Zuständigkeit für den Abschluss eines D&O-Gruppenversicherungsvertrages, der neben Vorständen auch regelmäßig Aufsichtsräte erfassen soll. Die Gruppenpolice könnte insofern nicht mehr einheitlich vereinbart werden. Für die Versicherung der Vorstände wäre der Aufsichtsrat, für die Versicherung des Aufsichtsrates gemäß § 113 Abs. 1 AktG jedoch die Hauptversammlung zuständig. Die Versicherung aller übrigen Personen (etwa leitende Angestellte) würde zudem dem Vorstand obliegen. Es ist offensichtlich, dass eine derartige Aufspaltung nicht opportun ist daher auch kaum gewollt sein kann.[465]

Zudem würde sich daran anschließend die Frage stellen, wie mit Gruppenpolicen zu verfahren ist, die unter Missachtung der unterschiedlichen Zuständigkeiten abgeschlossen wurden. Eine Teilnichtigkeit mit der Konsequenz einer bereicherungsrechtlichen Rückabwicklung ist, wegen der zuvor beschriebenen Unmöglichkeit einen Prämienanteil einem bestimmten Organ zuzuweisen, wegen Undurchführbarkeit abzulehnen. Eine Anwendung der Lehre über fehlerhafte Dauerschuldverhältnisse[466] widerspräche wiederum der in den §§ 87 Abs. 1, 113 Abs. 1 AktG vorgesehenen Rechtsfolge der Vertragsnichtigkeit, da die Leistungspflicht des Versicherers im Versicherungsfall fortbestünde und dieser lediglich die Möglichkeit hätte, mit ex nunc-Wirkung zu kündigen.[467] Außerdem kann man dem Schutzzweck von § 87 Abs. 1 AktG und § 113 Abs. 1 AktG ohnehin nicht mehr gerecht werden, wenn es aufgrund des gegen die Zuständigkeitsordnung abgeschlossenen Vertrages bereits zu einem (nicht mehr kondizierbaren) Leistungsaustausch gekommen ist.[468]

---

464 So auch *Dreher/Thomas,* ZGR 2009, 31 (60).

465 Zum gleichen Ergebnis kommen *Dreher/Thomas,* ZGR 2009, 31 (61 f.).

466 Zu nennen sind vor allem Arbeits- und Gesellschaftsverträge, vgl. dazu *Armbrüster,* in: MünchKomm, BGB § 138 Abs. 162.

467 *Dreher/Thomas,* ZGR 2009, 31 (62).

468 *Dreher/Thomas,* ZGR 2009, 31 (61 f.).

(4) Steuerliche Behandlung der Prämien

Die steuerliche Behandlung von Sachverhalten hat grundsätzlich keine unmittelbaren Auswirkungen auf ihre gesellschaftsrechtliche Einordnung, da das Steuerrecht andere Zwecke verfolgt als das Gesellschaftsrecht.[469] Jedoch kann die steuerliche Behandlung von Prämien für die D&O-Versicherung als ein weiteres Indiz für die Beurteilung dienen, ob es sich bei der von der Gesellschaft getragenen Prämienlast um einen Bestandteil der Vergütung oder sonstige tätigkeitsbezogene Aufwendungen handelt.[470]

Aus steuerrechtlicher Perspektive erhalten Vorstandsmitglieder Einkünfte aus nichtselbstständiger Arbeit, worunter im Sinne des § 19 Abs. 1 Nr. 1 EStG u.a. der Arbeitslohn zu verstehen ist.[471] Unter Arbeitslohn ist dabei ein individueller, durch ein Dienstverhältnis veranlasster, geldwerter Vorteil für den Arbeitsnehmer zu verstehen, der eine Gegenleistung für die Zurverfügungstellung von individueller Arbeitskraft ist.[472] Damit ist auch im Bereich der Einkommenssteuer entscheidendes Kriterium für die Bestimmung von Arbeitslohn, ob die durch den Arbeitgeber gewährten Vorteile ein Entgelt für die Erbringung einer Arbeitsleistung sind.[473] Erneut stellt sich insofern die Frage, wer ein überwiegendes Interesse an der D&O-Versicherung hat, denn wenn die betrieblichen Zwecke der Prämienzahlung im Vordergrund stehen und die Interessen des Arbeitsnehmers an der Erlangung des geldwerten Vorteils vernachlässigt werden können, ist von einem ganz überwiegenden eigenbetrieblichen Interesse des Arbeitgebers auszugehen.[474]

Das Finanzministerium von Niedersachsen hat sich durch Erlass vom 25. Januar 2002 im Einvernehmen mit dem Erlass des Bundesfinanzministeriums vom 24. Januar 2002 dafür ausgesprochen, dass die Beiträge der D&O-Versicherung nicht zum Arbeitslohn der versicherten Arbeitnehmer zu zählen sind, wenn die Police gewisse Merkmale erfüllt, wie etwa die Vereinbarung einer Company-Reimbursement-Klausel[475] und die Einbeziehung des gesamten Vorstands in den Versicherungsschutz ohne Berücksichtigung besonderer individueller Merkmale.[476] Bei der Prämienberechnung werden ausschließlich

---

469 *Armbrüster,* NJW 2016, 897 (900); *Schüppen/Sannna,* ZIP 2002, 550 (553).

470 Hierzu ausführlich *Finkel/Seitz,* in: Seitz/Finkel/Klimke, D&O-Versicherung, Ziff. 12 AVB-AVG Rn. 30 ff.

471 *Schüppen/Sannna,* ZIP 2002, 550.

472 BFH BStBl. II 1996, 545.

473 *Krüger,* in: Schmidt, EStG, § 19 Rn. 10.

474 *Schüppen/Sannna,* ZIP 2002, 550.

475 Zur Company-Reimbursment-Klausel, vgl. C. I. 3. a) bb.

476 Abgedruckt in DStR 2002, 678.

Unternehmensfaktoren berücksichtigt. Des Weiteren muss der Anspruch auf die Versicherungsleistung dem Unternehmen als Versicherungsnehmer zustehen.[477] Der Erlass des Finanzministeriums des Landes Niedersachsens hat für die hiesige Frage aber nur geringe Bedeutung. Dies liegt u.a. auch daran, dass bei der D&O-Versicherer dem Versicherten nicht nur wie bei jeder anderen Versicherung für fremde Rechnung die Rechte aus der Versicherung zustehen (vgl. § 44 Abs. 1 VVG), sondern zudem regelmäßig § 45 VVG abbedungen ist, wonach die Ausübung der Rechte an den Besitz des Versicherungsschein gekoppelt ist. Dem entsprechend ist auf Ziff. 10.1 AVB-AVG zu verstehen, wonach die Ausübung der Rechte aus dem Versicherungsvertrag ausschließlich der versicherten Person zustehen.[478]

Allerdings steht die D&O-Versicherung auch nach Ansicht des Bundesfinanzministeriums im überwiegenden Interesse der Gesellschaft. Mit Schreiben vom 24. Januar 2002 teilte es seine Auffassung mit, dass die D&O-Versicherung in erster Linie der Absicherung von Ansprüchen der Gesellschaft dienen soll.[479] Insbesondere bei Schadensfällen von großem Ausmaß stellte der Anspruch der Gesellschaft gegen die Vorstandsmitglieder ohne D&O-Deckung keinen tatsächlichen Vermögenswert dar, da nicht von einer Erfüllbarkeit der Verpflichtung ausgegangen werden könne.[480] Es handele sich zudem nicht um ein individualisierbares Entgelt für eine persönliche Leistung eines einzelnen Vorstandmitgliedes, da regelmäßig der gesamte Vorstand durch die Police abgesichert werde und nicht nur einzelne Mitglieder.[481] Steuerrechtlich gilt nur dann etwas anderes, wenn durch die Versicherung Risiken abgedeckt werden, die üblicherweise im Leistungsprogramm einer individuellen Berufshaftpflichtversicherung enthalten sind. In diesem Fall liegt das Interesse am Abschluss eindeutig bei der angestellten versicherten Person.[482]

Die steuerliche Behandlung ist für die gesellschaftsrechtliche Fragestellung zwar nicht maßgebend, zeigt jedoch, dass auch im finanzbehördlichen Bereich grundsätzlich die Einschätzung vorherrscht, dass eine D&O-Versicherung vorrangig im Interesse der Gesellschaft steht, wenngleich die vom Finanzamt Niedersachen zugrunde gelegten Annahmen in der Praxis die absolute Ausnahme ist, was die Relevanz des Erlasses deutlich schmälert.

---

477 Erlass des Finanzministeriums Niedersachsens vom 25.01.2002, vgl. DStR 2002, 678.
478 *Finkel/Seitz*, in: Seitz/Finkel/Klimke, D&O-Versicherung, Ziff. 10 AVB-AVG Rn. 7.
479 BMF Schreiben vom 24.01.2002, AG 2002, 287.
480 BMF Schreiben vom 24.01.2002, AG 2002, 287.
481 BMF Schreiben vom 24.01.2002, AG 2002, 287.
482 BMF Schreiben vom 24.01.2002, AG 2002, 287.

(5) Bilanzielle Behandlung der Prämien

Gemäß § 285 Nr. 9 lit. a HGB sind die Gesamtbezüge des Vorstandes im Anhang zum veröffentlichten Jahresabschluss der Gesellschaft auszuweisen. Die ausführliche Aufzählung in § 285 Nr. 9 lit. a HGB, was alles auszuweisen ist, soll dabei eine größtmögliche Transparenz gewährleisten. Dadurch sollen alle finanziellen Verflechtungen zwischen gegenwärtigen bzw. früheren Organmitgliedern (einschließlich ihrer Hinterbliebenen) und der Gesellschaft offenkundig gemacht werden.[483] Dabei nennt § 285 Nr. 9 lit. a HGB ausdrücklich auch Versicherungsentgelte.

Dabei ist allerdings zu beachten, dass § 285 Nr. 9 lit. a HGB nicht festlegt, was unter einem Vergütungsbestandteil zu verstehen ist, sondern lediglich Bezug auf die praktisch wortgleiche Aufzählung in § 87 Abs. 1 AktG nimmt. In § 285 Nr. 9 lit. a HGB wird der Begriff des Vergütungsbestandteils nicht definiert, sondern das Vorliegen eines solchen vielmehr vorausgesetzt.[484] Dabei sollen bei Versicherungsbeiträgen die einkommenssteuerrechtlichen Regelungen über den steuerlichen Arbeitslohn maßgeblich sein.[485] Da die Prämienzahlung der Gesellschaft aber, wie bereits gezeigt, grundsätzlich nicht der Einkommenssteuer unterliegt, kann aus der Erwähnung von Versicherungsentgelten in § 285 Nr. 9 lit. a HGB auch nicht gefolgert werden, dass die D&O-Prämien als Teil der Gesamtbezüge anzusehen sind.[486] D&O-Prämien unterfallen nicht dem Tatbestand des § 87 Abs. 1 AktG und sind daher auch nicht im Sinne des § 285 Nr. 9 lit. a HGB anzeigepflichtig.[487]

(6) Zwischenfazit

Damit sprechen die besseren Argumenten dagegen, die gesellschaftsfinanzierte D&O-Versicherungsprämien als Teil der Gesamtvergütung des Vorstandes anzusehen. Insbesondere das starke Eigeninteresse der Gesellschaft an dem Abschluss einer D&O-Versicherung sowie die fehlende Praxistauglichkeit der Gegenansicht sprechen gegen eine Qualifizierung der Prämien als Vergütungsleistungen

---

483 *Kessler,* in: MünchKomm, Bilanzrecht, § 285 Rn. 87.

484 *Dreher,* ZHR 165 (2001), S. 293 (302); *Vetter,* AG 2000, 453 (457); a.A. *Kästner,* AG 2000, 113 (116).

485 *Grottel,* in: Beck`scher Bilanz-Kommentar, § 285 Rn. 253.

486 So auch *Kort,* DStR 2006, 799 (801); *Poelzig,* in: MünchKomm, HGB, § 285 Rn. 165; *Schüppen/Sanna,* ZIP 2002, 550 (553).

487 *Kort,* DStR 2006, 799 (801); *Poelzig,* in: MünchKomm, HGB, § 285 Rn. 165; *Schüppen/Sanna,* ZIP 2002, 550 (553).

der Gesellschaft. Insofern verbleibt es bei der aus § 76 Abs. 1 AktG folgenden Zuständigkeit des Vorstandes für den Abschluss für Versicherungsverträge, sofern nicht ausnahmsweise von der Gesetzessystematik abgewichen werden muss, was nachfolgend noch untersucht werden soll.

b) § 87 Abs. 1 AktG analog

Da § 87 Abs. 1 AktG auf die D&O-Prämien nicht unmittelbar anwendbar ist, bleibt zu prüfen, ob nicht gegebenenfalls eine analoge Anwendung in Betracht kommt. Dabei setzt Gesetzesanalogie grundlegend eine Vergleichbarkeit des zu regelnden Sachverhalts mit demjenigen voraus, den die entsprechende Gesetzesvorschrift tatsächlich erfasst. Zudem darf der relevante Sachverhalt von keiner anderen gesetzlichen Regelung erfasst werden, da die Gesetzgebungskompetenz der Legislative nicht unterlaufen werden darf. Mithin muss eine gesetzliche Regelungslücke vorliegen, die vom Gesetzgeber nicht beabsichtigt war, da er den entsprechenden Sachverhalt im Rahmen des Gesetzgebungsverfahrens bislang noch nicht bedacht hat (sog. planwidrige Regelungslücke).[488]

aa. Vergleichbarkeit

Für eine analoge Anwendbarkeit von § 87 Abs. 1 AktG auf D&O-Versicherungsprämien müssten diese mit den in § 87 Abs. 1 AktG aufgezählten Vergütungsbestandteilen vergleichbar sein. Insofern ist erneut der Regelungszweck von § 87 Abs. 1 AktG zu beachten, der verhindern soll, dass der Vorstand einer Aktiengesellschaft über die Höhe der eigenen Vergütung selbstständig entscheiden darf. Sofern man einen Anwendung von § 87 Abs. 1 AktG auf (gesellschaftsfinanzierte) D&O-ablehnt, könnte der Vorstand über Art und Ausmaß des eigenen D&O-Versicherungsschutzes befinden, wodurch er zu einem Einkauf eines möglichst lückenlosen und umfassenden Versicherungsschutzes verleitet wäre. Ein weitgehender Schutz würde allerdings mit einer hohen Prämienlast einhergehen und damit das Vermögen der Gesellschaft belasten.[489] Diese offensichtliche Gefahr einer möglichen Selbstbegünstigung könnte vorbehaltlich der weiteren Voraussetzungen grundsätzlich für eine analoge Anwendung von § 87 Abs. 1 AktG sprechen, da der Vorstand nicht in eigenen Angelegenheiten entscheiden sollte.

---

488 *Grüneberg*, in; Palandt, BGB, vor § 1 Einl. Rn. 48.

489 Die gleichen Bedenken äußert auch *Pammler*, Die gesellschaftsfinanzierte D&O-Versicherung, S. 170.

bb. Planwidrige Regelungslücke

Eine Regelungslücke ist dann planwidrig, wenn eine konkrete Norm oder das gesamte Gesetz entgegen dem Norm- bzw. Gesetzeszweck einen Sachverhalt nicht erfassen, der eigentlich Bestandteil des Anwendungsbereiches hätte sein müssen. Entweder hat der Gesetzgeber das Problem übersehen oder er hat ganz bewusst keine Regelung getroffen, damit Rechtsprechung und Wissenschaft sich des Problems annehmen.[490] Somit ist fraglich, ob der hinter § 87 Abs. 1 AktG stehende Rechtsgedanke oder das AktG als solches, eine von § 76 AktG abweichende Zuständigkeitsregelung für den Abschluss einer gesellschaftsfinanzierten D&O-Versicherung erforderlich machen.

Gegen die Annahme einer Planwidrigkeit spricht, dass sich die Kompetenzregelung des § 87 Abs. 1 AktG auf den Bereich der Vergütung und der Bezüge beschränkt, wozu die D&O-Versicherung grundsätzlich zählt. Dabei ist davon auszugehen, dass der Gesetzgeber diese Einschränkung bewusst vorgenommen hat, da er den Anwendungsbereich von § 87 Abs. 1 AktG und damit die Zuständigkeit des Aufsichtsrates nicht auf alle materiellen Zuwendungen der Gesellschaft an den Vorstand ausweiten wollte.[491] Dem Reformgesetzgeber war durchaus bewusst, dass Vorstände bzw. die sie anstellende Gesellschaft die sich aus der Organtätigkeit ergebenden Haftungsrisiken durch den Abschluss von Vermögensschadenversicherungen abzudecken versuchen. Auch wird es dem Reformgesetzgeber bekannt gewesen sein, dass die Prämien für solche Versicherungen in den allermeisten Fällen nicht von den Versicherten selbst, sondern von der anstellenden Gesellschaft entrichtet werden. In Kenntnis dieser Sachlage hat sich der Gesetzgeber dennoch gegen eine Aufnahme von D&O-Versicherungsentgelten in die Aufzählung des § 87 Abs. 1 S. 1 AktG entschieden. Hierfür ausschlaggebender Grund könnte unter anderem die bereits diskutierte fehlende Praxistauglichkeit sein, wenn für D&O-Gruppenversicherungsverträge die Zuständigkeit unterschiedlicher Gremien innerhalb der Gesellschaft begründet wäre. Daher fehlt es an einer für einen Analogieschluss erforderlichen Regelungslücke.[492]

---

490 *Looschelders*, in: Heidel/Hüßtege/Mansel/Noack, BGB-AT – EGBGB, Anhang zu § 133 Rn. 40.

491 *Dreher/Thomas*, ZGR 2009, 31 (61).

492 So im Ergebnis auch *Dreher/Thomas*, ZGR 2009, 31 (61); a.A. *Pammler*, Die gesellschaftsfinanzierte D&O-Versicherung, S. 170.

2. Stellungnahme

Die aus hiesiger Sicht besseren Argumente sprechen gegen eine Einstufung der gesellschaftsfinanzierten D&O-Versicherung als ein Bestandteil der vorstandlichen Gesamtvergütung. Diese Ansicht entspricht dabei der wohl geübten Unternehmenspraxis, wonach der Vorstand D&O-Gruppenversicherungsverträge für alle zu versichernden Personengruppen abschließt. Die Entscheidung über Art und Ausmaß des D&O-Versicherungsschutzes verbleibt damit Teil der originären Geschäftsleitungskompetenz des Vorstands im Sinne von § 76 Abs. 1 AktG.[493] Der oben geschilderten Gefahr, dass der Vorstand verleitet sein könnte, in einer überzogenen Weise von diesem Recht Gebrauch zu machen, könnte dadurch begegnet werden, dass bereits in die Satzung der Gesellschaft Vorgaben im Hinblick auf die Eckdaten des D&O-Versicherungsschutzes eingefügt werden, die für den Vorstand bindend wären.[494] Die bisweilen favorisierte Zuständigkeit der Hauptversammlung[495] ist abzulehnen, da der Abschluss einer D&O-Versicherung und die konkrete Ausgestaltung des Versicherungsschutzes nur schwer zugängliche Detailfragen sind, die kaum im Rahmen einer ordentlichen Hauptversammlung abgehandelt werden können. Auch die Fassung eines Rahmenbeschlusses, der zumindest die Grundzüge des Versicherungsschutzes skizziert,[496] erübrigt sich, wenn die Eckdaten der Police bereits in der Satzung der Gesellschaft festgehalten sind. Eine weitere Beschlussfassung wäre dann entbehrlich. Davon abgesehen, bedarf die gesamte Thematik einer Neubewertung, wenn die Bestrebungen anhalten, immer mehr Eigenschadenkomponenten in die D&O-Deckung aufzunehmen.[497] Wenn sich die D&O-Versicherung immer mehr zu einer gemischten Haftpflicht- und Kaskodeckung entwickelt,[498] rückte das Interesse der Gesellschaft an ihrem Abschluss immer weiter in den Vordergrund, so dass dann neu bewertet werden müsste, ob das Interesse der Versicherten tatsächlich noch überwiegt.

---

493 Zustimmend *Dreher,* ZHR 165 (2001), S. 293 (321 f.); *Fleischer,* in: Fleischer, Handbuch des Vorstandsrechts, § 12 Rn. 12; *Notthoff,* NJW 2003, 1350 (1354).

494 *Fassbach/Wettich,* GWR 2016, 199 (200 f.); *Hölter,* in: Hölters, AktG, § 87 Rn. 7; *Mutter,* ZIP 2002, 1230 (1231).

495 Zust. *Armbrüster,* NJW 2016, 900 (901).

496 *Armbrüster,* NJW 2016, 900 (901).

497 S. hierzu *Cyrus,* NZG 2018, 7 (9 ff.).

498 *Cyrus,* NZG 2018, 7 (9 f.).

III. Versicherungsfalldefinition

Die absolute Mehrheit der auf dem Versicherungsmarkt erhältlichen D&O-Bedingungswerke folgt nach wie vor dem sog. *Claims made-Prinzip*.[499] Nach diesem Versicherungsfallprinzip tritt die unter der Versicherungspolice versprochene Leistungspflicht des Versicherers erst dann ein, wenn der Geschädigte seinen Haftpflichtanspruch erstmalig gegenüber der versicherten Person geltend macht. Dies zieht eine Reihe Folgefragen nach sich, die bei der D&O-Versicherung nach wie vor umstritten sind und daher im Folgenden untersucht werden sollen. Dabei soll zunächst allgemein die Bedeutung und die Herleitung des Versicherungsfalls in einer Haftpflichtversicherung dargestellt werden, um dann auf die umstrittenen Punkte des Claims made-Prinzips einzugehen.

1. Überblick

Im VVG findet sich zu keiner Versicherung eine Legaldefinition für die Bestimmung des Versicherungsfalls. Allgemein lässt sich sagen, dass der Versicherungsfall immer die Verwirklichung eines versicherten Risikos ist.[500] Im Kern handelt es sich bei der Definition des Versicherungsfalls um die Vereinbarung einer aufschiebenden Bedingung für den Eintritt der Leistungspflicht des Versicherers.[501] Der Versicherungsfall ist das Ereignis, das die Leistungspflicht des Versicherers auslöst.[502]

Die Voraussetzungen für den Eintritt des Versicherungsfalls sind von Versicherung zu Versicherung unterschiedlich und richten sich nach den Vorgaben der den Policen zu-grundliegenden Allgemeinen Versicherungsbedingungen.[503] Der Definition des Versicherungsfalls kommt im Verhältnis zwischen Versicherungsnehmer und Versicherer eine entscheidende Bedeutung zu. Denn anhand der Beschreibung der Voraussetzungen für den Eintritt der Leistungspflicht in

---

499 Vgl. *Finkel/Seitz*, in: Seitz/Finkel/Klimke, D&O-Versicherung, Ziff. 2 AVB-AVG Rn. 4, wonach es mittlerweile aber auch Policen geben soll, die dem Verstoßprinzip unterliegen.

500 *Wandt*, Versicherungsrecht, Rn. 907.

501 *Koch*, VersR 2011, 295 (296); *Lorenz*, in: Beckmann/Matusche-Beckmann, Versicherungsrechts-Handbuch, § 1 Rn. 113.

502 *Beckmann*, in: Beckmann/Matusche-Beckmann, Versicherungsrechts-Handbuch, § 15 Rn. 18.

503 *Beckmann*, in: Beckmann/Matusche-Beckmann, Versicherungsrechts-Handbuch, § 15 Rn. 18; *Looschelders*, in: Langheid/Wandt, MünchKomm VVG, § 82 Rn. 9.

den AVB des Versicherers entscheidet sich, ob dieser im Schadensfall einzustehen hat oder nicht.[504]

Anders als in der Sachversicherung, in der die Leistungspflicht naturgemäß mit der Einwirkung auf die versicherten Sachen verknüpft wird, gibt es in der Haftpflichtversicherung mehrere denkbare Anknüpfungspunkte.[505] In der Regel enthalten die AVB möglichst konkret formulierte Definitionen des Versicherungsfalles, damit der Auslöser für die Leistungspflicht des Versicherers unbestreitbar festgestellt werden kann.[506] Die Leistungspflicht des Versicherers setzt zudem voraus, dass der Versicherungsfall innerhalb des Haftungszeitraums eintritt.[507] Dieser muss nicht zwingend mit der Vertragslaufzeit kongruent sein und richtet sich nach den vertraglichen Vereinbarungen.[508] So liegt der Fall, wenn der Versicherungsvertrag rückwärtigen Versicherungsschutz oder/und eine Nachhaftungsklausel vorsieht. Auf beides wird unter C. III. 2. e) noch ausführlich eingegangen.

Die Musterbedingungen des GDV für die Haftpflichtversicherung (AHB) legen in Ziff. 1.1 S. 2[509] fest, dass sich der Eintritt des Versicherungsfalls grundsätzlich durch das Ereignisprinzip bestimmt. Danach besteht die Leistungspflicht des Versicherers ab dem Moment, ab dem das schädigende Verhalten des Versicherten das Rechtsgut des Verletzten erstmalig beeinträchtigt.[510] Gemäß Ziff. 1.1 S. 3 AHB kommt es demgegenüber nicht auf den Zeitpunkt der Schadensverursachung an. Vielmehr löst das Schadensereignis den Versicherungsfall aus. Diese Versicherungsfalldefinition eignet sich allerdings nicht für eine Vermögensschadenshaftpflichtversicherung wie die D&O-Versicherung. Denn bei einer solchen ist das Vermögen des Versicherten das geschützte Rechtsgut, weswegen es sich nur schwer ermitteln lässt, in welchem Zeitpunkt sich die Schädigung des Vermögens des Versicherungsnehmers oder der versicherten Person manifestiert hat. Um diesem Problem zu entgehen, wird bei Vermögensschadenhaftpflichtversicherungen regelmäßig auf den Zeitpunkt des Verstoßes des Versicherten abgestellt, der den Haftpflichtanspruch des Geschädigten nach

---

504 *Pataki*, VersR 2004, 835 (836).

505 *Beckmann*, in: Beckmann/Matusche-Beckmann, Versicherungsrechts-Handbuch, § 15 Rn. 18.

506 *Wandt*, Versicherungsrecht, Rn. 909.

507 *Wandt*, Versicherungsrecht, Rn. 911.

508 *Wandt*, Versicherungsrecht, Rn. 462 f.

509 Stand Januar 2015, abrufbar unter: http://www.gdv.de/wp-content/uploads/2015/03/AVB-fuer-die-Haftpflichtversicherung-AHB-Jan2015.pdf.

510 *Wandt*, Versicherungsrecht, Rn. 913, 916.

sich zieht (sog. *Verstoßprinzip*).[511] Dies wird beispielsweise bei Berufshaftpflichtversicherungen von Rechtsanwälten, Wirtschaftsprüfern und Architekten so gehandhabt.[512]

Der Verstoß ist auch bei der D&O-Versicherung ein denkbarer Anknüpfungspunkt, jedoch hat sich das Verstoßprinzip bei der D&O-Versicherung bislang nicht durchsetzen können. Vielmehr stellt die Mehrheit der am Markt erhältlichen D&O-Bedingungswerke nach wie vor auf die Anspruchserhebung als das die Leistungspflicht des Versicherers auslösende Moment ab.[513] Dabei folgt die Festlegung auf die Anspruchserhebung zunächst aus der Tradition der D&O-Versicherung, da diese ursprünglich aus den USA stammt, wo das Claims made-Prinzip ein anerkanntes Versicherungsfallprinzip ist.[514] Die Anpassung an die gängige Ausgestaltung der Policen auf dem amerikanischen Versicherungsmarkt ist nicht zuletzt der Internationalität des Versicherungs- und Rückversicherungsmarktes geschuldet.[515] Dadurch wird deutschen Versicherern der Einkauf von Rückversicherungsschutz erleichtert.[516]

2. Das Claims made-Prinzip

Claims made-Prinzip bedeutet, dass der Versicherungsfall durch die erstmalige Geltendmachung des Haftpflichtanspruchs gegen die versicherte Person innerhalb des versicherten Zeitraumes eintritt.[517] Gemäß Ziff. 2 S. 2 AVB-AVG setzt der Eintritt des Versicherungsfalls die erstmalige schriftliche Erhebung des Anspruchs gegen die versicherte Person bzw. die Mitteilung an den Versicherungsnehmer bzw. an eine Tochtergesellschaft oder an die versicherte Person, wonach ein Anspruch gegen die versicherte Person besteht, voraus. Ähnliche Formulierungen sind dabei praktisch in allen auf dem Markt erhältlichen Bedingungswerken vorzufinden, wobei es im Hinblick auf die konkrete Ausgestaltung durchaus erhebliche Unterschiede geben kann.[518]

---

511 *Wandt*, Versicherungsrecht, Rn. 913, 918.
512 *Wandt*, Versicherungsrecht, Rn. 918.
513 *Beckmann*, in: Beckmann/Matusche-Beckmann, Versicherungsrechts-Handbuch, § 28 Rn. 99.
514 *Finkel/Seitz*, in: Seitz/Finkel/Klimke, D&O-Versicherung, Einf. Rn. 75.
515 *Baumann*, NZG 2010, 1366 (1369); *Pataki*, VersR 2004 S. 835 (839).
516 *Pataki*, VersR 2004 S. 835 (837).
517 Vgl. zum zeitlichen Umfang des Versicherungsschutz Ziff. 3 AVB-AVG.
518 *Finkel/Seitz*, in: Seitz/Finkel/Klimke, D&O-Versicherung, Ziff. 2 AVB-AVG Rn. 3.

a) Allgemeines

Das Claims made-Prinzip dient vor allem den Interessen des Versicherers, da es ihm vor allem Vorteile in der Form von Kalkulationssicherheit bietet.[519] Anders als etwa beim Verstoßprinzip oder beim Folgeereignisprinzip kommt es beim Claims made-Prinzip grundsätzlich nicht zu einer Nachhaftung des Versicherers.[520] Demnach hat der Versicherer nach Beendigung der Versicherungsperiode mit keinen weiteren Inanspruchnahmen zu rechnen, woraus die bereits angesprochene erhöhte Kalkulationssicherheit für ihn folgt.

Anders ist die Lage beim Verstoßprinzip, denn sollte bei dessen Geltung die Pflichtverletzung (= der Verstoß) während der Versicherungsdauer begangen werden, sich der Schaden hingegen erst nach Vertragsende realisieren und damit der Haftpflichtanspruch gegen die versicherte Person erst nach Ende des Vertrages geltend gemacht werden, ist der Versicherer dennoch zur Kompensation verpflichtet.[521] Aus der Sicht des Versicherungsnehmers bzw. der versicherten Person bedeutet das Verstoßprinzip eine Zukunftssicherung.[522] Für den Versicherer beinhaltet das Verstoßprinzip dagegen ein nicht unerhebliches Spätschadensrisiko.[523] Für Versicherer auf dem relativ kleinen D&O-Versicherungsmarkt gilt dies umso mehr, als es sich bei der D&O-Versicherung um ein Nischenprodukt handelt. Es fehlt eine ausreichend große Datengrundlage, mittels derer eine zuverlässige versicherungsmathematische Kalkulation durchgeführt werden könnte, weswegen eine risikoadäquate Festsetzung der Prämienhöhe schwierig bis unmöglich ist.[524]

Bei der Anwendung des reinen Anspruchserhebungsprinzips kann es hingegen zu der Situation kommen, dass trotz Pflichtverletzung innerhalb der Versicherungszeit keine Leistungspflicht des Versicherers eintritt.[525] Darüber hinaus ist der Eintritt des Versicherungsfalls — anders als beim Verstoßprinzip — abhängig von dem Verhalten eines Dritten, dem Gläubiger des Haftpflichtanspruchs. Erst durch sein Tätigwerden verdichten sich der vorausgehende Verstoß und

---

519 *Dreher*, ZHR 165 (2001), S. 293 (297); *Olbrich*, Die D&O-Versicherung, S. 149.

520 *Beckmann*, in: Beckmann/Matusche-Beckmann, Versicherungsrechts-Handbuch, § 28 Rn. 99.

521 *Beckmann*, in: Beckmann/Matusche-Beckmann, Versicherungsrechts-Handbuch, § 28 Rn. 99.

522 BGHZ 25, 34 (41).

523 *Staudinger*, Düsseldorfer Vorträge zum Versicherungsrecht 2009, 19 (38).

524 *Staudinger*, Düsseldorfer Vorträge zum Versicherungsrecht 2009, 19 (38).

525 *Beckmann*, in: Beckmann/Matusche-Beckmann, Versicherungsrechts-Handbuch, § 28 Rn. 105.

die Manifestation des Schadens bei ihm zum Versicherungsfall.[526] Durch diese Abhängigkeit vom Verhalten eines Dritten entsteht eine Unsicherheit zulasten des Versicherten und des Versicherers, ob im Falle einer Inanspruchnahme tatsächlich Versicherungsschutz besteht.[527] Zudem wird die versicherte Person unter Druck gesetzt, den Vertrag über die ursprüngliche Laufzeit hinaus zu verlängern, um den Versicherungsschutz zu verewigen, da ihr sonst Deckungslücken drohen.[528]

Das Claims made-Prinzip hat sich bei der D&O-Versicherung durchgesetzt, da es sich um ein Nischenprodukt mit großem Spätschadenrisiko handelt. Wie beschrieben, fällt eine angemessene Prämienkalkulation schwer, da es auf dem relativ kleinen Markt keine ausreichende Datenbasis gibt, die einer versicherungsmathematischen Kalkulation zugrunde gelegt werden könnte.[529] Darüber hinaus ist mit steigenden Versicherungsfällen zu rechnen.[530] Zum einen liegt das an der steigenden Anzahl tatsächlicher Haftungsfälle, zum anderen daran, dass Unternehmen vermehrt probieren, unternehmerische Fehlentscheidungen zu Pflichtverletzungen der Organe zu machen, damit der Versicherer einstandspflichtig wird.[531] Dadurch entsteht den Versicherern ein gewaltiger Rückstellungsbedarf.[532] Damit wird das Interesse des Versicherers offensichtlich, seine Leistungspflicht zumindest zeitlich effektiv zu begrenzen. Für dieses Anliegen ist das Claims made-Prinzip ohne Zweifel ein taugliches Instrument. Allerdings führt es spiegelbildlich zu einem nicht zu rechtfertigenden Spätschadenrisiko zulasten der versicherten Personen, da diese fürchten müssen, für Pflichtverletzungen, die erst gegen Ende der Policenlaufzeit begangen werden, keinen Versicherungsschutz mehr zu erhalten.[533] Neben der Vermeidung von Spätschadensrisiken für den Versicherer bietet das Claims made-Prinzip allerdings für alle Vertragsbeteiligten den Vorteil, dass der Zeitpunkt des Versicherungsfalls klar bestimmbar ist und sich der Schaden zum Zeitpunkt der Geltendmachung der Höhe nach klar beschreiben lässt.[534] Diese Rechtssicherheit liegt ebenso im Interesse des Versicherungsnehmers.

---

526 *Beckmann*, in: Beckmann/Matusche-Beckmann, Versicherungsrechts-Handbuch, § 28 Rn. 105.

527 *Koch*, VersR 2011, 295 (297).

528 *Staudinger*, Düsseldorfer Vorträge zum Versicherungsrecht 2009, 19 (38).

529 *Staudinger*, Düsseldorfer Vorträge zum Versicherungsrecht 2009, 19 (38).

530 *Ihlas*, Directors & Officers Liability, S. 365.

531 *Melot de Beauregard/Gleich*, NJW 2013, 824 (829).

532 *Baumann*, NZG 2010, 1366 (1369).

533 *Voit*, in: Prölss/Martin, VVG, Ziff. 2 AVB-AVG Rn. 1.

534 *Pataki*, VersR 2004 S. 835 (837).

b) Voraussetzungen

Gemäß Ziff. 1.1 AVB-AVG besteht Versicherungsschutz unter einer D&O-Versicherung dann, wenn ein gegenwärtiges oder ehemaliges Mitglied des Aufsichtsrates, des Vorstandes oder der Geschäftsführung der Versicherungsnehmerin oder einer Tochtergesellschaft (versicherte Personen) wegen einer bei Ausübung dieser Tätigkeit begangenen Pflichtverletzung aufgrund gesetzlicher Haftpflichtbestimmungen für einen Vermögensschaden auf Schadenersatz in Anspruch genommen wird. Es handelt sich hierbei um eine Standardbedingung in D&O-Bedingungswerken.[535]

In diesem Zusammenhang ist fraglich, ob der Anspruchssteller von dem Inanspruchgenommenen auch tatsächlich eine Kompensation erhalten möchte. So hatte der BGH jüngst darüber zu entscheiden, ob bei einer Innenhaftungskonstellation, bei der eine bzw. mehrere versicherte Personen durch die anstellende Gesellschaft, die zugleich Versicherungsnehmerin ist, in Anspruch genommen werden, die Inanspruchnahme „ernstlich erfolgen muss", d.h. ob es der Gesellschaft tatsächlich daran gelegen sein muss, einen Ersatz von den Versicherten zu erlangen oder ob sie diese nur formal in Anspruch nimmt, um den Versicherungsfall unter der D&O-Versicherung herbeizuführen. Das OLG Düsseldorf hatte als Vorinstanz zum BGH mit Entscheidung vom 31. Januar 2014 die Ernstlichkeit noch als ungeschriebenes Tatbestandsmerkmal in die Versicherungsfalldefinition hineingelesen.[536]

Hingegen kam der Versicherungssenat des BGH zu dem Ergebnis, dass die Ernstlichkeit der Inanspruchnahme keine Deckungsvoraussetzung unter einer D&O-Versicherung ist. Deckung bestehe nach, so der BGH, selbst dann, wenn die Inanspruchnahme nur zu dem Zweck erfolgt, die Leistungspflicht des D&O-Versicherers auszulösen.[537] Sinn und Zweck einer Haftpflichtversicherung sei gerade auch, den Geschädigten bei nicht ausreichenden finanziellen Mitteln des Schädigers abzusichern. Insofern verwies der Senat auf die Sozialbindung der Haftpflichtversicherung.[538]

---

535 *Beckmann*, in: Beckmann/Matusche-Beckmann, Versicherungsrechts-Handbuch, § 28 Rn. 65.

536 OLG Düsseldorf VerR 2013, 1522.

537 BGH VersR 2016, 786 (789); *Wilhelm/Winkler*, VersPrax 2016, 31 (32).

538 BGH VersR 2016, 786 (789); *Armbrüster*, NJW 2016, 2155 (2156).

c) *Rechtmäßigkeit*

Im Jahr 2009 haben sich deutsche Gerichte zum ersten Mal mit der Rechtmäßigkeit des Claims made-Prinzips beschäftigt. Die Entscheidungen des LG München I[539] und nachfolgend des OLG München[540] als Berufungsinstanz haben erstmals konkrete Aussagen zur Rechtmäßigkeit getätigt und Vorgaben genannt, die bei der Verwendung des Claims made-Prinzips zu beachten sind.[541] Dies zog eine breite Diskussion über Rechtmäßigkeit und erforderliche Ausgestaltung dieser Art der Versicherungsfalldefinition nach sich. Den in den nachfolgend dargestellten Urteilen getroffenen Aussagen wurde eine über weit über den Anlassstreit hinausgehende Bedeutung zugeschrieben. Allerdings wurden die Feststellungen der Münchener Gerichte durch eine (umstrittene) Entscheidung des IV. Zivilsenats des BGH vom 26. März 2014 wieder in Frage gestellt,[542] da der BGH in einem *obiter dictum* ausgeführt hatte, dass die Versicherungsfalldefinition in der Haftpflichtversicherung einer AGB-rechtlichen Klauselkontrolle entzogen ist. Dies allerdings hat die oberlandesgerichtliche Rechtsprechung nachfolgend nicht davon abgehalten, die Ausgestaltung von Claims made erneut zu überprüfen.[543] In Anbetracht dieser uneinheitlichen Linie in der Rechtsprechung im Hinblick auf Überprüfbarkeit und Rechtsmäßigkeit des Anspruchserhebungsprinzips bestehen nach wie vor große Unsicherheiten bei den Versicherern als Klauselverwendern, aber auch bei Versicherungsnehmern und versicherten Personen. Es sollen daher nachfolgend die bisher von der Rechtsprechung bereits getätigten Aussagen ausgewertet und hieraus abgeleitet werden, wie das Claims made-Prinzip ausgestaltet sein muss, damit es einer inhaltlichen Klauselkontrolle standhält bzw. ob es überhaupt einer Inhaltskontrolle zugänglich ist. Abschließend sollen zudem anhand der gefundenen Ergebnisse die aktuellen GDV-Musterbedingungen für die D&O-Versicherung bewertetet werden.

In dem beim LG und OLG München verhandelten Rechtsstreit klagte ein unter einer D&O-Versicherung versicherter Vorstand auf Leistung des beklagten Versicherers unter einer D&O-Police.[544] Die Laufzeit des Versicherungsvertrages betrug lediglich ein Jahr; sie wurde mit Wirkung zum 1. Januar 2012 geschlossen und wurde durch den Versicherer mit Wirkung zum Ablauf des Jahres 2002 auch

539 LG München I RuS 2009, 11.

540 OLG München RuS 2009, 327 = VersR 2009, 1068.

541 LG München I RuS 2009, 11 (16 f.); OLG München RuS 2009, 327 (330).

542 BGH VersR 2014, 625.

543 OLG Hamburg WM 2015, 2330.

544 LG München I RuS 2009, 11.

bereits wieder gekündigt. Die Versicherungsnehmerin meldete im Juni 2003 Insolvenz an. Ende November 2006 behauptete der eingesetzte Insolvenzverwalter erstmalig das Bestehen von Schadensersatzansprüchen gegen den Kläger wegen Insolvenzverschleppung und am 15. Februar 2007 erhob er Klage gegen den späteren Kläger des Deckungsprozesses.[545] Daraufhin ersuchte der Kläger bei der Beklagten Versicherungsschutz, den diese aber unter Hinweis auf ihre Bedingungen versagte. In diesen fand sich u.a. die Regelung, dass bei nur einjährigem Bestehen des Versicherungsvertrages auch lediglich eine Nachhaftungsfrist von nur einem Jahr besteht.[546] Nach deren Ablauf sollte auch dann kein Anspruch auf Versicherungsschutz mehr bestehen, wenn die schadensersatzauslösende Pflichtverletzung noch im versicherten Zeitraum begangen wurde. Zusätzlich zu den allgemeinen Versicherungsbedingungen fand sich auf dem Versicherungsschein zudem der Hinweis, dass eine zeitlich unbegrenzte Rückwärtsversicherung besteht.

Das LG München I und nachfolgend das OLG München haben bei der Prüfung des Deckungsanspruchs des Klägers die Wirksamkeit der von der Beklagten verwendeten Allgemeinen Versicherungsbedingungen untersucht und dabei grundlegende, in Einzelfragen divergierende Aussagen über die Überprüfbarkeit und Rechtmäßigkeit von Klauseln getroffen, die das Anspruchserhebungsprinzip als Versicherungsfall festlegen und nachfolgend dargestellt werden sollen.

---

545 LG München I RuS 2009, 11 (12).

546 Konkret lauteten die streitgegenständlichen Bedingungen wie folgt:
§ 1 Ziff. 1.5:
Der Versicherungsfall ist die erstmalige schriftliche Geltendmachung eines Schadenersatzanspruchs gegen versicherte Personen. Ein Schadensersatzanspruch gilt als geltend gemacht, wenn gegen eine versicherte Person ein Anspruch erhoben oder behauptet wird.
§ 2 Ziff. 2.2
Der VersSchutz umfasst die Schadensersatzansprüche, die während des versicherten Zeitraumes gegen die versicherten Personen erstmalig geltend gemacht werden. Nicht versichert sind Ansprüche auf Grund Pflichtverletzungen, die den versicherten Gesellschaften oder versicherten Personen bei Abschluss des vorliegenden Vertrags – wenn auch nur als Möglichkeit – bekannt waren. Als bekannt gilt eine Pflichtverletzung auch, wenn sich versicherte Personen der Kenntnis vorsätzlich oder grob verschließen.
§ 2 Ziff. 2.3
Die Nachmeldefrist beträgt ein Jahr; sie verlängert sich mit jedem Jahr des Bestehens der Versicherung um ein weiteres Jahr, maximal auf 5 Jahre. Im Falle der Kündigung des Vertrages kann innerhalb von 60 Tagen nach Zugang der Kündigung Umstände gemeldet werden, für die eine Inanspruchnahme möglich erscheint, mit der Folge, dass auf diese Umstände gestützte und später geltend gemachte Ansprüche als rechtzeitig gemeldet gelten.

aa. Einbeziehung der Klauseln in den Versicherungsvertrag

Die Frage, ob die streitgegenständlichen Klauseln zur Versicherungsfalldefinition überhaupt Vertragsbestandteil geworden sind, stellte sich im Hinblick auf deren möglicherweise überraschenden Charakter und eine damit einhergehende Nichteinbeziehung in den Versicherungsvertrag im Sinne von § 305c BGB. So wurde in den Entscheidungen des LG und des OLG München zunächst die Frage behandelt, ob das Abstellen auf die erstmalige Geltendmachung des Anspruchs gegen die versicherte Person zur Bestimmung des Versicherungsfalls als überraschend im Sinne von § 305c BGB anzusehen ist.

Während sich das LG noch sehr ausführlich mit dieser Frage auseinandersetzte,[547]behandelte das OLG die Frage lediglich kursorisch und stellte einleitend fest, dass hierbei grundsätzlich auf einen redlichen Kunden mit durchschnittlicher Geschäftserfahrung abzustellen sei, was aber nicht ausschließe, den Personenkreis auf den typischen Kundenkreis zu beschränken, mit denen Verträge der vorliegenden Art regelmäßig geschlossen werden.[548] Daran gemessen seien die streitgegenständlichen Klauseln nicht überraschend.[549] Ferner führte der Senat an, dass in D&O-Versicherungen stets das Claims made-Prinzip vorgesehen sei und dies demzufolge dem Erwartungshorizont des typischen Versicherungsnehmers entspreche.[550] Der Versicherungsnehmer[551] könne leicht feststellen, dass Auslöser für die Leistungspflicht des Versicherers die (erstmalige schriftliche) Inanspruchnahme der versicherten Person ist.[552] Im Ergebnis stellte das OLG München fest, dass es sich bei der Festlegung auf das Claims made-Prinzip nicht um eine überraschende Klausel i.S.v. § 305c Abs. 1 BGB handele.[553]

Dem ist aus hiesiger Sicht uneingeschränkt zuzustimmen, denn das Claims made-Prinzip hat sich bei der D&O-Versicherung als absoluter Marktstandard durchgesetzt. Dies dürfte jedem Versicherungsnehmer oder jeder versicherten Person bekannt sein, die beim Abschluss auch zudem regelmäßig von Maklern beraten werden. Dies gilt heute noch mehr als im Zeitpunkt der Entscheidung,

547 LG München I RuS 2009 S. 11 (12 ff.).

548 OLG München RuS 2009, 327 (329).

549 OLG München RuS 2009, 327 (329).

550 OLG München RuS 2009, 327 (329).

551 Das OLG stellt in seiner Entscheidung durchgängig auf die Sicht und die Interessen des Versicherungsnehmers ab, wobei es die versicherten Person bei seiner Prüfung zumindest auch hätte berücksichtigen müssen, vgl. dazu auch *von Westphalen*, VersR 2011, 145 (149 f.).

552 OLG München RuS 2009, 327 (329).

553 OLG München RuS 2009, 327 (329).

da sich bei der D&O-Versicherung das Claims made-Prinzip mittlerweile endgültig etabliert hat. Mithin ist eine Überrumpelungssituation, wie sie § 305c BGB voraussetzt,[554] bei einer Verwendung des Anspruchserhebungsprinzips auszuschließen.[555]

bb. Kontrollfähigkeit

Richtigerweise leiteten sowohl das LG als auch OLG München die Rechtmäßigkeitskontrolle von Claims made mit der Überprüfung ein, ob die den Versicherungsfall definierenden Klauseln im Rahmen einer AVB-Inhaltskontrolle überhaupt kontrollfähig sind.

Die Kontrollfähigkeit von allgemeinen Versicherungsbedingungen bestimmt sich nach den Vorgaben von § 307 Abs. 3 S. 1 BGB. Danach findet eine Inhaltskontrolle nur dann statt, wenn die betreffenden Bedingungen von Rechtsvorschriften abweichende oder ergänzende Bestimmungen treffen (s.u.). Der Umfang von kontrollfreien Bereichen ist in der Spruchpraxis indes gering; im Zweifel neigen die befassten Gerichte dazu, die Möglichkeit einer Inhaltskontrolle zu bejahen.[556] Dies ist bei Allgemeinen Versicherungsbedingungen unter anderem dem Umstand geschuldet, dass es mittlerweile keine Präventivkontrolle für Versicherungsbedingungen mehr gibt.[557] Insofern ist die richterliche Inhaltskontrolle zum zentralen Instrument geworfen, die Rechtsmäßigkeit von Allgemeinen Versicherungsbedingungen zu überprüfen.[558] Dies erklärt die zu beobachtende Haltung der Rechtsprechung, im Zweifel eine umfassende Inhaltskontrolle durchzuführen.[559] Jedoch darf dies im Ergebnis nicht dazu führen, dass die den Versicherern durch die Aufhebung der Vorabkontrolle zugestandene Produktfreiheit durch die Rechtsprechung wieder unterlaufen wird.[560] Mithin darf es keinen Automatismus geben, eine Inhaltskontrolle bereits dann durchzuführen, wenn ihre Durchführung opportun ist, um eine unliebsame Klausel

---

554 *Basedow,* in: MünchKomm, BGB, § 305c Rn. 10.

555 So auch *von Westphalen,* VersR 2011, 145 (155).

556 *Bruns,* in: Langheid/Wandt, MünchKomm VVG, § 307 BGB, Rn. 8.

557 Früher nahm die Versicherungsaufsicht noch eine präventive Bedingungs- und Tarifkontrolle vor, vgl. zur Entwicklung und Wegfall der Kontrolle *Mönnich,* in: Beckmann/Matusche-Beckmann, Versicherungsrechts-Handbuch, § 2 Rn. 53 ff.

558 *Beckmann,* in: Beckmann/Matusche-Beckmann, Versicherungsrechts-Handbuch, § 10 Rn. 16.

559 *Bruns,* in: Langheid/Wandt, MünchKomm VVG, § 307 BGB Rn. 8.

560 *Schramm,* VW 2008, 2071 (2073).

zu kontrollieren und als Konsequenz möglicherweise aufzuheben.[561] Im Nachfolgenden sollen daher die Vorgaben von § 307 Abs. 3 S. 1 BGB näher beleuchtet werden.

(1) Abweichung vom Gesetzestext

Eine richterliche Inhaltskontrolle findet gemäß § 307 Abs. 3 S. 1 BGB nur dann statt, wenn die streitgegenständlichen Bestimmungen in den Allgemeinen Versicherungsbedingungen (AVB) Regelungen enthalten, die von Rechtsvorschriften abweichen oder diese zumindest ergänzen.[562] Diese Einschränkung ist folgerichtig, da Richter nicht die Angemessenheit von (dispositivem) Gesetzesrecht überprüfen sollen.[563] AVB sind aber nicht nur dann der Inhaltskontrolle entzogen, wenn sie lediglich den Gesetzestext wiedergeben.[564] Kontrollfestigkeit ist vielmehr auch anzunehmen, wenn die umstrittene Bestimmung in den AVB die fragliche Rechtsvorschrift sinngemäß und inhaltsgleich wiedergibt, sofern die Wiedergabe vollständig und inhaltlich richtig ist.[565] Zusammenfassend ist also festzuhalten, dass lediglich deklaratorische Klauseln einer AGB-rechtlichen Inhaltskontrolle entzogen sind.[566] Wird hingegen ein ausfüllungsbedürftiger Rechtssatz in AVB aufgegriffen und inhaltlich ausgefüllt, unterliegt die Bestimmung wiederum der Inhaltskontrolle im Sinne der §§ 307 ff. BGB.[567]

Im Hinblick auf die Verwendung des Claims made-Prinzips liegt eine kontrollfähige Abweichung bzw. eine kontrollfähige Ergänzung damit nur dann vor, wenn im Gesetz entweder überhaupt kein Versicherungsfall für die Haftpflichtversicherung vorgeben ist bzw. wenn das Gesetz auf eine anderes Moment als die Anspruchserhebung des Geschädigten abstellt.

Da LG München I nahm insofern an, dass keine Abweichung von § 149 VVG a.F. vorliege,[568] da diese Vorschrift für die Haftpflichtversicherung

---

561 Vgl. zu den Schranken der Kontrolle *Beckmann*, in: Beckmann/Matusche-Beckmann, Versicherungsrechts-Handbuch, § 10 Rn. 203 ff.

562 *Beckmann*, in: Beckmann/Matusche-Beckmann, Versicherungsrechts-Handbuch, § 10 Rn. 206.

563 *Schulte-Nölke*, in: HdK. BGB, § 307 Rn. 5.

564 *Wurmnest*, in: MünchKomm, BGB, § 307 Rn. 6.

565 BGH NJW 2001, 2012 (2013); *Schmidt*, in: Bamberger/Roth/Hau/Poseck, BeckOK BGB, § 307 Rn. 75.

566 *Schulte-Nölke*, in: Schulte, BGB, § 307 Rn. 5.

567 *Schmidt*, in: Bamberger/Roth/Hau/Poseck, BeckOK BGB, § 307 Rn. 75.

568 § 149 VVG a.F. lautete: *„Bei der Haftpflichtversicherung ist der Versicherer verpflichtet, dem Versicherungsnehmer die Leistung zu ersetzen, die dieser auf Grund seiner*

kein bestimmtes Versicherungsfallprinzip vorgesehen habe.[569] Es führte hierzu aus, dass der vertraglich definierte Verstoß des Versicherungsnehmers oder der versicherten Person nicht der einzige denkbare Deckungsauslöser im Rahmen einer Haftpflichtversicherung ist.[570] Das OLG München sprach in seiner Entscheidung ebenfalls von der Abweichung von gesetzlichen Vorschriften – wenngleich unter einem anderen Prüfungspunkt – und gab damit dem LG München I insoweit recht.

Fraglich ist, ob sich diese Ansichten auch auf die heutige Rechtslage übertragen lassen, da sich nunmehr geänderte Bestimmungen für die Haftpflichtversicherung in den §§ 100 ff. VVG wiederfinden. Durch § 100 VVG wurde allerdings nur die für die Vorgängervorschrift des § 149 VVG a.F. geltende Rechtslage kodifiziert, da sich der Reform-Gesetzgeber bei der Fassung von § 100 VVG an der zu § 149 VVG a.F. ergangenen höchstrichterlichen Rechtsprechung orientiert hat, womit die zu § 149 VVG a.F. getroffenen Aussagen demnach auch auf § 100 VVG übertragen werden können.[571]

Gemäß § 100 VVG ist der Versicherer verpflichtet, den Versicherungsnehmer von Ansprüchen Dritter freizustellen, *„die auf Tatsachen basieren, die während der Versicherungszeit eingetreten sind"*. Der Gesetzgeber verzichtet somit auf eine konkrete Festlegung auf eine bestimmte Versicherungsfalldefinition.[572] Damit soll der Produktvielfalt Rechnung getragen und verhindert werden, dass die Gestaltungsfreiheit der Versicherungswirtschaft über Gebühr und weiter als erforderlich beschränkt wird.[573] Der zu § 149 VVG a.F. ergangenen Rechtsprechung entsprechend, geht nunmehr auch der Gesetzgeber von einer Vielzahl möglicher Anknüpfungspunkte für die Leistungspflicht des Versicherers aus.[574] *„Tatsache"* im Sinne von § 100 VVG kann bereits der Verstoß des

---

Verantwortlichkeit für eine während der Versicherungszeit eintretende Tatsache an einen Dritten zu bewirken hat."
Durch die VVG Novelle sind hieran keine inhaltliche Änderungen vorgenommen wurden, weswegen die Ausführungen des Gerichtes auf die seit dem 01. Januar 2008 geltende Fassung des VVG übertragbar sind. Das Gericht hatte gemäß Art. 1 EGVVG die alte Fassung des VVG zugrunde zu legen, da der streitgegenständliche Vertrag für das Jahr 2002 geschlossen wurde und der Versicherungsfall vor dem 31. Dezember 2008 eingetreten ist.

569 LG München I RuS 2009, 11 (15).

570 LG München I RuS 2009, 11 (15).

571 Vgl. *Littbarksi*, in: Langheid/Wandt, MünchKomm VVG, § 100 Rn. 2 f.

572 Begr. RegE BT-Drucks. 16/3945, 85; *Baumann*, NZG 2010, 1366 (1368).

573 Begr. RegE BT-Drucks. 16/3945, 85; *Lücke*, in: Prölss/Martin, VVG, § 100 Rn. 25.

574 Begr. RegE BT-Drucks. 16/3945, 85.

Versicherungsnehmers sein („Verstoßprinzip") aber auch erst der spätere Eintritt des Schadens („Schadenseintrittsprinzip") oder noch weiter nach hinten verlagert, die Anspruchserhebung des Dritten („Claims made-Prinzip").[575] Durch die offene Formulierung wollte der Gesetzgeber die Unwirksamkeit von (vom Gesetzestext abweichenden) Versicherungsfalldefinitionen verhindern.[576]

In § 100 VVG wird allerdings zwischen der vom Versicherungsnehmer zu verantwortenden Tatsache, die in der Versicherungszeit liegen muss, und der Anspruchserhebung des geschädigten Dritten unterschieden, die nach dem Wortlaut nicht zwingenderweise innerhalb des versicherten Zeitraums vorgenommen werden muss.[577] Auch aus § 104 Abs. 1 VVG ergibt sich dieser Grundsatz der Mehraktigkeit, wonach die eine Haftung begründende Tatsache und die nachfolgende Inanspruchnahme zeitlich auseinanderfallen. In § 104 Abs. 1 VVG heißt es, dass der Versicherungsnehmer dem Versicherer innerhalb einer Woche diejenigen Tatsachen anzuzeigen habe, die eine gegen ihn gerichtete Inanspruchnahme begründen könnten. Damit geht der Gesetzgeber davon aus, dass eine die Haftung begründende Tatsache einer darauf basierenden Inanspruchnahme zeitlich vorausgeht.[578] Allerdings kann § 100 VVG durch vertragliche Gestaltung abbedungen werden, da es sich nicht um eine zwingende oder halbzwingende Vorschrift handelt (arg. § 112 VVG). Fraglich ist somit, ob die Vorgaben von § 100 VVG durch die Verwendung von Claims made abbedungen sind und damit eine Abweichung von einer gesetzlichen Regelung vorliegt, was – wie oben gezeigt – Grundbedingung für eine Inhaltskontrolle nach den §§ 307 ff. BGB wäre.

Grundsätzlich ist die Verwendung einer speziellen Versicherungsfalldefinition in einer Haftpflichtpolice keine Abweichung von einer gesetzlichen Regelung im Sinne von § 307 Abs. 3 S. 1 BGB, da § 100 VVG keine Festlegung auf eine Versicherungsfalldefinition enthält. Allerdings ist bei Verwendung von Claims made für den Eintritt des Versicherungsfalls erforderlich, dass (zumindest) die Geltendmachung des Haftpflichtanspruchs innerhalb des versicherten Zeitraums erfolgt. Da in § 100 VVG diese Bedingung nicht vorgesehen ist, liegt eine Abweichung von der gesetzlichen Regelung vor. Entsprechend heißt es auch in der Begründung zum Regierungsentwurf, dass es sich beim Claims

575 Begr. RegE BT-Drucks. 16/3945, 85.

576 Begr. RegE BT-Drucks. 16/3945, 85; *Koch,* VersR 2011, 295 (296).

577 *Baumann,* NZG 2010, 1366 (1368); *Koch,* VersR 2011, 295 (296).

578 *Baumann,* NZG 2010, 1366 (1368).

made-Prinzip um eine von der Gesetzeslage abweichenden Bestimmung des Versicherungsfalls in der Haftpflichtversicherung handelt.[579]

(2) Keine bloße Leistungsbeschreibung

Weitere Bedingung einer AGB-rechtlichen Inhaltskontrolle ist, dass es sich bei der zu prüfenden Klausel nicht nur um eine bloße Leistungsbeschreibung handelt. Diese Voraussetzung lässt sich aus dem Wortlaut von § 307 Abs. 3 S. 1 BGB zwar nicht unmittelbar entnehmen, jedoch ist es allgemein anerkannt, dass Bestimmungen, die „lediglich" den Hauptleistungsgegenstand des Vertrages bestimmen, einer Inhaltskontrolle entzogen sind.[580] Unter Leistungsbeschreibungen sind Regelungen zu verstehen, die Art, Güte und Umfang der Hauptleistung festlegen.[581] Kontrollfähig sind dagegen solche Klausel, welche die Hauptleistung einschränken, verändern oder ausgestalten.[582] Abzugrenzen sind beide Arten von Klauseln durch die Kontrollüberlegung, ob der Inhalt des Versicherungsvertrags bei Entfernung der zu überprüfenden Klausel noch bestimmbar wäre.[583] Beim kontrollfreien Bereich handelt es sich damit um die *essentialia negotii* eines Versicherungsvertrages.[584]

Anders als bei anderen Vertragsarten wird in Versicherungsverträgen erst durch die Formulierung der Allgemeinen Versicherungsbedingungen, insbesondere durch die Festlegung des versicherten Risikos, das eigentliche Produkt näher bestimmt.[585] Die Frage, ob die Klauseln zur Bestimmung des Versicherungsfalls in der D&O-Versicherung dem kontrollfreien Kernbereich zuzurechnen sind, haben das LG München I und das OLG München unterschiedlich beantwortet, weswegen zunächst ihre Aussagen zusammengefasst werden sollen, um dann auf

579 Begr. RegE BT-Drucks. 16/3945, 85; *Voit,* in: Prölss/Martin, VVG, Ziff. 2 AVB-AVG Rn. 1b.

580 BGH VersR 1993, 830 (831); *Beckmann,* in: Beckmann/Matusche-Beckmann, Versicherungsrechts-Handbuch, § 10 Rn. 202.

581 BGHZ 100, 158 (173); BGH VersR 1993, 830 (831).

582 BGH NJW 1999, 2279 (2280); *Beckmann,* in: Beckmann/Matusche-Beckmann, Versicherungsrechts-Handbuch, § 10 Rn. 203.

583 BGH VersR 2001, 714 (715); BGH NJW 1999, 2279 (2280); *Beckmann,* in: Beckmann/Matusche-Beckmann, Versicherungsrechts-Handbuch, § 10 Rn. 203.

584 BGH NJW 1999, 2279 (2280); *Beckmann,* in: Beckmann/Matusche-Beckmann, Versicherungsrechts-Handbuch, § 10 Rn. 204.

585 *Beckmann,* in: Beckmann/Matusche-Beckmann, Versicherungsrechts-Handbuch, § 10 Rn. 2.

die nachfolgende Entscheidung des BGH und deren Reichweite und Bedeutung für die Ausgestaltung von Versicherungsverträgen einzugehen.

(3) Oberlandesgerichtliche Rechtsprechung

Das LG München I nahm an, dass es sich bei den angegriffenen Klauseln um Leistungsbeschreibungen handele, die der Inhaltskontrolle entzogen seien.[586] Aus Sicht der damals befassten Kammer war ohne die angegriffenen Klauseln nicht mehr nachvollziehbar, was konkreter Gegenstand des Leistungsversprechens sei, womit die Leistungspflicht des Versicherers unbestimmt und unbestimmbar sei.[587] Dabei werden das Leistungsversprechen und das versicherte Risiko nicht alleine durch die Art der Versicherung bestimmt, auch wenn es sich bei der D&O-Versicherung um eine Vermögensschadenhaftpflichtversicherung besonderer Art handele.[588] Ohne die Festlegung auf das Claims made-Prinzip könne die Eintrittspflicht des Versicherers nicht genau bestimmt werden. Erst dadurch werde der Anknüpfungspunkt für die Leistungspflicht, vor allem in zeitlicher Hinsicht, festgelegt. Andernfalls sei der Versicherungsvertrag im Hinblick auf die Kardinalspflichten des Versicherers unbestimmbar.[589] Das LG sah in der Festlegung auf das Anspruchserhebungsprinzip letztlich keine Modifikation des ursprünglichen Leistungsversprechens. Vielmehr nahm es an, dass es sich bei der Festlegung auf das Claims made-Prinzip um eine derart grundlegende Beschreibung des versicherten Risikos handele, dass seine Rechtmäßigkeit einer AGB-Kontrolle nicht zugänglich sei.[590] Dabei schien es allerdings nicht restlos von seinem Ergebnis überzeugt gewesen zu sein, da es die umstrittenen Klauseln nichtsdestotrotz einer inhaltlichen Kontrolle unterzog, was insofern inkonsequent war.[591]

Demgegenüber hielt das OLG München die Klauseln für kontrollfähig, da es sie nicht als Leistungsbeschreibungen ansah.[592] Der Senat war der Ansicht, dass nur ein eng definierter Kernbereich der Kontrolle entzogen sei, der die Versicherungsart sowie das versicherte Objekt und die versicherte Gefahr schlagwortartig und ganz allgemein beschreibe.[593] Dabei bezog es sich auf die Rechtsprechung

---

586 LG München I RuS 2009, 11 (14).
587 LG München I RuS 2009, 11 (14).
588 LG München I RuS 2009, 11 (12).
589 LG München I RuS 2009, 11 (12).
590 LG München I RuS 2009, 11 (14).
591 *Staudinger*, Düsseldorfer Vorträge zum Versicherungsrecht 2009, 19 (37).
592 OLG München RuS 2009, 327 (329).
593 OLG München RuS 2009, 327 (329).

des BGH, der Klauseln für kontrollfähig erachtet, die das Hauptleistungsversprechen einschränken, verändern oder näher ausgestalten. Lediglich der enge Bereich der Leistungsbeschreibungen sei der Kontrolle entzogen, ohne den in Ermangelung von Bestimmtheit und Bestimmbarkeit des wesentlichen Vertragsinhalts ein wirksamer Vertrag nicht mehr angenommen werden könne.[594] Hingegen seien alle sonstigen Bestimmungen kontrollfähig, sofern diese das Deckungsversprechen lediglich einschränken, verändern, ausgestalten oder modifizieren.[595] Dies aber gelte für die Bestimmungen zum Versicherungsfall. Das OLG sah lediglich die Beschreibung der streitgegenständlichen D&O-Versicherung als Haftpflichtversicherung für Führungskräfte als einen der Inhaltskontrolle entzogenen Kernbereich an.[596]

Auch das OLG Frankfurt nahm in einer Entscheidung, in der es über die Rechtmäßigkeit des Claims made-Prinzips zu entscheiden hatte, dessen Kontrollfähigkeit ohne Weiteres an und ging von einer grundsätzlichen Wirksamkeit aus.[597]

(4) BGH zur Kontrollfähigkeit von AHB

Die von der Rechtsprechung zum Claims made-Prinzip aufgestellten Kriterien könnten indes in Anbetracht der jüngeren BGH-Rechtsprechung zur Kontrollfähigkeit der Versicherungsfalldefinition in den Allgemeinen Versicherungsbedingungen für die Haftpflichtversicherung bereits wieder überholt und letztlich überflüssig geworden sein. Der IV. Zivilsenat hat in einer Entscheidung vom 26. März 2014,[598] in der es eigentlich um die Haftung eines Versicherungsmaklers gegenüber einem Versicherungsnehmer aufgrund einer nur (vermeintlich) unzureichenden Betriebshaftpflichtversicherung ging, im Rahmen eines *obiter dictum* auch Aussagen zur Wirksamkeit und Kontrollfähigkeit von Ziff. 1.1 AHB getroffen.[599] Gemäß Zoff Nr. 1.1 AHB besteht Versicherungsschutz im Rahmen des versicherten Risikos für den Fall, dass der Versicherungsnehmer wegen eines während der Wirksamkeit der Versicherung eingetretenen Schadenereignisses (Versicherungsfall), das einen Personen-, Sach- oder sich daraus ergebenden Vermögensschaden zur Folge hatte, aufgrund gesetzlicher Bestimmungen

594 BGH VersR 2001, 714 (715); BGH NJW 1999, 2279 (2280).
595 BGH NJW 1999, 2279 (2280).
596 OLG München RuS 2009, 327 (329).
597 OLG Frankfurt a.M. RuS 2013, 329 (332).
598 BGH VersR 2014, 625.
599 BGH VersR 2014, 625 (626 f.).

privatrechtlichen Inhalts einem Dritten auf Schadensersatz in Anspruch genommen wird. Schadenereignis ist dabei das Ereignis, als dessen Folge die Schädigung des Dritten unmittelbar entstanden ist. Auf den Zeitpunkt der Schadenverursachung, die zum Schadenereignis geführt hat, kommt es nicht an.

Zentrale Aussage des BGH zu Ziff. 1.1 AHB[600] war, dass eine Inhaltskontrolle von Nr. 1.1 AHB ausscheide, da die Definition des Versicherungsfalls zum Kernbereich der Leistungsbeschreibung einer Haftpflichtpolice zu zählen und daher einer inhaltlichen AGB-Kontrolle entzogen sei.[601] Der Gesetzgeber habe bewusst darauf verzichtet, einen Versicherungsfall für die Haftpflichtversicherung im Gesetz vorzugeben, sondern dies dem Vertragsrecht überlassen. Weiter führt der BGH aus, dass eine Inhaltskontrolle gemäß § 307 Abs. 3 S. 1 BGB im Hinblick auf die Leistungsbeschreibung nicht stattfinde, die den unmittelbaren Gegenstand der geschuldeten Hauptleistung festlegt und ohne die mangels Bestimmtheit bzw. Bestimmbarkeit ein wirksamer Vertrag nicht mehr angenommen werden kann. Es handele sich bei Nr. 1.1 AHB auch nicht um eine Klausel, die das Hauptleistungsversprechen leidglich einschränkt, verändert, ausgestaltet oder sonst modifiziert.[602] Ferner ist der BGH der Ansicht, dass eine Transparenzkontrolle gemäß § 307 Abs. 1 S. 2 BGB ausscheide, obwohl eine solche gemäß § 307 Abs. 3 S. 2 BGB trotz der vorstehenden Ausführungen des BGH eigentlich noch möglich gewesen wäre.[603] Dies begründet der Senat damit, dass es bei einem Wegfall von Nr. 1.1 AHB keine Regelung zum Versicherungsfall bzw. zur Einordnung des Versicherungsfalls mehr gebe. Da es insofern auch an einer gesetzlichen Regelung fehle, habe der Wegfall des Versicherungsfalls zur Folge, dass in Ermangelung der essentialia negotii der gesamte Vertrag unwirksam werde, wodurch der Versicherungsschutz für den Versicherungsnehmer entfiele.[604] Allgemein führt der BGH hierzu aus, dass eine Transparenzkontrolle (§ 307 Abs. 1 S. 2 BGB) nicht in Frage komme, wenn diese zur Unwirksamkeit des Vertrages führe.[605]

Trotz dieser Rechtsprechung des BGH hat das OLG Hamburg in einer zeitlich nachfolgenden Entscheidung vom 8. Juli 2015 entschieden, dass die mit dem Claims made-Prinzip verbundenen Nachteile regelmäßig eine unangemessene

600 Damals noch in der Fassung von 2008, wobei die aktuelle Fassung von 2015 insoweit identisch geblieben ist.
601 BGH VersR 2014, 625 (627).
602 BGH VersR 2014, 625 (627).
603 BGH VersR 2014, 625 (627).
604 BGH VersR 2014, 625 (627).
605 BGH VersR 2014, 625 (627).

Benachteiligung darstellen, wenn die eigentlich vorgesehene dreijährige Nachmeldefrist im Fall der Insolvenzantragsstellung durch den Versicherungsnehmer vollständig ausgeschlossen wird.[606] Es folgte dabei ausdrücklich der Ansicht der Oberlandesgerichte München und Frankfurt a.M.,[607] die beide von einer Überprüfbarkeit des Claims made-Prinzips ausgegangen und der Ansicht waren, dass die mit dem Claims made-Prinzip verbundenen Nachteile durch unmittelbare Vorteile an anderen Stellen des Bedingungswerkes hinreichend kompensiert werden müssen, da andernfalls eine unangemessene Benachteiligung des Versicherungsnehmers (bzw. der versicherten Person) vorliege (s.o.). Insofern war das OLG Hamburg der Ansicht, dass der vollständige Ausschluss einer Nachhaftung für den für die Organe einer Kapitalgesellschaft mit enormen Haftungsrisiken verbundenen Insolvenzfall nicht wirksam sei.[608]

(5) Zusammenfassung und Stellungnahme

Während die Oberlandesgerichte München und Frankfurt a.M. noch relativ selbstverständlich von einer Überprüfbarkeit des Claims made-Prinzips ausgegangen waren, wurde dies durch die Rechtsprechung des BGH zur Kontrollfähigkeit der Versicherungsfalldefinition in den AHB 2008 massiv in Zweifel gezogen, was von vielen Autoren so interpretiert wurde, dass jedwede Versicherungsfalldefinition in den Allgemeinen Versicherungsbedingungen einer Haftpflichtversicherung einer richterlichen Angemessenheitsprüfung entzogen ist.[609] Dies hätte freilich zur Konsequenz, dass es auf eine Kompensation der Nachteile von Claims made nicht mehr ankäme, da eine inhaltliche Wirksamkeitskontrolle nicht stattfände.[610] Ausdrücklich steht hierzu allerdings die nachfolgende Entscheidung des OLG Hamburg in Widerspruch, das ohne weitere Begründung von einer Überprüfbarkeit von Claims made ausgegangen ist und sich bei seiner Bewertung ausdrücklich auf die Entscheidungen der Oberlandesgerichte München und Frankfurt a.M. bezogen hat. Aber nicht nur die Rechtsprechung ist insofern uneinheitlich und divergierend, auch die juristische Literatur ist sich im Hinblick auf die richterliche Überprüfbarkeit des Claims made-Prinzips uneins.

Bisweilen wird das Urteil des BGH ausdrücklich begrüßt und dahingehend bewertet, dass sich die Wertung des BGH auf alle Haftpflichtversicherungssparten

606 OLG Hamburg WM 2015, 2330.
607 OLG Hamburg WM 2015, 2330 (2332).
608 OLG Hamburg WM 2015, 2330 (2332).
609 *Kubiack*, VerR 2014, 932 (933); *Schneider/Schlüter*, PHi 2014, 154 (157 f.).
610 *Kubiack*, VerR 2014, 932 (934).

und damit auch auf die D&O-Versicherung übertragen lasse,[611] weswegen das zuvor von der oberlandesgerichtlichen Rechtsprechung postulierte Kompensationserfordernis obsolet geworden sei.[612] Die Vertragsparteien bewegten sich vielmehr im kontrollfreien Raum.[613] Jedoch sei nicht davon auszugehen, dass eine Nachmeldefrist im Lichte der BGH-Entscheidung nunmehr nicht mehr angeboten werde, da sich die einzelnen Kompensationsbestandteile wie z.B. eine ausreichend bemessene Nachhaftungsperiode oder eine Möglichkeit zur Umstandsmeldung im Markt durchgesetzt haben und die Versicherer daher bereits aus Wettbewerbsgründen hierauf nicht mehr verzichte.[614] Wie er diese Gewährung von rechtlichen Vorteilen ausgestalte, sei dem Versicherer völlig freigestellt. Insbesondere sei auch die Einräumung der Nachmeldefrist als solche als reine Leistungsbeschreibung einer inhaltlichen Klauselkontrolle gemäß § 307 Abs. 3 S. 1 BGB entzogen.[615]

Das Urteil des BGH wurde allerdings nicht nur positiv aufgenommen. So wird vertreten, dass die Aussagen des IV. Zivilsenats die sich an das Urteil des OLG München anschließende Diskussion zur Rechtmäßigkeit von Claims made im Anschluss der Entscheidung ebenso völlig missachten wie seine eigene Rechtsprechung zur alten Rechtslage, bei der er §149 VVG a.F. (die Vorgängervorschrift von § 100 VVG) regelmäßig als Leitbild herangezogen hat, wenn es um die Eintrittspflicht des Versicherers ging.[616] Zwar sei dem BGH insofern zuzustimmen, als der Gesetzgeber bewusst auf eine Definition des Versicherungsfalls in § 100 VVG verzichtet habe, jedoch ließe sich der Begründung nicht entnehmen, dass er die Definition des Versicherungsfalls in den AVB der jeweiligen Police vor jedweder inhaltlichen Kontrolle bewahren wollte.[617] Dem BGH sei auch insofern zu widersprechen, als eine Transparenzkontrolle ausscheide, weil die Unwirksamkeitsrechtsfolge bedeute, dass der Versicherungsnehmer bzw. die versicherte Person gänzlich schutzlos gestellt seien. Zunächst gelte dies in gleicher Weise auch für die Inhaltskontrolle und zudem seien in solchen Fällen, in denen eine Fortgeltung der Klausel für den Versicherungsnehmer vorteilhaft ist, die Rechtsfolgen von § 307 Abs. 1 S. 1 BGB (= Unwirksamkeit der Klausel) teleologisch zu

611 *Schimikowski*, JurisPR-VersR 6/2014 Anm. 2.
612 *Kubiack*, VerR 2014, 932 (933); *Schneider/Schlüter*, PHi 2014, 154.
613 *Kubiack*, VerR 2014, 932 (934).
614 *Kubiack*, VerR 2014, 932 (933); *Schneider/Schlüter*, PHi 2014, 154.
615 *Kubiack*, VerR 2014, 932 (934).
616 *Koch*, VersR 2014, 1277, (1279).
617 *Koch*, VersR 2014, 1277, (1279).

reduzieren. Dies gebiete der Schutzzweck von § 307 Abs. 1 S. 1 BGB.[618] Der BGH missachte zudem den gesetzgeberischen Willen, eine Transparenzkontrolle auch im Hinblick auf den Vertragskern durchzuführen.[619] Schließlich wird insinuiert, dass der Entscheidung des BGH durch die Versicherungswirtschaft eine größere Bedeutung beigemessen werde, als ihr eigentlich zukomme.[620]

Gegen diese Ansicht spricht allerdings, dass der Gesetzgeber unmissverständlich klargestellt hat, dass die Vorschrift des § 100 VVG keine Versicherungsfalldefinition und demnach auch kein gesetzliches Leitbild enthält.[621] Ein Verweis auf die Rechtsprechung zu § 149 VVG a.F. ist daher auch nicht zulässig, da es insofern noch an einer ausdrücklichen gesetzgeberischen Feststellung mangelte.[622] Mithin sind die Parteien einer Haftpflichtversicherung völlig frei, wenn es um die Festlegung auf eine Art des Versicherungsfalls geht. Diese Freiheit muss sich dann auch zwingend auf die konkrete Ausgestaltung der Versicherungsfalldefinition erstrecken, da andernfalls das Gestaltungsrecht der Parteien durch die Rechtsprechung ungebührlich eingeschränkt wird, was der gesetzgeberischen Maßgabe widerspricht. Fraglich ist allerdings, ob diese Freiheit uneingeschränkt gelten soll, das heißt, ob alle den Versicherungsfall betreffenden Regelungen (und damit vor allem die in der Rechtsprechung regelmäßig thematisierte Ausgestaltung der Nachmeldefrist) von einer richterlichen Rechtmäßigkeitskontrolle ausgenommen sein sollen. Zudem stellt sich die von Befürwortern der Inhaltskontrolle nach wie vor nicht zufriedenstellend beantwortete Frage, was an die Stelle der unwirksamen, den Versicherungsfall betreffenden Klausel treten soll. Soll eine unzureichend bemessene bzw. ausgestaltete Nachmeldefrist durch eine hinreichende ausgetauscht werden und wie könnte man überhaupt zu diesem Ergebnis kommen, gegebenenfalls über eine ergänzende Vertragsgestaltung? Eine Lückenfüllung über § 306 BGB kommt jedenfalls nicht in Betracht, da es insofern kein dispositives Gesetzesrecht gibt, das an die Stelle treten könnte. Vor allem fehlt es an Versicherungsfalldefinition in den gesetzlichen Bestimmungen zur Haftpflichtversicherung.[623] Mithin kommt als Konsequenz nur die Unwirksamkeit der gesamten Haftpflichtpolice in Betracht, da es an einer Versicherungsfalldefinition und damit an einer Vereinbarung

618 *Koch,* VersR 2014, 1277, (1282).
619 *Koch,* VersR 2014, 1277, (1282).
620 *Koch,* VersR 2014, 1277, (1283).
621 Begr. RegE BT-Drucks. 16/3945, 85.
622 A.A. *Koch,* VersR 2014, 1277, (1279).
623 Begr. RegE BT-Drucks. 16/3945, 85.

der *essentialia negotii* fehlt.[624] Sofern insoweit eine teleologische Reduzierung der Unwirksamkeitsfolge in § 307 Abs. 1 S. 1 BGB befürwortet wird, um eine Unwirksamkeit der gesamten Police zu vermeiden,[625] bleibt unklar, was stattdessen die Rechtsfolge der vermeintlich unangemessenen Benachteiligung des Versicherungsnehmers bzw. der versicherten Person ist und wie dieses Abweichen von der eindeutigen gesetzlichen Vorgabe begründet werden kann.

Es sprechen damit sowohl dogmatische als auch praktische Gründe dafür, formularmäßige Bestimmungen zum Versicherungsfall von einer Inhaltskontrolle auszunehmen.[626] Damit ist die BGH-Rechtsprechung zu Ziff. 1.1 AHB 2008 ausdrücklich zu begrüßen und die Kritik hieran abzulehnen. Wie einige Autoren bereits richtigerweise annehmen, wird dies auch nicht dazu führen, dass die Versicherer in ihren Bedingungswerken jedwede Nachmeldefrist oder sonstige Klauseln streichen, die zu einer Besserstellung des Versicherungsnehmers bzw. der versicherten Person führen. Dies verbietet sich bereits in Anbetracht des starken Wettbewerbs in diesem Marktsegment. Es ist vielmehr ein gegenläufiger Trend zu beobachten, wonach der Deckungsschutz immer weiter ausgedehnt wird und immer weitere Deckungsbausteine in die Policen aufgenommen bzw. zumindest diskutiert werden.[627] Führt die Ausgestaltung des Versicherungsfalls im Einzelfalls tatsächlich dazu, dass Versicherungsschutz unter der betroffenen Police quasi gegenstandslos geworden ist, kann noch immer über die Instrumente des allgemeinen Zivilrechts – etwa § 138 BGB oder § 242 BGB – Abhilfe geschaffen werden, um eine Unwirksamkeit der Police zu erreichen, damit der Versicherungsnehmer zumindest die gezahlten Prämien kondizieren kann.

cc. Unangemessene Benachteiligung durch Claims made

Wie bereits erwähnt prüfte nicht nur das OLG München, sondern auch das LG München I – entgegen seinen Aussagen zur Kontrollfähigkeit der betreffenden Klauseln – ob das Claims made-Prinzip die Versicherten unangemessen benachteiligt. Dabei sind die Prüfung der unangemessen Benachteiligung durch das Claims made-Prinzip und die damit im Zusammenhang stehenden Feststellungen der Gerichte von einer über den konkreten Rechtsstreit hinausgehenden

624 So auch der BGH ausdrücklich zur Transparenzkontrolle, vgl. BGH VersR 2014, 625 (627).

625 *Koch*, VersR 2014, 1277 (1282).

626 So im Ergebnis auch *Loritz/Hecker*, VersR 2012, 385 (392).

627 So z.B. Zusatzdeckung für Aufsichtsratmitglieder, vgl. *Reichert/Suchy*, NZG 2017, 88; vgl. hierzu auch bereits oben unter C. I. 2. c).

Bedeutung, da sie zum ersten Mal Aussagen über die generelle Zulässigkeit des Claims made-Prinzips getroffen haben, die durch die Literatur zustimmend aufgenommen wurden und in späteren Entscheidungen anderen Gerichten als Leitlinien dienten.[628]

Die nachstehende Prüfung der Angemessenheit von Claims made bzw. der Frage, wie es ausgestaltet sein muss, um einer Wirksamkeitskontrolle standzuhalten, orientiert sich daher an den Prüfungen des LG und OLG München. Diesbezüglich lässt sich allgemein festhalten, dass die Beurteilung der Angemessenheit von der konkreten Ausgestaltung der Klausel im Einzelfall abhängt.[629] Die Beurteilung setzt eine Gesamtbewertung des Regelungskomplexes voraus,[630] so dass man bei der Prüfung der Rechtmäßigkeit von Claims made all diejenigen Bestimmungen in die Interessenabwägung einbeziehen muss, die im Zusammenhang mit der Festlegung des Versicherungsfalls stehen. Insofern soll anhand der von der Rechtsprechung vorgegebenen Leitlinien versucht werden, allgemeine Kriterien für eine wirksame Ausgestaltung des Claims made-Prinzips aufzustellen. Keine Rolle spielen freilich die Aussagen der Gerichte, die ausschließlich die konkrete Vertragsgestaltung zum Gegenstand haben. Zu nennen sind dabei insbesondere die Feststellungen über eine ausreichende Transparenz (§ 307 Abs. 1 S. 2 BGB) des streitgegenständlichen Bedingungswerkes.[631]

Vorab soll nachstehend aber zunächst untersucht werden, wer überhaupt als Verwender der Klauseln zum Versicherungsfall anzusehen ist und welche Interessen ins Zentrum der AGB-rechtlichen Wirksamkeitskontrolle zu stellen sind, die schließlich eine umfassende Abwägung aller in Betracht kommenden Interessen aller Vertragsparteien voraussetzt.[632] Demnach ist es unerlässlich, zunächst zu bestimmen, wessen Interessen im Rahmen der Prüfung ausschlaggebend sein sollen und wer als Verwender der Klauseln anzusehen ist.

(1) Verwender der Klauseln im D&O-Versicherungsvertrag

Bei einer AGB-Inhaltskontrolle ist von entscheidender Bedeutung, wer als Verwender der betreffenden Klauseln anzusehen ist. Allgemeine Geschäftsbedingungen liegen gemäß § 305 Abs. 1 S. 1 BGB nur dann vor, wenn eine Vertragspartei (der Verwender) diese der anderen Vertragspartei bei Abschluss des

628 OLG Hamburg WM 2015, 2330.

629 *Heße* NZI 2009, 790; *Schramm*, VW 2009, 2071 (2073).

630 *Präve*, Versicherungsbedingungen, Rn. 412.

631 Hierzu *Grüneberg*, in: Palandt, BGB, § 307 Rn. 20 ff.

632 *Wurmnest*, in: MünchKomm, BGB, § 307 Rn. 33.

Vertrages stellt. Eine Klausel gilt dann als gestellt, wenn sie im Umkehrschluss zu den Vorgaben in § 305 Abs. 1 S. 3 BGB von dem Verwender als fertige Regelung in den Vertrag eingebracht und dem Gegenüber einseitig auferlegt wurde.[633]

Dem entsprechend muss vor einer inhaltlichen Klauselkontrolle zunächst geprüft werden, wer im konkreten Fall überhaupt als Klauselsteller, d.h. als Verwender der Klausel, anzusehen ist. Vor der Prüfung, ob durch die Klauseln zum Versicherungsfall zum Nachteil des Versicherungsnehmers oder der versicherten Person von gesetzlichen Vorgaben abgewichen wird, ist also zu klären, ob der Versicherer Klauselverwender ist.

(a) Grundsatz

Die Stellung als Verwender einer allgemeinen Geschäftsbedingung wird objektiv bestimmt und unterliegt nicht der Disposition der Vertragsparteien, da die §§ 305 ff. BGB zwingendes Gesetzesrecht sind.[634] Verwender ist dabei derjenige, der der auf der anderen Seite stehenden Vertragspartei die Bedingungen im Sinne des § 305 Abs. 1 S. 1 BGB stellt. Er muss ein konkretes Angebot auf Einziehung der Klauseln machen[635] und ihm muss die Vertragsgestaltungsmacht zugerechnet werden können.[636] Im Ergebnis muss der Verwender seinem Gegenüber die Klauseln einseitig auferlegen, ohne dass sie Gegenstand von Vertragsverhandlungen gewesen sind,[637] weswegen keine Allgemeinen Geschäftsbedingungen vorliegen, wenn der Klauselinhalt ernsthaft zur Disposition gestellt wird.[638] An der nach § 305 Abs. 1 S. 1 BGB erforderlichen Einseitigkeit fehlt es also, wenn es der Gegenseite nachgelassen wird, einen Alternativvorschlag zu machen oder den Wortlaut zu verändern.[639]

Dies ist bei Versicherungsverträgen regelmäßig nicht der Fall, da die Versicherer stets auf vorformulierten Bedingungswerke zurückgreifen, die sie für das entsprechende Versicherungsprodukt selbst angefertigt haben oder haben anfertigen lassen.[640] Etwas anders könnte aber gegebenenfalls bei D&O-Versicherungsverträgen gelten, da hier dem Versicherer geschäftserfahrene

633 *Basedow,* in: MünchKomm, BGB, § 305 Rn. 21.

634 OLG Frankfurt a.M. NJW 1979, 985 (986); *Steinkühler/Kassing,* VersR 2009, 1477 (1478).

635 BGHZ 130, 50 (57); *von Westphalen,* VersR 2011, 145.

636 *Basedow,* in: MünchKomm, BGB, § 305 Rn. 20.

637 *Basedow,* in: MünchKomm, BGB, § 305 Rn. 21.

638 *Basedow,* in: MünchKomm, BGB, § 305 Rn. 21.

639 *Basedow,* in: MünchKomm, BGB, § 305 Rn. 21.

640 *Beckmann,* in: Beckmann/Matusche-Beckmann, Versicherungsrechts-Handbuch, § 10 Rn. 3 ff.

Unternehmenslenker als Verhandlungspartner gegenüberstehen, die selbst über Expertise und Markterfahrung verfügen und bisweilen eigene Vorstellungen in der Police enthalten haben möchten und sich insofern auch beraten lassen. Diese Frage stellt sich umso mehr, wenn auf Seiten des Versicherungsnehmers ein Spezialmakler tätig wird, der möglichweise Einfluss auf die Formulierung der Versicherungsbedingungen nimmt.

(b) Einschaltung eines Maklers

An dem Merkmal des „Stellens" kann es fehlen, wenn ein Makler auf Seiten des Versicherungsnehmers tätig wird und dieser aktiv Einfluss auf die Bedingungen nimmt.[641] So hatte der IV. Zivilsenat des BGH bereits mit Beschluss vom 22. Juli 2009 entschieden, dass der Versicherer dann kein Verwender von Versicherungsbedingungen ist, wenn die Bedingungen von einem Makler entworfen und auf seine Veranlassung Bestandteil des Versicherungsvertrages werden.[642] Dies hat er im Hinblick auf einen D&O-Versicherungsvertrag entschieden. Konkret wies der BGH eine Nichtzulassungsbeschwerde des Klägers mit der Begründung ab, dass der beklagte Versicherer überhaupt nicht als Verwender der angegriffenen Klauseln anzusehen sei, da er normalerweise von den streitgegenständlichen abweichende Klauseln verwende.[643] Die umstrittenen Bestimmungen des Vertrages wurden hingegen durch einen vom Versicherungsnehmer beauftragen Makler entworfen und durch dessen Betreiben in den Vertrag aufgenommen.[644]

Wann immer ein Makler auf Seiten des Versicherungsnehmers derart stark in die Ausgestaltung des Bedingungswerkes eingreifen kann, ist ein „Aushandeln" im Sinne von § 305 Abs. 1 S. 3 BGB anzunehmen, was zur Folge hat, dass keine Allgemeinen Geschäftsbedingungen vorliegen und eine Inhaltskontrolle nach den §§ 307 ff. BGB nicht in Frage kommt. Der Begriff des Verwenders muss dabei für jede Klausel gesondert bestimmt werden, weswegen es im Rahmen eines einheitlichen Bedingungswerks zu voneinander abweichenden Ergebnissen und damit zu einer Spaltung des Verwenderbegriffs innerhalb nur eines Vertragswerkes kommen kann.[645] Im Hinblick auf eine inhaltliche Wirksamkeitskontrolle des Claims made-Prinzips ist daher zu erörtern, ob es sich hierbei um eine vom Versicherer regelmäßig verwendete Standardklausel handelt

641 *Basedow*, in: MünchKomm, BGB, § 305 Rn. 22; *Golz*, VersR 2011, 727 (728).
642 BGH VersR 2009, 1477.
643 BGH VersR 2009, 1477.
644 BGH VersR 2009, 1477.
645 *Steinkühler/Kassing*, VersR 2009, 1477.

oder ob sie im konkreten Fall – etwa durch die Einflussnahme eines Maklers auf Seiten des Versicherungsnehmers – zwischen den beteiligten Parteien verhandelt wurde.

Kein Aushandeln im Sinne von § 305 Abs. 1 S. 3 BGB liegt indes vor, wenn Versicherer auf ein „Standard-Wording“ von im Markt bekannten Versicherungsmaklern zurückgreifen und der Makler die Police im Namen des Versicherers vertreibt.[646] Zwar hat auch hier ein Makler entscheidenden Einfluss auf den Vertragstext genommen, er steht aber nicht (unmittelbar) auf der Seite des Versicherungsnehmers. Gleiches gilt, wenn der Makler ein Wording des Versicherers (unverändert) verwendet, in diesem Fall ist ebenfalls der Versicherer als Steller der Bedingungen anzusehen.[647] Steht der Makler hingegen im Lager des Versicherungsnehmers, ist der Versicherer nicht der Verwender der Klauseln, der Versicherungsnehmers kann sich daher dann auch nicht auf eine inhaltliche Überprüfung der streitgegenständlichen Klauseln berufen.[648]

Dies zeigt, dass es jeweils im Einzelfall geprüft werden muss, ob überhaupt eine *tatsächliche* Möglichkeit des Versicherungsnehmers bzw. des Maklers bestand, auf die Ausgestaltung der Klauseln Einfluss zu nehmen. Sofern dies im Hinblick auf die Verwendung und konkrete Ausgestaltung des Claims made-Prinzips in den jeweiligen Bedingungswerken nicht zutreffen sollte, ist der Versicherer insofern auch nicht aus der Stellung des Verwenders zu entlassen.[649] Zu Prüfungszwecken wird im Folgenden unterstellt, dass der Versicherer die Klauseln gestellt und daher auch als ihr Verwender anzusehen ist.

(2) Geschützter Personenkreis

Von der Rechtsprechung bisher völlig vernachlässigt ist die Frage, auf welche Interessen bei der Kontrolle von Claims made entscheidend abzustellen ist. Jedoch ist dies bei der Beurteilung von Bedingungen einer D&O-Versicherung – wie bei jeder anderen Versicherung auf fremde Rechnung – von wichtiger Bedeutung, da die Interessen von Versicherungsnehmer und versicherter Person nicht immer gleichläufig sein müssen, sondern durchaus divergieren können. Dies zeigt sich vor allem in sog. Innenhaftungskonstellationen, in denen es

---

646 *Beckmann*, in: Beckmann/Matusche-Beckmann, Versicherungsrechts-Handbuch, § 10 Rn. 48.

647 *Beckmann*, in: Beckmann/Matusche-Beckmann, Versicherungsrechts-Handbuch, § 10 Rn. 48.

648 *Beckmann*, in: Beckmann/Matusche-Beckmann, Versicherungsrechts-Handbuch, § 10 Rn. 48.

649 So auch *Staudinger*, Düsseldorfer Vorträge zum Versicherungsrecht 2009, 19 (34).

den versicherten Personen (zumeist) an einer Abwehr der Ansprüche gelegen ist, während der Versicherungsnehmer das Gegenteil befürwortet. Allerdings haben beide ein grundsätzliches Interesse am Bestehen von Versicherungsschutz, wenngleich die Frage nach der bevorzugten Leistungsart des Versicherers (Abwehr oder Freistellung) unterschiedlich beantwortet wird. Es ist mithin ungenau, ohne weitere Erläuterung einfach pauschal auf den Schutz des Versicherungsnehmers abzustellen.[650]

Es entspricht ständiger höchstrichterlicher Rechtsprechung, dass neben dem Versicherungsnehmer auch die versicherte Person in den Schutzbereich einer AGB-Prüfung einbezogen wird, solange sie Rechte aus dem Versicherungsvertrag herleiten kann oder aus diesem unmittelbar berechtigt ist.[651] Insofern genügt bereits ihre unangemessene Benachteiligung, um den Tatbestand von § 307 Abs. 1 BGB zu erfüllen.[652] Diese Rechtsprechung ist auch zu befürworten, da die versicherten Personen die Vorteile aus der Police erhalten (§ 44 Abs. 1 VVG) und Einschränkungen des Versicherungsschutzes somit zu ihren Lasten gehen. Damit ist allerdings noch nicht die Frage beantwortet, ob die Interessen der Versicherungsnehmerin oder die der versicherten Person ins Zentrum der AGB-Kontrolle zu stellen sind oder ob sich die Kontrolle an den Interessen beider Parteien gleichermaßen auszurichten hat. Es handelt sich hierbei auch nicht um eine bloß rein akademische Frage, denn durch die Festlegung wird die Kontrolldichte der AGB-Prüfung festgelegt und bestimmt, welchen Stellenwert die jeweiligen Interessen bei der Abwägung einnehmen.[653]

Die versicherte Person nimmt bei der D&O-Versicherung – auch im Vergleich zu anderen Drittbegünstigten bei Versicherungen auf fremde Rechnungen – eine besonders herausgehobene Stellung ein. In D&O-Bedingungswerken ist in Abweichung von § 45 Abs. 1 VVG regelmäßig vorgesehen, dass die versicherte Person selbstständig über die Rechte aus dem Versicherungsvertrag verfügen kann (vgl. auch § 44 Abs. 1 VVG und Ziff. 10.1 AVB-AVG).[654] Wenn aber der Schutz der versicherten Person bei Formulierung der Versicherungsbedingungen im Zentrum der Überlegungen steht, ist es konsequent, ihre Interessen auch bei der AGB-Kontrolle ins Zentrum zu stellen.[655] Bewertete man indes nur ihre Interessen, ließe man außer Acht, dass eine D&O-Versicherung zumindest

650 *Von Westphalen,* VersR 2011, 145 (149 f.).

651 Exemplarisch: BGH VersR 1993, 312 (314) sowie BGH VersR 1999, 1390 (1391).

652 *Von Westphalen,* VersR 2011, 145 (149 f.).

653 *Von Westphalen,* VersR 2011, 145 (149 f.)

654 Vgl. hierzu bereits oben unter C. I. 1.

655 *Von Westphalen,* VersR 2011, 145 (149 f.); *Koch,* VersR 2011, 295 (297).

auch zum Schutz der Versicherungsnehmerin und seines Gesellschaftsvermögens abgeschlossen wird. Es ist daher im Ergebnis interessengerecht, in erster Linie die Interessen der versicherten Person abzustellen, dabei allerdings diejenigen der Versicherungsnehmerin zumindest auch zu berücksichtigen. Bei einer Interessenkollision wären allerdings die Interessen der versicherten Person vorrangig zu beachten.[656]

(3) Unvereinbarkeit mit wesentlichen gesetzlichen Grundgedanken

Zunächst ist zu untersuchen, ob das Claims made-Prinzip mit wesentlichen Grundgedanken derjenigen gesetzlichen Regelungen unvereinbar ist, von denen durch seine Vereinbarung abgewichen wird. In diesem Fall wäre gemäß § 307 Abs. 2 Nr. 1 BGB eine unangemessene Benachteiligung anzunehmen, deren Folge gemäß § 307 Abs. 1 S. 1 BGB die Unwirksamkeit der betreffenden Klausel ist.

Wesentliche Grundgedanken bestimmen sich nach dem Regelungszweck der entsprechenden Vorschrift und den mit ihr getroffenen Wertentscheidungen.[657] Dabei sind für die Bestimmung von gesetzlichen Grundgedanken vor allem die Interessen des Versicherungsnehmers oder der versicherten Person zu bestimmen und zu werten. Insofern ist insbesondere auf ihre Schutzbedürftigkeit abzustellen, die bei unterschiedlichen Versicherungsnehmern – bspw. Kaufleute und Verbraucher – naturgemäß unterschiedlich stark ausgeprägt ist.[658] Die meisten Vorschriften im VVG, die den Schutz des Versicherungsnehmers ins Zentrum stellen, sind allerdings bereits als sogenannte *halbzwingende Vorschriften* ausgestaltet, was bedeutet, dass von ihnen ohnehin nicht zum Nachteil des Versicherungsnehmers abgewichen werden kann.[659] Bei solchen Vorschriften stellt sich daher die Frage, ob eine Abweichung zum Nachteil des Versicherungsnehmers oder der versicherten Person mit § 307 Abs. 2 Nr. 1 BGB vereinbar ist, überhaupt nicht.[660] Daher ist im Hinblick auf die Rechtmäßigkeit von Claims made zunächst zu untersuchen, ob durch seine Vereinbarung möglicherweise von halbzwingenden Vorschriften des VVG abgewichen wird. Ist dies nicht der Fall, ist in einem zweiten Schritt zu prüfen, ob eine Unvereinbarkeit mit wesentlichen

---

656 So im Ergebnis auch *Koch,* VersR 2011, 295 (297) und *von Westphalen,* VersR 2011, 145 (149).
657 *Bruns,* in: Langheid/Wandt, MünchKomm VVG, § 307 BGB Rn. 105.
658 *Bruns,* in: Langheid/Wandt, MünchKomm VVG, § 307 BGB Rn. 46.
659 *Brömmelmeyer,* in: Rüffer/Halbach/Schimikowski, VVG, § 18 Rn. 3.
660 *Bruns,* in: Langheid/Wandt, MünchKomm VVG, § 307 BGB Rn. 104.

Grundgedanken des VVG anzunehmen ist. Hierdurch entsteht eine Doppelkontrolle.[661]

Die Unvereinbarkeit mit einem wesentlichen gesetzlichen Grundgedanken ist immer dann anzunehmen, wenn die Abweichung nicht lediglich Randbereiche des gesetzlichen Grundgedankens, sondern dessen Kernbereich betrifft.[662] Hingegen liegt keine unvereinbare Abweichung vor, wenn sich der Schutzzweck des Gesetzes mit anderen Mitteln als durch eine Unwirksamkeitserklärung der Klausel herstellen lässt.[663] Nachstehend soll unter Berücksichtigung der Aussagen der Rechtsprechung untersucht werden, ob das Claims made-Prinzip mit § 100 VVG sowie mit den gesetzlichen Vorgaben zur Schadensabwehr- und Minderungsobliegenheit des Versicherungsnehmers in Einklang zu bringen ist.

(a) Vereinbarkeit mit § 100 VVG

Den Entscheidungen des LG und des OLG München lag noch das alte VVG zugrunde, da der streitgegenständliche Versicherungsvertrag noch unter Geltung des alten VVG abgeschlossen wurde und der (vermeintliche) Versicherungsfall vor dem Stichtag des 1. Januar 2008 eingetreten war.[664] Demnach richtete sich die Rechtsmäßigkeitsprüfung der Versicherungsfalldefinition noch an § 149 VVG a.F. aus.[665] Nach § 149 VVG a.F. war der Versicherer verpflichtet, *dem Versicherungsnehmer die Leistung zu ersetzen, die dieser auf Grund seiner Verantwortlichkeit für eine während der Versicherungszeit eintretende Tatsache an einen Dritten zu bewirken hat.*

Aus Sicht des LG München I lag keine Unvereinbarkeit mit § 149 VVG a.F. vor, da sich der Gesetzgeber nicht auf das Verstoßprinzip als alleinigen Anknüpfungspunkt für die Auslösung der Leistungspflicht des Versicherers festgelegt hatte.[666] Aus der Gesetzesformulierung ließe sich aus der Sicht der Kammer nicht folgern, dass es sich bei der eintretenden Tatsache zwingend um den Verstoß gegen Rechtsnormen oder Rechtspflichten handeln muss.[667] § 149 VVG a.F. lege nicht fest, wie der Begriff der Tatsache zu definieren ist und wie der Versicherungsfall in der Haftpflichtversicherung zu bestimmen ist.[668] Die Tatsache kann

---

661 *Brömmelmeyer*, in: Rüffer/Halbach/Schimikowski, VVG, § 18 Rn. 6.
662 *Bruns*, in: Langheid/Wandt, MünchKomm VVG, § 307 BGB Rn. 108.
663 *Bruns*, in: Langheid/Wandt, MünchKomm VVG, § 307 BGB Rn. 108.
664 LG München I RuS 2009, 11 (12).
665 LG München I RuS 2009, 11 (13).
666 LG München I RuS 2009, 11 (15).
667 LG München I RuS 2009, 11 (13).
668 Vgl. BGH NJW-RR 1987, 605 (606); BGH NJW-RR 2004, 460.

durchaus der Eintritt des aus dem Verstoß resultierenden Schadens sein oder die darauffolgende Anspruchserhebung eines Dritten.[669]

An dieser Rechtslage hat sich auch nichts durch die Neufassung von § 149 VVG a.F. in der Nachfolgevorschrift des § 100 VVG geändert. Gemäß § 100 VVG ist der Versicherer bei der Haftpflichtversicherung verpflichtet, *den Versicherungsnehmer von Ansprüchen freizustellen, die von einem Dritten auf Grund der Verantwortlichkeit des Versicherungsnehmers für eine während der Versicherungszeit eingetretene Tatsache geltend gemacht werden, und unbegründete Ansprüche abzuwehren.* In der Regierungsbegründung zu § 100 VVG wird das Claims made-Prinzip (in der D&O-Versicherung) ausdrücklich als zulässige Ausnahme zum Grundsatz der Anknüpfung an den Verstoß des Versicherungsnehmers genannt.[670] § 100 VVG ist keine halbzwingende Vorschrift, sondern soll durch eine fehlende Festlegung auf eine Art des Versicherungsfalls den Vertragsparteien gerade Gestaltungsmöglichkeiten bieten.[671] Damit stehen die Ausführungen der Rechtsprechung im Einklang mit dem ausdrücklich geäußerten Willen des Gesetzesgebers zu § 100 VVG und zudem mit der einhelligen Meinung des Schrifttums.[672]

(b) Schadenabwendungs- und minderungsobliegenheit

Ferner ist zu untersuchen, ob das Claims made-Prinzip mit den im VVG vorgesehenen Schadenabwendungs- und Minderungsobliegenheiten des Versicherungsnehmers beziehungsweise der versicherten Person vereinbar ist. Dies war bereits zurzeit der Geltung des alten VVG ein Streitpunkt, weswegen zunächst auf die damalige Diskussion eingegangen werden soll, um dann die entsprechenden Schlüsse für die neue Rechtslage zu ziehen.

(aa) Alte Rechtslage

Gemäß § 62 Abs. 1 S. 1 VVG a.F. oblag es dem Versicherungsnehmer, bei dem Eintritt des Versicherungsfalls nach Möglichkeit für die Abwendung und Minderung des Schadens zu sorgen und dabei die Weisungen des Versicherers zu befolgen; dabei hatte er, wenn es die Umstände gestatteten, entsprechende Weisungen beim Versicherer einzuholen. Abs. 2 regelte die Rechtsfolge bei einer Verletzung dieser Obliegenheit. In § 63 Abs. 1 VVG a.F. war der Kostenerstattungsanspruch des Versicherungsnehmers statuiert, wonach er Aufwendungen ersetzt verlangen

669 LG München I RuS 2009, 11 (13).

670 Begr. RegE BT-Drucks. 16/3945, 85.

671 Begr. RegE BT-Drucks. 16/3945, 85.

672 So auch *Heße*, NZI 2009, 791; *Koch*, VersR 2011, 295 (296 f.); *von Westphalen*, VersR 2011, 145 (146).

konnte, die ihm wegen der Befolgung der Obliegenheit aus § 62 VVG entstanden waren und die er nach den Umständen des Einzelfalls für geboten halten durfte. §§ 62 und 63 VVG a.F. waren Ausfluss der gesetzlichen Grundentscheidung für gegenseitige Hilfeleistungspflicht.[673] Demnach sollte der Versicherungsnehmer in Anbetracht der Leistungspflicht des Versicherers die Entwicklung des Schadens sich nicht selbst überlassen, sondern Gegenmaßnahmen zur Abwendung und Eindämmung ergreifen.[674] Bei einer Versicherung für fremde Rechnung kam es bereits im alten VVG gemäß § 79 Abs. 1 VVG a.F. neben der Kenntnis und dem Verhalten des Versicherungsnehmers auch auf Kenntnis und Verhalten der versicherten Person an (heute in § 47 Abs. 1 VVG).

Allerdings war unter Geltung der alten Rechtslage umstritten, wie die Formulierung in § 62 Abs. 1 VVG a.F. *„bei dem Eintritt des Versicherungsfalls"* mit dem Claims made-Prinzip in Einklang zu bringen war, da bei Claims made die schädigende Handlung zeitlich regelmäßig vor dem eigentlichen Eintritt des Versicherungsfalls eintritt.[675] Aufgrund des eindeutigen Wortlauts von § 62 Abs. 1 VVG a.F. ist unzweifelhaft der Eintritt des Versicherungsfalls Auslöser der Obliegenheiten des Versicherungsnehmers. Mit der Manifestation des Schadens endet die Rettungsobliegenheit.[676]

Bis es zu einer Geltendmachung des Anspruchs durch den Geschädigten kommt, verstreicht allerdings regelmäßig eine gewisse Zeitspanne, in der sich der Schaden möglicherweise bereits derart vertieft, dass seine Minderung erschwert oder gänzlich unmöglich wird.[677] Denkbar ist zudem, dass der Geschädigte den Anspruch überhaupt nicht erheben oder den Schaden nicht liquidieren wird oder kann, weswegen im Zeitpunkt der Schädigung noch nicht sicher vom Eintritt des Versicherungsfalls und einer damit einhergehenden Inanspruchnahme des Versicherers ausgegangen werden kann.[678]

(bb) Beginn der Rettungsobliegenheit

Beim alten VVG war im Hinblick § 62 Abs. 1 VVG a.F. vor allem der Zeitpunkt des Beginns der Rettungsobliegenheit umstritten.[679] Dabei war dieser Streit ursprünglich nicht im Zusammenhang mit dem Claims made-Prinzip, sondern

673 *Pataki,* VersR 2004, 835 (838).

674 *Römer,* in: Römer/Langheid, VVG, § 62 a.F. Rn. 1.

675 *Pataki,* VersR 2004, 835 (838 f.).

676 So auch *Pataki,* VersR 2004, 835 (838).

677 Gleiche Bedenken äußert *Pataki,* VersR 2004, 835 (838).

678 *Pataki,* VersR 2004, 835 (838 f.).

679 *Pataki,* VersR 2004, 835 (838) *Römer,* in: Römer/Langheid, VVG, § 62 a.F. Rn. 2.

im Hinblick auf die Voraussetzungen des Kostenerstattungsanspruches des Versicherungsnehmers nach § 63 Abs. 1 VVG a.F. geführt worden.[680]

Insofern gab es im Hinblick auf die Sachversicherung eine gesicherte Rechtsprechung dahin gehend, dass die Rettungsobliegenheit des Versicherungsnehmers bereits bei drohendem Eintritt des Versicherungsfalls eintreten sollte. Der BGH sah als Auslöser für die Obliegenheit die dringende Gefahr des Eintritts des Versicherungsfalls bzw. dessen unmittelbares Bevorstehen an.[681] Damit wollte der BGH dem Versicherungsnehmer keineswegs überobligatorischen Pflichten auferlegen, sondern ihm einen Kostenerstattungsanspruch zusprechen, falls er bereits vor Eintritt des Versicherungsfalls Maßnahmen zur Verhinderung des Eintritts des Versicherungsfalls getroffen hatte und bei ihm dadurch eine Vermögensminderung eingetreten war.[682] Klassisches Beispiel war der Autounfall infolge eines Ausweichmanövers, um einen Zusammenprall mit Haarwild und damit den Eintritt eines Versicherungsfalls für die KFZ-Kaskoversicherung zu verhindern.[683] Diese sog. *Vorerstreckungstheorie* wurde aber von Teilen der juristischen Fachliteratur heftig kritisiert, da dem Versicherungsnehmer hierdurch eine im Gesetz nicht vorgesehene Obliegenheit zur Schadensverhütung auferlegt wird und er dabei wegen der für ihn nachteiligen Beweislastverteilung bei § 62 Abs. 2 VVG a.F. zusätzlich benachteiligt wurde. Daher forderten manche Autoren, lediglich den Anspruch auf Kostenersatz aus § 63 VVG a.F. vorzuverlegen, nicht aber die Obliegenheiten des § 62 VVG a.F., damit der Versicherungsnehmer bei Nichtvornahme von Abwehrmaßnahmen vor Eintritt des Versicherungsfalls seinen Anspruch auf die Versicherungsleistung behalte.[684]

In der Haftpflichtversicherung wurde die Vorerstreckungstheorie von der Rechtsprechung lange Zeit kategorisch ausgeschlossen. Sie wollte damit verhindern, dass die qualifizierten Anforderungen an die Herbeiführung des Versicherungsfalls unterlaufen werden. Bereits in der Vorgängervorschrift zu § 103 VVG (vgl. § 152 VVG a.F.) war Leistungsfreiheit des Haftpflichtversicherers nur bei vorsätzlicher Herbeiführung des Versicherungsfalls vorgesehen. Jedoch hob der BGH diese strikte Ablehnung der Vorerstreckung in der Haftpflicht im Jahr 1991 auf, als er in einem obiter dictum die Frage ausdrücklich offen ließ,[685] was zu Unsicherheit in der versicherungswirtschaftlichen Praxis führte und

680 Dazu *Römer*, in: Römer/Langheid, VVG, § 62 a.F. Rn. 2.
681 BGH VersR 1991, 459; BGH VersR 2003, 1250.
682 *Römer*, in: Römer/Langheid, VVG, § 62 a.F. Rn. 2.
683 So in auch in BGH VersR 1991, 459 und BGH VersR 2003, 1250.
684 M.w.N. *Looschelders*, in: Langheid/Wandt, MünchKomm VVG, § 82 Rn. 12.
685 BGH VersR 1991, 459 (460).

umfangreiche Diskussionen nach sich zog.[686] Diejenigen Autoren, welche die Vorerstreckungstheorie auch bei der Haftpflichtversicherung anwenden wollten, wollten dem Versicherungsnehmer damit einen Kostenerstattungsanspruch für den Fall von Aufwendungen für die Abwendung des Eintritts des Versicherungsfalls garantieren.[687]

Bei der D&O-Versicherung stellte sich im Hinblick auf die Rettungsobliegenheit des Versicherungsnehmers bzw. der versicherten Person (§ 79 Abs. 1 VVG a.F.) indes noch ein weiteres Problem. Selbst die Befürworter einer Vorerstreckung der Obliegenheiten bei der Haftpflichtversicherung erkannten, dass zwischen dem Entstehen der Obliegenheit und dem Eintritt des Versicherungsfalls aufgrund der Gesetzesformulierung *bei Eintritt des Versicherungsfalls* grundsätzlich nur ein kurzer Zeitraum liegen konnte. Danach verlange das Gesetz eine zeitliche und logische Nähe zwischen dem Entstehen der Obliegenheit und Eintritt des Versicherungsfalls. Dies sei aber beim Claims made-Prinzip – insbesondere bei der D&O-Versicherung – nicht gewährleistet.[688] Bei D&O-Schadensfällen ist es nicht unüblich, dass zwischen Eintritt des Schadens und der späteren Anspruchserhebung eine gewisse Zeitspanne liegt, die der spätere Anspruchsteller unter anderem zur Erforschung des Sachverhalts und zur Prüfung der Rechtslage benötige.[689] Demzufolge besteht faktisch nur noch eine Minderungsobliegenheit, da eine Abwendung des Versicherungsfalls ohnehin nicht mehr in Betracht komme. Jedoch könne die versicherte Person auch der Minderungsobliegenheit nur in einem sehr begrenzten Maße nachkommen, da sich der Schaden im Moment der Anspruchserhebung regelmäßig schon endgültig manifestiert habe.[690] Deswegen wurde in Teilen der Literatur die Ansicht vertreten, dass das Claims made-Prinzip mit den §§ 62, 63 VVG a.F. grundsätzlich nicht in Einklang zu bringen sei.[691]

(cc) Standpunkt der Rechtsprechung

Auch das LG und das OLG München äußerten sich zu der Frage, ob das Claims made mit den (damaligen) Regelungen zur gesetzlichen Schadensabwendungs- und -minderungsobliegenheit in Einklang zu bringen war. Das LG München I ging insofern davon aus, dass die streitgegenständlichen Klauseln mit

686 Stellvertretend *Knappmann,* VersR 2002, 129 ff. und *Schimikowski,* RuS 2003, 133 ff.
687 M.w.N. *Looschelders,* in: Langheid/Wandt, MünchKomm VVG, § 82 Rn. 12.
688 *Pataki,* VersR 2004, 835 (839).
689 *Baumann,* NZG 2010, 1366 (1370).
690 *Schimikowski,* RuS 2009, 327.
691 So *Pataki,* VersR 2004, 835 (838 f.).

wesentlichen Grundgedanken der gesetzlichen Regelungen zur Schadensabwendungs- und Minderungsobliegenheit (§§ 62, 63 VVG a.F.) des Versicherungsnehmers beziehungsweise der versicherten Person (§ 79 Abs. 1 VVG a.F.) in Einklang zu bringen seien.[692] Die Kammer war der Ansicht, dass die Vorschriften der §§ 62, 63 VVG a.F. nicht voraussetzten, dass der Versicherungsnehmer seinen Minderungsobliegenheiten zwingend erst nach dem Eintritt des Versicherungsfalls aber noch vor der Erhebung des Anspruchs nachkommen müsse. Zudem sei es auch nicht zwingend, dass sich der Schaden im Zeitpunkt der Anspruchserhebung bereits endgültig und vollständig realisiert habe. Insofern bestehe auch nach der Geltendmachung eines Schadensersatzanspruches noch die Möglichkeit zur Abmilderung des Schadens. § 62 Abs. 1 VVG a.F. beinhalte zudem lediglich den Grundgedanken, dass den Versicherungsnehmer eine Schadensminderungsobliegenheit treffe, regele aber nicht, wann er sie wahrzunehmen habe. Dabei bezog sich die Kammer auf die Rechtsprechung des BGH, nach der die Pflicht aus § 62 Abs. 1 VVG a.F. nicht erst dann ausgelöst werde, wenn der Versicherungsfall bereits eingetreten ist, sondern bereits, wenn dessen Eintritt drohe. Zudem sei, selbst wenn die Schadensminderung nach Erhebung der Ansprüche aus rechtlichen oder tatsächlichen Gründen unmöglich ist, eine Unvereinbarkeit des Anspruchserhebungsprinzips mit §§ 62, 63 VVG a.F. nicht notwendigerweise anzunehmen. Einzige zwingende Konsequenz hieraus sei, dass der Versicherungsnehmer bzw. die versicherte Person keine Schadensminderungsmaßnahmen mehr durchführen müssten und somit auch keiner Gefahr eines Rechtsverlustes aufgrund einer Obliegenheitsverletzungen ausgesetzt seien. Dass dann auch kein Anspruch auf Kostenersatz nach § 63 Abs. 1 VVG a.F. bestehe, sei auch kein Nachteil für den Versicherungsnehmer. Er könne schließlich Maßnahmen zur Minderung des Schadens auch bei einem drohenden Eintritt eines Versicherungsfalls ergreifen, wodurch er einen Anspruch auf Erstattung von Kostenersatz erhalte.[693]

Das OLG München stimmte dem LG in diesem Punkt uneingeschränkt zu. Es betonte ebenfalls, dass den §§ 62, 63 VVG a.F. nicht zu entnehmen sei, dass der Anknüpfungspunkt für die versicherte Gefahr zwingend vor der Anspruchserhebung liegen müsse.[694] Schadensminderungspflichten seien durchaus auch noch nach der Geltendmachung des Anspruchs denkbar, da sich der Schaden

692 LG München I RuS 2009, 11 (15).
693 LG München I RuS 2009 S. 11 (15).
694 OLG München RuS 2009, 327 (330).

zu diesem Zeitpunkt noch nicht endgültig und vollständig manifestiert haben müsse.[695]

(c) Maßgaben der §§ 82, 83 VVG

Fraglich ist, ob sich diese Aussagen der Rechtsprechung im Hinblick auf §§ 62, 63 VVG a.F. auch auf die Regelungen zur Schadensabwendungs- und Minderungsobliegenheit in den §§ 82, 83 des neuen VVG übertragen lassen. Gemäß § 82 Abs. 1 VVG hat der Versicherungsnehmer bei Eintritt des Versicherungsfalls nach Möglichkeit für die Abwendung und Minderung des Schadens zu sorgen. § 82 Abs. 1 VVG n.F. stimmt somit mit § 62 Abs. 1 VVG a.F. insoweit überein, als *der Eintritt des Versicherungsfalls* die Obliegenheit zur Abwendung und Minderung des Schadens auslöst. Bei einer Versicherung auf fremde Rechnung trifft diese Obliegenheit gemäß § 47 Abs. 1 VVG n.F. auch die versicherte Person. Zudem finden sich den Vorgaben des § 63 VVG a.F. entsprechend, auch in § 83 VVG n.F. Bestimmungen zum Aufwendungsersatz des Versicherungsnehmers. Nachstehend soll untersucht werden, inwieweit die Aussagen des LG und des OLG München auch auf die neue Rechtslage übertragen werden können.

(aa) Möglichkeit zur Vorverlegung von Rettungsobliegenheiten

Wie schon § 62 VVG a.F. trägt auch § 82 VVG dem Umstand Rechnung, dass der Umfang der Leistungspflicht des Versicherers vor allem durch die Entwicklung des Schadens beeinflusst wird, weshalb ein Untätigbleiben des Versicherungsnehmers oder der versicherten Person einem angemessenen Interessenausgleich widerspricht.[696] Der Versicherte soll sich im Interesse der Versichertengemeinschaft und des Versicherers so verhalten, als ob er nicht versichert sei.[697] Allerdings sah der Reformgesetzgeber auch das Bedürfnis des Versicherungsnehmers, bei der Ergreifung von Maßnahmen zur Abwendung des Eintritts des Versicherungsfalls Kostenersatz verlangen zu können. So findet sich nun in § 90 VVG eine gesetzliche Reglung zum sog. erweiterten Aufwendungsersatz. Danach steht dem Versicherungsnehmer ein Anspruch auf Ersatz von Aufwendungen zu, die er zur Abwendung eines *unmittelbar bevorstehenden Versicherungsfalls* bzw. zur Minderung der Auswirkungen getätigt hat.

Anders als die Rechtsprechung zum alten VVG verzichtete der Gesetzgeber allerdings darauf, auch die Obliegenheiten des Versicherungsnehmers (bzw. der versicherten Person, vgl. § 47 Abs. 1 VVG) vorzuerstrecken.[698] § 90 VVG

---

695 OLG München RuS 2009, 327 (330).

696 *Voit,* in: Prölss/Martin, VVG, § 82 Rn. 2.

697 *Looschelders,* in: Langheid/Wandt, MünchKomm VVG, § 82 Rn. 1.

698 *Looschelders,* in: Langheid/Wandt, MünchKomm VVG, § 82 Rn. 3.

verdeutlicht, dass die Erstattung von Rettungskosten und das Bestehen der Rettungsobliegenheit voneinander zu trennen sind. Der eingeschränkte Verweis auf § 83 VVG in § 90 VVG zeigt zudem, dass der Gesetzgeber die Vorerstreckungstheorie nur teilweise ins Gesetz aufnehmen wollte. Er war der Ansicht, dass die Vorstreckung der Rettungsobliegenheit auf einen bevorstehenden Versicherungsfall den Versicherungsnehmer unangemessenen benachteilige.[699]

Bei § 90 VVG handelt es sich aufgrund seiner systematischen Stellung indes um eine Sondervorschrift für den Bereich der Sachversicherung.[700] Eine Übertragung auf andere Versicherungsparten ist nach der eindeutigen Aussage in der Regierungsbegründung zur VVG-Reform nicht gewollt.[701] Damit kann man einen erweiterten Aufwendungsersatz außerhalb der Sachversicherung nur über eine Vorerstreckung des Aufwendungsersatzes nach § 83 VVG erreichen. Jedoch steht diesem Ansatz der Ausnahmecharakter von § 90 VVG entgegen.[702] In anderen Bereichen der Schadensversicherung – und damit auch in der Haftpflichtversicherung – lehnte der Gesetzgeber die Vorerstreckung bewusst und ausdrücklich ab, da sie aus seiner Sicht unüberschaubare Konsequenzen nach sich ziehen und über das gebotene Maß hinaus in die Produktgestaltung des Versicherers eingreife.[703]

Somit hat sich zwar an der Formulierung bei *Eintritt des Versicherungsfalles* in § 82 VVG n.F. im Vergleich zu § 62 VVG a.F. nichts geändert, so dass man bei einfacher Wortlautlektüre annehmen könnte, dass die gesetzlichen Unklarheiten im Hinblick auf einen unmittelbar bevorstehenden Versicherungsfall fortbestehen. Jedoch ergibt sich aus der Regierungsbegründung zum neuen VVG ausdrücklich, dass die Obliegenheit des Versicherungsnehmers erst mit dem Eintritt des Versicherungsfalls eintreten soll.[704] Hätte der Gesetzgeber die Vorerstreckungstheorie tatsächlich ins Gesetz aufnehmen wollen, hätte er § 82 Abs. 1 VVG anders formulieren müssen.[705] Demzufolge besteht die Rettungsobliegenheit des Versicherungsnehmers erst, wenn der Eintritt des Versicherungsfalls zumindest begonnen hat. Maßgeblich für den Beginn der Obliegenheit ist daher der Moment, in dem die versicherte Gefahr beginnt, sich schädigend auf

699 Begr. RegE BT-Drucks. 16/3945, 82 f.
700 *Staudinger,* in: Langheid/Wandt, MünchKomm VVG, § 90 Rn. 5.
701 Begr. RegE BT-Drucks. 16/3945, 83.
702 Begr. RegE BT-Drucks. 16/3945, 80; *Halbach,* in: Rüffer/Halbach/Schimikowski, VVG, § 90 Rn. 2; *Staudinger,* in: Langheid/Wandt, MünchKomm VVG, § 90 Rn. 5 f.
703 Begr. RegE BT-Drucks. 16/3945, 83.
704 Begr. RegE BT-Drucks. 16/3945, 80.
705 *Schimikowski,* in: Rüffer/Halbach/Schimikowski, VVG, § 82 Rn. 4.

das versicherte Interesse auszuwirken.[706] Maßnahmen zur Schadensverhütung werden vom Anwendungsbereich des § 82 VVG somit nicht erfasst.[707]

Darüber hinaus steht einer Vorerstreckung von Rettungsobliegenheiten des Versicherungsnehmers in der Haftpflichtversicherung nach wie vor der Umstand entgegen, dass der Haftpflichtversicherer nur bei einer vorsätzlichen Herbeiführung des Versicherungsfalls von der Leistung befreit ist (§ 103 VVG).[708] Nähme man eine Obliegenheit zur Schadensabwehr bereits vor Eintritt des Versicherungsfalls an, führte dies zu der ungewollten Konsequenz, dass der Versicherungsnehmer oder die versicherte Person (§ 47 VVG) bei grob fahrlässiger Nichtvornahme der gebotenen Abwehrmaßnahmen nach § 82 Abs. 1, 3 S. 2 VVG zumindest einen Teil des Anspruchs verlieren, was gegenüber § 103 VVG eine nicht gewollte Schlechterstellung des Versicherungsnehmers ist.[709] Dies ist ein weiterer Grund, warum die Vorerstreckung von Rettungsobliegenheiten des Versicherungsnehmers in der Haftpflichtversicherung unter Geltung des neuen VVG nicht mehr vertretbar ist.[710]

(bb) Konsequenz für das Claims made-Prinzip

Aus vorgenannten Gründen ist das Claims made-Prinzip mit den §§ 82, 83 VVG n.F. grundsätzlich nicht in Einklang zu bringen. Selbst wenn man nach wie vor die Möglichkeit zur Vorerstreckung von Rettungsobliegenheiten in der Haftpflichtversicherung annimmt, fehlt es effektiven und notwendigen Schadensabwehrmaßnahmen an der notwendigen logischen und zeitlichen Nähe zum Versicherungsfall.[711] Die Vorschrift des § 82 VVG wäre damit ebenso wie § 83 VVG in der D&O-Versicherung bedeutungslos. Es kommt lediglich eine wenig effektive Schadensminderungsobliegenheit in Betracht, da sich der Schaden bei Eintritt des Versicherungsfalls im Wesentlichen bereits manifestiert hat.[712] Um die Bedeutungslosigkeit der Vorschriften zur Schadenabwendungs- und Minderungsobliegenheit zu vermeiden, müsste man im Rahmen der D&O-Versicherung die Abwendungs- und Minderungspflicht viel früher ansetzen.[713] Dies

---

706 *Looschelders,* in: Langheid/Wandt, MünchKomm VVG, § 82 Rn. 15.

707 *Voit,* in: Prölss/Martin, VVG § 82 Rn. 7.

708 Zum Begriff des Vorsatzes in § 103 VVG: *Littbarski,* in: Langheid/Wandt, MünchKomm VVG, § 103 Rn. 24 ff.

709 *Looschelders,* in: Langheid/Wandt, MünchKomm VVG, § 82 Rn. 14.

710 *Voit,* in: Prölss/Martin, VVG, § 82 Rn. 6 ff.

711 *Pataki,* VersR 2004, 825 (839).

712 *Schimikowski,* in: Rüffer/Halbach/Schimikowski, VVG, § 100 Rn. 8.

713 *Schimikowski,* RuS 2009, 331.

wiederum widerspräche wie gezeigt dem eindeutigen Wortlaut von § 82 Abs. 1 VVG und dem Willen des Gesetzgebers.[714]

Da § 82 VVG gemäß § 87 VVG eine halbzwingende Vorschrift ist, ist eine vertragliche Abweichung nur zulässig, wenn sie zugunsten des Versicherungsnehmers erfolgt, dessen Rechtsstellung folglich verbessert, was nachstehend geprüft werden soll.

Durch das Claims made-Prinzip tritt der Versicherungsfall in der D&O-Versicherung erst zu einem Zeitpunkt ein, zu dem sich der Schaden bereits manifestiert hat, so dass eine Schadensabwendung und regelmäßig auch eine Minderung praktisch aussichtlos sind. Demnach sind Versicherungsnehmer und versicherte Person von Maßnahmen dieser Art befreit.[715] Mithin besteht für den Versicherungsnehmer oder die versicherte Person keine Gefahr, dass es zu einer Minderung oder sogar zum vollständigen Verlust des versicherungsrechtlichen Deckungsanspruchs kommt. Zwar hat dies zur Konsequenz, dass dem Versicherungsnehmer oder der versicherten Person bei Vornahme von Maßnahmen zur Schadensabwendung oder -minderung kein Anspruch auf Ersatz der Rettungskosten zusteht, jedoch überwiegt der Vorteil der fehlenden Obliegenheit, da der Versicherungsnehmer bzw. die versicherte Person keinen Verlust der Deckung bei eigener Untätigkeit befürchten müssen. Insofern ist das Claims made-Prinzip eine zulässige Abweichung von § 82 VVG, da nicht zulasten des Versicherungsnehmers beziehungsweise der versicherten Person abgewichen wird, sondern diese von Obliegenheiten befreit werden, denen sie andernfalls nachkommen müssten, um den Verlust von Versicherungsschutz zu vermeiden.

Überdies liegt auch keine unangemessene Benachteiligung im Sinne von § 307 Abs. 1 Nr. 1, Abs. 2 Nr. 1 BGB vor, da eine Unvereinbarkeit mit den wesentlichen Grundgedanken von § 82 VVG nicht ersichtlich ist. Zwar entspricht es grundsätzlich dem gesetzlichen Leitbild von § 82 VVG, dem Versicherungsnehmer Schadensabwendungs- und Minderungsobliegenheiten bei Eintritt des Versicherungsfalls aufzuerlegen, jedoch verzichtet der Versicherer als Verwender der Klausel hierauf freiwillig. Weitere Unwirksamkeitsgründe sind zudem nicht ersichtlich, weswegen die Schadenabwendungs- und Minderungsobliegenheit sowie der damit verbundene Aufwendungsersatzanspruch in den §§ 82, 83 VVG der Wirksamkeit des Claims made-Prinzips nicht entgegenstehen. Dies ist auch im Vergleich zur alten Rechtslage konsequent, da die gesetzlichen Grundgedanken unverändert geblieben sind.[716] Lediglich die Rechtsfolgenseite ist durch die

---

714 Begr. RegE BT-Drucks. 16/3945, 80.

715 *Koch,* in: FS Wälder, S. 163 (173).

716 *Looschelders,* in: Langheid/Wandt, MünchKomm VVG, § 82 Rn. 3.

Einführung der Quotenregelung im Falle einer grob fahrlässigen Verletzung der Abwendungs- und Minderungsobliegenheit (§ 82 Abs. 3 S. 2 VVG n.F.) modifiziert worden.[717]

dd. Vertragszweckgefährdung

Neben der Unwirksamkeit wegen einer Unvereinbarkeit mit wesentlichen Grundgedanken der gesetzlichen Regelung ist eine Unwirksamkeit von formularmäßigen Versicherungsbedingungen außerdem im Zweifel immer dann anzunehmen, wenn durch die betreffende Klausel wesentliche vertragliche Rechte oder Pflichten so eingeschränkt werden, dass die Erreichung des Vertragszwecks gefährdet ist (vgl. § 307 Abs. 2 Nr. 2 BGB).

(1) Voraussetzungen einer Vertragszweckgefährdung

Bei der Untersuchung, ob eine allgemeine Vertragsbedingung zu einer Vertragszweckgefährdung nach § 307 Abs. 2 Nr. 2 BGB führt, ist ein *abstrakt-genereller Beurteilungsmaßstab* anzulegen.[718] Demnach sind alle durch die betreffende Klausel *typischerweise* auftretenden Interessenkonflikte im Rahmen der Wirksamkeitsprüfung zu berücksichtigen und dies selbst dann, wenn sie im konkreten Einzelfall überhaupt keine Rolle spielen.[719]

Eine Vertragszweckgefährdung ist u.a. dann anzunehmen, wenn sich der Klauselverwender von Leistungspflichten freizeichnet, die sich aus der Natur des Vertrages ergeben und er dadurch in unverhältnismäßiger Weise in die Risikoverteilung des Vertrages eingreift.[720] Es dürfen solche Rechtspositionen nicht übermäßig eingeschränkt werden, die nach Vertragsinhalt und -zweck üblicherweise zu gewähren sind,[721] denn ein Vertragszweck kann nur dann erreicht werden, wenn sich die vertragstypischen Erwartungen beider Vertragsparteien erfüllen.[722] Der Zeck eines Vertrages ist gefährdet, wenn er durch eine Leistungsbegrenzung ausgehöhlt und dadurch zwecklos wird.[723] Vertragliche Rechte und Pflichten sind dann wesentlich im Sinne des § 307 Abs. 2 Nr. 2 BGB, wenn sie für das Rechts- und Pflichtenprogramm des jeweiligen Vertragstypus typisch und

717 *Looschelders,* in: Langheid/Wandt, MünchKomm VVG, § 82 Rn. 3.
718 BGH NJW 2010, 57 (58 f.); BGH NJW 2008, 3772.
719 BGH NJW 1986, 842 (843 f.); BGHZ 90, 273 (279).
720 BGH NJW 1982, 1694 (1695); BGH NJW 1988, 1785 (1786).
721 BGH NJW 1988, 1785 (1787); BGHZ 89, 363 (367).
722 BGH NJW 1988, 1785 (1786).
723 BGHZ 137, 174 (176).

prägend sind.[724] Je stärker eine Klausel in die vertragstypische Risikoverteilung eingreift, desto eher liegt eine vertragszweckgefährdende Abweichung vor.[725]

(2) Bewertung

Beim Claims made-Prinzip könnte aus der Sicht der versicherten Person eine Vertragszweckgefährdung i.S.d. § 307 Abs. 2 Nr. 2 BGB vor allem in der zeitlichen Beschränkung des Versicherungsschutzes zu sehen sein. Wie bereits erwähnt, setzt die Leistungspflicht des Versicherers bei Verwendung von des Claims made-Prinzips voraus, dass die Anspruchserhebung gegen die versicherte Person noch während der Vertragslaufzeit erfolgt (s.o.). Zudem wird bisweilen zusätzlich gefordert, dass der Zeitpunkt der Pflichtverletzung in den versicherten Zeitraum fällt, womit sich der versicherte Zeitraum weiter verkürzt.[726] D.h. es werden Bestandteile des Anspruchserhebungs- und Verstoßprinzips zum Nachteil des Versicherungsnehmers und der versicherten Person miteinander kombiniert.[727] Aber auch ohne diese weitergehende Beschränkung wirkt sich die Verkürzung des Schutzzeitraums bei der D&O-Versicherung in besonderer Weise aus, da einem (potentiellen) Versicherungsfall oft hochkomplexe Sachverhalte zugrunde liegen, die eine eingehende Prüfung erforderlich machen, ob möglicherweise schadensersatzrechtliche Kompensationspflichten von (ehemaligen) Organmitgliedern bestehen könnten.[728] Deshalb nimmt die Feststellung und Aufklärung aller relevanten Umstände eines Schadensfalls regelmäßig viel Zeit in Anspruch.[729] Das Risiko wird in Aktiengesellschaften zudem durch die verhältnismäßig lange Verjährungsfrist in § 93 Abs. 2 S. 1 AktG verstärkt. Überdies werden in der Praxis bei drohender Verjährung von Haftpflichtansprüchen auch regelmäßig Verjährungsverzichtsvereinbarungen zwischen dem potentiell Geschädigten und dem Schädiger getroffen, damit sich der Geschädigte nicht gezwungen sieht, fristwahrend Klage zu erheben, die zu einer Hemmung der

---

724 *Bruns*, in: Langheid/Wandt, MünchKomm VVG, § 307 BGB, Rn. 121.

725 BGH NJW 1988, 1785 (1786); BGH VersR 2002, 1517.

726 So vormals auch in den AVB-AVG, vgl. zur Entwicklung *Ihlas*, in: Langheid/Wandt, MünchKomm VVG, 3. Bd., Ziff. 320 Rn. 236 ff.

727 *Beckmann*, in: Beckmann/Matusche-Beckmann, Versicherungsrechts-Handbuch, § 28 Rn. 105.

728 *Koch*, VersR 2011, 295 (297).

729 *Koch*, VersR 2011, 295 (297), *ders.*, in: FS Wälder, S. 163 (170).

Verjährung führt (§ 204 Abs. 1 S. 1 BGB), was den Prüfungszeitraum weiter ausdehnt.[730]

Infolge der Verwendung von Claims made besteht somit die (abstrakte) Gefahr, dass im Zeitpunkt der Inanspruchnahme des (ehemaligen) Organmitglieds die Versicherungspolice bereits beendet ist und damit auch kein Versicherungsschutz mehr besteht, wodurch Vorstandsmitglieder bereits bei Abschluss der Police damit rechnen müssen, dass für Pflichtverletzungen im letzten Jahr der Vertragslaufzeit kein effektiver Versicherungsschutz mehr besteht.[731] Sie bzw. der Versicherungsnehmer werden dadurch faktisch gezwungen, drohende Haftungslücken durch kontinuierliche Vertragsverlängerungen auszuschließen.[732]

Ausgehend von einer abstrakt-generellen Betrachtung kann die Vereinbarung des Claims made-Prinzips zu einer Vertragszweckgefährdung im Hinblick auf solche Pflichtverletzungen führen, die gegen Ende der Vertragslaufzeit begangen werden. Die vertragstypischen Erwartungen der Versicherten, das Bestehen von Versicherungsschutz für Pflichtverletzungen während der Laufzeit der Police, werden nicht im vollen Umfang erfüllt und das Leistungsversprechen des Versicherers unverhältnismäßig eingeschränkt. Damit kommt man bei einer isolierten Betrachtung zu dem Ergebnis, dass die betreffende Klausel gemäß § 307 Abs. 2 Nr. 2 BGB unwirksam ist. Damit hätte man bislang allerdings weder die Interessen des Versicherers berücksichtigt, noch eine etwaige Kompensation dieser Benachteiligung durch andere Klauseln innerhalb des Bedingungswerkes. Entsprechend war die Rechtsprechung bei ihrer Überprüfung des verkürzten Schutzzeitraums allerdings vorgegangen:

ee. Annahmen der Rechtsprechung

Das LG München I stellte bei seiner Bewertung der zeitlichen Verkürzung des Deckungsschutzes nicht ausdrücklich auf § 307 Abs. 2 Nr. 2 BGB ab, sondern richtete seine Prüfung allgemein an § 307 BGB aus.[733] Dabei stellte es einen Vergleich mit den Rechtsfolgen des sog. *Verstoßprinzips* an. Bei diesem kann der Versicherungsnehmer bzw. die versicherte Person den Anspruch gegen den Versicherer grundsätzlich auch noch nach Ablauf des Versicherungsvertrages

730 *Schwedt/Reichert*, Börsen-Zeitung v. 6. Dezember 2017, B 24: „*Komplexere Haftung von Vorständen und Aufsichtsräten -Zunehmende Interessenkonflikte und aktivere Rolle der Versicherung*".

731 *Koch*, VersR 2011, 295 (297).

732 *Staudinger*, Düsseldorfer Vorträge zum Versicherungsrecht 2009, 19 (37).

733 LG München I RuS 2009, 11 (16 f.).

geltend machen. Voraussetzung ist lediglich, dass derjenige Pflichtenverstoß, der eine Haftung der versicherten Person zur Folge hat, innerhalb der Policenlaufzeit eingetreten ist. Allerdings gebe es in manchen Bedingungswerken neben den allgemeinen zivilrechtlichen Verjährungsregeln auch noch zusätzliche Ausschlussfristen für Anspruchserhebung gegenüber dem Versicherer, die beispielsweise 2 Jahre betragen können. Dadurch erhalte, so das Landgericht, der Versicherer mehr Planungssicherheit und könne besser die für mögliche Spätfolgen erforderlichen Rückstellungen kalkulieren.

Beim reinen Anspruchserhebungsprinzip (ohne gesonderte Nachhaftungsperiode) bestehe dagegen grundsätzlich keine Leistungspflicht des Versicherers, wenn der geschädigte Dritte (bzw. der Versicherungsnehmer bei Innenhaftungsansprüchen) seinen Anspruch gegen die versicherte Person erst nach dem Ende der Vertragslaufzeit geltend macht. Damit ende mit dem formellen Ende des Versicherungsvertrages zugleich die materielle Vertragsdauer. Die Kammer nahm daher im Ergebnis an, dass das Claims made-Prinzip für sich genommen – ungeachtet etwaiger Kompensationen – zu einer unangemessenen Benachteiligung führen kann.

Diesem Ergebnis stimmte das OLG München uneingeschränkt zu. Auch es erkannt die die Gefahr von Claims-made, dass für Pflichtverletzungen, die noch während der Vertragslaufzeit begangen werden, möglicherweise kein Versicherungsschutz mehr bestehe, da die Anspruchserhebung erst nach Ende des Vertrages erfolge.[734] Dies sei insbesondere bei Pflichtverletzungen von Unternehmensleitern nicht ungewöhnlich, da deren Folge häufig erst einige Zeit später erkennbar seien. Der dadurch für den Versicherten entstehende Nachteil sei auch so erheblich, dass zu einer Unangemessenheit der Klausel führe, wenn die Nachteile an einer anderen Stelle im Bedingungswerk nicht ausgeglichen werden.[735]

ff. Zwischenergebnis

Beide Gerichte sehen im Anspruchserhebungsprinzip grundsätzlich eine unangemessene Benachteiligung, die so erheblich ist, dass sie zu einer Unangemessenheit i.S.d. § 307 Abs. 1 S. 1 BGB führen kann.[736] Damit liegt bei einer isolierten Betrachtung der Nachteile des Claims made-Prinzips eine unwirksame Klausel vor. Gerade bei Policen mit kurzer Laufzeit von ein bis zwei Jahren ist die Gefahr

734 OLG München RuS 2009, 327 (330).
735 OLG München RuS 2009, 327 (330).
736 LG München I RuS 2009, 11 (16); OLG München RuS 2009, 327 (330.)

von Deckungslücken evident. Im Rahmen solcher Policen besteht grundsätzlich bei jeder Pflichtverletzung die Gefahr, dass darauf beruhende Schadensersatzansprüche nicht in den versicherten Zeitraum fallen. Damit werden die vertragstypischen Erwartungen der Kunden enttäuscht, was bereits die Erreichung des Vertragszwecks gefährdet.[737] Aber auch bei langjährigen Policen widerspricht es den Erwartungen der Versicherten, das Bestehen von Versicherungsschutz vom zufälligen Zeitpunkt der Anspruchserhebung abhängig zu machen.

Auch der BGH erkennt die berechtigte Erwartung des Versicherungsnehmers an, Versicherungsschutz für Fehlverhalten zu erhalten, das innerhalb des Haftungszeitraums begangen wird.[738] Eine Deckung soll auch dann noch garantiert sein, wenn die Folgen des Verhaltens erst nach Ende der Versicherungszeit sichtbar werden.[739] Durch das Anspruchserhebungsprinzip kann es zu einer Störung der Risikoverteilung des Versicherungsvertrages kommen, da Rechtspositionen der Versicherten eingeschränkt werden, die ihnen nach Sinn und Zweck des D&O-Versicherungsvertrages eigentlich zustehen müssten. Davon geht im Ergebnis auch das OLG München aus, wenn es feststellt, dass die Vereinbarung des reinen Anspruchserhebungsprinzips zu erheblichen Deckungslücken führt.[740] Es erkennt den Zwang für die versicherte Person an, auf eine Weiterversicherung zu drängen und damit für die Gesellschaft als Versicherungsnehmer den Vertrag über die ursprüngliche Versicherungsperiode hinaus zu verlängern, um die Deckung abzusichern.[741]

d) Rechtsfolgen einer unangemessenen Benachteiligung

Sollte man anhand der entwickelten Beurteilungskriterien im Einzelfall zu dem Ergebnis kommen, dass die Verwendung von Claims made den Versicherungsnehmer bzw. die versicherte Person unangemessen benachteiligt, stellt sich die Frage nach der rechtlichen Konsequenz. Grundsätzlich führt die Unwirksamkeit einer allgemeinen Versicherungsbedingung dazu, dass an ihre Stelle gemäß § 306 Abs. 2 BGB das auf den Sachverhalt anzuwendende dispositive Gesetzesrecht tritt. Allerdings findet sich wie bereits ausgeführt in § 100 VVG für die Haftpflichtversicherung keine Festlegung auf eine bestimmte Art des

737 So auch *Heße*, NZI 2009, 790 (793); *Koch*, VersR 2011, 295 (297).
738 BGH NJW 1981, 870 (871).
739 BGH NJW 1981, 870 (871).
740 OLG München RuS 2009, 327 (331).
741 *Staudinger*, Düsseldorfer Vorträge zum Versicherungsrecht 2009, 19 (37).

Versicherungsfalls. Damit gibt es keine gesetzliche Bestimmung, die die entstehende Vertragslücke ausfüllen könnte.

Dementsprechend kann man nicht die Versicherungsfalldefinition für unwirksam erklären, sondern nur diejenigen Klauselbestandteile, die zu einer unangemessenen Benachteiligung der versicherten Person bzw. der Versicherungsnehmerin führen.[742] Insofern ist denkbar, die Definition des Versicherungsfalls grundsätzlich zu bestätigen, gleichzeitig aber auch solche Ansprüche in die Deckung aufzunehmen, die erst nach Ende der Vertragslaufzeit geltend gemacht werden. Dazu muss derjenige Teil der Klausel gestrichen werden, nach dem die Geltendmachung des Anspruchs gegen die versicherte Person innerhalb des versicherten Zeitraums zu erfolgen hat. Im Ergebnis entsteht keine Vertragslücke, weswegen es auch keiner ergänzenden Vertragsauslegung bedarf.[743] Dies ist auch keine unzulässige geltungserhaltende Reduktion,[744] da die Klausel zum Versicherungsfall trotz Streichung des unwirksamen Teils selbstständig bestehen bleiben kann (sog. *Blue-Pencil-Test*). Es handelt sich vielmehr um eine zulässige geltungserhaltende Klauselabgrenzung.[745]

e) Nachteilskompensation

Die Vermutung, dass eine unangemessene Benachteiligung des Versicherungsnehmers bzw. der versicherten Person vorliegt, wäre indes widerlegt, wenn eine Gesamtwürdigung der Umstände ergebe, dass die vertragszweckgefährdende Wirkung der überprüften Klauseln durch andere, die versicherte Person begünstigende Klauseln entfalle, welche die negative Auswirkungen kompensieren.[746] Es ist anerkannt, dass selbst wenn eine isolierte Betrachtung einzelner Klauseln eines Bedingungswerkes zu der Annahme einer unangemessenen Benachteiligung führt, dies nicht zwingend die Nichteinbeziehung der Klausel gemäß § 306 Abs. 1 BGB bedeuten muss. Klauseln, die für sich genommen unangemessen sind, können durch andere vorteilhafte Klauseln desselben Vertragswerks kompensiert werden und damit dem Bedingungswerk erhalten bleiben.[747] Erforderlich ist dabei im Ergebnis, dass es zu keiner Schlechterstellung des Versicherungsnehmers bzw. der versicherten Person kommt.[748] Dieses Ergebnis kann

---

742 So auch *Staudinger*, Düsseldorfer Vorträge zum Versicherungsrecht 2009, 19 (42).
743 So auch *Baumann*, NZG 2010, 1366 (1372); a.A. *Koch*, VersR 2011, 295 (300).
744 Ausführlich dazu *Jacobs*, in: BeckOK Arbeitsrecht, § 306 BGB Rn. 9 ff.
745 So i.E. auch *Jacobs*, in: BeckOK Arbeitsrecht, § 306 BGB Rn. 7 f.
746 BGH NJW 2003, 888 (890).
747 NJW BGH 2003, 888; *Wurmnest*, in: MünchKomm, BGB, § 307 Rn. 36.
748 BGH NJW 1982, 1391 (1392); BGH NJW 1991, 1886 (1888);

dadurch erreicht werden, dass dem Versicherungsnehmer oder der versicherten Person rechtliche Vorteile eingeräumt werden, die mit der belastenden Regelung einen Regelungskomplex bilden und die Nachteile innerhalb des Regelungskomplexes ausgleichen. Dabei ist es indes zwingende Voraussetzung, dass nachteilige und vorteilhafte Bedingungen in einem Wechselverhältnis zueinander stehen (sog. *Konnexität*).[749]

aa. Rückwärtsversicherung

Als mögliche Kompensation der dem Claims made-Prinzip immanenten Nachteile kommt zunächst die Gewährung von rückwärtigem Versicherungsschutz in Betracht, sog. Rückwärtsversicherung. Sinn einer Rückwärtsversicherung ist die Einbeziehung von Ansprüchen in den Versicherungsschutz, die auf Pflichtverletzungen beruhen, die bereits vor Beginn der ersten Versicherungsperiode begangen wurden.[750]

So erkannte auch das LG München I in der im streitgegenständlichen Bedingungswerk vereinbarten *unbegrenzten* Rückwärtsversicherung einen erheblichen Vorteil, der den Nachteilen des Anspruchserhebungsprinzips kompensierend gegenüberstehen stehe.[751] Diesen Vorteil für den Versicherungsnehmer bzw. die versicherte Person sah die Kammer auch nicht etwa dadurch entwertet, dass gemäß der vereinbarten Versicherungsbedingungen kein rückwärtiger Versicherungsschutz für solche Pflichtverletzungen bestehen sollte, die entweder dem Versicherungsnehmer oder der versicherten Person bei Abschluss der Police bereits bekannt waren oder aber grob fahrlässig verkannt wurden. Zwar werde der Vorteil dadurch geschmälert, bliebe aber dennoch erheblich. Schließlich führe nicht jeder Anhaltspunkt zu einem Verlust der Deckung. Zudem handele es sich um einen Ausschluss, für den der Versicherer die Beweislast trägt. Darüber hinaus werde durch den Ausschluss für bekannte oder grob fahrlässig verkannte Pflichtverletzungen nur einem Grundprinzip des Versicherungsrechts entsprochen, dem Prinzip der Unversicherbarkeit bereits verwirklichter Risiken.[752]

---

749 *Pfeiffer*, in: Wolf/Lindacher/Pfeiffer, AGB-Recht, § 307 BGB, Rn. 158; *Staudinger*, Düsseldorfer Vorträge zum Versicherungsrecht 2009, 19 (39); *Präve*, Versicherungsbedingungen, Rn. 412.

750 *Beckmann*, in: Beckmann/Matusche-Beckmann, Versicherungsrechts-Handbuch, § 28 Rn. 107; *Wandt*, Versicherungsrecht, Rn. 467.

751 LG München I RuS 2009, 11 (16).

752 LG München I RuS 2009, 11 (16).

Auch das OLG München wertete die unbegrenzte Rückwärtsdeckung als gewichtigen Vorteil, der die Nachteile von Claims made kompensieren könne.[753] Nach Einschätzung des Senats dient sie der Vermeidung von Deckungslücken und vereinfache einen Wechsel des Versicherers, da für den rückwärtsversicherten Zeitraum Versicherungsschutz bestehe, was der neue Anbieter in seine Kalkulation miteinbeziehen könne.[754] Auch sei der Ausschluss von bereits bekannten Pflichtverletzungen eine angemessene Begrenzung des Versicherungsschutzes, die diesen nicht entscheidend einschränke.[755]

Von beiden Gerichten unerwähnt blieb allerdings der Umstand, dass die unbegrenzte Rückwärtsversicherung bei Geltung des „reinen" Anspruchserhebungsprinzips automatischer Nebeneffekt ist, da der Eintritt der Leistungspflicht des Versicherers grundsätzlich vom Zeitpunkt der die Schadensersatzpflicht auslösenden Pflichtverletzung unabhängig ist.[756] Maßgeblich ist vielmehr der Zeitpunkt der Geltendmachung des Anspruchs, der innerhalb des Versicherungszeitraums liegen muss. Daher kann der Zeitpunkt der Pflichtverletzung damit grundsätzlich weit vor Beginn der Laufzeit des Versicherungsvertrages liegen und dennoch Versicherungsschutz bestehen.[757] Will der Versicherer diese Konsequenz vermeiden, muss er vorgeben, dass auch die Pflichtverletzung innerhalb der Vertragslaufzeit eintreten muss bzw. innerhalb eines festgelegten vorvertraglichen Zeitraums. Mithin muss er Elemente des Verstoß- und Anspruchserhebungsprinzips kombinieren, was in den auf dem Markt befindlichen Bedingungswerken bisweilen auch vorgesehen ist.[758] Freilich wird dadurch der zeitliche Schutzbereich des Versicherungsvertrages zulasten des Versicherungsnehmers und der versicherten Person weiter verkürzt.[759]

Im Lichte des Vorstehenden soll im Folgenden beleuchtet werden, ob eine unbegrenzte rückwärtige Deckung überhaupt als Gewährung eines Vorteils qualifiziert werden kann, da sie automatische Folge des „reinen" Claims made-Prinzips ist. Ebenfalls zu untersuchen ist, ob die Rückwärtsversicherung überhaupt als Kompensation der Nachteile von Claims made – konkret der Verkürzung des Schutzzeitraums gegen Ende der Vertragslaufzeit – dienen kann und damit in die

---

753 OLG München RuS 2009, 327 (330).

754 OLG München RuS 2009, 327 (330).

755 OLG München RuS 2009, 327 (330).

756 *Staudinger,* Düsseldorfer Vorträge zum Versicherungsrecht 2009, 19 (38).

757 *Schimikowski,* RuS 2009, 331.

758 *Beckmann,* in: Beckmann/Matusche-Beckmann, Versicherungsrechts-Handbuch, § 28 Rn. 105.

759 *Heße,* NZI 2009, 790 (792); *Lattwein/Krüger,* NVersZ 2000, 365 (366).

Interessenabwägung eingestellt werden kann. Zu dieser Frage nahmen die Münchener Gerichte überhaupt nicht Stellung, vielmehr sind sie von der Möglichkeit eines kompensatorischen Ausgleichs ohne nähere Begründung einfach ausgegangen.[760] Richtigerweise hätten sie zunächst die Konnexität zu den Nachteilen von Claims made prüfen müssen,[761] was nachstehend nachgeholt werden soll.

(1) Allgemeines

Die Rückwärtsversicherung ist in § 2 Abs. 1 VVG legaldefiniert als Versicherungsschutz vor dem Zeitpunkt des Vertragsschlusses. Inhaltlich ist die Rückwärtsversicherung daher eine Deckungsschutzerweiterung.[762] Aus Sicht des Versicherers erschwert eine (unbegrenzte) Rückwärtsversicherung die Prämienkalkulation, da er nicht genau weiß, welche Risiken bereits vor Vertragsschluss eingetreten sind, für die er nun aufgrund der rückwärtigen Deckung eintrittspflichtig ist.[763] Dabei vergrößert sich das Risiko simultan mit der Länge des vereinbarten Zeitraums, für den die Rückwärtsversicherung angeboten wird.[764] Bereits bekannte Pflichtverletzungen sind allerdings in aller Regel vom Versicherungsschutz ausgenommen.[765]

In den auf dem Markt befindlichen D&O-Bedingungswerken ist eine Rückwärtsdeckung regelmäßig automatischer Policenbestandteil. Bisweilen ist dem Rückwärtsschutz indes eine zeitliche Grenze gesetzt, wobei in solchen Fällen eine Beschränkung auf zwei oder fünf Jahre gängig ist.[766] Allerdings hat sich aufgrund des steigenden Wettbewerbs auf dem Versicherungsmarkt und trotz der damit einhergehenden schwierigen Kalkulierbarkeit der Trend immer weiter zur vollen Rückwärtsdeckung verstärkt.[767] Die Anzahl der Laufzeitbegrenzungen wurde immer geringer.[768] In der Mehrheit der Policen ist die Rückwärtsdeckung

---

760 LG München I RuS 2009, 11 (16); OLG München RuS 2009, 327 (330).

761 *Baumann*, NZG 2010, 1366 (1370); *Pfeiffer*, in: Wolf/Lindacher/Pfeiffer, AGB-Recht, § 307 Rn. 219.

762 *Schramm*, RuS 2011, 18 (19).

763 *Lattwein*, NVErsZ 99, 49 (51).

764 *Lattwein*, NVErsZ 99, 49 (52).

765 *Beckmann*, in: Beckmann/Matusche-Beckmann, Versicherungsrechts-Handbuch, § 28 Rn. 109.

766 *Beckmann*, in: Beckmann/Matusche-Beckmann, Versicherungsrechts-Handbuch, § 28 Rn. 107; *Lattwein*, NVErsZ 99, 49 (51).

767 *Ihlas*, Directors & Officers Liability, S. 190.

768 *Ihlas*, Directors & Officers Liability, S. 380.

zeitlich unbeschränkt.[769] In der Regel enthalten die Klauseln zur Rückwärtsversicherung zusätzlich die Einschränkung, dass weder Versicherungsnehmer noch die versicherte Person die Pflichtverletzung bei Vertragsschluss positiv kennen durften.[770] Das entspricht dem gesetzlichen Leitbild des § 2 Abs. 2 S. 2 VVG, der bei Kenntnis des Versicherungsnehmers vom Versicherungsfall eine Leistungsfreiheit des Versicherers vorsieht. Versicherer wollen nur unbekannte Risiken in die Deckung einbeziehen, um keine bekannten Schadensfälle bewusst einzukaufen.[771]

(2) Fehlende Konnexität

Wie bereits angesprochen, ist die Kompensation einer benachteiligenden durch eine vorteilhafte Klausel im Ergebnis nur dann anzunehmen, wenn beide Klauseln sachlich zusammenhängen und sie in einem Wechselverhältnis zueinander stehen.[772] So kann eine unangemessen benachteiligende Klausel nicht schon alleine deshalb wirksam sein, weil an irgendeiner anderen Stelle im Bedingungswerk auch eine begünstigende Bestimmung enthalten ist. Vielmehr muss die Begünstigung die Benachteiligung des Vertragspartners im Ergebnis wieder aufheben. Es darf keine Schlechterstellung zulasten des Versicherungsnehmers oder der versicherten Person zurückbleiben.[773] Die Vorteile müssen nach den typischen Umständen der Vertragsabwicklung einen gleichwertigen Ausgleich darstellen.[774]

Daher ist fraglich und zu prüfen, ob solch ein sachlicher Zusammenhang zwischen der Verkürzung des Schutzzeitraums durch das Claims made-Prinzip und der Gewährung einer Rückwärtsdeckung gegeben ist. Insofern sollen zunächst die typischen Erwartungen eines D&O-Versicherungsnehmers bzw. einer versicherten Person definiert und anschließend untersucht werden, ob die Rückwärtsversicherung auf deren Erfüllung überhaupt Einfluss haben kann.

Die typische Erwartungshaltung einer versicherten Person und des Versicherungsnehmers bei einer D&O-Versicherung beinhaltet die Abwehr von

---

769 *Beckmann*, in: Beckmann/Matusche-Beckmann, Versicherungsrechts-Handbuch, § 28 Rn. 107.

770 *Lattwein*, NVErsZ 99, 49 (51).

771 *Beckmann*, in: Beckmann/Matusche-Beckmann, Versicherungsrechts-Handbuch, § 28 Rn. 109; *Ihlas*, Directors & Officers Liability, S. 381; *Lattwein*, NVErsZ 99, 49 (51).

772 BGH NJW 2003, 889 (891).

773 BGH NJW 1991, 1886 (1888); BGH NJW 1982 S. 1391 (1392).

774 *Baumann*, NZG 2010, 1366 (1370); *Pfeiffer*, in: Wolf/Lindacher/Pfeiffer, AGB-Recht, § 307 Rn. 219.

unbegründeten und die Freistellung von begründeten Haftpflichtansprüchen, die gegen die versicherte Person als Folge von Pflichtverletzungen erhoben werden, die sie (vermeintlich) während der Vertragslaufzeit begangen haben soll. Durch das Anspruchserhebungsprinzip wird dieser Erwartung aber zum Teil widersprochen, da es gegen Ende der Vertragslaufzeit zu nicht unerheblichen Deckungslücken kommen kann (s.o.). Die Rückwärtsversicherung ist indes nicht geeignet, diese Deckungslücken zu kompensieren.[775] Vielmehr erweitert sie den zeitlichen Schutzbereich auf Pflichtverletzungen, die bereits vor Eingehung der Police begangen wurden. Insofern mangelt es bereits an der für die Konnexität erforderlichen Wechselbeziehung zwischen den nachteilhaften Bestimmungen und den gewährten Vorteilen.[776] Dies gilt selbst dann, wenn die Rückwärtsversicherung zeitlich unbeschränkt ist.[777]

Die Deckungslücken, die nach dem Ende des Schutzzeitraumes eintreten, könnten vielmehr nur durch eine unbegrenzte Rückwärtsversicherung in einer Anschluss-Police abgedeckt werden, soweit diese auch bereits bekannte Pflichtverletzungen miteinschließt. Freilich lägen die Vorteile dann außerhalb des nachteiligen Bedingungswerkes, weshalb auch in diesem Fall keine Konnexität vorliege. Zudem entspricht es einem allgemeinen Versicherungsprinzip, dass kein Versicherer bereits bekannte Pflichtverletzungen absichert.[778] Damit ist festzuhalten, dass eine rechtliche Kompensation der Nachteile von Claims made durch die Gewährung einer (auch zeitlich unbegrenzten) rückwärtigen Deckung bereits an der mangelnden Konnexität zwischen Vorteil und Nachteil ausscheidet. Somit ist die Rückwärtsversicherung auch nicht geeignet, die unangemessene Benachteiligung der versicherten Person bzw. des Versicherungsnehmers auszugleichen.[779]

(3) Bloß eingeschränkte Kompensationswirkung

Zudem ist auch zweifelhaft, ob die Rückwärtsversicherung überhaupt – selbst wenn man eine Konnexität unterstellte – als Vorteil im Rahmen einer AGB-Kontrolle qualifiziert werden kann, da bereits fraglich ist, ob sie überhaupt in jeder Konstellation zu einer Besserstellung der versicherten Person bzw. des Versicherungsnehmers führe. So wird in der Literatur bisweilen zu Recht darauf

775 So auch *Heße*, NZI 2009, 790 (793) und *Langen/Paul*, BB 2009, 1665.
776 So auch *Baumann*, NZG 2010, 1366 (1370).
777 *Heße*, NZI 2009, 790 (793).
778 *Brömmelmeyer*, in: Rüffer/Halbach/Schimikowski, VVG, § 2 Rn. 31.
779 *Von Westphalen*, VersR 2011, 145 (149 f.).

hingewiesen, dass bei einer AGB-Prüfung grundsätzlich ein abstrakt-genereller Maßstab anzuwenden und die Bewertung daher losgelöst vom Einzelfall vorzunehmen ist.[780]

Berücksichtigt man alle denkbaren Konstellationen, in denen sich ein versichertes Organmitglied Haftpflichtansprüchen aufgrund seiner Organtätigkeit ausgesetzt sehen kann, deckt die Rückwärtsversicherung diese nicht vollumfänglich ab.[781] So bringt eine Rückwärtsversicherung einer versicherten Person keine Vorteile, wenn es sich um ein neu gegründetes Unternehmen handelt oder wenn die versicherte Person erst nach Abschluss des Versicherungsvertrages in das Unternehmen eingetreten ist. In diesen Fällen führt die Rückwärtsversicherung zu keiner Erweiterung des Versicherungsschutzes.[782] Allgemein lässt sich sagen, dass dann, wenn die Dauer der Organstellung sich mit der Laufzeit des Versicherungsvertrages deckt, die Rückwärtsversicherung zu keiner Besserstellung der versicherten Person führt.[783] Auch wenn man mit der Rechtsprechung einzig auf die Interessen des Versicherungsnehmers abstellt, kommt man bei einer abstrakt-generellen Betrachtung zum gleichen Ergebnis, dass die Rückwärtsversicherung bei Unternehmensneugründungen keine Erweiterung des Versicherungsschutzes mit sich bringt.[784]

Damit bleibt festzuhalten, dass die Rückwärtsversicherung bei Anwendung eines abstrakt-generellen Betrachtungsmaßstabes – auch bei Unterstellung der erforderlichen Konnexität – keine solchen Vorteile gewährt, die geeignet wären, die Nachteile von Claims made zu kompensieren.[785] Dies aber verkannten die bisher befassten Gerichte, die ohne weitere Begründung von einer Kompensationwirkung der Rückwärtsversicherung ausgegangen waren.[786] Aus hiesiger Sicht ist für eine Kompensation der Nachteile von Claims made zwingend erforderlich, dass der Versicherungsvertrag eine hinreichende Nachmeldefrist vorsieht.

---

780 *Koch*, VersR 2011, 295 (298); *von Westphalen*, VersR 2011, 145 (152 f.).

781 *Koch*, VersR 2011, 295 (298); *von Westphalen*, VersR 2011, 145 (152).

782 *Koch*, VersR 2011, 295 (298).

783 *Von Westphalen*, VersR 2011, 145 (152).

784 *Koch*, VersR 2011, 295 (298).

785 *Koch*, VersR 2011, 295 (298); *von Westphalen*, VersR 2011, 145 (152).

786 OLG Frankfurt a.M. 2013, S, 329 (332); OLG München RuS 2009, 327 (330); LG München I RuS 2009, 11 (16).

bb. Nachhaftung

Um dem hohen Spätfolgenrisiko bei D&O-Versicherungen[787] zu begegnen, sehen die entsprechenden Bedingungswerke praktisch ausnahmslos eine sog. Nachhaftung des Versicherers vor.[788] Durch sie wird die versicherte Person in die Lage gesetzt, Deckung für Haftpflichtansprüche zu erlangen, die erst nach dem Ende der Vertragslaufzeit gegen sie erhoben werden, solange die Pflichtverletzung innerhalb der Policenlaufzeit oder innerhalb desjenigen Zeitraumes begangen wird, den die Rückwärtsversicherung erfasst.[789] In der Praxis existieren unterschiedliche Ausgestaltungen der Nachhaftung, die sich vor allem hinsichtlich ihrer Dauer unterscheiden. Sie kann zwischen sechs Monaten und bis zu zehn Jahren betragen.[790] Zum Teil wird von den Versicherern ein Modell gewählt, dass eine dynamische Nachfrist vorsieht, die sich bei einer Verlängerung der Vertragslaufzeit automatisch mit verlängert.[791] Manche Bedingungswerke sehen zudem eine Option zur entgeltlichen Verlängerung der Nachversicherung vor.[792]

Prämienfreie und prämienabhängige Nachhaftungen haben die Gemeinsamkeit, dass als Deckungssumme für den Nachhaftungszeitraum stets der nicht verbrauchte Teil der Deckungssumme des letzten Versicherungsjahres zur Verfügung steht.[793] Dies folgt daraus, dass die Nachhaftungszeit als Teil des letzten Versicherungsjahres anzusehen ist. Eine Leistungspflicht des Versicherers besteht für den gesamten Zeitraum nur in Höhe der vereinbarten jährlichen Höchstentschädigung.[794] Demzufolge besteht insbesondere innerhalb der Nachhaftungsfrist eine gesteigerte Gefahr einer Deckungsausschöpfung.[795]

---

787 Hierzu *Baumann,* NZG 2010, 1366 (1369 f.); *Staudinger,* Düsseldorfer Vorträge zum Versicherungsrecht 2009, 19 (38).

788 *Heße,* NZI 2009, 790 (791).

789 *Beckmann,* in: Beckmann/Matusche–Beckmann, Versicherungsrechts-Handbuch, § 28 Rn. 111; *Heße,* NZI 2009, 790 (791).

790 *Beckmann,* in: Beckmann/Matusche–Beckmann, Versicherungsrechts-Handbuch, § 28 Rn. 112; *Franz,* DB 2011, 1961 (1968).

791 *Beckmann,* in: Beckmann/Matusche-Beckmann, Versicherungsrechts-Handbuch, § 28 Rn. 112.

792 *Beckmann,* in: Beckmann/Matusche-Beckmann, Versicherungsrechts-Handbuch, § 28 Rn. 113; *Leuering/Rubner,* NJW-Spezial 2016, 143 (144).

793 *Beckmann,* in: Beckmann/Matusche-Beckmann, Versicherungsrechts-Handbuch, § 28 Rn. 114.

794 *Beckmann,* in: Beckmann/Matusche–Beckmann, Versicherungsrechts-Handbuch, § 28 Rn. 114.

795 *Lange,* in: Veith/Gräfe/Gebert, Der Versicherungsprozess, § 21 Rn. 122.

Aufgrund des Rückgriffs auf den nicht verbrauchten Teil der Versicherungssumme aus dem letzten Versicherungsjahr ist die Nachhaftung letztlich nur eine Verlängerung der Anspruchserhebungsfrist[796] und keine wirklich qualitative Ausdehnung des Deckungsumfangs.[797] Dennoch ist sie sinnvoll, da sie die Möglichkeit eröffnet, den Versicherer nach Ende der Vertragslaufzeit zu wechseln, ohne Deckungslücken befürchten zu müssen, selbst wenn der neue Anbieter ausnahmsweise keinen rückwärtigen Versicherungsschutz anbieten sollte, wodurch die Nachhaftung einen durchgehenden Versicherungsschutz absichert.[798]

(1) Kompensatorische Wirkung und Konnexität

Das LG München I wertete die Möglichkeit der Nachmeldung zutreffend als zentralen Baustein für eine Kompensation der Nachteile des Claims made-Prinzips und führte insofern aus, dass bei Anwendbarkeit des reinen Claims made-Prinzips kein Versicherungsschutz über das Ende der Vertragslaufzeit hinaus bestehe.[799] Die Nachmeldefrist mildere diese Gefahr. In diesem Punkt bestand Einigkeit mit dem OLG München, das in gleicher Weise die in den streitgegenständlichen Bedingungen vorgesehene Nachhaftungsklausel als wirkungsvolle Kompensation für die Nachteile des Claims made-Prinzips wertete.[800]

Anders als im Hinblick auf die Kompensationskraft einer Rückwärtsversicherung ist den Ausführungen der Rechtsprechung zur kompensatorischen Wirkung einer Nachhaftungsklausel uneingeschränkt zuzustimmen. Die Vereinbarung einer Nachhaftungsfrist ist ein konnexes Mittel, um der Verkürzung des Schutzzeitraumes entgegenzuwirken. Der erforderliche sachliche Zusammenhang ist durch eine Wechselwirkung zwischen Schutzzeitverkürzung und Nachhaftung gegeben, die an die Beendigung der Versicherungspolice anknüpft.[801] Durch die Vereinbarung einer Nachversicherung werden auch solche Ansprüche in den Versicherungsschutz einbezogen, die aufgrund von Pflichtverletzungen während der Vertragslaufzeit (oder während des Bestehens der Rückwärtsversicherung) erhoben werden, wenngleich die Geltendmachung erst nach Ende

796 *Beckmann,* in: Beckmann/Matusche- Beckmann, Versicherungsrechts-Handbuch, § 28 Rn. 114.
797 *Notthoff,* NJW 2003, 1350 (1352).
798 *Lattwein,* NVersZ 1999, 49 (52).
799 LG München I RuS 2009, 11 (17).
800 OLG München RuS S. 327 (330).
801 *Koch,* VersR 2011, 295 (298).

der Vertragslaufzeit erfolgt und daher bei Geltung des „reinen" Anspruchserhebungsprinzips keine Deckung mehr bestehe.[802]

(2) Erforderliche Mindestdauer

Noch ungeklärt ist die Frage, wie lang ein Nachhaftungszeitraum sein muss, damit er als taugliches Kompensationsinstrument dienen kann. Es ist zudem unklar, inwiefern überhaupt Zeitvorgaben losgelöst vom konkreten Bedingungswerk gemacht werden können, ohne übermäßig in die den Versicherern zugestandene Freiheit der Produktgestaltung einzugreifen.[803] In der Praxis divergieren die Längen der Fristen zwischen sechs Monaten und zehn Jahren.[804] Oft wird zudem die Möglichkeit einer entgeltpflichtigen Verlängerung angeboten. Daher lässt sich außer der Feststellung, dass am Markt die unterschiedlichsten Bedingungswerke existieren, keine allgemeine Aussage zum Marktstandard treffen.[805]

Bei der Frage nach dem notwendigen Ausmaß des nachvertraglichen Versicherungsschutzes kollidieren die Interessen von Versicherer und Versichertem.[806] Der Versicherer wählt schließlich das Claims made-Prinzip, um dem der D&O-Versicherung immanenten Spätschadenrisiko zu begegnen.[807] Der Versicherte hingegen wünscht sich einen möglichst weitreichenden Schutz und vor allem die Einbeziehung aller während der Vertragslaufzeit begangenen Pflichtverletzungen in das Deckungsversprechen des Versicherers. Da dies beim Claims made-Prinzip aber nicht gewährleistet ist, muss ein Ausgleich in der Form einer angemessenen Nachhaftungsfrist gefunden werden.[808]

(a) Ansicht der Rechtsprechung

Das LG München I hielt eine Nachmeldefrist von einem Jahr unter Berücksichtigung der Interessen des Versicherers und der Versichertengemeinschaft für angemessen und für ausreichende Kompensation der Nachteile von Claims-made. Dabei stellte das Gericht vor allem auf den Umstand ab, dass die

---

802 *Beckmann*, in: Beckmann/Matusche-Beckmann, Versicherungsrechts-Handbuch, § 28 Rn. 111.

803 So auch *Schramm*, VW 2008, 2071 (2073).

804 *Franz*, DB 2011, 1961 (1968).

805 *Beckmann*, in: Beckmann/Matusche-Beckmann, Versicherungsrechts-Handbuch, § 28 Rn. 112 f.

806 *Schimikowski*, RuS 2009, 331.

807 *Staudinger*, in: Düsseldorfer Vorträge zum Versicherungsrecht 2009, 19 (38).

808 So auch *Schimikowski*, RuS 2009, 331.

Vertragslaufzeit ursprünglich nur ein Jahr betragen hatte.[809] Zudem sollte sich die Nachhaftung mit jedem Jahr des Bestehens der Versicherung um ein weiteres Jahr verlängern, maximal aber auf fünf Jahre. Damit wurde aus der Sicht der Kammer dem Interesse des Versicherungsnehmers ausreichend Rechnung getragen. Anders als das klagende Vorstandsmitglied waren die Richter nicht der Auffassung, dass bei Beendigung der Versicherung der versicherten Person Versicherungsschutz noch bis zum Eintritt der Verjährung etwaiger Schadensersatzansprüche gewährt werden müsse. Nach ihrem Dafürhalten bestand kein zwingender Zusammenhang zwischen dem Deckungszeitraum und den materiell-rechtlichen Verjährungsfristen. Dies ergebe sich aus der Funktion der D&O-Versicherung als Haftpflichtversicherung. Eine solche stellt den Versicherungsnehmer nicht nur von Ansprüchen frei, sondern wehrt darüber hinaus nichtberechtigte Ansprüche ab (§ 100 VVG). Ein nichtberechtigter Anspruch sei u.a. eine verjährte Forderung.[810]

Ferner verbleibe auch bei Heranziehung der Verjährungsfristen zur Bestimmung der Nachhaftung ein nicht abgedeckter Bereich, innerhalb dessen dem Organmitglied eine persönliche Haftung drohe.[811] Zudem sei bei einer Angleichung der Nachhaftung an die zivilrechtlichen Verjährungsfristen nur Rücksicht auf die Interessen des Versicherten genommen und die des Versicherers und der Versichertengemeinschaft außer Acht gelassen. Insofern sei kein gerechter Ausgleich hergestellt. Es widerspreche dem Grundsatz der allgemeinen Vertragsfreiheit, wenn der Versicherer verpflichtet wäre, den Umfang des Versicherungsschutzes an der zivilrechtlichen Verjährung auszurichten. Bei der Nachhaftung handele es sich um eine Deckungserweiterung, die dem Versicherungsnehmer zusätzlich gewährt werde. Daher könne der Versicherer frei bestimmen, wie die Erweiterung ausgestaltet ist. Auch könne eine Deckungserweiterung für sich genommen keine Benachteiligung darstellen.[812]

Neben dem LG München I hat sich auch das LG Wiesbaden mit der Frage nach der erforderlichen Dauer der Nachhaftungsfrist auseinandergesetzt und dabei eine pauschale Dauer von 2 bis 3 Jahren für ausreichend erachtet.[813]

---

809 LG München I, RuS 2009 S. 11 (17).

810 Soweit man sich auf diese beruft, vgl. LG München I RuS 2009, 11 (17).

811 LG München I RuS 2009, 11 (17).

812 LG München I RuS 2009, 11 (17).

813 LG Wiesbaden, Urt. vom 23.02.2011 (Az. 7 O 120/10).

(b) Kritik

In der Literatur sind die Aussagen des LG München I auf Kritik gestoßen. So hält *Schimikowski* eine einjährige Frist auch bei nur einjähriger Vertragslaufzeit für zu kurz bemessen.[814] Er zieht eine Parallele zur Umwelthaftpflichtversicherung, der die Versicherungsfall-Definition des Feststellungsprinzips zugrunde liegt, das dem Claims made-Prinzip ähnelt.[815] Beim Feststellungsprinzip tritt der Versicherungsfall mit dem Zeitpunkt der ersten Feststellung des Schadens ein.[816] Bei der Umwelthaftpflicht ist eine dreijährige Nachhaftungsfrist üblich und das ist so, obwohl sie ein der D&O-Versicherung ähnliches Spätschadenrisiko für den Versicherer in sich birgt.[817]

Heße dagegen fordert eine Orientierung an den gesetzlichen Verjährungsfristen derjenigen Haftungstatbestände, die eine persönliche Haftung der Organmitglieder begründen können.[818] Auch er ist der Ansicht, dass eine bloß einjährige Nachfrist ungeeignet sei, die Nachteile von Claims made zu kompensieren. Er möchte die Länge daher unter Berücksichtigung sachlicher Kriterien bestimmt wissen und fordert einen Rückgriff auf die gesetzlichen Verjährungsregeln. Demzufolge soll die Nachfrist den Vorgaben aus § 93 Abs. 6 AktG entsprechend fünf Jahre betragen,[819] zumindest aber der regelmäßigen Verjährung aus § 195 BGB entsprechen (3 Jahre), damit eine Deckung bei einer persönlichen Inanspruchnahme infolge einer Außenhaftung gewährleistet sei.[820] *Koch* ist der Ansicht, dass sich die Nachhaftungsfrist an dem durchschnittlichen Zeitraum zwischen Pflichtverletzung und der erstmaligen Geltendmachung des Schadensersatzanspruches zu orientieren habe.[821] Ebenso wie *Heße* und *Schimikowski* ist auch er der Meinung, dass eine einjährige Nachhaftung nicht ausreiche.

Auch nach *Baumann* soll eine einjährige Nachhaftung nach einjähriger Vertragslaufzeit unzureichend sein, da in aller Regel Schadensersatzansprüche, die auf komplexen D&O-Sachverhalten beruhen, innerhalb eines solch kurzen Zeitraums nicht professionell bearbeitet werden können.[822] Er erkennt zwar das

---

814 *Schimikowski,* RuS 2009, 331.
815 *Schimikowski,* RuS 2009, 331.
816 *Wandt,* Versicherungsrecht, Rn. 919.
817 *Schimikowski,* RuS 2009, 331.
818 *Heße,* NZI 2009, 790 (793).
819 Bei börsennotierten Gesellschaften beträgt die Verjährungsfrist mittlerweile zehn Jahre, vgl. hierzu oben unter B. III. 7.
820 *Heße,* NZI 2009, 790 (793).
821 *Koch,* VersR 2011, 295 (298).
822 *Baumann,* NZG 2010, 1366 (1370).

Interesse des Versicherers an, Spätschadenrisiken zu minimieren, allerdings unterliege dieses Interesse rechtlichen Grenzen. Eine einjährige Frist widerspreche dem Interesse des Versicherten an einer effektiven Absicherung seines Haftungsrisikos. Bei der Beurteilung der erforderlichen Länge seien zudem nicht nur ökonomische Bewertungsmaßstäbe zu berücksichtigen, sondern auch die Schutzkriterien des Rechts in die Abwägung einzustellen.[823] Diesem Auftrag seien aus seiner Sicht weder das LG München I noch das OLG München in einem auseichenden Maße nachgekommen. Er sieht eine ausreichende Kompensationswirkung nur bei solchen Klauseln, die im Grundsatz eine dreijährige Frist vorsehen und dem Versicherten bei Beendigung des Vertragsverhältnisses darüber hinaus die Möglichkeit bieten, durch Zahlung eines bestimmten Betrages die Frist auf fünf Jahre zu erweitern.[824]

Einzig *Schramm* vertritt mit der Rechtsprechung die Auffassung, dass sich die Dauer der Nachhaftungsfrist nicht an der gesetzlichen Verjährungsfrist zu orientieren hat. Sie folgt dem Argument des LG München I, wonach es unmöglich sei, eine Frist zu bestimmen, nach deren Ablauf keine Haftungsrisiken für die versicherte Person mehr bestehen.[825] Zudem greife eine abstrakt bestimmte Mindestfrist in unzulässiger Weise in die Vertragsgestaltungsfreiheit des Versicherers ein, dem nicht vorgeschrieben werden dürfe, wie lange er eine Nachhaftungsfrist anbieten möchte.[826]

(c) Stellungnahme

Die Länge der Nachhaftungsfrist hat sich an der durchschnittlichen Dauer der Geltendmachung von Haftungsansprüchen gegen die versicherten Personen einer D&O-Versicherung zu orientieren, um einen effektiven Schutz der versicherten Personen zu gewährleisten. Eine einjährige Nachhaftung ist damit zu kurz bemessen, da die Anspruchserhebung in der Praxis regelmäßig einen längeren Zeitraum in Anspruch nimmt, womit vor allem bei Policen mit kurzer Laufzeit der Versicherungsschutz gegen Ende der Laufzeit in unverhältnismäßiger Weise beschränkt wird. Eine Orientierung an einzelnen Verjährungsfristen ist dagegen willkürlich und ist auch nicht notwendig, solange man sich an tatsächlichen Anhaltspunkten wie der durchschnittlichen Dauer der Geltendmachung orientieren kann. Zudem kann von den Versicherern auch nicht gefordert werden, bei börsennotierten Versicherungsnehmern eine Nachmeldefrist von (mindestens)

---

823 *Baumann,* NZG 2010, 1366 (1371).

824 *Baumann,* NZG 2010, 1366 (1370 f.).

825 *Schramm,* RuS 2009, 18 (19).

826 *Schramm,* RuS 2009, 18 (19).

10 Jahren anzubieten, um der Verjährungsfrist in § 93 Abs. 2 S. 1 AktG gerecht zu werden.[827]

Die Länge der Verjährungsfristen ist nicht das entscheidende Kriterium für die Bestimmung einer angemessenen Nachmeldefrist. Den Interessen der versicherten Person und des Versicherungsnehmers ist hinreichend gedient, wenn die Nachmeldefrist dem Zeitraum entspricht, der üblicherweise zwischen Pflichtverletzung und Anspruchserhebung liegt, wobei ein gewisser Sicherheitszuschlag zu erfolgen hat. Zwar gibt es über diesen Zeitraum noch keine empirischen Erkenntnisse, jedoch dürften die allermeisten Sachverhalte innerhalb von drei Jahren nach Begehung der Pflichtverletzung ausermittelt und so aufbereitet sein, dass eine schlüssige Anspruchserhebung möglich ist. Überdies steht selbst bei einer zehnjährigen Nachhaftung nur der unverbrauchte Teil der Versicherungssumme des letzten Versicherungsjahrs zur Verfügung, womit sich eine tatsächliche Besserstellung der versicherten Person in Grenzen hält.

Entgegen der Ansicht von *Schramm* wird der Versicherer hierdurch auch nicht zu einem Abschluss von Klauseln gezwungen, die keine Grundlage im Gesetz haben. Es werden lediglich konkrete Vorgaben im Hinblick auf die erforderliche Dauer einer Nachhaftung festgelegt, damit diese die Nachteile von Claims made effektiv kompensieren kann. Den Versicherern bleibt es unbenommen, auf Claims made zu verzichten oder der Verkürzung des Deckungsschutzes gegen Ende der Vertragslaufzeit auf einem anderen, gleich effektiven Weg zu begegnen. Nutzen sie allerdings das Instrument der Nachhaftung, um einen Nachteilsausgleich zu erreichen, muss der Nachhaftungszeitraum zeitlich so bemessen sein, dass ein effektiver Schutz der versicherten Personen und des Versicherungsnehmers gewährleistet ist.

(3) Kündigung des Versicherers und Insolvenz des Versicherungsnehmers

Das OLG Hamburg hatte mit Beschluss vom 8. Juli 2015 entschieden, dass der Ausschluss einer Nachmeldefrist im Falle einer Insolvenz des Versicherungsnehmers in Anbetracht der erheblichen Haftungsrisiken für die versicherten Organe, die mit einer Insolvenzantragsstellung verbunden sind, unwirksam ist. Das Gericht schloss sich insoweit ausdrücklich der Ansicht der OLG München[828] und Frankfurt a.M.[829] an und hielt fest, dass die mit dem Claims made-Prinzip

827 A.A. *Franz,* DB 2011, 1961 (1966 ff.).
828 OLG München RuS 2009, 327 (330).
829 OLG Frankfurt a.M. RuS 2013, 329 (333).

verbundenen Nachteile durch (u.a.) eine Regelung zur Nachhaftung kompensiert werden müssen.[830]

Sofern man von einer Überprüfbarkeit der Versicherungsfalldefinition in der Haftpflichtversicherung ausgeht,[831] ist der Beschluss des OLG Hamburgs konsequent, da eine Insolvenzantragsstellung tatsächlich regelmäßig mit immensen und existenzbedrohenden Haftungsrisiken für die geschäftsleitenden Organe – und gegebenenfalls auch für die Überwachungsorgane – verbunden ist. So sind ca. 1/3 aller D&O-Schadensfälle mit einer Insolvenz verbunden.[832] Insofern werden versicherte Personen durch eine Klausel, die den Wegfall von Versicherungsschutz für solche Ansprüche vorsieht, die erst nach Insolvenzantragsstellung erhoben werden, in der Tat erheblich – d.h. unangemessen – benachteiligt. Allerdings nimmt der Beschluss des OLG Hamburg in keiner Weise Stellung zu dem oben ausführlich besprochenen Urteil des BGH vom 26. März 2014 und die Diskussion, die sich hieran angeschlossen hat.[833] Insofern mag dem Beschluss des OLG Hamburg im Hinblick auf die Wertung zu § 307 Abs. 1 BGB zuzustimmen sein, insgesamt überzeugt er allerdings nicht. Vielmehr fügt er zu der ohnehin bestehenden Unsicherheit eine weitere Komponente hinzu, so dass dieser Zustand der Unsicherheit für alle Beteiligten – Versicherer, versicherte Person und Versicherungsnehmer – weiter fortbesteht. Es bleibt daher zu hoffen, dass sich der BGH in der näheren Zukunft mit der Prüfbarkeit von Claims made bzw. dessen Wirksamkeit befassen muss und sich die bestehenden Unklarheiten auflösen werden.

cc. Umstandsmeldung

Als weiterer Kompensationsbestandteil kommt die sog. *Umstandsmeldung* (oder „*notice of circumstances*") in Betracht. Eine solche war auch im Bedingungswerk enthalten, über das die Münchener Gerichte zu befinden hatten. Dem entsprechend haben sie auch Aussagen zur Umstandsmeldung getroffen, die nachstehend daher zusammengefasst und bewertet werden sollen.

---

830 OLG Hamburg RuS 2015, 498 (499).

831 Nach der hier vertretenen Ansicht ist dies nicht der Fall, vgl. Abwägung unter C. III. 2. c) bb. (5).

832 Vgl. u.a. *Haidar*, Welt Online v. 19. September 2017: „*Wenn die Chefs Fehler machen.*"

833 S. oben unter C. III. 2. c) bb. (4).

(1) Allgemeines

Die Vereinbarung einer Umstandsmeldung eröffnet dem Versicherungsnehmer bzw. der versicherten Person die Möglichkeit, dem Versicherer konkrete Umstände anzuzeigen, aufgrund derer eine spätere Inanspruchnahme hinreichend wahrscheinlich ist, sog. Umstandsmeldung.[834] Eine wirksame Anzeige, die den individuellen Vorgaben der jeweiligen Klausel entspricht, führt dazu, dass der später durch die Inanspruchnahme ausgelöste Versicherungsfall als zu dem Zeitpunkt der Umstandsmeldung eingetreten gilt.[835]

In der Praxis existiert die Umstandsmeldung in verschiedensten Ausprägungen.[836] Zum Teil wird sie erst nach Beendigung des Versicherungsvertragsverhältnisses – innerhalb eines festgelegten Zeitraums – zugelassen, während sie in anderen Policen auch innerhalb der Policenlaufzeit abgegeben werden kann.[837] Bisweilen enthalten die Klauseln ganz konkrete Vorgaben, welche Informationen in einer Umstandsmeldung enthalten sein müssen, etwa in Bezug auf die Art und Zeit der Pflichtverletzung, Art und Zeitpunkt des Eintritts eines möglichen Schadens und die erforderlichen Angaben im Hinblick auf den möglichen Anspruchssteller.[838] Andere Klauseln machen insofern keine näheren Angaben und fordern lediglich *„konkrete Umstände"* (so auch in Ziff. 3.3 Abs. 1 AVB-AVG).

Eine Umstandsmeldung kann aus Sicht von Versicherungsnehmer und versicherter Person in zweierlei Hinsicht von Bedeutung sein: Zunächst eröffnet die Umstandsmeldung teilweise die Möglichkeit zu bestimmen, in welcher Versicherungsperiode der Versicherungsfall anfällt.[839] Hieran können der Versicherungsnehmer bzw. die versicherte Person vor allem deshalb ein Interesse haben, weil sie die Grenze der jeweiligen Jahreshöchstleistung des Versicherers, die sog. Jahresmaximierung, umgehen können.[840] Wenngleich diese Vorgehensweise

---

834 *Beckmann,* in: Beckmann/Matusche-Beckmann, Versicherungsrechts-Handbuch, § 28 Rn. 114b.

835 *Beckmann,* in: Beckmann/Matusche-Beckmann, Versicherungsrechts-Handbuch, § 28 Rn. 114b.

836 *Finkel/Seitz,* in: Seitz/Finkel/Klimke, D&O-Versicherung, Ziff. 3 AVB-AVG Rn. 39; *Schramm,* Das Anspruchserhebungsprinzip, S. 186.

837 *Schramm,* Das Anspruchserhebungsprinzip, S. 186.

838 *Schramm,* Das Anspruchserhebungsprinzip, S. 187.

839 *Beckmann,* in: Beckmann/Matusche-Beckmann, Versicherungsrechts-Handbuch, § 28 Rn. 114c; *Lange,* RuS 2006, 177 (181).

840 *Beckmann,* in: Beckmann/Matusche-Beckmann, Versicherungsrechts-Handbuch, § 28 Rn. 114c; *Lange,* RuS 2006, 177 (181).

bisweilen als ein Missbrauch der Umstandsmeldung kritisch gesehen wird,[841] ist sie in der Versicherungspraxis durchaus üblich und steht im Einklang mit Sinn und Zweck einer Klausel zur Umstandsmeldung. In einzelnen Fällen wird sie sogar der einzige Mehrwert einer solchen Klausel sein, nämlich dann, wenn sie vorschreibt, dass auch die spätere Inanspruchnahme noch während des versicherten Zeitraums zu erfolgen hat. In diesem Fall ist der eigentlich primäre Anwendungszweck einer Umstandsmeldung, erst nach Beendigung des versicherten Zeitraums eingetretene Versicherungsfälle in den Schutzzeitraum zu ziehen,[842] ausgeschlossen. Eine Kompensationswirkung im Hinblick auf die Nachteile des Claims made-Prinzips (nur eingeschränkter Versicherungsschutz für Pflichtverletzungen am Ende der Policenlaufzeit) kommt bei solchen Klauseln nicht in Betracht, weswegen sie in einem solchen Fall im Rahmen einer Gesamtabwägung der Vor- und Nachteile nicht zu berücksichtigen sind. Anders ist dies freilich bei Klauseln, die keine solche Einschränkung vorsehen, sofern die erforderliche konnexe Verbindung zu den Nachteilen von Claims made gegeben ist.

(2) Konnexität

Eine Kompensation einer benachteiligenden durch eine vorteilhafte Klausel kommt wie bereits besprochen immer dann in Betracht, wenn beide Klauseln sachlich zusammenhängen und sie in einem Wechselverhältnis zueinander stehen.[843] Die Begünstigung muss im Ergebnis die Benachteiligung wieder aufheben. Es darf keine Schlechterstellung zulasten des Versicherungsnehmers oder der versicherten Person zurückbleiben.[844] Vielmehr müssen die Vorteile nach den typischen Umständen der Vertragsabwicklung einen gleichwertigen Ausgleich darstellen.[845]

Diese Voraussetzungen sind dann ohne Weiteres erfüllt, wenn die jeweilige Umstandsmeldung vorsieht, dass auch solche Inanspruchnahmen auf den Zeitpunkt der Umstandsmeldung fingiert und in den Versicherungsschutz einbezogen werden, die erst nach Ende des versicherten Zeitraums erhoben werden. Dadurch wird der Versicherungsschutz zugunsten der versicherten Person bzw.

---

841 *Lange,* RuS 2006, 177 (181).

842 Vgl. *Beckmann,* in: Beckmann/Matusche-Beckmann, Versicherungsrechts-Handbuch, § 28 Rn. 114b.

843 BGH NJW 2003, 889 (891).

844 BGH NJW 1991, 1886 (1888); BGH NJW 1982 S. 1391 (1392).

845 *Baumann,* NZG 2010, 1366 (1370); *Pfeiffer,* in: Wolf/Lindacher/Pfeiffer, AGB-Recht, § 307 Rn. 219.

des Versicherungsnehmers faktisch verlängert und insofern die Härten des Claims made-Prinzips abgemildert. Insbesondere werden die versicherte Person oder der Versicherungsnehmer in die Lage versetzt, bei einem sich abzeichnenden Ende des Versicherungsschutzes Umstände anzuzeigen, die zu einer Geltendmachung von Schadensersatzansprüchen führen könnten. Dann aber sind sie auch nicht mehr von dem willkürlichen und von ihnen nicht beeinflussbaren Zeitpunkt der Anspruchserhebung abhängig. Vielmehr besteht – vorausgesetzt alle weiteren Voraussetzungen liegen ebenfalls vor – für die später erfolgende Inanspruchnahme unabhängig von ihrem Zeitpunkt Deckungsschutz. Dies ist offensichtlich ein konnexer Vorteil der geeignet ist, die Nachteile des Claims made-Prinzips abzumildern bzw. im Zusammenhang mit einer angemessenen Nachmeldefrist auszugleichen. Diese Wirkung entfällt wie besprochen allerdings, sofern die Inanspruchnahme nach den Bestimmungen der jeweiligen Klausel ebenfalls noch innerhalb des versicherten Zeitraums erfolgen muss. Im Hinblick auf die notwendige Ausgestaltung der Möglichkeit zur Umstandsmeldung wird nachstehend daher nur der Fall beleuchtet, in dem Inanspruchnahmen nach dem versicherten Zeitraum von der Klauseln umfasst werden, da nur dann eine Kompensationswirkung überhaupt denkbar ist.

(3) Erforderlicher Mindestumfang

Auch im streitgegenständlichen Bedingungswerk, über das die Münchener Gerichte zu befinden hatten, war eine Möglichkeit zur Umstandsmeldung vorgesehen. Danach sollte der Versicherungsnehmer ab Zugang der Kündigung sechzig Tage Zeit haben, dem Versicherer alle relevanten Umstände anzuzeigen, aufgrund derer eine Inanspruchnahme in Betracht kommt. Inanspruchnahmen, die später dann auf solche Umstände gestützt werden, werden dann noch als rechtzeitig gemeldet angesehen.[846] In Anbetracht dieser Rechtzeitigkeitsfiktion nahm das LG München I an, dass eine Umstandsmeldung dazu geeignet sei, die nachteiligen Folgen von Claims made abzumildern.[847] Dieser Vorteil sei nicht bereits deshalb erheblich eingeschränkt, weil bloße Vermutungen hinsichtlich einer späteren Inanspruchnahme für eine Umstandsmeldung nicht ausreichen sollten.[848] Auch das OLG München wertete die in den streitgegenständlichen Bedingungen vorgesehene Möglichkeit zur Umstandsmeldung als relevanten Vorteil, der die Nachteile von Claims made zumindest abmildere. Das

846 LG München I, RuS 2009, 11.
847 LG München I, RuS 2009, 11 (17).
848 LG München I RuS 2009, 11 (17).

OLG beließ es in seinem Urteil indes bei dieser Feststellung, ohne dies näher zu begründen.[849]

Die Ausführungen der Rechtsprechung sind in der juristischen Literatur auf Kritik gestoßen. Zwar erkennen die Autoren, soweit ersichtlich, ausnahmslos die generelle Eignung der Umstandsmeldung an, Nachteile des Claims made-Prinzips effektiv abzumildern, jedoch wird die im streitgegenständlichen Bedingungswerk vorgesehene sechzigtägige Ausschlussfrist zur Umstandsmeldung nach Zugang der Kündigung als unangemessen bewertet.[850] Dies sei im Hinblick auf Komplexität und Unübersichtlichkeit der Sachverhalte deutlich zu kurz.[851]

Dies Kritik ist schlüssig, da es dem Versicherungsnehmer bzw. der versicherten Person innerhalb der durch den Versicherer vorgegebenen Zeit oftmals nicht möglich ist, Angaben zu einer potentiellen Inanspruchnahme zu machen, die bereits ein derartiges Maß an Konkretheit aufweisen. Zudem gilt: Je kürzer die Frist bemessen ist, desto geringer dürfen die Anforderungen an den Inhalt der Angaben ausfallen.[852] Den Versicherten dürfen keine überobligatorische Pflichten auferlegt werden, welche die Kompensationskraft der Umstandsmeldung wieder erheblich einschränken, was im Rahmen der Gesamtabwägung zwingend zu berücksichtigen und werten ist.

(4) Fazit

Die Umstandsmeldung kann – vor allem im Zusammenspiel mit einer Nachhaftungsfrist – ein wichtiges Instrument für den Ausgleich der dem Anspruchserhebungsprinzip immanenten Nachteile sein. Allerdings erfordert dies, dass der Versicherungsnehmer oder die versicherte Person tatsächlich in die Lage versetzt wird, für solche Ansprüche Deckung zu erhalten, deren Geltendmachung erst nach Vertragsende erfolgt, die sich bei Beendigung des Vertrages aber bereits abzeichnen. Dabei sollte sich die Länge der Frist zur Meldung an den gegenüber dem Versicherer zu machenden Angaben orientieren. Gerade in komplexen Fällen, die nur mit großem Aufwand aufgearbeitet werden können, wird es der versicherten Person oder dem Versicherungsnehmer schwer fallen, innerhalb von z.B. nur sechzig Tagen alle erforderlichen Informationen zusammenzutragen und dem Versicherer zu übermitteln. Damit die Umstandsmeldung für die versicherte Person tatsächlich ein erheblicher Vorteil sein kann,

---

849 OLG München RuS 2009, 327 (330).

850 *Baumann,* NZG 2010, 1366 (1371); *Koch,* VersR 2011, 295 (298).

851 *Baumann,* NZG 2010, 1366 (1371).

852 *Koch,* VersR 2011, 295 (298).

muss sie mindestens derjenigen durchschnittlichen Dauer entsprechen, die für die Zusammentragung aller Informationen und die Konkretisierung der drohenden Haftungsgefahr erforderlich ist. Dies richtet sich im Einzelfall nach dem vom Versicherer eingeforderten Grad an Substantiierung und kann daher nicht pauschal beantwortet werden.[853] 120 Tage sind allerdings das Minimum. Zudem ist die Beschränkung der Möglichkeit zur Umstandsmeldung auf eine Vertragsbeendigung mittels Kündigung durch den Versicherer als unangemessen bzw. diese Beschränkung lässt zumindest die Kompensationswirkung fraglich erscheinen, da sich die nachteiligen Folgen des Claims made-Prinzips auch bei jeder anderen denkbaren Form der Vertragsbeendigung zulasten des Versicherungsnehmers bzw. der versicherten Person auswirken und nicht etwa nur bei einer Kündigung des Vertrags durch den Versicherer.

f) Zusammenfassung

Sofern man in Anbetracht des BGH-Urteils aus dem Jahr 2014 noch von einer Kontrollfähigkeit des Claims made-Prinzips ausgehen möchte, ist im Rahmen einer Rechtmäßigkeitsprüfung – und aus Sicht des Versicherers bei der Klauselgestaltung – darauf zu achten, dass die dem Claims made-Prinzip immanenten Nachteile (fehlender oder nur eingeschränkter Versicherungsschutz für Pflichtverletzungen gegen Ende der Policenlaufzeit) hinreichend kompensiert werden. Andernfalls ist eine unangemessene Benachteiligung der versicherten Person sowie des Versicherungsnehmers anzunehmen, da der Vertragszweck einer D&O-Haftpflichtpolice – durchgehend Gewährung von Versicherungsschutz für Pflichtverletzungen während der Vertragslaufzeit – nicht unerheblich gefährdet ist. Da eine wirksame Kompensation allerdings eine konnexe Verbindung zwischen den Nachteilen und den gewährten Vorteilen erfordert, kommen als taugliche Kompensationselemente lediglich eine zulängliche Nachhaftungsperiode sowie die Möglichkeit zur Umstandsmeldung in Betracht. Die zentrale Rolle spielt insofern die hinreichend bemessene Nachhaftungsfrist. Anders als von der Rechtsprechung angenommen scheidet die Rückwärtsversicherung als Kompensationsbestandteil aus. Sollten die Nachteile aber ausreichend kompensiert sein, hält das Claims made-Prinzip einer Inhaltskontrolle im Ergebnis stand.[854]

Wie gezeigt ist es freilich schwierig, allgemeingültige Vorgaben hinsichtlich der erforderlichen Ausgestaltung zu entwickeln, da es immer auf eine

---

853 *Koch,* VersR 2011, 295 (298).

854 So das Ergebnis aller bisher ergangenen Urteile, vgl. insb. OLG Hamburg RuS 2015, 498; OLG Frankfurt a.M. RuS 2013, 329; OLG München RuS 2011, 327.

Gesamtschau aller Klauseln ankommt und eine Verschlechterung der Position der versicherten Person im Rahmen der Nachhaftung gegebenenfalls durch eine sehr großzügige Gestaltung der Umstandsmeldung ausgeglichen werden kann. Die Versicherer sind indes gut beraten sich an der bisherigen Rechtsprechung der Oberlandesgerichte zu orientieren und sich nicht auf die Kontrollfreiheit der Bestimmungen zum Versicherungsfall zu verlassen, da es sich hierbei wie gezeigt um eine noch ungeklärte Rechtsfrage handelt.

Dabei werden die Einzelheiten einer Inhaltskontrolle immer von der konkreten Ausgestaltung der Vertragsbestimmungen abhängen.[855] So werden in der Praxis nach wie vor die unterschiedlichsten Bedingungswerke verwendet, die sich in diversen Bestimmungen zum Versicherungsfall maßgeblich unterscheiden. Dass den Versicherern die Notwendigkeit einer ausreichenden Nachhaftungsperiode durchaus bewusst ist, lässt sich allerdings daran beobachten, dass sie in der Mehrzahl der Policen kostenfrei vorgesehen ist,[856] was wohl u.a. der Wettbewerbssituation bei rund 40 Anbietern auf dem deutschen Markt geschuldet ist.[857]

IV. Subsidiaritätsklauseln

Regelmäßig finden sich in den auf dem Markt befindlichen D&O-Bedingungswerken Klauseln, die eine bloß nachrangige Einstandspflicht des Klauselverwenders für den Fall vorsehen, dass das versicherte Risiko unter einer weiteren Versicherungspolice (bei einem anderen Versicherungsunternehmen) ebenfalls versichert ist, sog. Subsidiaritätsklauseln. Derartige Klauseln haben hohe Praxisrelevanz und können im Versicherungsfall einen bedeutenden Einfluss auf den Umfang der Einstandspflicht des Klauselverwenders haben. Durch ihre Verwendung soll im Falle einer Mehrfachversicherung sichergestellt werden, dass ihr Verwender nur nachrangig und gleichzeitig der Primärversicherer für den eingetretenen Schaden vorrangig haftet.[858] Durch eine solche Vereinbarung eines gestuften Versicherungsschutzes können Deckungslücken unter gleichzeitiger Reduzierung der Prämienhöhe vermieden werden, ohne dass die (ungewollten) Rechtsfolgen einer Mehrfachversicherung eintreten.[859]

---

855 *Heße*, NZI 2009, 790; *Schramm*, VW 2008, 2071 (2073).

856 *Beckmann*, in: Beckmann/Matusche-Beckmann, Versicherungsrechts-Handbuch, § 28 Rn. 111.

857 Vgl. hierzu *Fromme*, Versicherungsmonitor, 2. November 2017: *„GDV: D&O-Versicherung tief in den roten Zahlen."*

858 *Fajen*, VersR 2013, 973.

859 *Segger/Degen*, RuS 2012, 422 (423).

1. Allgemeines

Eine nur nachrangige Einstandspflicht des Klauselverwenders sieht die Mehrheit aller D&O-Bedingungswerke vor. Durch die Verwendung von Subsidiaritätsklauseln versuchen Versicherer sich von ihrer Leistungspflicht zu befreien, wenn die Versicherungsnehmerin oder die versicherte Person für das gleiche Risiko bereits anderweitigen Versicherungsschutz vorhalten. Dabei ist bei der D&O-Versicherung doppelter oder sogar mehrfacher Versicherungsschutz keine Seltenheit, was unter anderem aus der Verwendung des Claim-made Prinzips folgt. Die GDV-Musterbedingungen sehen in Ziff. 6 Abs. 1 AVB-AVG eine bloß subsidiäre Einstandspflicht des Klauselverwenders wie folgt vor:

> *„Besteht für einen unter diesem Versicherungsvertrag geltend gemachten Schaden auch unter einem anderen Versicherungsvertrag Versicherungsschutz, so sind Versicherungsnehmerin und versicherte Person verpflichtet, den Schaden zunächst unter dem anderweitigen Versicherungsvertrag geltend zu machen. Die Leistungspflicht des Versicherers unter diesem Vertrag besteht nur, wenn und insoweit der anderweitige Versicherer für den Schaden nicht leistet. Kommt es zu einer Leistung aus diesem Versicherungsvertrag, weil der Versicherer des anderweitigen Versicherungsvertrages seine Leistungspflicht gegenüber der Versicherungsnehmerin oder einer versicherten Person bestreitet, so sind diese verpflichtet, etwaige Ansprüche aus dem anderweitigen Versicherungsvertrag an den Versicherer dieses Vertrages abzutreten.*
>
> *Sofern die Versicherungsnehmerin oder eine versicherte Person das durch diesen Versicherungsvertrag versicherte Risiko auch anderweitig versichert (Doppelversicherung, Anschlussversicherung), ist dies dem Versicherer unverzüglich anzuzeigen.“*

2. Ausgangslage: Mehrfachversicherung

Wie gezeigt, endet der Versicherungsschutz bei einer Verwendung von Claims made regelmäßig nicht mit dem formellen Vertragsende, sondern erst mit Ablauf einer sich an das Vertragsende anschließenden Nachhaftungsperiode. Schließt die Versicherungsnehmerin daher zur Vermeidung von Deckungslücken bereits unmittelbar nach dem formellen Vertragsende eine Anschlussversicherung ab, deren erste Versicherungsperiode sich mit der laufenden Nachhaftungsfrist der Vorversicherung überschneidet, käme es zu einer doppelten Deckung des unter beiden D&O-Policen versicherten Risikos. Dies liegt unter anderem daran, dass D&O-Policen regelmäßig rückwärtigen Versicherungsschutz für vorvertragliche Pflichtverletzungen anbieten, so dass eine Pflichtverletzung, die zeitlich eigentlich noch während der Laufzeit der Vorgängerpolice begangen wurde, ebenfalls durch die sich anschließende Nachfolgerpolice abgedeckt ist.[860]

---

860 Zur Rückwärtsversicherung ausführlich unter C. III. 2. e) aa.

Für den Fall einer doppelten Deckung ein und desselben Risikos hält das VVG in § 78 eine Regelung bereit. Die mit „*Haftung bei Mehrfachversicherung*" überschriebene Vorschrift des § 78 VVG befindet sich im Allgemeinen Teil des VVG im Kapitel zur Sachversicherung, weswegen sie auf alle Arten von Haftpflichtversicherungen Anwendung findet.[861]

Nach § 78 Abs. 1 VVG haften Versicherer im Falle einer Mehrfachversicherung als Gesamtschuldner in der Weise, dass jeder von ihnen dem Versicherungsnehmer gegenüber verpflichtet ist, den nach dem Vertrag geschuldeten Betrag zu zahlen, wobei der Versicherungsnehmer insgesamt nicht mehr als den Betrag des Schadens verlangen kann. Gemäß § 78 Abs. 2 S. 1 VVG sind dabei die Versicherer untereinander zu Anteilen nach Maßgabe der Beträge verpflichtet, die sie dem Versicherungsnehmer nach dem jeweiligen Vertrag zu zahlen haben. Es handelt sich hierbei um eine Spezialvorschrift zu § 426 BGB, der in Abs. 1 abweichend von der Regelung des § 78 Abs. 2 VVG vorsieht, dass Gesamtschuldner im Innenverhältnis zueinander grundsätzlich zu gleichen Teilen verpflichtet sind, soweit nicht etwas anderes vereinbart wurde.

3. (Rechts-)Folgen von Subsidiaritätsklauseln

Die in § 78 Abs. 1 und 2 VVG bestimmten Rechtsfolgen, dass die Versicherer im Falle einer Mehrfachversicherung gegenüber dem Versicherungsnehmer (bzw. der versicherten Person) als Gesamtschuldner haften, wird von Versicherern oftmals nicht gewollt. In der Praxis wird daher regelmäßig in Abweichung zu den gesetzlichen Vorschriften eine Teilschuldnerschaft vereinbart.[862] Zu Vermeidung dieser ungewollten quotalen Ausgleichpflicht im Innenverhältnis behelfen sich die Versicherer in der Praxis durch die Verwendung von sog. Subsidiaritätsklauseln, also solchen Klauseln, die eine Nachrangigkeit von einer der beiden konkurrierenden Deckungszusagen bestimmen.[863] Sie führen zu dem Ergebnis, dass die in § 78 Abs. 1 und 2 VVG vorgesehene gesamtschuldnerische Haftung beider Versicherer abbedungen wird.[864] Eine von den Vorgaben der Abs. 1 und 2 von § 78 VVG abweichende Regelung ist vorbehaltlich des Vorliegens der weiteren

---

861 *Armbrüster,* in: Prölss/Martin, VVG; § 78 Rn. 2; *Halbach,* in: Langheid/Wandt, MünchKomm VVG, § 78 Rn. 4.

862 *Armbrüster,* in: Prölss/Martin, VVG; § 78 Rn. 28.

863 *Kohleick,* Die Doppelversicherung, S. 144 ff.; *Schnepp,* in: Bruck/Möller, VVG, § 78 Rn. 167.

864 BGH IVa ZR 143/83 (VersR 1989 S. 250); *Brambach,* in: Rüffer/Halbach/Schimikowski, VVG, § 77 Rn. 29; *Schnepp,* in: Bruck/Möller, VVG, § 78 Rn. 167.

AGB-rechtlichen Wirksamkeitsvoraussetzungen grundsätzlich zulässig, da es sich bei diesen um dispositive Gesetzesvorschriften handelt.[865]

Weil Subsidiaritätsklauseln das Risiko für den Versicherer verringern, können sie zu einer Reduzierung der Versicherungsprämie führen.[866] Daher kann auch der Versicherungsnehmer ein Interesse an ihrer Vereinbarung haben, da – zumindest bei der einfachen Subsidiaritätsklausel – der Versicherungsschutz bei einer Realisierung des versicherten Risikos gewahrt bleibt. In der Praxis werden verschiedene Arten von solchen Nachrangigkeits- bzw. Subsidiaritätsklauseln verwendet, deren Ausgestaltung sehr individuell ist. Grundsätzlich wird indes zwischen einfachen und qualifizierten Subsidiaritätsklauseln unterschieden.[867]

a) Einfache Subsidiaritätsklausel

Durch die Verwendung einer einfachen Subsidiaritätsklausel haben Versicherungsnehmer oder versicherte Person keinen Anspruch auf die Versicherungsleistung gegen den Verwender der Klausel, wenn sie eine Entschädigung wegen desselben Interesses aus einem anderen Vertrag verlangen können.[868] Voraussetzung ist, dass der Entschädigungsanspruch gegen den anderen Versicherer tatsächlich besteht und durchsetzbar ist.[869] Ist dies nicht der Fall, greift der subsidiäre Versicherungsschutz des Klauselverwenders ein. Dabei ist der Grund dafür, dass der Primärversicherer nicht leisten muss, unerheblich.[870] Ob ein Anspruch gegen den Primärversicherer besteht, muss dabei zwingend im Zeitpunkt des Eintritts des Versicherungsfalls beurteilt werden, denn spätere Gründe bleiben außer Betracht. Keine Leistungspflicht des Sekundärversicherers wird daher begründet, wenn der primär haftende Versicherer durch eine nach dem

---

865 *Schnepp,* in: Bruck/Möller, VVG § 78 Rn. 164.

866 *Armbrüster,* in: Prölss/Martin, VVG; § 78 Rn. 32; *Brambach,* in: Rüffer/Halbach/Schimikowski; VVG, § 77 Rn. 31; *Fajen,* VersR 2013, 973 (974); *Schnepp,* in: Bruck/Möller, VVG, § 78 Rn. 167; *Segger/Degen,* RuS 2012, 422 (423); *Vollmar,* VersR 1987, 735 (738).

867 BGH VersR 2004 S. 994 (im Hinblick auf Vorgängerschrift des § 59 Abs. 2 VVG a.F.; sowie *Armbrüster,* in: Prölss/Martin, VVG; § 78 Rn. 28; *Halbach:* Landheid/Wandt, MünchKomm zum VVG, § 78 Rn. 17; *Winter,* VersR 1991, 527.

868 *Brambach,* in: Rüffer/Halbach/Schimikowski; VVG, § 77 Rn. 30; *Segger/Degen,* RuS 2012, 422 (423).

869 *Brambach,* in: Rüffer/Halbach/Schimikowski; VVG, § 77 Rn. 31; *Winter,* VersR 1991, 527.

870 *Brambach,* in: Rüffer/Halbach/Schimikowski; VVG, § 77 Rn. 31; *Segger/Degen,* RuS 2012, 422 (423).

Versicherungsfall begangene (vorsätzliche) Obliegenheitsverletzung oder durch eine Absprache mit dem Versicherungsnehmer von seiner Eintrittspflicht befreit wird.[871]

Wie zuvor bereits erwähnt ist Rechtsfolge einer einfachen Subsidiaritätsklausel, dass dann, wenn über ein und dasselbe Risiko zwei (oder mehr) unterschiedliche Versicherungspolicen bei unterschiedlichen Versicherern bestehen, diese bei Eintritt des Versicherungsfalls gegenüber dem Versicherungsnehmer nicht als Gesamtschuldner haften. Die gesetzliche Rechtsfolge des § 78 Abs. 1 VVG ist folglich abbedungen.[872] Gleiches gilt für den in § 78 Abs. 2 VVG vorgesehenen Innenausgleich zwischen den Versicherern, da die Verwendung einer Subsidiaritätsklausel zu einem Rangverhältnis zwischen den Versicherern führt. Leistet daher der Primärversicherer an den Versicherungsnehmer, steht diesem gegen den nachrangig einstandspflichtigen Versicherer kein (anteiliger) Ausgleichsanspruch aus § 78 Abs. 2 S. 1 VVG zu.[873] Zahlt hingegen der Sekundärversicherer obwohl die Einstandspflicht des Primärversicherers begründet und nicht ausgeschlossen war, leistet er entweder ohne Rechtsgrund oder als Dritter auf die Schuld des Primärversicherers, weswegen nach § 86 VVG der Anspruch des Versicherungsnehmers (bzw. der Anspruch der versicherten Person) gegen den Primärversicherer auf ihn übergeht.[874]

Mit Urteil vom 21. April 2004 hat der BGH die Verwendung einer einfachen Subsidiaritätsklausel (im konkreten Fall innerhalb einer Reiseversicherung) ausdrücklich als zulässig angesehen. Der zuständige 4. Senat führte hierzu aus, dass die Vermeidung einer einstandspflichtigen Doppelversicherung legitim sei.[875] Insbesondere führe die Verwendung einer einfachen Subsidiaritätsklausel nicht zu einer Vertragszweckgefährdung nach § 9 Abs. 2 Nr. 2 AGBG (heute in § 307 Abs. 2 S. 2 BGB). Wenngleich der BGH seine Argumentation auf den konkreten Fall einer Reiseversicherung ausrichtete, so lassen sich die dortigen Ausführungen auch auf andere Versicherungszweige übertragen. Vor allem die

---

871 *Armbrüster,* in: Prölss/Martin, VVG; § 78 Rn. 30; *Schnepp,* in: Bruck/Möller, VVG, § 78 Rn. 175.

872 *Schimikowski,* in: Schimikowski, Versicherungsvertragsrecht, Rn. 338; *Schnepp,* in: Bruck/Möller, VVG, § 78 Rn. 177.

873 BGH VersR 1989. S. 250 (251); *Armbrüster,* in: Prölss/Martin, VVG; § 78 Rn. 29; *Schnepp,* in: Bruck/Möller, VVG, § 78 Rn. 177.

874 BGH VersR 1989. S. 250 (251); *Armbrüster,* in: Prölss/Martin, VVG; § 78 Rn. 29; *Brambach,* in: Rüffer/Halbach/Schimikowski; VVG, § 77 Rn. 32; *Schnepp,* in: Bruck/Möller, VVG; § 78 Rn. 177.

875 BGH VersR 2004, 994 f.

Begründung des BGH, dass bei Verwendung einer bloß einfachen Subsidiaritätsklausel keine Deckungslücken zulasten des Versicherungsnehmers entstehen,[876] lässt sich ohne Weiteres auf alle übrigen Versicherungstypen – und damit auch auf die D&O-Versicherung – übertragen.

b) *Qualifizierte Subsidiaritätsklausel*

Von der einfachen ist die qualifizierte Subsidiaritätsklausel abzugrenzen. Darunter versteht man eine Klausel, nach der bereits dann eine nur subsidiär bestehende Einstandspflicht des Klauselverwenders bestehen soll, sofern ein anderer Versicherungsvertrag das gleiche Risiko grundsätzlich ebenfalls abdeckt.[877] Es kommt anders als bei der einfachen Subsidiaritätsklausel gerade nicht darauf an, ob der andere Versicherer im konkreten Fall leistungsfrei ist, weil der Versicherungsnehmer beispielsweise eine fällige Prämie nicht entrichtet oder (vorsätzlich) eine Obliegenheit verletzt hat.[878] Damit kann die Verwendung einer qualifizierten Subsidiaritätsklausel zu dem Ergebnis führen, dass für den – eigentlich versicherten – Schadenfall überhaupt keine (und nicht bloß) subsidiäre Deckung besteht, weswegen sie in solchen Fällen unter Berücksichtigung ihrer Rechtsfolge als Deckungsausschluss zu werten ist.[879]

Wie bei der einfachen Subsidiaritätsklausel folgt aus einer qualifizierten Subsidiaritätsklausel, dass die Abs. 1 und 2 von 78 VVG abbedungen sein sollen.[880] Im Falle einer Leistung des Primärversicherers steht diesem daher kein Ausgleichsanspruch aus § 78 Abs. 2 VVG gegen den nachrangig haftenden Sekundärversicherer zu, da durch die nachrangige Eintrittspflicht die gesetzlichen Rechtsfolgen der Mehrfachversicherung gerade ausgeschlossen werden sollen. Demgegenüber erhält der nachrangige Versicherer im Falle einer Zahlung an den Versicherungsnehmer über § 86 Abs. 1 S. 1 VVG dessen Anspruch gegenüber dem Primärversicherer, den er in voller Höhe geltend machen kann.[881]

Aufgrund ihrer weitreichenden Konsequenzen für den Versicherungsschutz des Versicherungsnehmers bzw. der versicherten Person ist die Wirksamkeit von

876 BGH VersR 2004, 994 (995).

877 *Armbrüster*, in: Prölss/Martin, VVG; § 78 Rn. 31; *Brambach*, in: Rüffer/Halbach/Schimikowski; VVG, § 77 Rn. 33; *Fajen*, VersR 2013, 973 (974); *Schnepp*, in: Bruck/Möller, VVG, § 78 Rn. 178; *Segger/Degen*, RuS 2012, 422 (423).

878 *Armbrüster*, in: Prölss/Martin, VVG; § 78 Rn. 31; *Winter*, VersR 1991, 527.

879 So auch *Fajen*, VersR 2013, 973 (974); *Winter*, VersR 1991, 527 (529).

880 *Schnepp*, in: Bruck/Möller, VVG, § 78 Rn. 181.

881 *Armbrüster*, in: Prölss/Martin, VVG; § 78 Rn. 29; *Schnepp*, in: Bruck/Möller, VVG, § 78 Rn. 181.

qualifizierten Subsidiaritätsklauseln nicht so eindeutig wie die der einfachen. Durch die Verwendung qualifizierter Klauseln kann es durchaus zu einer Situation kommen, in der der nachrangig einstandspflichtige Versicherer wegen des Bestehens eines weiteren Versicherungsvertrages über das gleiche Risiko nicht zur Leistung verpflichtet ist und der Primärversicherer möglicherweise ebenfalls von seiner Einstandspflicht befreit ist; das kann zum Beispiel aufgrund Prämienverzugs oder einer (vorsätzlichen) Obliegenheitsverletzung des Versicherungsnehmers bzw. der versicherten Person der Fall sein. Daher drohen dem Versicherungsnehmer bei der Verwendung von qualifizierten Subsidiaritätsklauseln Deckungslücken.[882] Es wird teilweise argumentiert, dass es sich um eine Abweichung von den Vorgaben der § 78 Abs. 1 und 2 VVG handele, die mit den wesentlichen gesetzlichen Grundgedanken nicht in Einklang zu bringen sei und der Versicherungsnehmer hierdurch unangemessen benachteiligt werde. Dies habe die Unwirksamkeit von qualifizierten Subsidiaritätsklauseln gemäß § 307 Abs. 1, 2 Nr. 1 BGB zur Folge.[883] Die Gefahr von Deckungslücken könne zudem auch zu eine Vertragszweckgefährdung und infolgedessen zu einer Unwirksamkeit nach § 307 Abs. 1, 2 Nr. 2 BGB führen.

Dem ist allerdings nicht zuzustimmen. Diese Ansicht, die eine Unwirksamkeit von qualifizierten Subsidiaritätsklauseln gemäß § 307 Abs. 1 und 2 BGB annehmen möchte, verkennt, dass eine Subsidiaritätsklausel im Vergleich zu einem Deckungsausschluss noch immer das mildere Mittel für den Versicherten darstellt. Das bedeutet, dass immer, wenn ein Deckungsausschluss grundsätzlich zulässig ist, das Gleiche für eine qualifizierte Subsidiaritätsklausel gelten muss.[884] Darüber hinaus ist eine qualifizierte Subsidiaritätsklausel nicht derart überraschend für den Versicherungsnehmer, dass es zu ihrer Nichteinbeziehung in den Versicherungsvertrag kommt. Zwar bedarf die Prüfung eines tatbestandserfüllenden Überraschungsmoments immer der Prüfung unter Berücksichtigung der Umstände des Einzelfalls,[885] jedoch lässt sich generell sagen, dass die Vereinbarung einer qualifizierten Subsidiaritätsklausel – wie gezeigt – das Risiko einer Einstandspflicht des Klauselverwenders nicht unerheblich reduziert, wodurch es zu einer Reduzierung der Prämienlast kommt. Die Gründe für die reduzierte Prämienlast dürften dem Versicherungsnehmer in den weit

---

882 *Präve,* VW 2009, 98 (102); *Schnepp,* in: Bruck/Möller, VVG, § 78 Rn. 179; *Winter,* VersR 1991, 527 (529 f.); differenzierend *Kohleick,* Die Doppelversicherung, S. 169 f.

883 *Präve,* VW 2009 S. 98 (102); *Winter,* VersR 1991, 527 (529 f.)

884 So auch *Schnepp*, in: Bruck/Möller, VVG, § 78 Rn. 180.

885 *Stadler,* in: Jauernig, BGB, § 305c Rn. 2.

überwiegenden Fällen offen kommuniziert werden bzw. es wird die qualifizierte Subsidiaritätsklausel nach Absprache der Vertragsparteien – im Wissen, dass noch eine weitere Versicherung für dasselbe Risiko besteht – gerade deshalb in die Police aufgenommen, um die Höhe der Prämien zu senken. Anders ist dies zu bewerten, wenn bei Vertragsschluss keinerlei Hinweis auf die in der Police vorgesehene Subsidiaritätsklausel erfolgt ist und die Prämie für die Police derjenigen entspricht, die der Versicherer bzw. andere Versicherer für eine vergleichbare Police ohne entsprechende Subsidiaritätsklausel verlangt hätte bzw. hätten. Damit lässt sich zusammenfassend festhalten, dass qualifizierte Subsidiaritätsklauseln grundsätzlich wirksam in den Vertrag einbezogen und keine unangemessene Benachteiligung darstellen, es jedoch immer noch einer Prüfung des konkreten Einzelfalls bedarf, die dessen (möglicherweise bestehenden) besonderen Umstände mitberücksichtigt.

Bisweilen ist aufgrund von mehrdeutigen Formulierungen in den Bedingungswerken nicht ganz eindeutig, welche Art von Subsidiaritätsklausel vorliegen soll. In diesem Fall ist es gerechtfertigt, im Zweifel im Rahmen einer erforderlichen Auslegung eine einfache Subsidiaritätsklausel anzunehmen, da eine solche den Versicherungsschutz weniger beschränkt und davon auszugehen ist, dass die Vermeidung von Deckungslücken das vordringliche Interesse des Versicherungsnehmers ist.[886]

4. Kollision von Subsidiaritätsklauseln

Wie gezeigt, ist die Verwendung von Subsidiaritätsklauseln bei D&O-Versicherungen keine Seltenheit. Insofern kommt es in der Praxis immer wieder zu einer Konstellation, in der beide Policen, die dasselbe Risiko abdecken und unter denen für den angezeigten Schaden grundsätzlich Deckung besteht, Subsidiaritätsklauseln vorsehen. Es stellt sich dann wiederum die Frage, wie diese Kollision von sich widersprechenden Subsidiaritätsklauseln – beide sehen eine nur nachrangige Deckung unter der jeweiligen Police vor – aufgelöst werden kann. Da die Bedingungswerke für den Kollisionsfall keine Regelung vorsehen, bedarf es einer ergänzenden Vertragsauslegung.[887] Einigkeit besteht zumindest insofern, als die Natur der kollidierenden Klauseln ausschlaggebend sein soll.[888]

---

886 So auch *Armbrüster,* in: Prölss/Martin, VVG; § 78 Rn. 35 und *Schnepp,* in: Bruck/Möller, VVG, § 78 Rn. 178.

887 *Armbrüster,* in: Prölss/Martin, VVG; § 78 Rn. 33; *Brambach,* in: Rüffer/Halbach/Schimikowski; VVG, § 77 Rn. 34; *Halbach:* Landheid/Wandt, MünchKomm zum VVG, § 78 Rn. 17; *Schnepp,* in: Bruck/Möller, VVG, § 78 Rn. 182; *Segger/Degen,* RuS 2012, 422 (423); *Vollmar,* VersR 1987, 735 (738).

888 *Schnepp,* in: Bruck/Möller, VVG, § 78 Rn. 182 ff.; *Segger/Degen,* RuS 2012, 422 (423 f.).

a) Kollision einer einfachen und einer qualifizierten Subsidiaritätsklausel

Es wird angenommen, dass eine qualifizierte Subsidiaritätsklausel Vorrang gegenüber einer einfachen haben soll. Es wird argumentiert, dass der Verwender der einfachen Klausel nur dann nicht leisten möchte, wenn unter einem anderen Vertrag Versicherungsschutz besteht, und nicht bereits dann, wenn in einem anderen Vertrag eine qualifizierte Subsidiaritätsklausel vereinbart ist.[889] Dies ist schlüssig, weswegen bei einer Kollision einer einfachen und einer qualifizierten Subsidiaritätsklausel der Verwender der lediglich einfach subsidiären Klausel vorrangig einstandspflichtig ist.[890]

b) Kollision einfacher Subsidiaritätsklauseln

Hingegen soll bei einer Kollision von nur einfachen Subsidiaritätsklauseln weiterhin Versicherungsschutz zugunsten des Versicherungsnehmers bestehen.[891] Die beiden Subsidiaritätsklauseln sollen sich also gegenseitig aufheben und die gesetzliche Rechtsfolge des § 78 Abs. 1 und 2 VVG Anwendung finden.[892] Demnach haften die Versicherer gegenüber dem Versicherungsnehmer als Gesamtschuldner. Diese Vorgehensweise entspricht sowohl dem hypothetischen Willen des Versicherungsnehmers als auch dem des Versicherers am ehesten, da dieser durch die Verwendung einer bloß einfachen Subsidiaritätsklausel zum Ausdruck gebracht hat, dass er grundsätzlich bereit ist, im Schadensfall zu leisten, und er nur dann nachrangig haften möchte, wenn der Versicherungsnehmer bereits unter einer anderen Police einen durchsetzbaren Deckungsanspruch hat und dadurch abgesichert ist.[893] Diese Ansicht wurde durch Urteil des BGH vom 19. Februar 2014 bestätigt, mit dem der IV. Zivilsenat entschieden hat, dass

---

889 *Segger/Degen,* RuS 2012, 422 (424).

890 So auch *Armbrüster,* in: Prölss/Martin, VVG; § 78 Rn. 34; *Brambach,* in: Rüffer/Halbach/Schimikowski; VVG, § 77 Rn. 33; *Halbach:* Landheid/Wandt, MünchKomm zum VVG, § 78 Rn. 22; *Schaloske/Kassing,* PHi 2014, 174 (177); *Schnepp,* in: Bruck/Möller, VVG, § 78 Rn. 183; *Segger/Degen,* RuS 2012, 422 (424).

891 BGH VersR 2010, 477 (479); *Armbrüster,* in: Prölss/Martin, VVG; § 78 Rn. 36; *Brambach,* in: Rüffer/Halbach/Schimikowski; VVG, § 77 Rn. 34; *Halbach:* Landheid/Wandt, MünchKomm zum VVG, § 78 Rn. 22.

892 BGH VersR 2014, 450 f.; LG Hamburg, VersR S. 933 (935); *Armbrüster,* in: Prölss/Martin, VVG; § 78 Rn. 36; *Halbach:* Landheid/Wandt, MünchKomm zum VVG, § 78 Rn. 22; *Schmidt,* VersR 2013, 418 (426); *Schnepp,* in: Bruck/Möller, VVG, § 78 Rn. 184; *Segger/Degen,* RuS 2012, 422 (424); *von Jordan,* VersR 1973, 396; *von Koppenfels-Spies,* Looschelders/Pohlmann, VVG, § 78 Rn. 19.

893 So auch *Segger/Degen,* RuS 2012, 422 (424).

kollidierende (gleichwertige) Subsidiaritätsklauseln sich gegenseitig aufheben, mit der Folge, dass bei einer Überversicherung § 78 VVG Anwendung findet. Es entspreche dem Willen der Beteiligten, den Versicherungsnehmer nicht schutzlos zu stellen.[894]

Aufgrund der eindeutigen Positionierung des BGH zu dieser Frage ist der Ansatz abzulehnen, wonach die zeitlich später abgeschlossene Police mit einfacher Subsidiaritätsklausel gegenüber der früheren nur nachrangig herangezogen werden kann.[895] Die Ansicht des BGH ist zudem interessengerecht, da andernfalls die Subsidiaritätsklausel der früher abgeschlossenen Police völlig entwertet würde. Sie wäre gegenüber allen in Nachfolgepolicen vereinbarten Subsidiaritätsklauseln letztlich unbeachtlich, soweit unter der zeitlich früheren Police tatsächlich ein Deckungsanspruch bestünde.[896] Zwar könnte der Versicherer durch gezieltes Fragen im Vorfeld des Abschlusses einer Police in Erfahrung bringen, ob bereits Versicherungsschutz unter einer anderen Police besteht und ob diese Police eine Subsidiaritätsklausel enthält und bejahendenfalls welche Qualität diese Klausel hat. So könnte der Versicherer bereits im Vorfeld des Abschlusses der Police beurteilen, ob er trotz Verwendung einer einfachen Subsidiaritätsklausel gegenüber einem anderen Versicherer regelmäßig vorrangig eintrittspflichtig ist. Dem entsprechend könnten sie ihre Prämienkalkulation an den Ergebnissen der Abfrage ausrichten und die Interessen des zeitlich ersten Versicherers blieben gewahrt. Jedoch ist dieser Ansatz wenig praxistauglich, da er den Vertragsschluss und die Prämienkalkulation des Versicherers nicht unerheblich verkompliziert. Im Übrigen bürdet sie dem Versicherungsnehmer eine überobligatorische Auskunftslast im vorvertraglichen Bereich auf, die unangemessen ist. Dies gilt vor allem vor dem Hintergrund der gravierenden nachteiligen Rechtsfolgen, die im Falle von vorvertraglicher Verletzung von Auskunftsobliegenheiten eintreten könnten. So sieht § 19 Abs. 2 VVG – unterstellte man dem Versicherungsnehmer wenigstens grobe fahrlässige Falschanzeige – ein Rücktrittsrecht des Versicherers vor. Zudem kommt daneben eine Anfechtung des Vertrages wegen arglistiger Täuschung nach § 123 Abs. 1 BGB in Betracht (vgl. § 22 VVG). Deren Tatbestandsvoraussetzungen sind zwar hoch, es ist jedoch nicht auszuschließen, dass sich der Versicherer bei einer fehlerhaften Auskunft hierauf berufen und dem Versicherungsnehmer zumindest vorläufig den

---

894 BGH VersR 2014, 450 f.

895 So auch vertreten von *Martin*, VersR 1973, 691 (696 ff.) und *Vollmar*, VersR 1987, 735 (738).

896 *Segger/Degen*, RuS 2012, 422 (424).

Versicherungsschutz versagen könnte. Daher ist diese Ansicht im Gegensatz zu der eingangs skizzierten Ansicht des BGH nicht interessengerecht, weswegen sie abzulehnen ist.[897]

Ebenfalls abzulehnen ist die Ansicht, dass die Versicherer im Falle zweier kollidierender einfacher Subsidiaritätsklauseln im Außenverhältnis gegenüber dem Versicherungsnehmer (bzw. gegenüber der versicherten Person bei einer D&O-Versicherung) nicht mehr als Gesamtschuldner, sondern anteilig nach dem Verhältnis ihrer Versicherungssummen haften sollen.[898] Diese Ansicht führt zu einer nicht begründbaren Schlechterstellung des Versicherungsnehmers, da er seinen Deckungsanspruch parallel gegenüber zwei unterschiedlichen Versicherern verfolgen müsste. Ist einer der beiden Versicherer gleich aus welchem Grund von seiner Einstandspflicht befreit, muss er für einen Teil seines Schadens selbst aufkommen. Dies kann aber nicht das Resultat einer Verwendung einer einfachen Subsidiaritätsklausel sein, die, wie bereits gezeigt, lediglich zu einer nachrangigen Haftung eines Versicherers führen soll, ohne dass es zu Deckungslücken zulasten der versicherten Person kommt. Subsidiaritätsklauseln sollen daher nicht zu einer Teil- sondern stets zu einer (gegebenenfalls nachrangigen) Volldeckung führen.[899]

c) *Kollision bei (einseitiger) Verwendung einer* doppelten *Subsidiaritätsklausel*

Nach Ansicht des BGH heben sich zwei gleichwertige Subsidiaritätsklauseln auch dann gegenseitig auf, wenn eine der beiden Klauseln den Zusatz enthält, dass eine bloße nachrangige Haftung u.a. dann bestehen soll, wenn in einer über das gleiche Risiko abgeschlossenen Police ebenfalls eine nachrangige Haftung vorgesehen ist, der Versicherer mithin also eine sog. „*doppelte Subsidiaritätsklausel*" verwende.[900] Nach Ansicht des BGH verstehe ein Versicherungsnehmer eine derartige Klausel nicht derart, dass der Verwender nicht einstandspflichtig sein möchte, wenn sich auch der andere Versicherer unter Berufung auf eine ähnliche Klausel für leistungsfrei erklärt. Ein schutzwürdiges Interesse des

---

897 So im Ergebnis auch *Armbrüster*, in: Prölss/Martin, VVG; § 78 Rn. 36; *Halbach*: Landheid/Wandt, MünchKomm zum VVG, § 78 Rn. 22; *Schmidt*, VersR 2013, 418 (426); *Schnepp*, in: Bruck/Möller, VVG, § 78 Rn. 184; *Segger/Degen*, RuS 2012, 422 (424); *von Jordan*, VersR 1973, 396.

898 *Blanck*, VersR 1973 S. 705 (706); *Kohleick*, Die Doppelversicherung, S. 178 f.

899 So auch *Segger/Degen*, RuS 2012, 422 (424); *Winter*, VersR 1991, 527 (531).

900 BGH VersR 2014, 450 (451).

Versicherers an einer so weitgehenden Leistungseinschränkung könne der Versicherungsnehmer angesichts der von ihm geleisteten Prämie und der Zulässigkeit des Abschlusses einer weiteren Versicherung gegen dasselbe Risiko nicht erkennen. Der Versicherungsnehmer nehme daher an, dass der Versicherer mit der Zusatzklausel lediglich die Geltung der Subsidiaritätsklausel gegenüber anderen Subsidiaritätsklauseln bezwecke.[901]

Diese Annahme des BGH ist indes nicht überzeugend. Bereits seine Ausführungen zu der Frage, wie ein Versicherungsnehmer derartige Klauseln interpretiere, erscheinen weit hergeholt. Die im Anlassstreit vom Versicherer verwendete Formulierung *„(…). Dies gilt auch dann, wenn in einem dieser Versicherungsverträge ebenfalls eine nachrangige Haftung vereinbart ist.“* ist derart deutlich und verständlich, dass der Auslegung des BGH der klare Wortlaut der Klausel entgegensteht.

Zudem ist die Ansicht des BGH auch dogmatisch wenig überzeugend. Ausgangspunkt der Überlegung, wie im Falle von kollidierenden Subsidiaritätsklauseln zu verfahren ist, war – wie oben bereits gezeigt – der Umstand, dass die von den Versicherern verwendeten Bedingungswerke für diesen Fall keine Handhabe vorsehen, mithin eine ergänzende Vertragsauslegung erforderlich ist. Für eine ergänzende Vertragsauslegung besteht allerdings dann kein Raum, wenn das Regelungssubjekt bereits durch eine vertragliche Vereinbarung eindeutig erfasst wird.[902] So sieht die oben zitierte Klausel vor, dass im Falle einer Kollision mit einer weiteren Subsidiaritätsklausel keine Leistungspflicht des Klauselverwenders bestehen soll, wenn zugleich unter der anderen Police tatsächlich ein Deckungsanspruch besteht (einfache Subsidiarität). Damit wird der Kollisionsfall unzweideutig geregelt, weswegen eine ergänzende Vertragsauslegung unzulässig ist.

Darüber hinaus führt die wortlautgetreue Anwendung der Klausel nicht zu etwaigen Deckungslücken des Versicherungsnehmers, da es nur dann zu einer nachrangigen Deckungspflicht kommen soll, wenn tatsächlich ein Anspruch unter dem anderen Versicherungsvertrag bestehen sollte. Insofern bleiben die Interessen des Versicherungsnehmers bei Annahme einer nur nachrangigen Haftung des Klauselverwenders vollumfänglich gewahrt. Einzige nachteilige Konsequenz ist, dass er nicht mehr frei zwischen zwei Gesamtschuldnern (vgl. § 78 Abs. 1 VVG) wählen kann. Dies aber ist bei Policen mit Subsidiaritätsklauseln regelmäßig der Fall, womit diese Konsequenz für den Versicherungsnehmer

---

901 BGH VersR 2014, 450 (451).
902 M.w.N. *Wendtland*, in: Bamberger/Roth/Hau/Poseck BeckOK BGB, § 157 Rn. 35.

nicht überraschend im Sinne des § 305c BGB ist. Da zudem sein Schutz gewahrt bleibt, ist mithin keine unangemessene Benachteiligung gemäß § 307 BGB anzunehmen. Daher sollte ein Versicherer, der eine doppelte Subsidiaritätsklausel verwendet, gegenüber einem Versicherer, der in einer Versicherung über das gleiche Risiko nur eine „einfache“ Subsidiaritätsklausel gebraucht, lediglich nachrangig einstandspflichtig sein. Ist demgegenüber in beiden Policen eine doppelte Subsidiaritätsklausel vorgesehen, haben sich beide im Wege einer ergänzenden Vertragsauslegung auf (dieser Fall wird durch die doppelte Klausel tatsächlich nicht erfasst). Somit käme man bei zwei kollidierenden doppelten Klauseln wieder zu einer Anwendbarkeit von § 78 VVG. In dem vom BGH entschiedenen Fall sah allerdings nur eine Klausel eine nachrangige Haftung für den Fall einer kollidierenden Subsidiaritätsklausel vor, weswegen den Ausführungen des BGH zu dieser Frage nicht gefolgt werden kann.

d) Kollision qualifizierter Subsidiaritätsklauseln

Ebenfalls umstritten ist die Rechtsfolge für den Fall, dass zwei qualifizierte Subsidiaritätsklauseln kollidieren. So wird zum Teil angenommen, dass sich auch in diesem Fall beide Klauseln gegenseitig aufheben und stattdessen die Vorgaben des § 78 VVG Anwendung finden sollen.[903] Hiervon abweichend wird von manchen Autoren allerdings die Ansicht vertreten, dass bei einer Kollision qualifizierter Klauseln beide Versicherer leistungsfrei und als Konsequenz hieraus der Versicherungsnehmer schutzlos gestellt sein soll.[904]

Die Problematik kollidierender qualifizierter Klauseln wurde durch das für die Kollision einfacher Klauseln maßgebliche Urteil des BGH vom 19. Februar 2014 nicht behandelt.[905] Zwar differenziert der BGH in dieser Entscheidung nicht zwischen einfachen und qualifizierten Klauseln, jedoch ist anzunehmen, dass er bei seiner Entscheidungsfindung lediglich einfache Subsidiaritätsklauseln vor Augen hatte. Dafür spricht zunächst, dass die Klausel, die in der Police verwendet wurde, die Gegenstand der vom BGH entschiedenen Rechtsstreitigkeit war, eine einfache Subsidiaritätsklausel gewesen ist.[906] Im Rahmen

---

903 *Beckmann*, in: Beckmann/Matusche-Beckmann, Versicherungsrechts-Handbuch, § 10 Rn. 171.

904 *Armbrüster*, in: Prölss/Martin, VVG; § 78 Rn. 35; *Brambach*, in: Rüffer/Halbach/Schimikowski; VVG, § 77 Rn. 35; *Kohleick*, Die Doppelversicherung, S. 171 f.; *Schaloske/Kassing*, PHi 2014, 174 (177); *Schnepp*, in: Bruck/Möller, VVG, § 78 Rn. 185.

905 BGH VersR 2014, 450.

906 Vgl. BGH VersR 2014, 450.

der Klauselauslegung spricht der BGH davon, dass der Versicherungsnehmer bei Durchsicht der Police bemerkt haben müsse, dass keiner der Versicherer mit Rücksicht auf die Eintrittspflicht des jeweils anderen Deckung gewähren will.[907] Eine Nachrangigkeit (ausschließlich) für den Fall einer anderweitigen Deckungspflicht ist – wie gezeigt – entscheidendes Merkmal einer einfachen Subsidiaritätsklausel, weswegen diese Argumentation des BGH nicht ohne Weiteres qualifizierte Klauseln erfasst.

Auf der anderen Seite lautet der Leitsatz des Urteils lediglich, dass zwei kollidierende gleichwertige Subsidiaritätsklauseln dahingehend ergänzend auszulegen sind, dass sich beide gegenseitig aufheben und damit die in § 78 Abs. 1 und 2 VVG für die Mehrfachversicherung vorgesehenen Rechtsfolgen zur Anwendung kommen.[908] Eine Einschränkung auf einfache Klauseln lässt sich hieraus nicht entnehmen. Vielmehr muss es sich danach lediglich um gleichwertige Klauseln handeln, damit sich diese dergestalt gegenseitig aufheben, dass die Vorschrift des § 78 VVG zur Anwendung gelangt. Damit ist eine Ausdehnung dieses Leitsatzes auf die Kollision qualifizierter Klauseln durchaus denkbar. Da dies vom Senat indes wohl nicht bezweckt gewesen ist, bleibt zu untersuchen, ob die vom BGH für die Kollision einfacher Klauseln gefundene Rechtsfolge gleichfalls für qualifizierte Klauseln gelten soll oder ob für sie gegebenenfalls Abweichendes gelten muss.

Wie bereits einleitend erwähnt, sind manche Autoren der Ansicht, dass es bei einer Kollision qualifizierter Klauseln nicht zu der in § 78 VVG für die Mehrfachversicherung normierten Rechtsfolge kommen soll. Vielmehr sollen sich die Klauseln im Kollisionsfall dergestalt aufheben, dass keiner der beiden Versicherer gegenüber dem Versicherungsnehmer einstandspflichtig ist. Dies folge aus dem Prinzip der Vertragsfreiheit und der Gleichheit von Verträgen.[909]

Dieses Ergebnis ist allerdings unter Berücksichtigung der Interessen sowohl des Versicherungsnehmers als auch der versicherten Person (im Falle einer Versicherung auf fremde Rechnung) nicht sachgerecht. Eine dahingehende ergänzende Vertragsauslegung einer qualifizierten Subsidiaritätsklausel, dass im Falle einer Kollision mit einer anderen (qualifizierten) Subsidiaritätsklausel aus einer anderen Versicherungspolice keiner der beiden Klauselverwender für den Schadensfall eintrittspflichtig sein soll, widerspricht dem gesetzlichen Leitbild des

---

907 BGH VersR 2014, 450 (451).

908 BGH VersR 2014, 450 f.

909 *Armbrüster,* in: Prölss/Martin, VVG; § 78 Rn. 35; *Halbach:* Landheid/Wandt, MünchKomm zum VVG, § 78 Rn. 23; a.A. *Martin*, VersR 1973, 691 (696).

§ 78 Abs. 1 S. VVG, wonach bei einer Mehrfachversicherung die Versicherer gegenüber dem Versicherungsnehmer als Gesamtschuldner haften sollen. Daher liegt bei diesem Verständnis der Klausel eine unangemessene Benachteiligung des Versicherungsnehmers gemäß § 307 Abs. 2 Nr. 1 BGB vor, da sie mit wesentlichen gesetzlichen Grundgedanken nicht vereinbar ist.

Zudem ist das Ergebnis, dass dem Versicherungsnehmer im Kollisionsfall überhaupt kein Versicherungsschutz mehr zustehen soll, für diesen derart überraschend, dass die qualifizierten Subsidiaritätsklauseln gemäß § 305 c Abs. 1 BGB bereits kein Policenbestandteil werden. Bei einem Abschluss einer Versicherungspolice geht der Versicherungsnehmer davon aus, dass der Versicherer – vorbehaltlich des Vorliegens aller weiteren Voraussetzungen – für die Schäden aufkommt, die ihm aufgrund der Realisierung des versicherten Risikos entstehen. Bei der D&O-Versicherung ist dies die Geltendmachung von Haftpflichtansprüchen gegen eine versicherte Person aufgrund einer Pflichtverletzung, die sie im Rahmen ihrer Tätigkeit für die Gesellschaft begangen haben soll (s.o.). Sollte das Bestehen von zwei unterschiedlichen Policen zur Folge haben, dass der Versicherungsnehmer bzw. die versicherte Person im Versicherungsfall im Versicherungsschutz schutzlos gestellt wäre, wäre dies für den Versicherungsnehmer bzw. für die versicherte Person unvorhersehbar und damit überraschend im Sinne von § 305 c Abs. 1 BGB. Damit führt die ergänzende Vertragsauslegung dazu, dass die Klausel den Versicherungsnehmer (bzw. die versicherte Person) nicht nur unangemessen benachteiligt, sondern gleichzeitig überraschend im Sinne des § 305 Abs. 1 BGB ist und damit bereits kein Vertragsbestandteil sind. Mithin ist diese Ansicht abzulehnen.

Vielmehr ist es interessengerecht, unter Berücksichtigung der Rechtsprechung des BGH zu einfachen Subsidiaritätsklauseln, auch für kollidierende qualifizierte anzunehmen, dass sie sich gegenseitig aufheben. Dies hat zur Folge, dass § 78 Abs. 1 und 2 VVG Anwendung findet. Zwar kann wie bereits erörtert bei Verwendung einer qualifizierten Subsidiaritätsklausel eine Situation eintreten, in der weder der Primär- noch der nachrangige Versicherer trotz Realisierung des versicherten Risikos einstandspflichtig sind (s.o.), jedoch entspricht es nicht dem Willen der am Vertrag beteiligten Parteien, dass der Versicherungsnehmer ohne eigenes Fehlverhalten (beispielsweise Prämienzahlungsverzug oder Begehung einer Obliegenheitsverletzung) und trotz Absicherung des versicherten Risiko mit zwei unterschiedlichen Policen vollständig schutzlos gestellt wird. Dies gilt selbst dann, wenn die Prämienlast aufgrund der qualifizierten Subsidiaritätsklausel im Vergleich zu einer Police ohne solche Klausel erheblich reduziert ist. Denn auch in diesem Fall ist es interessengerechter, den Klauselverwendern das Risiko kollidierender, gleichwertiger Klauseln und damit das Risiko einer gesamtschuldnerischen Haftung aufzuerlegen, als dem Versicherungsnehmer den Versicherungsschutz vollständig zu versagen.

Die Gegenansicht, die qualifizierte Subsidiaritätsklauseln wertungsmäßig mit Ausschlussklauseln gleichsetzt und es daher als gerechtfertigt ansieht, wenn der Versicherungsnehmer im Kollisionsfall schutzlos gestellt ist,[910] vermag ebenfalls nicht zu überzeugen. Der bei der (isolierten) Prüfung der Wirksamkeit von qualifizierten Subsidiaritätsklauseln gezogene Vergleich zu Ausschlussklauseln kann unter keinem denkbaren Gesichtspunkt als Präjudiz für die Frage der Behandlung einer Kollision von zwei qualifizierten Subsidiaritätsklauseln dienen. Die Argumentation, dass qualifizierte Subsidiaritätsklauseln als rechtliches Minus zu Ausschlussklauseln, immer dann wirksam sind, wenn ein Ausschluss mit gleichem Inhalt wirksam wäre, kann nicht dazu führen, dass man die drastischen Rechtswirkungen von Ausschlussklauseln im Wege der ergänzenden Vertragsauslegung auf qualifizierte Subsidiaritätsklauseln ausdehnt. Ein solche Auslegung ist für den Versicherungsnehmer nicht vorhersehbar, weswegen sie dazu führt, dass die Klausel wegen § 305c Abs. 1 BGB bereits kein Vertragsbestandteil wird.[911]

Die Versicherer können diesem Risiko überdies dadurch begegnen, dass sie die von ihnen verwendete Subsidiaritätsklausel als „doppelte“ Subsidiaritätsklausel ausgestalten, die eine nachrangige Einstandspflicht auch für den Fall vorsieht, dass eine andere Police das gleiche Risiko abdeckt und diese Police eine gleichrangige (qualifizierte) Subsidiaritätsklausel enthält. Dabei ist allerdings zu beachten, dass der BGH im Hinblick auf einfache Subsidiaritätsklausel der Meinung ist, dass es trotz des Vorliegens einer „doppelten“ Subsidiaritätsklausel bei einer Kollision zu der Rechtsfolge des § 78 Abs. 1 bzw. 2 VVG kommen soll.

5. Auswirkungen auf die Kompensationskraft einer Nachhaftungsperiode

Die Anwendung einer qualifizierten Subsidiaritätsklausel durch den Versicherer mindern die Kompensationswirkung einer Nachhaftungsklausel derart, dass bei einer abstrakt-generellen Betrachtung von einer unangemessenen Benachteiligung des Versicherten durch das Claims made-Prinzip auszugehen ist. Dies folgt aus dem Umstand, dass im Bereich der D&O-Versicherung aufgrund der Gefahr von eintretenden Deckungslücken regelmäßig ein Anschlussvertrag abgeschlossen wird. Da in einem solchen Fall für den subsidiär haftenden Versicherer eine

910 *Schnepp*, in: Bruck/Möller, VVG, § 78 Rn. 185.

911 So auch *Fajen*, VersR 2013, 973 (974).

Leistungspflicht vollständig ausgeschlossen ist, führt die qualifizierte Subsidiaritätsklausel zu einer fast vollständigen Aushöhlung der Nachhaftung.

Anders ist die Situation bei einfachen Subsidiaritätsklauseln zu bewerten. Hier ist die Leistungspflicht einer der beiden Versicherer grundsätzlich gegeben. Hat der Versicherungsnehmer oder die versicherte Person in diesem Fall keinen durchsetzbaren Anspruch gegen den Anschlussversicherer, bleibt der Rückgriff auf den subsidiär haftenden Versicherer möglich, der sich seiner Deckungspflicht dann nicht durch einen Verweis auf den anderen Versicherer entziehen kann. Gegebenenfalls kann die Prüfung der Deckungspflicht eines anderen Versicherers sehr komplex sein, jedoch vermag dieser Umstand alleine die Kompensationswirkung der Nachhaftung nicht unterlaufen. Das bedeutendste Interesse des Versicherungsnehmers, die Deckung des Haftpflichtanspruches, bleibt bei der einfachen Subsidiaritätsklausel gewahrt, die Kompensationskraft der Nachhaftungsklausel ist kaum gemindert. Sieht eine Subsidiaritätsklausel eine nachrangige Haftung insbesondere oder ausschließlich für den Fall vor, dass die erstmalige Inanspruchnahme der versicherten Person während der laufenden Nachmeldefrist erfolgt ist, ist bei der Beurteilung der kompensatorischen Wirkung der vereinbarten Nachhaftung die Subsidiaritätsklausel miteinzubeziehen, die dadurch nicht unerheblich gemindert wird.

V. Verteilung nicht ausreichender Versicherungssumme

Eine in der Versicherungspraxis äußerst relevante Problemstellung ist die Verteilung einer nicht ausreichenden Versicherungssumme unter den versicherten Personen.

1. Problemstellung

Dieses Verteilungsproblem stellt sich dabei nicht erst bei einer etwaigen Freistellung der Versicherten von berechtigten Haftpflichtansprüchen, sondern bereits bei der Übernahme von Abwehrkosten durch den Versicherer.[912] Da diese regelmäßig auf die Versicherungssumme angerechnet werden, können die Kosten für die Anspruchsabwehr vor allem bei niedrigen Deckungssummen oder im Falle von Sublimitierungen bereits die vereinbarte Versicherungssumme übersteigen.[913] Den versicherten Personen geht es in aller Regel sogar vorrangig um die Gewährung von Abwehrkostendeckungsschutz, sofern der Versicherer

912 *Lange*, VersR 2014, 1413 (1416).

913 Vgl. zur Rechtmäßigkeit von Anrechnungsklauseln C. I. 3. a).

nicht von vorneherein entscheidet, dass eine Verteidigung gegen den Anspruch aussichtslos ist und er daher von dem ihm zustehenden Wahlrecht dergestalt Gebrauch macht, dass er den Anspruchsteller in Höhe seiner geltend gemachten Forderung entschädigt und die versicherte(n) Person(en) insofern freistellt.

Die Versicherer dürfen sich mit der Frage nach der gerechten Verteilung dabei nicht erst in dem Moment, in dem die gegen geltend gemachten Forderungen die Versicherungssumme überschreiten, auseinandersetzen, sondern müssen sich vielmehr bereits dann auf einen Verteilungsmechanismus festlegen, wenn die Überschreitung der Versicherungssumme absehbar ist.[914]

In der absoluten Mehrzahl der sich am Markt befindlichen D&O-Versicherungspolicen finden sich zudem keine Vorgaben, wie mit einer nicht ausreichenden Versicherungssumme im Verteilungsfall verfahren werden soll.[915] Gängig sind lediglich Klauseln, die vorgeben, in welcher Reihenfolge die einzelnen Schutzbestandteile der Police vom Versicherer zu bedienen sind (regelmäßig Abwehrkosten vor Freistellung, zivilrechtlicher Schutz vor Strafrechtsdeckung usw.).[916] Derartige Klausel bieten aber für das Verteilungsproblem einer nicht ausreichenden Versicherungssumme auf mehrere Versicherte keine Anhaltspunkte. Ist ausnahmsweise in einer Police doch eine entsprechende Regelung vorgesehen, ist diese aus Gründen der Privatautonomie vorrangig zu beachten.[917]

Die AVB-AVG enthalten ebenfalls keine Regelungen für die Verteilung einer nicht ausreichenden Versicherungssumme. Da dieses bekannte Problem trotz seiner enormen praktischen Bedeutung bisher noch nicht zu einer standardmäßigen Regelung in den D&O-Bedingungswerken geführt hat, wird gemutmaßt, dass die Versicherer bewusst auf eine konkrete Regelung verzichten, um sich im Verteilungsfall alle Möglichkeiten offen zu halten.[918] Sie dürfen sich allerdings nicht der *Last der Verteilung* entledigen[919] und insbesondere nicht willkürlich vorgehen. Vielmehr müssen sie unabhängig von der Person des jeweiligen Versicherten die Versicherungssumme anhand eines klar definierten Verteilungsmechanismus aufteilen.[920] Nachstehend soll daher untersucht werden, welche

914 Zur KFZ-Haftpflichtversicherung: BGH VersR 1982, 791.

915 *Armbrüster*, VersR 2014, 1 (2); *Grooterhorst/Looman*, RuS 2014, 157 (161); *Hemeling*, FS Hoffmann-Becking, S. 491 (501); *Koch*, ZVersWiss 2012, 151 (166); *Lange*, VersR 2014, 1413.

916 *Gädtke*, VersPrax 2016, 9 (11).

917 *Armbrüster*, VersR 2014, 1 (2 f.), *Koch*, VersR 2016, 1469.

918 *Gädtke*, VersPrax 2016, 9 (11).

919 BGH VersR 1982, 791 (793).

920 *Armbrüster*, VersR 2014, 1 (5); *Lange*, VersR 2014, 1413 (1421).

Art der Verteilung den Interessen der Beteiligten am ehesten gerecht wird und ob gegebenenfalls nicht bereits das Gesetz Vorgaben enthält, anhand derer die Verteilung vorzunehmen ist.

2. Begriff

Die Versicherungssumme ist derjenige Betrag, den die Parteien eines Versicherungsvertrages als den vom Versicherer zu leistenden Höchstbetrag vereinbaren.[921] Sie wird daher regelmäßig (unter anderem in den Policen selbst) als „*Deckungslimit*" bezeichnet. In der Haftpflichtversicherung ist darüber hinaus der Begriff der „*Deckungssumme*" geläufig, die regelmäßig im Versicherungsschein angegeben wird.[922] Das Gesetz schreibt dabei weder eine Höchst- noch eine Mindestsumme für eine D&O-Versicherung vor, weswegen es alleine auf die Vereinbarung der Parteien ankommt.[923] Die Höhe der Deckungssumme richtet sich nach vielen Faktoren aus, wobei es entscheidend auf die Unternehmensgröße und Bilanzsumme der Versicherungsnehmerin ankommen soll.[924]

3. Besonderheiten bei der D&O-Versicherung

Das Problem einer nicht ausreichenden Versicherungssumme stellt sich im Besonderen bei D&O-Versicherungen, da diese – wie bereits geschildert – zurzeit praktisch noch ausnahmslos für mehrere versicherte Personen als sog. Gruppenversicherungsverträge abgeschlossen werden.[925] Zwar gibt es in jüngster Zeit vermehrt Stimmen, die zumindest für den Aufsichtsrat eine gesonderte (Zusatz-)Deckung fordern. Diese hat sich aber, soweit ersichtlich, auf dem Markt noch nicht durchgesetzt.[926] Zudem ist ein nunmehr bereits länger anhaltender Trend zu beobachten, dass die Anzahl der persönlichen Inanspruchnahmen

---

921 BGH VersR 2006, 1679; *Beckmann*, in: Beckmann/Matusche-Beckmann, Versicherungsrechts-Handbuch, § 28 Rn. 90; *Finkel/Seitz*, in: Seitz/Finkel/Klimke, D&O-Versicherung, Ziff. 4 AVB-AVG, Rn. 48; *Fleischer*, Handbuch des Vorstandsrechts, § 12 Rn. 44; *Lange*, D&O-Versicherung, § 15 Rn. 2; *Lange* in: Veith/Gräfe/Gebert, Der Versicherungsprozess, § 21 Rn. 341.

922 *Beckmann*, in: Beckmann/Matusche-Beckmann, Versicherungsrechts-Handbuch, § 28 Rn. 90.

923 *Lange*, D&O-Versicherung, § 15 Rn. 2.

924 *Beckmann*, in: Beckmann/Matusche-Beckmann, Versicherungsrechts-Handbuch, § 28 Rn. 90; *Ihlas*, Directors & Officers Liability, S. 428.

925 *Armbrüster*, VersR 2014, 1; *Grooterhorst/Looman*, RuS 2014, 157, *Lange*, VersR 2014, 1413.

926 Vgl. bereits oben unter C. I. 2 c).

von Geschäftsleitern ebenso ansteigt wie die Höhe der jeweils geltend gemachten Schadensersatzforderungen,[927] so dass die geltend gemachten Schäden nicht selten die Deckungssummen unter den abgeschlossenen D&O-Versicherungen übersteigen.[928] Vor allem bei mittelständischen Unternehmen kommt es immer wieder zu einem Überschreiten der Versicherungssumme, da der eingekaufte Versicherungsschutz regelmäßig hinter den sich später realisierenden Haftungsrisiken zurückbleibt. Insbesondere im Insolvenzfall tritt häufiger die Situation ein, in der die vom Insolvenzverwalter gegen die versicherten Organe nach §§ 9 3 Abs. 3 Nr. 6, 92 Abs. 2 AktG wegen (vermeintlichen) Zahlungen nach Eintritt der Insolvenzreife geltend gemachten Erstattungsansprüche um einiges höher ausfallen als die vereinbarten Versicherungssummen, so dass diese für deren Deckung nicht ausreichen.[929]

Hinzu kommt bei der D&O-Versicherung, dass die Versicherer in Anbetracht der Gefahr einer hohen Frequenz von versicherten Schäden innerhalb einer Versicherungsperiode, die Höchstdeckungssumme für einen Schadensfall in der Regel zugleich als Gesamtlimit für die ganze Versicherungsperiode (die für gewöhnlich ein Jahr beträgt) festlegen (sog. einfache Jahresmaximierung).[930] Entsprechendes sehen die GDV-Musterbedingungen in Ziff. 4.3 Abs. 1 S. 1 AVB-AVG vor. Viele Versicherungsnehmer lassen sich aus Gründen der Prämienreduzierung auf diese Form der Jahresmaximierung ein, was dem Versicherer zudem die Prämienkalkulation vereinfacht.[931] Durch eine einfache Jahresmaximierung wird die Versicherungssumme gleichzeitig zur Jahreshöchstleistung des Versicherers. Sollte demnach bereits ein Schadensfall die gesamte Summe aufzehren, besteht für jeden weiteren Versicherungsfall innerhalb derselben Versicherungsperiode keine Deckung mehr.[932] Besonders gefährdet ist der Versicherungsschutz innerhalb des Nachhaftungszeitraums der Police, da für diesen vereinbarungsgemäß stets nur der unverbrauchte Teil der für die

927 *Obmann*, Handelsblatt v. 29. Dezember 2017: *„Vorsicht, Falle."*

928 *Armbrüster*, VersR 2014, 1; *Grooterhorst/Looman*, RuS 2014, 157, *Lange*, VersR 2014, 1413.

929 *Gädtke*, VersPrax 2016, 9.

930 *Beckmann*, in: Beckmann/Matusche-Beckmann, Versicherungsrechts-Handbuch, § 28 Rn. 90; *Fleischer*, Handbuch des Vorstandsrechts, § 12 Rn. 44; *Finkel/Seitz*, in: Seitz/Finkel/Klimke, D&O-Versicherung, Ziff. 4 AVB-AVG, Rn. 51; *Ihlas*, Directors & Officers Liability, S. 429; *Lange*, D&O-Versicherung, § 15 Rn. 3; *Thümmel/Sparberg*, DB 1995, 1013 (1017).

931 *Armbrüster*, VersR 2014, 1 (2).

932 *Lange*, in: Veith/Gräfe/Gebert, Der Versicherungsprozess, § 21 Rn. 341.

letzte Versicherungsperiode vereinbarten Versicherungssumme zur Verfügung steht (vgl. Ziff. 3.2 Abs. 5 AVB-AVG). Für die Nachmeldefrist besteht demnach ein sog. gestrecktes Limit, das die Gefahr einer verbrauchten Deckungssumme zweifelsohne erhöht.[933]

Ferner trägt zu der Gefahr einer nicht ausreichenden Deckung die üblicherweise in den Bedingungswerken anzufindende Regelung bei, Schadenabwehrkosten (v.a. Rechtsanwaltsgebühren für den *Defence Counsel*) vollumfänglich auf die Schadenssumme anzurechnen,[934] was gleichsam in den Musterbedingungen des GDV in Ziff. 4.3 Abs. 1 S. 2 AVB-AVG vorgesehen ist. Diese Problematik wird in machen Policen durch die Vereinbarung von sog. *Abwehrkostenzusatzlimits* zumindest abgemildert, wonach der Versicherer für den Fall, dass die Versicherungssumme bereits ausgeschöpft ist, zusätzliche Deckung – in Höhe eines zwischen den Parteien vereinbarten Betrags – für anfallende Abwehrkosten gewährt.[935] Jedoch können auch diese Zusatzlimits für Abwehrkosten bei großen Schadenfällen mit komplexen Sachverhalten schnell ausgeschöpft sein und zudem bieten die Zusatzlimits keine Abhilfe bei einer Ausschöpfung der Versicherungssumme durch Freistellungsaufwendungen des Versicherers.

Neben der Anrechnung von Abwehrkosten auf die Versicherungssumme kann die Verwendung von Serienschadensklauseln zu einer schnelleren Ausschöpfung der für eine Versicherungsperiode vereinbarten Maximal-Limits führen. Durch die Verwendung einer Serienschadensklausel werden mehrere Schadensereignisse (durch die gegebenenfalls mehrere versicherte Personen betroffen sind) so behandelt, als ob sie allesamt innerhalb nur einer Versicherungsperiode eingetreten sind, sofern sie auf demselben Sachverhalt beruhen und miteinander in einem rechtlichen, wirtschaftlichen oder zeitlichen Zusammenhang stehen (entsprechend in Ziff. 4.5 AVB-AVG).[936] Werden so mehrere Inanspruchnahmen (fiktiv) einer Versicherungsperiode zugerechnet werden, ist das für diese Periode vereinbarte Deckungslimit auf alle Schadenfälle anzuwenden, wodurch eine schnellere Ausschöpfung des Limits für ebenjene Periode droht.[937]

---

933 *Finkel/Seitz,* in: Seitz/Finkel/Klimke, D&O-Versicherung, Ziff. 3 AVG-AVG Rn. 29; *Hemeling,* FS Hoffmann-Becking, S. 491 (501); *Lange,* VersR 2014, 1413 (1415).

934 *Armbrüster,* VersR 2014, 1 (2), *Beckmann,* in: Beckmann/Matusche-Beckmann, Versicherungsrechts-Handbuch, § 28 Rn. 91; *Lange,* D&O-Versicherung, § 15 Rn. 18 ff.

935 *Lange,* in: Veith/Gräfe/Gebert, Der Versicherungsprozess, § 21 Rn. 342 ff.

936 *Finkel/Seitz,* in: Seitz/Finkel/Klimke, D&O-Versicherung, Ziff. 4 AVB-AVG Rn. 178.

937 *Armbürster,* VersR 2014, 1 (2); Lange, VersR 2014, 1413 (1415).

Daneben werden in D&O-Policen für bestimmte Deckungsbausteine oft sog. *Sublimits* vereinbart, die für bestimmte Risiken oder Versicherungsleistungen besondere Leistungsobergrenzen vorsehen, die niedriger als die eigentliche Deckungssumme sind (z.B. für Verteidigungskosten in einem strafrechtlichen Ermittlungsverfahren).[938] Durch die Sublimitierung gewisser Versicherungsleistungen kommt es in den betroffenen Bereichen schneller zu einem vollständigen Verbrauch der Deckungssumme, so dass diese unter den Versicherten aufgeteilt werden muss.

4. Unterschiedliche Sachverhaltskonstellationen

Die Frage, wie eine nicht ausreichende Versicherungssumme möglichst interessengerecht unter den versicherten Personen zu verteilen ist, lässt sich nicht pauschal beantworten. Vielmehr ist zwischen unterschiedlichen Sachverhaltskonstellationen zu unterscheiden. Zunächst kommt es darauf an, wer bei der Verteilung der Versicherungssumme miteinander konkurriert. Handelt es sich dabei um die Geschädigten, so findet grundsätzlich. die Vorschrift des § 109 VVG Anwendung.[939] Dabei ist es unerheblich, ob es sich bei den Geschädigten um außenstehende Dritte (Außenhaftung) oder mehrere versicherte Gesellschaften (Innenhaftung) handelt.[940] Es entspricht einhelliger Ansicht, dass § 109 VVG nicht abdingbar ist, womit die Verteilung einer nicht ausreichenden Versicherungssumme zwischen mehreren Geschädigten keiner hiervon abweichenden Policengestaltung zugänglich ist.[941]

Ebenso praxisrelevant, jedoch nicht gesetzlich geregelt ist der Fall, in dem mehrere Versicherte zugleich von einem (oder mehreren) geschädigten Anspruchssteller(n) in Anspruch genommen werden und die Schädiger um die Verteilung der Versicherungssumme konkurrieren. Rechtsprechung existiert

---

938 *Lange*, D&O-Versicherung, § 15 Rn. 13.

939 Zum Norminhalt von § 109 VVG noch ausführlich unter C. V. 4. a) bb. (1) (a).

940 *Finkel/Seitz*, in: Seitz/Finkel/Klimke, D&O-Versicherung, Ziff. 4 Rn. 58; nach Ansicht von *Lange*, VersR 2014, 1413 (1424) muss § 109 VVG bei der Innenhaftung analog angewendet werden, da versicherte Gesellschaften keine „Dritten" im Sinne der Vorschrift seien; dies ist im Hinblick auf die Rechtsprechung des BGH zu § 108 Abs. 2 VVG (vgl. BGH IVG ZR 304/13 und BGH ZR IV ZR 51/14) allerdings unzutreffend, kann aber letztlich auch dahinstehen, da *Lange* mittels analoger Anwendung von § 109 VVG letztlich zum gleichen Ergebnis kommt

941 *Koch*, in: Bruck/Möller, VVG, § 109 Rn. 37; *Littbarksi*, in: Langheid/Wandt, MünchKomm VVG, § 109 Rn. 10; *Lücke*, in: Prölss/Martin, VVG, § 109 Rn. 22; *Schulze Schwienhorst*, in: Looschleders/Pohlmann, VVG; § 109 Rn. 14.

bislang – soweit ersichtlich – noch nicht.[942] Aufgrund der vorstehend bereits beschriebenen Besonderheiten bei der D&O-Versicherungen kommt es bei komplexen Schadensfällen mit hohen Schadensersatzforderungen immer wieder zu einer Situation, in der die vereinbarte Deckungssumme nicht ausreicht, um alle Versicherungsansprüche der versicherten Personen zu befriedigen.[943] Unerheblich ist dabei, ob es sich beim Anspruchsteller um einen außenstehenden Dritten oder um die Versicherungsnehmerin selbst handelt, da wie gezeigt sowohl Innen- als auch Außenhaftung vom Deckungsschutz der D&O-Versicherung erfasst werden.[944] Die Verteilungsfrage kann sich daher freilich in beiden Konstellationen stellen.[945]

Bei der Frage nach einer gerechten Verteilung, wenn mehrere versicherte Personen um eine nicht ausreichende Versicherungssumme konkurrieren, sind mehrere Sachverhaltskonstellationen voneinander zu unterscheiden. Zunächst kann es zu diesem Problem kommen, wenn mehrere versicherte Personen für einen Schaden zusammen, d.h. gesamtschuldnerisch, in Anspruch genommen werden, weil sie diesen gemeinsam herbeigeführt haben.[946] Bei Schadensfällen mit hohen Schadensbeträgen – v.a. innerhalb großer Konzerne – mit vielen unter einer Police versicherten Personen ist es nicht ausgeschlossen, dass bereits die voraussichtlichen Abwehrkosten bzw. ebenfalls versicherte Strafverteidigungskosten die vereinbarte Deckungssumme bzw. das entsprechende Sublimit (bei Weitem) übersteigen.[947] Die Regelung in § 101 Abs. 2 VVG, wonach der Versicherer die Kosten gegebenenfalls über das Deckungslimit hinaus erstatten muss, schafft insoweit keine Abhilfe, da sie in der D&O-Versicherung regelmäßig abbedungen ist.[948] Dies verkennt *Koch*, der behauptet, dass es bei einer gesamtschuldnerischen Haftung der versicherten Personen nicht zu einer Verteilungskonkurrenz kommen kann.[949] Ihm ist allerdings insofern Recht zu geben, als sich die Verteilungsfrage bei einer gesamtschuldnerischen Haftung nur im Hinblick

---

942 *Koch,* VersR 2016, 1469.

943 *Armbürster,* VersR 2014, 1 (2); Lange, VersR 2014, 1413.

944 Vgl. C. I. 2. b).

945 *Lange,* VersR 2014, 1413.

946 Gemeinsam handelnde Vorstände haften gemäß § 93 Abs. 2 S. 1 AktG gesamtschuldnerisch, vgl. B. III. 5.

947 Ein prominentes Beispiel ist der Volkswagen Dieselskandal, bei dem das Gesamt-Haftungsrisiko auf rund EUR 25 Milliarden geschätzt wird, vgl. *Obmann*, Handelsblatt v. 29. Dezember 2017: *„Vorsicht Falle"*.

948 *Lange,* VersR 2014, 1413 (1423).

949 *Koch,* VersR 2016, 1469 (1470).

auf die Schadensabwehr- bzw. Verteilungskosten stellen kann und nicht im Hinblick auf etwaige Freistellungsaufwendungen des Versicherers. Schließlich haften alle versicherten Personen gemeinsam für denselben Schaden und werden durch eine Leistung des Versicherers an den Geschädigten in gleicher Weise von ihrer Leistungspflicht befreit (§ 422 BGB).[950]

Freilich stellt sich die Verteilungsproblem verstärkt, wenn es sich um mehrere unterschiedliche Schadensvorgänge handelt, bei denen keine gesamtschuldnerische Haftung der versicherten Personen besteht, wobei es in diesem Fall unerheblich ist, ob sie durch die Serienschadenklausel zu einem einzigen einheitlichen Versicherungsfall verbunden werden. Da der Versicherer in dieser Konstellation die potentiellen Freistellungsverpflichtungen gegenüber den versicherten Personen mitberücksichtigen muss, die sich an der Höhe der geltend gemachten Schadensersatzansprüche auszurichten haben, kann es schneller zu einer Situation kommen, in der von einem Überschreiten der Versicherungssumme aus der Perspektive des Versicherers auszugehen ist.

a) Mehrere Schadensvorgänge

Zuerst soll der Frage nachgegangen werden, wie eine nicht ausreichende Versicherungssumme unter mehreren versicherten Personen aufzuteilen ist, wenn sie wegen unterschiedlicher Sachverhalte schadensersatzpflichtig gemacht werden, sie mithin getrennt – und nicht etwa gesamtschuldnerisch – haften.

Innerhalb dieser Konstellation ist darüber hinaus danach zu unterscheiden, ob es sich aufgrund mehrerer Schadensvorgänge auch tatsächlich um unterschiedliche Versicherungsfälle handelt oder ob die Schadensvorgänge aufgrund ihres engen rechtlichen, zeitlichen oder wirtschaftlichen Zusammenhangs als ein einheitlicher Versicherungsfall behandelt werden (Serienschadenklausel, vgl. auch. Ziff. 4.5 AVB-AVG).

aa. Mehrere Versicherungsfälle innerhalb einer Versicherungsperiode

Es ist zu untersuchen, wie der Versicherer vorzugehen hat, wenn ihm innerhalb einer Versicherungsperiode mehrere Versicherungsfälle angezeigt werden, die zur Verfügung stehende Versicherungssumme jedoch ersichtlich nicht zur Befriedigung aller in Betracht kommenden Deckungsansprüche ausreicht.

---

950 *Koch,* VersR 2016, 1469 (1470).

(1) Prioritätsprinzip

Naheliegend ist, dass der Versicherer die verschiedenen Versicherungsfälle einfach in der Reihenfolge der Zeitpunkte ihres jeweiligen Eintritts behandelt und reguliert. Insofern käme es ausschließlich darauf an, welche versicherte Person als erste schriftlich aufgrund von gesetzlichen Haftpflichtbestimmungen in Anspruch genommen worden ist (Claims made-Prinzip). Der Versicherer würde die Priorisierung nur nach einem zeitlichen Kriterium vornehmen (sog. *Prioritätsprinzip*).

(a) Gesetzliche Verankerung

Die dogmatische Herleitung des Prioritätsprinzips ist umstritten. Bisweilen wird es als ein allgemeiner versicherungsvertraglicher Grundsatz angesehen,[951] während andere seine Anwendbarkeit aus § 804 Abs. 3 ZPO herleiten möchten,[952] wonach sich das Rangverhältnis bei Pfändungspfandrechten nach dem Prioritätsprinzip richtet.[953]

Daneben wird vertreten, dass das Prioritätsprinzip in § 101 Abs. 1 S. 1, 3 VVG für die Haftpflichtversicherung bereits positivrechtlich kodifiziert und bereits aus diesem Grund vorrangig anzuwendendes Verteilungsprinzip sei.[954] Letztgenannte Ansicht wird von *Lange* vertreten, der dies aus der nach § 101 Abs. 1 S. 3 VVG bestehenden Pflicht des Versicherers ableitet, dem Versicherten auf Verlangen Abwehrkosten vorzuschießen. Demnach entstehe der Anspruch des Versicherten auf Rechtsschutz zwingend zeitgleich mit seiner Inanspruchnahme. Dass eine weitere spätere Inanspruchnahme hinzutrete, habe keinen Einfluss auf den zeitlich vorangegangenen Rechtsschutzanspruch.[955]

---

951 *Armbrüster,* VersR 2014, 1 (5).

952 *Grooterhorst/Loomann,* RuS 2014, 157 (159).

953 *Becker,* in: Musielak/Voit, ZPO, § 804 Rn. 15.

954 *Lange,* VersR 2014, 1413 (1416).

955 *Lange,* VersR 2014, 1413 (1416); der vom Versicherungsfall spricht, was aber wegen der in der D&O-Versicherung praktisch ausnahmslos verwendeten Serienschadenklausel ungenau ist. Zeitlich nacheinander erfolgende Inanspruchnahme der versicherten Person, die auf der gleichen Pflichtverletzung beruhen, sind als nur ein einheitlicher Versicherungsfall anzusehen, wobei die spätere Inanspruchnahme gleichzeitig mit der ersten erfolgt sein soll. Bereits aus diesem Grund ist die Ansicht von *Lange* kritikwürdig, da unklar bleibt, wie im Hinblick mit solchen, über eine Serienschadenklausel „verklammerten" Inanspruchnahmen verfahren werden soll. *Lange* spricht insofern undifferenziert lediglich von nacheinander eintretenden „Versicherungsfällen", erwähnt allerdings nicht, ob eine spätere Inanspruchnahme, die bedingungsgemäß mit der vorangegangen als ein Versicherungsfall zu behandeln ist, als Konsequenz des Prioritätsprinzips vorrangig vom Versicherer zu bedienen ist.

Diese Auslegung von § 101 Abs. 1 S. 3 VVG leuchtet durchaus ein, da andernfalls der Vorschussanspruch des Versicherungsnehmers unter dem Hinweis auf weitere mögliche Schadensanzeigen durch den Versicherer unterlaufen werden könnte. Dem Versicherungsnehmer ist es damit unter Umständen nicht möglich eine – evtl. erfolgsversprechende – gerichtliche Verteidigung anzustrengen, wodurch der Gesetzeszweck von § 101 Abs. 1 VVG ausgehöhlt werde.

(b) Praktische Vorgehensweise

Der Versicherer ist bei Zugang der ersten Schadensanzeige verpflichtet, einen Teil der vereinbarten Versicherungssumme zu reservieren, der in jedem Fall die voraussichtlich entstehenden Abwehrkosten der versicherten Person abdeckt. Zudem muss er einschätzen, wie wahrscheinlich die Pflicht zu einer Freistellung des Versicherten ist (Schlüssigkeitsprüfung des gegen die versicherte Person gerichteten Haftpflichtanspruchs) und wie hoch die daraus erwachsende Zahlungsverpflichtung ausfallen könnte.[956] Werden dem Versicherer in der durch den ersten Versicherungsfall betroffenen Versicherungsperiode (in der die vereinbarte Versicherungssumme nur einmal zur Verfügung steht) weitere Versicherungsfälle angezeigt, muss er für diese in entsprechender Weise Anteile an der Versicherungssumme bilden. In dieser Weise hat der Versicherer so lange vorzugehen, bis die für die jeweiligen Versicherungsfälle reservierten Beträge zusammen die vereinbarte Versicherungssumme übersteigen.[957] Bei der später erfolgenden Abwicklung der Schadensmeldungen hat sich der Versicherer dann zunächst an die von ihm gebildeten Anteile zu halten; sollte sich später indes herausstellen, dass er bei Anteilsbildung von Fehlannahmen ausgegangen ist, ist er verpflichtet, die Anteile entsprechend neu zu berechnen. Infolgedessen frei werdende Anteile sind dann ihrerseits nach den Grundsätzen des Prioritätsprinzips zu verteilen.[958]

Das Prioritätsprinzip hat für den Versicherer den Vorteil, dass für ihn keine Unsicherheit über die Person des Versicherten besteht, an die er seine Versicherungsleistung zu erbringen hat. Derjenige, der als Erster im Laufe der Versicherungsperiode in Anspruch genommen wurde, hat vorrangig Zugriff auf die Versicherungssumme. Zudem entspricht es auch dem Interesse der Versicherten, die Gewissheit zu haben, dass es bei der vorgenommenen Aufteilung bleibt und sie nach Erhalt einer Versicherungsleistung davon ausgehen dürfen, diese

---

956 *Lange*, VersR 2014, 1413 (1416 f.).

957 Zur parallelen Vorgehensweise bei mehreren Versicherungsfällen vgl. *Lange*, VersR 2014, 1413 (1416).

958 *Lange*, VersR 2014, 1413 (1416).

behalten zu können. Das Risiko, dass nach Leistung des Versicherers ein weiterer Versicherungsfall angezeigt wird, der zeitlich bereits vor dem regulierten eingetreten ist, dürfte gering sein. Demnach schafft das Prioritätsprinzip ein hohes Maß an Rechtssicherheit.[959]

(c) Nachteile des Prioritätsprinzips

Offensichtlicher Nachteil des Prioritätsprinzips ist, dass für alle Versicherungsfälle, die nach (teilweiser) Ausschöpfung der Versicherungssumme eintreten kein (oder kein voller) Versicherungsschutz mehr besteht.[960] Die hiervon betroffenen versicherten Personen erhalten – obwohl alle sonstigen Deckungsvoraussetzungen vorliegen – keine bzw. keine adäquate Leistung vom Versicherer. Es entsteht eine Alles-oder-Nichts-Situation, die bisweilen als nicht interessengerecht angesehen wird.[961]

Zudem kann das Prioritätsprinzip Unsicherheiten für den Versicherer mit sich bringen.[962] Bisweilen kann der Versicherer im Moment der Schadensanzeige noch nicht mit hinreichender Sicherheit abschätzen, wie hoch die Kosten der Anspruchsabwehr ausfallen werden, da die Höhe die Haftpflichtanspruchs in der Praxis des Öfteren im weiteren Verlauf noch nachjustiert wird. Darüber hinaus ist unklar, inwieweit er die später möglicherweise anfallende Freistellungsverpflichtung gegenüber dem Versicherten mitberücksichtigen muss. Erscheint ihm diese schlüssig, kann das je nach Höhe des Haftpflichtanspruchs dazu führen, dass die gesamte Deckungssumme für nur eine versicherte Person geblockt werden muss. Wird dem Versicherer demnach zu Beginn einer Versicherungsperiode eine Inanspruchnahme angezeigt, deren Betrag das vereinbarte Jahresmaximum bei Weitem übersteigt und ist die Anspruchsbegründung aus seiner Sicht schlüssig, muss er die vollständige Versicherungssumme bereits für diesen einen Vorgang reservieren.

Zudem wird angenommen, dass das Prioritätsprinzip den Interessen der Versicherungsnehmern widerspricht. Der fehlende Versicherungsschutz für zeitlich nachfolgend eintretende Versicherungsfälle habe zur Konsequenz, dass ihre Innenhaftungsansprüche je nach finanzieller Leistungsfähigkeit der versicherten Person wirtschaftlich wertlos sind.[963]

---

959 *Armbrüster,* VersR 2014, 1 (5); *Lange,* VersR 2014, 1413 (1416).

960 *Grooterholst/Lohmann,* RuS 2014, 157 (161 f.).

961 *Grooterholst/Lohmann,* RuS 2014, 157 (161 f.); *Koch*, VersR 2016, 1469 (174 f.).

962 *Gädtke,* VersPrax 2016, 9.

963 *Grooterholst/Lohmann,* RuS 2014, 157 (162).

(2) Stellungnahme

Die Vorteile des Prioritätsprinzips überwiegen, wenn mehrere Versicherungsfälle während nur einer Versicherungsperiode eintreten. Es wird dadurch ein Höchstmaß an Rechtssicherheit gewährleistet, dass bei einer anderen Vorgehensweise – etwa bei einer quotenmäßigen Verteilung der Versicherungssumme (s.u.) – für Versicherer und versicherte Person nicht im gleichen Ausmaß gegeben wäre.

Zudem ist es ein allgemeiner Grundsatz, dass Versicherungsansprüche sukzessive in dem Moment entstehen, in dem alle Deckungsvoraussetzungen erfüllt sind.[964] Der Anspruch auf Gewährung von Rechtsschutz der versicherten Person entsteht mit dem Zeitpunkt, in dem ein versicherter Haftpflichtanspruch gegen ihn gerichtet wird (§ 101 Abs. 1 S. 1, 3 VVG).[965] Diesem Grundsatz widerspricht es, wenn der einmal entstandene Deckungsanspruch wieder entfällt bzw. nachträglich beschränkt wird, wenn dem Versicherer innerhalb der gleichen Versicherungsperiode ein weiterer zeitlich später eingetretener Versicherungsfall angezeigt wird.[966] Dies gilt vor allem vor dem Hintergrund, dass zwischen den beiden Versicherungsfällen eine durchaus lange Zeitspanne liegen kann, so dass es unbillig wäre, den einmal gewährten Schutz rückwirkend wieder entfallen zu lassen. Entspricht das Prioritätsprinzip im Einzelfall nicht den Vorstellungen der Vertragsparteien, bleibt es diesen unbenommen, abweichende Regelungen im Versicherungsvertrag vorzunehmen oder sich mit allen Betroffenen im Schadensfall auf eine abweichende Vorgehensweise zu verständigen.

bb. Einheitlicher Versicherungsfall trotz mehrerer Schadensvorgänge

Darüber hinaus ist zu überlegen, wie die Verteilung vorzunehmen ist, wenn zwar unterschiedliche Schadensvorgänge gegeben sind und die versicherten Organe hierfür demzufolge getrennt voneinander und nicht gesamtschuldnerisch haften, diese Vorgänge aber in einem solch engen zeitlichen und wirtschaftlichem Zusammenhang stehen, dass sie als ein Serienschaden und damit als ein einheitlicher Versicherungsfall zu behandeln sind.

Abweichend zur vorstehend behandelten Konstellation mehrerer Versicherungsfälle, enthält das Gesetz keine Hinweise, wie mit einer unzureichenden Deckungssumme umgegangen werden soll. § 101 Abs. 1 S. 1, 3 VVG ist nicht anwendbar, da die Vorschusspflicht des Versicherers grundsätzlich erst mit

---

964 *Armbrüster,* VersR 2014, 1 (5).

965 *Lange,* VersR 2014, 1413 (1416).

966 *Armbrüster,* VersR 2014, 1 (5),*Lange,* VersR 2014, 1413 (1416).

Zustellung der Klage fällig wird,[967] weshalb die Vorschrift keinen Rückschluss auf die Vorgehensweise bei nur einem Versicherungsfall zulässt. Ohnehin ließe sich das Prioritätsprinzip nur anhand des Eingangs der Schadenmeldungen beim Versicherer praktizieren, da schließlich nur ein einheitlicher Versicherungsfall vorliegt.

Entscheidender ist allerdings, dass die Interessenlage der Beteiligten eine andere ist. Anders als bei mehreren Versicherungsfällen besteht bei einem einheitlichen Versicherungsfall zwischen den unterschiedlichen Schadensvorgängen ein innerer sachlicher und zeitlicher Zusammenhang. Insofern waren die weiteren Inanspruchnahmen für den Versicherer und die versicherte Personen entweder bereits absehbar oder sie folgten zumindest innerhalb eines so kurzen Zeitraums aufeinander, dass üblicherweise nicht davon auszugehen ist, dass der Versicherte die erste Anzeige bereits abschließend geprüft und eine Deckungsentscheidung gefällt, geschweige denn eine Auszahlung an die versicherte Person vorgenommen hat. Er kann also bei Bewertung des ersten Vorgangs bereits die nachfolgenden mitberücksichtigen, weshalb das Prioritätsprinzip keineswegs zwingend ist und die oben angeführten Argumente nicht das gleiche Gewicht besitzen.

Mithin ist zu untersuchen, ob bei einem einheitlichen Versicherungsfall nicht gegebenenfalls eine andere Vorgehensweise vorzugswürdig ist. In Betracht kommt dabei insbesondere eine quotenmäßige Verteilung der Versicherungssumme auf alle versicherten Personen unabhängig vom Zeitpunkt ihrer Schadenmeldungen gegenüber dem Versicherer. Nachstehend soll daher der Frage nachgegangen werden, ob es sich hierbei um eine praxisgerechte Vorgehensweise handelt und wie eine solche Quote möglichst interessengerecht gebildet werden könnte.

(1) Proportionale Quote

In Betracht kommt zunächst, die Quote an der Höhe der voraussichtlichen Belastung der versicherten Person auszurichten (sog. *Proportionalitätsprinzip*). Dieser Rechtsgedanke ist im Bereich der Haftpflichtversicherung in 109 VVG bereits für den Fall vorgesehen, in dem eine nicht ausreichende Versicherungssumme unter mehreren geschädigten Dritten aufzuteilen ist.

---

967 *Langheid*, in: Langheid/Rixecker, VVG, § 101 Rn. 20; *Lücke*, in: Prölss/Martin, VVG, § 101 Rn. 27.

(a) Norminhalt von § 109 VVG

Gemäß § 109 S. 1 VVG hat der Versicherer Ansprüche von mehreren geschädigten Dritten nach dem Verhältnis ihrer (Schadens-)Beträge zu erfüllen, wenn die Ansprüche zusammen die Versicherungssumme übersteigen. Die Vorschrift soll sicherstellen, dass das Risiko, dass die Versicherungssumme nicht für die Befriedigung aller Ansprüche ausreicht, auf alle Geschädigten quotal verteilt wird.[968] § 109 VVG dient damit dem Schutz der Geschädigten[969] und ist eine Spezialregelung gegenüber dem im Zwangsvollstreckungsrecht geltenden Prioritätsprinzip (§ 804 Abs. 3 ZPO), das mit der sozialen Schutzrichtung der Haftpflichtversicherung nicht in Einklang zu bringen ist.[970] Aufgrund dieser Sozialbindung wird überwiegend vertreten, dass von der Vorschrift des § 109 VVG nicht durch vertragliche Gestaltung abgewichen werden kann.[971]

Um den Anforderungen von § 109 S. 1 VVG gerecht zu werden, ist der Versicherer verpflichtet, das in § 109 S. 1 VVG vorgesehene Verteilungsverfahren einzuleiten, sobald sich abzeichnet, dass die Versicherungssumme für die Befriedigung aller Haftpflichtansprüche nicht ausreichen wird.[972] Der Versicherer kann sich seiner Pflicht zur Verteilung nicht etwa dadurch entledigen, dass er einen Betrag in Höhe der Versicherungssumme hinterlegt.[973] Auch die Möglichkeit eines Abandons[974] kommt für den Versicherer nach neuem Recht nicht mehr in Betracht.[975]

Bei der Bemessung der Quote hat der Versicherer nicht nur alle bereits angezeigten Forderungen (die mit ihrem Nominalwert abzüglich Zinsen zu veranschlagen sind) zu berücksichtigen, sondern auch solche, von deren Geltendmachung er im Zeitpunkt der Zahlung auszugehen hat.[976] Er muss daher

968 *Lücke,* in: Prölss/Martin, VVG, § 109 Rn. 2.; *Schimikowski,* in: Rüffer/Halbach/Schimikowski, VVG, § 109 Rn. 1.

969 *Langheid,* in: Römer/Langheid, VVG, § 109 Rn. 1.

970 *Littbarski,* in: Langheid/Wandt, MünchKomm VVG, § 109 Rn. 3.

971 *Littbarski,* in: Langheid/Wandt, MünchKomm VVG, § 109 Rn. 10; *Lücke,* in: Prölss/Martin, VVG, § 109 Rn. 2; *Schimikowski,* in: Rüffer/Halbach/Schimikowski, VVG, § 109 Rn. 8.

972 *Schimikowski,* in: Rüffer/Halbach/Schimikowski, VVG, § 109 Rn. 2.

973 *Lücke,* in: Prölss/Martin, VVG, § 109 Rn. 2.; *Schimikowski,* in: Rüffer/Halbach/Schimikowski, VVG, § 109 Rn. 2.

974 D.h. ein Befreien des Versicherers von allen weiteren Verbindlichkeiten durch die Zahlung der Versicherungssumme nach Eintritt des Versicherungsfalls (*Kollatz,* in: Langheid/Wandt, MünchKomm VVG, §141 Rn. 3).

975 *Schimikowski,* in: Rüffer/Halbach/Schimikowski, VVG, § 109 Rn. 5.

976 *Schimikowski,* in: Rüffer/Halbach/Schimikowski, VVG, § 109 Rn. 6.

eine Schätzung vornehmen.[977] Ändert sich nach der Zahlung des Versicherers die Quote, etwa durch den Wegfall einer Forderung, so muss er denjenigen Geschädigten, die aufgrund der überholten Quotenberechnung zunächst zu wenig bekommen haben, einen ihrer neuen Quote entsprechenden Betrag nachzahlen.[978] Tritt im umgekehrten Fall eine neue Forderung hinzu und verringert sich dadurch die individuelle Quote nach bereits erfolgter Zahlung nachträglich, kann der Versicherer den überzahlten Betrag vom Begünstigten nach Bereicherungsrecht zurückfordern, wenn auch die weiteren Voraussetzungen der §§ 812 ff. BGB erfüllt sind.[979]

Keinen Anspruch gegen den Versicherer hat indes ein Geschädigter, der seine Forderung erst nach der Auszahlung durch den Versicherer an die übrigen Schädiger anmeldet, sofern der Versicherer von der Geltendmachung dieser Forderung nicht ausgegangen war und hiermit nicht rechnen musste (vgl. § 109 S. 2 VVG). Dabei ist maßgeblich, ob das Hinzutreten des (weiteren) Dritten für den Versicherer vorhersehbar war. Hierfür ist der Versicherer darlegungs- und beweisbelastet.[980] Den Versicherer treffen allerdings keine anlasslosen Erkundigungspflichten, es müssen vielmehr konkrete Anhaltspunkte vorliegen, dass ein weiterer Geschädigter bisher unberücksichtigt geblieben ist. Gibt es keine solchen Anhaltspunkte, kann man dem Versicherer kein Verschulden vorwerfen, wodurch er gemäß § 109 Abs. 2 VVG gegenüber dem Dritten leistungsfrei bleibt.[981]

(b) Bewertung

Für eine Anwendung des Proportionalitätsprinzips spricht der Umstand, dass die unter dem gleichen D&O-Gruppenversicherungsvertrag versicherten Personen im Ergebnis dem gleichen Risiko ausgesetzt sind wie (außenstehende) geschädigte Dritte. Auch sie müssen im Fall einer ausgeschöpften Versicherungssumme befürchten, dass sie nicht oder nur zum Teil durch eine eigentlich einschlägige Haftpflichtversicherung abgesichert werden.[982] Da die D&O-Versicherung vor allem im Interesse der Versicherten abgeschlossen wird,[983] stellen einige Autoren bei der Verteilungsfrage ihr Interesse ins Zentrum der Abwägung.

---

977 *Lücke,* in: Prölss/Martin, VVG, § 109 Rn. 6.
978 *Langheid,* in: Langheid/Rixecker, VVG, § 109 Rn. 7.
979 *Lücke,* in: Prölss/Martin, VVG, § 109 Rn. 10.
980 *Langheid,* in: Langheid/Rixecker, VVG, § 109 Rn. 11.
981 *Langheid,* in: Langheid/Rixecker, VVG, § 109 Rn. 11.
982 *Grooterhorst/Looman,* RuS 2014, 157 (160).
983 Vgl. hierzu ausführlich unter C. II. 1. a) cc. (1).

Nach dieser Ansicht entspreche es dem Interesse der Versicherten am ehesten, die Versicherungssumme quotal zu verteilen. Daher wird von einem Teil der Literatur eine Anwendung des Proportionalitätsprinzips im Sinne der Grundsätze von § 109 VVG – wohl überwiegend im Wege einer ergänzenden Vertragsauslegung – befürwortet.[984]

Dies überzeugt im Ergebnis allerdings nicht, da die Vorgaben von § 109 VVG für die Verteilung einer nicht ausreichenden Versicherungssumme unter mehreren versicherten Personen kein adäquater Lösungsansatz ist. Bereits der Zweck von § 109 VVG widerspricht einer Anwendung auf hiesige Konstellationen, da bei § 109 VVG der soziale Schutz von geschädigten Dritten im Vordergrund steht, die unverschuldet einen Vermögensschaden erlitten und daher nicht schutzlos gestellt sein sollen.[985] Bei der Frage nach der Verteilung der Versicherungssumme unter mehreren versicherten Personen geht es allerdings vielmehr um die Bestimmung der Reichweite einer vertraglichen Leistung.[986] Schließlich hat ein geschädigter Dritte keinerlei Einfluss auf die Höhe der zur Verfügung stehenden Versicherungssumme, während das versicherte Organmitglied[987] hierauf zumindest einen gewissen Einfluss ausüben kann.[988] Zudem sind die versicherten Personen als Schädiger nicht in gleichem Maße schutzwürdig wie außenstehende geschädigte Dritte. Daher gebieten es ihre Interessen keineswegs, die Versicherungssumme in einem quotalen Verhältnis auf sie zu verteilen.

Es sprechen vielmehr sowohl praktische Gründe sowie Billigkeitserwägungen gegen das Proportionalitätsprinzip. Zum einem wäre der Versicherer hierdurch nicht nur mit der Pflicht belastet, die Anzahl der versicherten Personen bei Vornahme seiner Leistung verbindlich festzulegen, sondern er muss zudem für jede dieser Personen eine individuelle Quote bilden, die sich an der Höhe der voraussichtlichen Abwehr- und Freistellungskosten auszurichten hat. Dies bedeutet, dass er abschätzen muss, wie hoch die Anwaltskosten zur Verteidigung voraussichtlich ausfallen und zudem in welcher Höhe der gegen die jeweilige versicherte Person geltend gemachte Haftpflichtanspruch letztendlich begründet

---

984 *Grooterhorst/Looman*, RuS 2014, 157 (162); *Hemeling*, FS Hoffmann-Becking, S. 491 (501); *Koch*, VersR 2016, 1469 (1471).

985 *Armbrüster*, VersR 2014, 1 (3).

986 *Armbrüster*, VersR 2014, 1 (3).

987 Allen voran der Vorstand, vgl. oben unter C. II. zur verbreiteten Vorgehensweise in der Praxis.

988 *Armbrüster*, VersR 2014, 1 (3); wenngleich dies nicht dazu führt, dass sein Interesse an einer ausreichenden Versicherungssumme nicht mehr berücksichtigt werden darf (s.o.).

sein wird. Dies ist in der Praxis für den Versicherer allerdings nicht zu leisten. Zum anderen führt eine Vorgehensweise nach dem Proportionalitätsprinzip zu der unbilligen Folge, dass derjenige, der den größten Schaden herbeigeführt hat, den größten Anteil an der Versicherungssumme erhält.[989]

Somit ist eine Anwendung des Proportionalitätsprinzips – ebenso wie die des Prioritätsprinzips – bei der Verteilung der Versicherungssumme unter mehreren Versicherten bei nur einem Versicherungsfall abzulehnen.

(2) Pro-Kopf Quote

Darüber hinaus ist daran zu denken, eine nicht ausreichende Versicherungssumme zu gleichen Teilen auf alle Versicherten zu verteilen (Kopfprinzip). Auch insofern soll zunächst der Frage nachgegangen werden, ob es für eine solche Vorgehensweise Hinweise im Gesetz gibt.

(a) Gesetzliche Regelungen zu Gläubigermehrheiten

Als gesetzliche Anknüpfungspunkte für das Kopfprinzip kommen die Vorschriften nach § 420 BGB[990] sowie nach § 428 BGB[991] in Betracht, die beide das Verhältnis zwischen Gläubigern und Schuldnern bzw. zwischen den Gläubigern untereinander bei einer Mehrzahl von Gläubigern regeln und vorsehen, dass jeder Gläubiger einen gleichen Anteil an einer Leistung fordern kann, was dem Kopfprinzip entspricht.

Nach § 428 BGB setzt eine Gesamtgläubigerschaft voraus, dass jeder Gläubiger die Leistung an sich in voller Höhe verlangen kann, der Schuldner diese aber nur einmal zu erbringen hat. In diesem Fall ist der Schuldner berechtigt, seine Leistung nach Belieben an jeden der Gläubiger zu erbringen. Er wird auch dann von seiner Leistungspflicht befreit, wenn er im Falle einer teilbaren Leistung an jeden Gläubiger einen Teil leistet, so lange er insgesamt die vollständige Leistung erbringt.[992] Bisweilen wird die Gesamtgläubigerschaft bereits gesetzlich angeordnet (wie z.B. in § 2151 Abs. 3 S. 1 BGB). Andernfalls muss sie zwischen den Parteien ausdrücklich vereinbart worden sein. Es existiert keine Vermutung, dass die Parteien im Zweifel eine Gesamtgläubigerschaft vereinbart.[993] Daher ist

---

989 *Armbrüster,* VersR 2014, 1 (6).
990 *Lange,* VersR 2014, 1413 (1420).
991 *Armbürster,* VersR 2014, 1 (6).
992 *Bydlinski,* in: MünchKomm, BGB, § 428 Rn. 3.
993 *Schulze,* in: Schulze u.a., BGB, § 428 Rn. 2.

eine stillschweigende Vereinbarung grundsätzlich immer nur zurückhaltend anzunehmen.[994]

Fraglich ist, ob zwischen mehreren versicherten Personen, die um eine durch das Deckungslimit begrenzte Versicherungsleistung konkurrieren, Gesamtgläubigerschaft im zuvor beschriebenen Sinne besteht. Hiergegen spricht, dass die in § 428 BGB vorgesehenen Rechtsfolgen bei der D&O-Versicherung nicht interessengerecht sind. Hiernach steht es dem Versicherer völlig frei, an welche versicherte Person er seine Leistung erbringt; dies gehört zwingend zum Wesen einer Gesamtgläubigerschaft.[995] Die nicht bedachten versicherten Personen müssten ihren Anteil im Wege der Ausgleichpflicht nach § 430 BGB gegenüber der versicherten Person gelten machen, die die Leistung des Versicherers erhalten hat und hätten deren Insolvenzrisiko zu tragen.[996] Da dies den Interessen der versicherten Person zuwiderläuft, scheidet eine Gesamtgläubigerschaft aus.[997]

Daneben kommt eine Herleitung des Kopfprinzips aus § 420 BGB in Betracht. § 420 BGB sieht vor, dass bei einer teilbaren Leistung die Schuldner zu gleichen Teilen verpflichtet und spiegelbildlich die Gläubiger zu gleichen Teilen berechtigt sind. Insofern setzt die Anwendbarkeit von § 420 BGB eine Teilbarkeit der (Versicherungs-)Leistung voraus.

Nach der Rechtsprechung des Reichgerichts ist die Teilbarkeit einer Leistung immer dann anzunehmen, wenn sie sich ohne Wesensänderung und Wertminderung teilen lässt, so dass sich ihre einzelnen Teile nur anhand der Quantität, nicht aber nach ihrer Beschaffenheit voneinander unterscheiden.[998] Dies ist bei der Leistung des D&O-Versicherers indes nicht der Fall. Insbesondere schuldet dieser den versicherten Personen im Versicherungsfall nicht etwa eine (teilbare) Geldleistung, sondern zunächst die Abwehr von Haftpflichtansprüchen mit all denjenigen spezifischen Besonderheiten, die im Hinblick auf die einzelnen Versicherten bestehen.[999] Die Leistung lässt sich somit nicht nach der vom Reichsgericht entwickelten Formel aufteilen.[1000] Zudem kommt eine analoge Anwendung von § 420 BGB auf nicht teilbare Leistungen nicht in Frage, da die gesetzlichen Regelungen zu Gläubigermehrheiten differenzierte Lösungen

994 BGH NJW 1996, 2859 (2860); *Bydlinski*, in: MünchKomm, BGB, § 428 Rn. 4.

995 *Bydlinski*, in: MünchKomm, BGB, § 428 Rn. 3.

996 *Armbrüster*, VersR 2014, 1 (4).

997 A.A. *Lange*, VersR 2014, 1413 (1421).

998 RGZ 155, 306 (313).

999 *Beckmann*, in: Beckmann/Matusche-Beckmann, Versicherungsrechts-Handbuch, § 28 Rn. 85 ff.

1000 So auch *Armbrüster*, VersR 2014, 1 (3 f.).

für unterschiedliche Leistungsarten vorsehen, so dass keine Regelungslücke besteht.[1001]

(b) Ergänzende Vertragsauslegung

Da die Anwendbarkeit des Kopfprinzips nicht aus gesetzlichen Vorschriften hergeleitet werden kann, bleibt zu untersuchen, ob es im Wege einer ergänzenden Vertragsauslegung zum Bestandteil einer D&O-Police gemacht werden kann.

(aa) Zulässigkeit

Das Instrument der ergänzenden Vertragsauslegung dient der Schließung von Vertragslücken unter Berücksichtigung der objektiven Interessenlage, sofern es sich bei der Lücke um einen zwingend regelungsbedürftigen Punkt des Vertrages handelt.[1002] Dies ist immer dann der Fall, wenn die Regelungslücke dazu führt, dass der Regelungsplan des Vertrages nicht verwirklicht werden kann. Die ergänzende Auslegung muss somit für eine angemessene und interessengerechte Lösung des nicht geregelten Sachverhalts unerlässlich sein.[1003] Dabei darf die ergänzende Vertragsauslegung nicht zu einer Erweiterung des Vertragsgegenstandes führen und sie muss zudem eine Stütze im Regelungswerk finden.[1004]

Da die Bedingungen der gängigen D&O-Bedingungswerke keine Bestimmungen für den praxisrelevanten Fall vorsehen, dass die Gesamtansprüche der Versicherten[1005] in einem Versicherungsfall die vereinbarte Deckungssumme übersteigen, liegt insofern eine Vertragslücke in dem oben beschriebenen Sinne vor, da unklar ist, welche versicherte Person welchen Anteil an der Deckungssumme erhalten soll. Dies aber ist konstitutives Element eines jeden Versicherungsvertrages.[1006] Zu einer unzulässigen Erweiterung des Vertragsgegenstands kommt es durch die Anwendung des Kopfprinzips ebenfalls nicht, da es lediglich der Bestimmung der primären Vertragsleistung des Versicherers dienen soll.

1001 So auch *Lange*, VersR 2014, 1413 (1420).

1002 BGH NJW-RR 2008, 1371 (1372); BGH NJW 1984, 1177 (1178); BGH NJW 1982, 2184 (2185).

1003 BGH NJW 2015, 1167 (1168); NJW-RR 1993, 1377 (1378).

1004 BGHZ NJW 1980, 2347; BGH WM 1960, 696 (698); BGH NJW 1953, 937.

1005 Dies kann je nach Konstellation (Höhe der Deckungssumme, Anzahl der versicherten Personen, Komplexität des Haftpflichtanspruchs) bereits für die Ansprüche auf Übernahme von Abwehrkosten oder strafrechtliche Verteidigungskosten gelten, insbesondere bei einer vorbelasteten Periode, einer einschlägigen Sublimitierung (etwa für Verteidigungskosten) oder einer generell niedrigen Deckungssumme.

1006 Und damit auch für die D&O-Versicherung, vgl. *Beckmann*, in: Beckmann/Matusche-Beckmann, Versicherungsrechts-Handbuch, § 28 Rn. 90 f.

Eine Stütze in den gängigen Bedingungswerken ist hingegen nicht so leicht auszumachen, da diese – wie erwähnt – regelmäßig überhaupt keinen Hinweis darauf enthalten, wie mit einer nicht ausreichenden Versicherungssumme umzugehen ist. Allerdings lässt sich darauf abstellen, dass D&O-Policen abgeschlossen werden, um den versicherten Personen im Fall einer persönlichen Inanspruchnahme den bestmöglichen Versicherungsschutz zu gewähren, was am ehesten durch das Kopfprinzip gewährleistet wird. Schließlich setzt eine ergänzende Vertragsauslegung außerdem noch voraus, dass keine (dispositiven) Gesetzesvorschriften existieren, die eine Regelung des Sachverhalts vorsehen.[1007] Dies ist aber wie bereits gezeigt nicht der Fall. Insbesondere enthält § 101 Abs. 1 S. 3 VVG keine Festlegung auf das Prioritätsprinzip bei nur einem Versicherungsfall.[1008]

(bb) Interessenabwägung

Dem entsprechend liegen die Voraussetzungen für eine ergänzende Vertragsauslegung im Grundsatz vor. Es bleibt daher zu ermitteln, was die Parteien nach angemessener Abwägung ihrer Interessen nach Treu und Glauben und der Verkehrssitte als redliche Vertragspartner vereinbart hätten.[1009] Demzufolge ist der hypothetische Parteiwillen zu bestimmen.[1010]

Eine gleichmäßige Verteilung der Versicherungssumme nach Köpfen hat gegenüber einer proportionalen Quote den Vorteil, dass der Verursacher des größten Schadens nicht mit dem höchsten Anteil an der Versicherungssumme „belohnt" würde. Vielmehr hätte er nach Abzug der Versicherungsleistung den höchsten Eigenanteil zu tragen, während derjenige, der den geringsten Schaden verursacht hat, die höchste Zahlung vom Versicherer erhielte.[1011] Dies ist eine ausgewogene Vorgehensweise und zudem geeignet, das Verhalten der versicherten Personen im Hinblick auf die Rechtschutzkosten im Interesse des Versicherers lenken.[1012] Außerdem erhielte jeder Versicherte anders als beim Prioritätsprinzip zumindest einen Anteil an der Versicherungssumme.[1013] Zudem ist es für den Versicherer im Schadenfall einfacher, die maßgeblichen Quoten anhand der Anzahl der betroffenen versicherten Personen zu bestimmen, als weitere

---

1007 BGH NJW 2004, 1590 (1591); BGH NJW 1984, 1177 (1178).

1008 A.A. *Lange*, VersR 2014, 1413 (1416).

1009 BGH NJW 2009, 679; BGH NJW 2004, 1590 (1591 f.); BGH NJW 1994, 1008 (1011).

1010 BGH NJW 1986, 1429 (1431).

1011 *Armbrüster*, VersR 2014, 1 (6).

1012 A.A. *Grooterhorst/Looman*, RuS 2014, 157 (162).

1013 *Armbrüster*, VersR 2014, 1 (6).

Umstände (Höhe der voraussichtlichen Aufwendungen für Abwehr und Freistellung) mit in Betracht ziehen zu müssen. Aufgrund seiner Praktikabilität wird das Kopfprinzip in der Praxis vermehrt von Versicherern im Verteilungsfall herangezogen.[1014]

Allerdings bestehen auch Bedenken an einer Verteilung nach Köpfen. Es wird angeführt, es sei problematisch, dass in den Bedingungswerken regelmäßig kein Hinweis darauf zu finden sei, wonach eine nicht ausreichende Versicherungssumme auf alle Versicherten gleichermaßen aufzuteilen sei. Vielmehr sehen die Policen häufig eine freie Anwaltswahl vor (z.T. unter der Bedingung einer vorherigen Abstimmung mit dem Versicherer). Diese sei durch das Kopfprinzip allerdings eingeschränkt, da sich die Versicherungsleistung nicht an der Höhe der tatsächlichen Rechtsschutzkosten ausrichte.[1015] Zudem bestehe kein versicherungsrechtlicher Grundsatz, dass gemeinsam unter einer Versicherung auf fremde Rechnung versicherte Personen gleich zu behandeln wären. Vielmehr müsse lediglich ein vorher festgelegter Verteilungsmechanismus angewendet werden.[1016] Zudem besteht der praktische Einwand, dass es bei einer kleinen und überschaubaren Anzahl von versicherten Personen zwar noch möglich sei, den jeweiligen Kopfanteil zu bestimmen, dass dies bei einer Vielzahl versicherter Personen aber mit einem unverhältnismäßigen Aufwand verbunden wäre.[1017]

Die gegen das Kopfprinzip vorgetragenen Einwände überzeugen im Ergebnis nicht. Dass die Policen die Auswahl des Rechtsanwalts regelmäßig den versicherten Personen überlassen, spricht mitnichten gegen die Anwendung des Kopfprinzips. Mit einer solchen Regelung hat der Versicherer vor allem den Regelfall im Blick gehabt, den der für den Versicherungsfall ausreichenden Versicherungssumme. Durch die Anwendung des Kopfprinzips wird die freie Anwaltswahl zudem in keiner Weise eingeschränkt, vielmehr werden die Versicherer bzw. die von ihnen gewählten Vertreter gegebenenfalls lediglich im Hinblick auf die entstehenden Kosten diszipliniert. Zudem greift beispielsweise das Prioritätsprinzip noch gravierender in die Freiheit der Anwaltswahl ein, da bei dessen Anwendung versicherte Personen zum Teil überhaupt keinen Anteil an der Versicherungssumme erhalten. Damit ist nur das Proportionalitätsprinzip mit der freien Anwaltswahl in Einklang zu bringen, das allerdings zu dem nicht interessengerechten Ergebnis führt, dass derjenige, der den teuersten Anwalt

---

1014 *Gädtke*, VersPrax 2016, 9 (11).
1015 *Lange*, VersR 2014, 1413 (1420).
1016 *Lange*, VersR 2014, 1413 (1421).
1017 *Gädtke*, VersPrax 2016, 9 (11).

beauftragt, am meisten durch den Versicherungsschutz profitiert. Davon abgesehen finden sich in den Bedingungswerken keine Hinweise auf andere Verteilungsmechanismen. Insofern überzeugt dieses Argument nicht.

Gleiches gilt für den Kritikpunkt, dass es dem Versicherer bei einer großen Anzahl von Versicherten nur schwer möglich sei, zutreffende Quoten zu bilden. Dies gilt schließlich in verstärkter Form beim Proportionalitätsprinzip. Bei diesem müssen die Leistungen des Versicherers zudem individuell an der Höhe der Abwehrkosten ausgerichtet werden. Zudem ist der Versicherer beim Prioritätsprinzip in der Pflicht, bei der ersten Schadensmeldung die Höhe der voraussichtlich entstehenden Kosten abzuschätzen, was freilich leichter durchzuführen ist, als zusätzlich die Anzahl der betroffenen versicherten Personen vor vorneherein abzuschätzen. Das Prioritätsprinzip ist bei nur einem Versicherungsfall allerdings – aus den bereits oben genannten Gründen – nicht interessengerecht und deswegen abzulehnen.

Dass auch das Kopfprinzip zu einem erheblichen Verwaltungsaufwand für den Versicherer führt, soll nicht in Abrede gestellt werden, jedoch ist dies nicht in erster Linie auf das Kopfprinzip zurückzuführen, das keinen Selbstzweck erfüllt, sondern auf den Umstand, dass im Rahmen eines Gruppenversicherungsvertrages eine nicht ausreichende Versicherungssumme vereinbart wurde und für diesen Fall keine Bestimmung in die Bedingungen der betroffenen Police aufgenommen wurde. Dies führt zwangsläufig zu einem gewissen Abwicklungsaufwand, der sich für den Versicherer nicht vermeiden lässt.

(cc) Ergebnis und Vorgehensweise

Die gleichmäßige Verteilung einer nicht ausreichenden Versicherungssumme auf alle versicherten Personen entspricht bei nur einem Versicherungsfall den Interessen der Vertragsparteien am ehesten. Demzufolge dürfte das Kopfprinzip hypothetischer Parteiwille sein, wodurch es im Wege einer ergänzenden Vertragsauslegung Bestandteil derjenigen Policen wird, die nicht bereits eine andere Vorgehensweise vorsehen.

Sobald der Versicherer absehen kann, dass das Volumen des ihm angezeigte Vorgangs die Deckungssumme für eine Versicherungsperiode übersteigen wird, muss er, um dem Kopfprinzip gerecht zu werden, in der Praxis abschätzen, mit wie vielen Schadensmeldungen zu rechnen ist. Er hat dann für jede betroffene versicherte Person eine einheitliche Pro-Kopf-Quote zu bilden, die das jeweilige individuelle Deckungslimit darstellt. Sofern eine der gegen die versicherte Person gerichteten Forderungen zzgl. voraussichtlich entstehender Abwehrkosten und Sicherheitszuschlag hinter der gebildeten Quote zurückbleibt, ist der überschüssige Teil auf die übrigen Versicherten – ebenfalls gleichmäßig – zu verteilen.

Der Versicherer bleibt während des gesamten Prozesses der Schadensregulierung bis zum endgültigen Abschluss des Vorgangs verpflichtet, die von ihm vorgenommene Aufteilung fortlaufend zu überprüfen und gegebenenfalls anzupassen, um zu vermeiden, dass später hinzutretende versicherte Personen unberücksichtigt bleiben.[1018] Diese verlieren ähnlich wie bei der Verteilung nach § 109 VVG ihren Deckungsanspruch nicht etwa dadurch, dass die Summe aufgebraucht ist. Vielmehr ist der Versicherer verpflichtet, an die später hinzukommenden, versicherten Personen eine der neu anzupassenden Pro-Kopf-Quote entsprechende Leistung zu erbringen. Da sich durch das Hinzutreten weiterer versicherter Personen der jeweilige Anteil reduziert, kann der Versicherer den überobligatorisch erbrachten Teil bei den übrigen versicherten Personen kondizieren, sofern die Voraussetzungen von §§ 812 Abs. 1 S. 2 Alt. 1, 818 BGB vorliegen. Musste der Versicherer allerdings nicht mit dem Hinzutreten weiterer versicherter Personen rechnen, ist der Rechtsgedanke des § 109 S. 2 VVG im Wege der ergänzenden Vertragsauslegung in dieser Konstellation ebenfalls anwendbar und der Versicherer nicht zur Leistung verpflichtet, da ihm der Erschöpfungseinwand zusteht.[1019]

(3) Zusammenfassung

Für den Fall, dass mehrere versicherte Personen wegen unterschiedlicher Schadensvorgänge, die aufgrund der Serienschadenklausel zu nur einem Versicherungsfall verbunden werden, in Anspruch genommen werden und die anfallenden Abwehr- und Freistellungskosten die vereinbarte Deckungssumme der betroffenen Versicherungsperiode voraussichtlich übersteigen werden, ist der zur Verfügung stehende Betrag gleichmäßig im Wege des Kopfprinzips auf alle versicherten Personen zu verteilen. Das Kopfprinzip findet dabei im Wege einer ergänzenden Vertragsauslegung Anwendung. Dies gilt freilich nur dann, wenn in der D&O-Police nicht ausnahmsweise bereits ein anderweitiger Verteilungsmechanismus vorgesehen ist.

b) Einheitlicher Schadensfall

Schließlich soll noch untersucht werden, wie eine nicht ausreichende Versicherungssumme unter mehreren versicherten Personen aufzuteilen ist, die

---

1018 *Gädtke*, VersPrax 2016, 9 (11).

1019 *Armbrüster*, VersR 2014, 1 (5); *Koch*, VersR 2016, 1469 (1473).

aufgrund des gleichen Sachverhalts in Anspruch genommen werden, mithin also gesamtschuldnerisch haften (vgl. § 93 Abs. 2 S. 1 AktG). Bei einer gesamtschuldnerischen Haftung ist immer von nur einem Versicherungsfall auszugehen sein, da ein sachlicher, zeitlicher und personeller (gleicher Anspruchsteller) Zusammenhang dergestalt besteht, dass die Voraussetzungen für einen Serienschaden stets erfüllt sind. Oftmals sehen Serienschadenklauseln ausdrücklich vor, dass bei einer einheitlichen Pflichtverletzung ein Serienschaden vorliegt (s. Ziff. 4.5 lit. b) AVB-AVG).[1020]

Wie oben bereits geschildert, kann sich auch bei einem einheitlichen Schadensvorgang und der damit einhergehenden gesamtschuldnerischen Haftung die Frage nach einer gerechten Verteilung einer nicht ausreichenden Versicherungssumme stellen. Dies gilt vor allem dann, wenn bereits die voraussichtlichen Abwehr- oder Verteidigungskosten das vereinbarte Deckungs(sub)limit übersteigen. Hingegen besteht keine Konkurrenz der versicherten Personen im Hinblick auf eine etwaige Freistellung von dem Haftpflichtanspruch des Anspruchstellers, da alle gemeinsam für den gleichen Anspruch haften und der Gläubiger nur einmal Leistung fordern kann (§ 421 BGB).

aa. Verteilung nach der Reihenfolge der Schadenmeldung

Auch bei einem einheitlichen Schadensvorgang ist zunächst in Betracht zu ziehen, die Versicherungsleistungen nach Eingang der Schadenmeldungen zu verteilen. Jedoch droht auch hier – wenngleich nur im Hinblick auf die Abwehrkosten – eine *Alles oder Nichts*-Situation, die nicht im Interesse der Versicherten liegt und zu einem regelrechten Wettlauf um die Abwehrkosten führen würde.[1021] Insofern erweist sich das Prioritätsprinzip für den einheitlichen Schadensfall als untauglicher Verteilungsmechanismus.

bb. Proportionale Verteilung

Zudem ist denkbar, die nicht ausreichende Versicherungssumme proportional auf die auf die gemeinsam versicherten und gesamtschuldnerisch haftenden Organe (§ 109 VVG) zu verteilen. Da bei einer gesamtschuldnerischen Haftung die Höhe des Haftpflichtanspruchs für jede versicherte Person identisch ist, kann

---

1020 *Finkel/Seitz,* in: Seitz/Finkel/Klimke, D&O-Versicherung, Ziff. 4 AVB-AVG Rn. 176; *Lange,* VersR 2004, 563.

1021 *Finkel/Seitz,* in: Seitz/Finkel/Klimke, D&O-Versicherung, Ziff. 4 Rn. 53; *Grooterholst/Lohmann,* RuS 2014, 157 (161 f.).

sich die Quote nur an der Höhe der voraussichtlich entstehenden Abwehrkosten ausrichten.

Jedoch ist der in § 109 VVG vorgesehene Verteilungsmechanismus nicht interessengerecht. Zwar spielt die unterschiedliche Schadensverursachung keine Rolle, da alle versicherten Personen für den gleichen Schaden haften, jedoch führt eine Quotenbildung nach § 109 VVG dazu, dass derjenige am meisten profitiert, der für sich die höchsten Abwehrkosten in Anspruch nimmt (etwa durch die Wahl des teuersten Anwalts), was unbillig wäre.[1022]

cc. Verteilung nach Köpfen

Im Ergebnis ist daher ebenfalls bei einer gesamtschuldnerischen Haftung der versicherten Personen eine Verteilung nach Köpfen vorzugswürdig. Dem Versicherer fällt es bei einer gesamtschuldnerischen Haftung aufgrund einer einheitlichen Pflichtverletzung zudem leichter, die Anzahl der der betroffenen versicherten Personen abzuschätzen, da ihm der relevante Sachverhalt von vorneherein bekannt ist. Sobald für ihn absehbar ist, dass aufgrund der Komplexität des Sachverhalts, der Anzahl der betroffenen Personen sowie der Höhe des vermeintlichen Schadens bereits die Abwehr- bzw. die Verteidigungskosten die Deckungssumme der relevanten Periode übersteigen werden, hat er eine gleichmäßige Pro-Kopf-Quote zu bilden, die dann das individuelle Deckungslimit für jede versicherte Person darstellt. Wie gehabt muss der Versicherer die gebildete Quote fortlaufend kontrollieren und gegebenenfalls anpassen, falls ihm eine weitere versicherte Person ihre Inanspruchnahme (aufgrund des gleichen Vorgangs) anzeigt. Da dem Versicherer der Sachverhalt und die Anzahl der involvierten versicherten Personen von vorneherein bekannt sind, bedarf es guter Gründe für den Erschöpfungseinwand nach § 109 Abs. 1 S. 2 VVG, der fernliegend ist.

5. Fazit

Wie gezeigt, unterscheiden sich die Ansätze für die Verteilung einer nicht ausreichenden Versicherungssumme in den unterschiedlichen Konstellationen. Während bei mehreren Versicherungsfällen das Prioritätsprinzip vorzugswürdig ist, bietet sich eine Verteilung nach Köpfen an, wenn nur ein einheitlicher Versicherungsfall gegeben ist. Dabei ist es dann unerheblich, ob es nur zu einem oder mehreren Schadensfällen gekommen ist.

1022 Gleiche Bedenken äußert *Armbrüster*, VersR 2014, 1 (6).

Aus Sicht des Versicherers ist es indes sinnvoll, eine Regelung bereits in der Police vorzusehen, die einen Verteilungsmechanismus für alle vorgenannten Konstellationen verbindlich festgelegt. So können Streitigkeiten vorgebeugt werden, die im Verteilungsfall fast zwangsläufig entstehen. Insofern ist der Versicherer frei in seiner Klauselgestaltung, da die Vorschrift des § 101 Abs. 1 VVG abdingbar ist und es bei nur einem Versicherungsfall überhaupt keine gesetzlichen Vorgaben gibt. Eine Grenze würden nur die Vorgaben aus den §§ 307 ff. BGB bilden.[1023]

VI. Pflichtselbstbehalt

Als Reaktion auf die Finanzkrise trat am 05. August 2009 das Gesetz zur Angemessenheit der Vorstandsvergütung (VorstAG) in Kraft.[1024] Der Gesetzgeber hatte das vermeintlich leichtsinnige Eingehen von übermäßigen Risiken durch Geschäftsleiter als eine Ursache der Krise ausgemacht.[1025] Daher war einer der Gesetzeszwecke des VorstAG, fehlerhaften Anreizen vorzubeugen, die durch solche Vergütungsbestandteile entstehen können, die ausschließlich auf kurzfristigen Erfolg ausgerichtet sind.[1026] Zudem wurde durch das VorstAG die Versicherbarkeit von Haftungsrisiken grundsätzlich bestätigt, auf der anderen Seite aber zudem ein obligatorischer Pflichtselbstbehalt bei der D&O-Versicherung für Vorstände einer Aktiengesellschaft eingeführt.[1027] Gemäß Art. 1 Ziff. 2 des VorstAG wurde § 93 Abs. 2 AktG um folgenden dritten Satz ergänzt: *„Schließt die Gesellschaft eine Versicherung zur Absicherung eines Vorstandsmitglieds gegen Risiken aus dessen beruflicher Tätigkeit für die Gesellschaft ab, ist ein Selbstbehalt von mindestens 10 Prozent des Schadens bis mindestens zur Höhe des Eineinhalbfachen der festen jährlichen Vergütung des Vorstandsmitglieds vorzusehen."*

1. Ziel und Wirkung eines Selbstbehalts

Im versicherungstechnischen Sinne ist ein Selbstbehalt eine Vereinbarung, nach der ein Versicherer einen bestimmten Anteil jedes versicherten Schaden bzw. einer bestimmten Art von Schäden trotz Vorliegens aller sonstigen Voraussetzungen der Deckungspflicht nicht zu ersetzen hat.[1028] Durch die Vereinbarung

1023 *Armbrüster,* VersR 2014, 1 (3); *Littbarski,* in: Langheid/Wandt, MünchKomm VVG, § 101 Rn. 117; *Lücke,* in: Prölss/Martin, VVG, § 101 Rn. 33.

1024 BGBl. I 2009, 2509 ff.

1025 *Mesch,* VersR 2015, 1337.

1026 *Conrad/Panetta,* NJOZ 2009, 3199; *Gaul/Janz,* NZA 2009, 809.

1027 *Koch,* in: Hüffer/Koch, AktG, § 93 Rn. 58.

1028 *Martin,* Sachversicherungsrecht, T I, Rn. 2.

eines Selbstbehalts werden die Versicherer unmittelbar entlastet, da sie bei nur geringfügigen Schadensfällen von einer aufwändigen und kostspieligen Schadensregulierung befreit werden.[1029]

Zudem wird einer Selbstbeteiligung eine verhaltenssteuernde Wirkung zugeschrieben.[1030] Der Versicherungsnehmer oder die versicherte Person sollen sich durch die Gefahr einer Eigenhaftung sorgsamer im Hinblick auf die Realisierung des versicherten Risikos verhalten, es bestehe ein größerer Anreiz, den Eintritt des Versicherungsfalls zu verhüten.[1031] In der Wissenschaft ist die verhaltenssteuernde Wirkung einer Selbstbeteiligung umstritten.[1032] Der Gesetzgeber hat jedoch insofern von seiner Einschätzungsprärogative Gebrauch gemacht und sich für die Einführung eines Pflichtselbstbehaltes entschieden, da er von einer Verhaltenssteuerung überzeugt war.[1033] Zum Teil wird allerdings kritisiert, dass der Gesetzgeber damit die Schadensprävention bzw. die Verhaltenssteuerung höher bewertet habe als die Interessen der Gesellschaft und ihrer Aktionäre, da ein Selbstbehalt die Chancen auf einen vollständigen Ausgleich des entstandenen Vermögensschadens mindert.[1034] Diesem Einwand lässt sich allerdings entgegenhalten, dass Anliegen der Aktionäre und der Gesellschaft in erster Linie die Verhütung von Schadenseintritten ist. Diesem Zweck soll die partielle Eigenhaftung der Vorstandsmitglieder wie beschrieben gerade dienen.

2. Rechtslage vor Einführung des Selbstbehalts

Vor Inkrafttreten des VorstAG gab es lediglich eine Empfehlung im DCGK, einen angemessenen Selbstbehalt für Vorstände vorzusehen, was bei den Unternehmen aber nur wenig Beachtung fand.[1035] Eine Datengewinnung mittels Fragebogen kam im Jahr 2008 zu dem Ergebnis, dass mehr als 50 % der Unternehmen den Selbstbehalt (auch für die Zukunft) ablehnten. Dies entsprach den Zahlen der vergangenen Jahre, so dass nicht mit einer Änderung der Praxis zu

---

1029 *Armbrüster*, Privatversicherungsrecht, Rn. 263; *Beckmann*, in: Matusche/Beckmann, Versicherungsrechts-Handbuch, § 28 Rn. 96; *Schimikowski*, in: Schimikowski, Versicherungsvertragsrecht, Rn. 317.

1030 Ausführlich zu dieser Frage: *Mesch*, VersR 2015, 1337.

1031 *Wandt*, Versicherungsrecht, Rn. 172.

1032 Diskutiert z.B. von *Baumann*, VersR 2006, 455 (459); *Dreher*, AG 2008, 429 (432); *Pammler*, Die gesellschaftsfinanzierte D&O-Versicherung, S. 64; vgl. auch *Hirte*, Stellungnahme zum Gesetzesentwurf VorstAG, S. 3 ff; *Mesch*, VersR 2015, 1337.

1033 Beschlussempf. Rechtsausschuss BT-Drucks 16/13433, 11.

1034 *Lange*, AG 2009, 637 (638).

1035 *Bachmann*, in: Ringleb/Kremer/Lutter/Von Werder, DCGK, Rn. 673.

rechnen war.[1036] Die Unternehmen begründeten ihre Ablehnung damit, dass eine Differenzierung innerhalb einer Gruppenversicherung im Hinblick darauf, welche (in- oder ausländische) Führungskraft welche Position innerhalb der Gesellschaft bekleide, nicht sachgerecht sei. Zudem machten interne Zahlungsverpflichtungen den Selbstbehalt ohnehin bereits obsolet. Schließlich habe dieser keinen Einfluss auf das Verhalten der Vorstände und widerspreche internationalen Standards.[1037]

Jedoch standen eine alle persönlichen Haftungsrisiken ausschließende D&O-Versicherung bereits vor dem Inkrafttreten des VorstAG längere Zeit in der Kritik und damit ein gesetzlicher Pflichtselbstbehalt in der Diskussion. Die Kritik an einer selbstbehaltslosen D&O-Versicherung hatte ihren Grund weniger in dem Wunsch, Vorstände persönlich zu sanktionieren, sondern vielmehr in der Vorstellung, dass sich persönliche Haftungsrisiken in der Weise verhaltenssteuernd auswirken, dass Vorstände im Rahmen ihren organschaftlichen Tätigkeit keine übermäßigen und unkalkulierbaren Risiken eingehen.[1038] Kritiker der D&O-Versicherung ohne persönlichen Haftungsanteil von Vorständen sahen durch einen umfassenden Versicherungsschutz die Haftung aus § 93 Abs. 2 S. 1 AktG ihrer präventiven Wirkung beraubt, da das Gleichgewicht zwischen dem Handlungsspielraum der Organmitglieder und der Haftungsandrohung für Fehlverhalten gestört sei.[1039]

Diesen Gedanken hat der Gesetzgeber im VorstAG aufgegriffen. Ziel war es, eine an einer langfristigen Entwicklung ausgerichtete Unternehmensführung zu erreichen.[1040] In der Beschlussempfehlung des Rechtsausschusses findet sich daher ein ausdrücklicher Hinweis auf die verhaltenssteuernde Wirkung einer persönlichen Haftung, womit die positivrechtliche Kodifizierung des Pflichtselbstbehalts gerechtfertigt wurde.[1041] Klarstellend wies der Gesetzgeber außerdem darauf hin, dass trotz Einführung des Pflichtselbstbehalts keine D&O-Versicherungsabschlusspflicht besteht. Nur wenn die Gesellschaft Vorstände gegen eine persönliche Haftung absichern möchte, muss seit Inkrafttreten des

1036 *Von Werder/Talaulicar*, DB 2009, 689 (691).

1037 *Dreher/Görner*, ZIP 2003, 2321.

1038 *Von Werder*, ZIP 2009, 500 (501).

1039 *Ferck*, Der Selbstbehalt in der D&O-Versicherung für Organmitglieder von Aktiengesellschaften, S. 120 f.; *Pammler*, Die gesellschaftsfinanzierte D&O-Versicherung im Spannungsfeld des Aktienrechts, S. 47 ff.

1040 *Nießen*, NJW-Spezial 2009, 479.

1041 Beschlussempf. Rechtsausschuss BT-Drucks 16/13433, 11.

VorstAG ein den Vorgaben von § 93 Abs. 2 S. 3 AktG genügender Selbstbehalt vereinbart werden.[1042]

Obwohl die gesetzliche Pflicht zur Vereinbarung des Selbstbehalts nun schon länger besteht, sind nach wie vor viele damit im Zusammenhang stehende Fragen ungeklärt. Dies liegt vor allem daran, dass sich hierzu noch keine Kasuistik gebildet hat.[1043] Nachstehend soll daher auf die seit der Implementierung des Selbstbehaltes offenen Fragen eingegangen und denkbare Lösungsvorschläge präsentiert werden, die sich einerseits an der Gesetzesdogmatik, daneben aber auch an den Bedürfnissen der Praxis orientieren sollen.

3. Stellung des Selbstbehalts

Der Selbstbehalt könnte entweder im D&O-Versicherungsvertrag oder aber möglicherweise auch im Anstellungsvertrag des Organmitglieds vereinbart werden.[1044] In § 93 Abs. 2 S. 3 AktG findet sich hierzu keine Vorgabe und auch die Beschlussempfehlung des Rechtsauschusses schweigt sich zu diesem Thema aus,[1045] weswegen hierauf im Folgenden näher eingegangen werden soll.

Ist der Selbstbehalt für den D&O-Versicherungsschutz bereits im Anstellungsvertrag des Vorstandsmitglieds vorgesehen, handelt es sich nicht um einen versicherungstechnischen Selbstbehalt im engeren Sinne.[1046] Vielmehr ist er in diesem Fall gleichbedeutend mit einer internen Zahlungsverpflichtung, nach der das Vorstandsmitglied im Schadensfall einen Teil des Schadens selbst zu tragen hat.[1047] Das eigentliche Versicherungsverhältnis bliebe von einer solchen internen Vereinbarung gänzlich unberührt.[1048] Diese Form der Vereinbarung einer Selbstbeteiligung der Vorstände wählten vor Inkrafttreten des VorstAG einige börsennotierte Aktiengesellschaften, um der unverbindlichen Empfehlung der damaligen Regelung in Ziff. 3.8 DCGK[1049] zu

1042 Klarstellend Beschlussempf. Rechtsausschuss BT-Drucks.16/13433, 11.

1043 *Klimke*, in: Seitz/Finkel/Klimke, D&O-Versicherung. Einf. Rn. 375 ff; *von Schenck*, NZG 2015 S. 494 (497).

1044 *Franz*, DB 2009, 2764 (2765).

1045 Vgl. Beschlussempf. Rechtsausschuss BT-Drucks 16/13433, 11.

1046 *Ferck*, Der Selbstbehalt in der D&O-Versicherung für Organmitglieder von Aktiengesellschaften, S. 123.

1047 *Ferck*, Der Selbstbehalt in der D&O-Versicherung für Organmitglieder von Aktiengesellschaften, S. 122.

1048 *Ferck*, Der Selbstbehalt in der D&O-Versicherung für Organmitglieder von Aktiengesellschaften, S. 122 f.

1049 Die Empfehlung einen Selbstbehalt zu vereinbaren, fand sich bereits in der ersten Fassung des DCGK vom 20. August 2002 in Ziff. 3.8 Abs. 2. An der Stellung hat sich

entsprechen.[1050] Im Vergleich zu einem versicherungsvertraglichen Selbstbehalt besteht bei der internen Zahlungsverpflichtung wegen der Nähe zwischen Gesellschaft und Vorstandsmitglied allerdings die Gefahr, dass die Gesellschaft auf eine Geltendmachung ihrer Ansprüche verzichtet, was insbesondere immer dann zu befürchten steht, wenn die in Anspruch genommene versicherte Person nach wie vor im Vorstand der Gesellschaft tätig ist. Die Gesellschaften müssten daher durch interne Organisation sicherstellen, dass die Zahlungsverpflichtung wirklich geltend gemacht wird.[1051]

Die Vereinbarung der Selbstbeteiligung im Anstellungsvertrag wird den Anforderungen des § 93 Abs. 2 S. 3 AktG indes nicht gerecht. Auch wenn der Wortlaut diese gesellschaftsvertragliche Lösung nicht ausschließt, ist sie mit dem Sinn eines Pflichtselbstbehalts nicht zu vereinbaren. Der obligatorische Selbstbehalt ist letztendlich eine Reaktion auf die Zurückhaltung der Gesellschaften gegenüber den Vorgaben des DCGK von 2008. Deswegen widerspricht es dem Sinn der Neuregelung, wenn die Privathaftung des Vorstands zur Disposition durch die Gesellschaft gestellt wird. Entsprechend erwähnt die Übergangsregelung § 23 Abs. 1 S. 1 EGAktG[1052] ausschließlich die Anpassung von Versicherungsverträgen. Für die Möglichkeit, den Selbstbehalt im Anstellungsvertrag oder in der Satzung der Gesellschaft zu vereinbaren, findet sich dagegen kein einziger Hinweis.[1053] Auch in der Beschlussempfehlung des Rechtsausschusses ist lediglich von einer Anpassung von laufenden D&O-Versicherungsverträgen die Rede.[1054] Entsprechend heißt es in der Beschlussempfehlung des Rechtsausschusses, dass bei einer Veränderung der Festvergütung die Versicherung jährlich anzupassen ist.[1055] Ferner heißt es im Hinblick auf die Vereinbarung einer Selbstbeteiligung für Aufsichtsräte in Ziff. 3.8 Abs. 3 DCGK, dass ein entsprechender Selbstbehalt in der D&O-Versicherung vorgesehen werden sollte.

---

damit bis heute nichts geändert, wenngleich sich die Empfehlung nun aufgrund der gesetzlichen Regelung für Vorstände darauf beschränkt, eine Empfehlung auch für Aufsichtsräte auszusprechen (vgl. Ziff. 3.8 Abs. 3 DCGK).

1050 *Ferck,* Der Selbstbehalt in der D&O-Versicherung für Organmitglieder von Aktiengesellschaften, S. 121 f.

1051 So auch *Ferck,* Der Selbstbehalt in der D&O-Versicherung für Organmitglieder von Aktiengesellschaften, S. 122.

1052 BGBl. I S. 1185, zuletzt geändert am 20.12.2012, BGBl. I S. 2751.

1053 So auch *Franz,* DB 2009, 2764 (2765); *Kerst,* WM 2010, 594 (603).

1054 Beschlussempf. Rechtsausschuss BT-Drucks.16/13433, 11.

1055 Beschlussempf. Rechtsausschuss BT-Drucks.16/13433, 11.

Die wiederholte Bezugnahme auf den Versicherungsvertrag in der Beschlussempfehlung, im EGAktG und im Verhaltenskodex sowie die Verwendung des versicherungstechnischen Terminus „Selbstbehalt" in § 93 Abs. 2 S. 3 AktG sprechen aus hiesiger Sicht gegen die Zulässigkeit einer internen Zahlungsverpflichtung im Anstellungsvertrag oder in der Satzung der Gesellschaft. Zudem lässt sich der mit § 93 Abs. 2 S. 3 AktG verbundene Gesetzeszweck am ehesten durch eine Vereinbarung des Selbstbehalts im Versicherungsvertrag realisieren, da andernfalls ein Verzicht der Gesellschaft auf eine Beteiligung des haftenden Vorstandsmitglieds mit seinem eigenen Privatvermögen zu befürchten wäre.[1056] Demnach ist die versicherungsvertragliche Lösung vorzugswürdig. Daneben könnten sich aus Sicht des Vorstandsmitglieds eine Vereinbarung im individuellen Anstellungsvertrag anbieten, um Einfluss auf die konkrete Höhe der Selbstbeteiligung nehmen zu können.[1057]

4. Technische Umsetzung

Im Hinblick auf eine versicherungsvertragliche Selbstbeteiligung unterscheidet man zwischen zwei Gestaltungsmöglichkeiten, zwischen der *Integral-* und der *Abzugsfranchise*.[1058]

a) Integralfranchise

Die sog. Integralfranchise zeichnet sich dadurch aus, dass der Versicherer Schäden bis zur mit dem Versicherungsnehmer vereinbarten Höhe überhaupt nicht deckt. Sobald der der Schaden allerdings die vereinbarte Größenordnung übersteigt, ist der Versicherer in Höhe des gesamten Schadens eintrittspflichtig.[1059] Aus der Sicht des Versicherers dient die Integralfranchise vor allem der Ersparnis von Verwaltungskosten bei der Abwicklung von Kleinschäden.[1060]

Allerdings ist die Integralfranchise nicht mit den Vorgaben aus § 93 Abs. 2 S. 3 AktG vereinbar, da beim Überschreiten des vereinbarten Schwellenwertes der Versicherer voll für den Schaden aufkommt, § 93 Abs. 2 S. 3 AktG hingegen vorsieht,[1061] dass sich das Vorstandsmitglied grundsätzlich an jedem

1056 So auch *Franz*, DB 2009, 2764 (2765); *Kerst*, WM 2010, 594 (603); *Lange*, VersR 2009, 1011 (1012 f.).

1057 *Hohenstatt/Naber*, DB 2010, 2321 (2322).

1058 *Hofmann*, Privatversicherungsrecht, Kap. 3, Rn. 24.

1059 *Grob*, Die Selbstbeteiligung des Versicherten im Schadensfall, S. 116.

1060 *Wandt*, Versicherungsrecht, Rn. 793.

1061 *Dreher/Görner*, ZIP 2003, 2321 (2322).

Schaden persönlich zu beteiligen hat. Zudem sprechen Sinn und Zweck des § 93 Abs. 2 S. 3 AktG gegen die Integralfranchise sprechen, da es den Anreiz schafft, den Schaden möglichst über den vereinbarten Schwellenwert hinaus zu vergrößern, damit der Versicherer eintrittspflichtig wird. Die verhaltenssteuernde Wirkung des Selbstbehalts wird so ins Gegenteil verkehrt. Je größer der Schaden ist und je weiter er sich der Mindestgrenze nähert, desto stärker wird der Anreiz, ihn absichtlich weiter zu vergrößern.[1062] Somit ist eine Ausgestaltung des Selbstbehalts als eine Integralfranchise als Verstoß gegen § 93 Abs. 2 S. 3 AktG zu qualifizieren und damit abzulehnen.

b) Abzugsfranchise

Damit verbleibt nur die Ausgestaltung als Abzugsfranchise. Kennzeichnend für diese Art der Selbstbeteiligung ist, dass der Versicherer einen vor Schadenseintritt vereinbarten Betrag bei jedem Schadensereignis von der Versicherungsleistung abzieht.[1063] Der verbleibende Betrag des Schadens wird vom Versicherungsnehmers selbst getragen. Liegt die Höhe des Schadens unterhalb der Mindestgrenze, ist der Versicherer nicht zur Leistung verpflichtet. Liegt er über der Grenze findet eine Kürzung der Leistung des Versicherers in Höhe Selbstbeteiligung statt.[1064] Als Abzug kann dabei entweder ein Fixposten oder ein sich prozentual am Schaden ausrichtender Betrag vereinbart werden.[1065] Die Abzugsfranchise soll wie die Integralfranchise den Versicherer von der Regulierung von Kleinstschäden freistellen, zudem aber gleichzeitig das Interesse des Versicherungsnehmers an einer Schadensverhütung vergrößern, womit es zur Schadensprävention und -minderung beiträgt.[1066] Insofern fördert es die Erreichung des Gesetzeszwecks von § 93 Abs. 2 S. 3 AktG.[1067] Ein Abzugsfranchise kann dabei auf zwei verschiedene Arten vereinbart werden. Entweder wird vereinbart, den Abzugsbetrag prozentual ausgehend von der Schadenshöhe zu berechnen oder man legt einen

---

1062 So auch *Ferck*, Der Selbstbehalt in der D&O-Versicherung für Organmitglieder von Aktiengesellschaften, S. 157; *Grob*, Die Selbstbeteiligung des Versicherten im Schadensfall, S. 118.

1063 *Höke*, in: Beckmann/Matusche-Beckmann, Versicherungsrechts-Handbuch, § 19 Rn. 55.

1064 *Grob*, Die Selbstbeteiligung des Versicherten im Schadensfall, S. 125.

1065 *Höke*, in: Beckmann/Matusche-Beckmann, Versicherungsrechts-Handbuch, § 19 Rn. 55.

1066 *Grob*, Die Selbstbeteiligung des Versicherten im Schadensfall, S. 126.

1067 Beschlussempf. Rechtsausschuss BT-Drucks.16/13433, 11.

starren Festbetrag fest,[1068] wobei der Gesetzgeber sich für eine prozentuale Beteiligung in Höhe von mindestens 10 % der Schadenssumme entschieden hat. Der prozentualen Beteiligung wird die stärkste Verhaltenssteuerung beigemessen, da sie leicht hohen Summen erreichen kann und hierdurch ein Anreiz für das versicherte Vorstandsmitglied geschaffen wird, den Schaden möglichst gering möglich.[1069] Problematisch an einer hohen Selbstbeteiligung ist allerdings, dass die Gesellschaft als Geschädigte das Insolvenzrisiko des Vorstandsmitgliedes tragen muss und damit der Vermögensschutz durch die D&O-Versicherung reduziert wird.[1070] Der Gesetzgeber zielte allerdings zuvorderst auf die verhaltenssteuernde Wirkung der Abzugsfranchise mit prozentualer Beteiligung ab. Diesem Ziel ordnete er andere Überlegungen und Zweifel unter. Der Makel des nicht mehr vollumfänglich gewährleisteten Bilanzschutzes muss daher hingenommen werden.

5. Anwendungsbereich von § 93 Abs. 2 S. 3 AktG

Fraglich ist, welche Altpolicen von der Pflicht zur Selbstbeteiligung aus § 93 Abs. 2 S. 3 AktG erfasst werden, welche Arten von Versicherung die Pflicht betrifft, ob neben der Aktiengesellschaft andere Gesellschaftsformen davon betroffen sind und ob neben den Vorständen andere Organe nun der Pflicht zur persönlichen Beteiligung im Schadensfall unterliegen.

a) Zeitlicher Anwendungsbereich

Da die in § 23 Abs. 1 S. 1 EGAktG vorgesehenen Übergangsfristen mittlerweile abgelaufen sind, muss heute jede neue D&O-Police, die Vorstände gegen eine persönliche Haftung aufgrund ihrer Tätigkeit im Vorstand versichert, einen Selbstbehalt vorsehen, der den Vorgaben des § 93 Abs. 2 S. 3 AktG entspricht. Dies gilt auch im Hinblick auf die Regelung in § 23 Abs. 1 S. 2 EGAktG, wonach eine Gesellschaft, die sich vor dem 05. August 2009 schuldrechtlich gegenüber einem Vorstandsmitglied verpflichtet hatte, eine selbstbehaltslose D&O-Versicherung bereitzustellen, diese Verbindlichkeit noch nach dem 01. Juli 2010 erfüllen durfte. Da die maximale Laufzeit für Vorstandsverträge gemäß § 84 Abs. 1 S. 1 AktG indes nur fünf Jahre beträgt, ist diese Möglichkeit in der Zwischenzeit verstrichen. Daher müssen heute alle Policen mit einem entsprechenden Selbstbehalt ausgestattet sein.

1068 *Martin*, Sachversicherungsrecht, T I, Rn. 2.

1069 *Martin*, Sachversicherungsrecht, T I, Rn. 5.

1070 *Franz*, DB 2009, 2764 (2765).

Allerdings kann es durch das Claims made-Prinzip zu der Situation kommen, dass der Versicherungsfall in einem Zeitpunkt eintritt, in dem sich die Vorgaben des § 93 Abs. 2 S. 3 AktG bereits zwingend in der Police wiederfinden müssen, die Pflichtverletzung des Vorstandsmitglieds hingegen zu einem Zeitpunkt begangen wurde, in dem der Versicherungsvertrag noch nicht zwingend mit einem Pflichtselbstbehalt ausgestattet sein musste (z.B. wegen § 23 Abs. 1 S. 2 EGAktG). In diesem Zusammenhang ist erneut zu beachten, dass der Anspruch aus § 93 Abs. 2 S. 1 AktG bei börsennotierten Gesellschaften erst nach zehn, bei sonstigen Gesellschaften nach fünf Jahren verjährt ist. Fraglich ist, ob in solchen Fällen die Pflicht zur Selbstbeteiligung bereits besteht.

Vor dem Hintergrund, dass die Selbstbeteiligung eingefügt wurde, um eine Verhaltenslenkung der Vorstände zur Minimierung der Haftungsrisiken der Gesellschaft herbeizuführen, ist dies zu verneinen, denn eine Verhaltenssteuerung für die Vergangenheit scheidet denklogisch aus, so dass in der Vergangenheit liegende Pflichtverletzungen vom Anwendungsbereich auszunehmen sind.[1071]

b) *Erfasste Versicherungen*

In § 93 Abs. 2 S. 3 AktG heißt es, dass ein Selbstbehalt dann vereinbart werden muss, wenn „die Gesellschaft eine Versicherung zur Absicherung eines Vorstandsmitglieds gegen Risiken aus dessen beruflicher Tätigkeit für die Gesellschaft abschließt". Insofern sieht das Gesetz selbst keine Beschränkung des Anwendungsbereichs des Pflichtselbstbehaltes dergestalt vor, dass er nur bei D&O-Versicherungen Anwendung finden soll. Zu prüfen ist daher, ob der Selbstbehalt auch bei anderen Versicherungsarten in Betracht kommt.

Fraglich ist zum Beispiel, ob möglicherweise auch die Betriebshaftpflichtversicherung dem Tatbestand des § 93 Ab. 2 S. 3 AktG unterfällt. Eine Betriebshaftpflichtversicherung sichert diejenigen Risiken eines Betriebes ab, die vom Schutz der Privathaftpflichtversicherung ausgenommen sind.[1072] Der Schutz einer Betriebshaftpflicht erstreckt sich gemäß § 102 Abs. 1 S. 1 VVG u.a. auf vertretungsbefugte Personen des Unternehmens und solche, die in einem Dienstverhältnis zum Unternehmen stehen. Zudem sehen manche Bedingungswerke einen Einschluss von Betriebsangehörigen vor.[1073] In diesem Fall handelt es sich um eine Versicherung für fremde Rechnung, wie es in § 102 Abs. 1 S. 1 VVG

1071 So auch *Koch*, AG 2009, 637 (640).
1072 *Lücke*, in: Prölss/Martin, VVG, § 102 Rn. 3.
1073 *Lücke*, in: Prölss/Martin, VVG § 102 Rn. 14.

klargestellt wird. Durch diese Erweiterung auf diese Personenkreise hat die Betriebshaftpflichtversicherung eine doppelte Schutzrichtung und sichert sowohl das Unternehmen als Versicherungsnehmer als auch Betriebsangehörige ab.[1074]

Anders als die D&O-Versicherung sichert die Betriebshaftpflichtversicherung allerdings in erster Linie Außenhaftungsansprüche ab.[1075] Dabei ist im Rahmen der Außenhaftung selbst bei der D&O-Versicherung umstritten, ob eine Pflicht zur persönlichen Beteiligung besteht.[1076] Allerdings existieren auch Betriebshaftpflichtversicherungspolicen, die Innenhaftungsansprüche absichern.[1077] Es stellt sich dann in jedem Fall die Frage, ob eine Selbstbehaltspflicht besteht, selbst wenn man die Außenhaftung von der Selbstbehaltspflicht als nicht erfasst ansieht.

Wie bereits erwähnt, ist der Wortlaut nicht auf eine spezielle Versicherungssparte begrenzt, wohingegen in der Beschlussempfehlung des Rechtsausschusses ausschließlich D&O-Versicherungspolicen erwähnt werden.[1078] Gleiches gilt für die Übergangsvorschrift des § 23 EGAktG, in der ebenfalls ausschließlich die D&O-Versicherung erwähnt wird. Jedoch spricht der Gesetzeszweck des § 93 Abs. 2 S. 3 AktG für eine Einbeziehung anderer Versicherungen wie z.B. der Betriebshaftpflichtversicherung, sofern diese die gleichen Haftungsrisiken wie eine D&O abdecken. Der Selbstbehalt soll schließlich das Verhalten von Vorstandsmitgliedern positiv lenken, indem man sie der Gefahr einer persönlichen Haftung bei übermäßig risikoreichen Entscheidungen aussetzt. Ausgehend von dieser Zielrichtung des Selbstbehaltes ist nicht erkennbar, warum ihn nur D&O-Policen vorsehen sollten, denn leichtfertiges Vorstandshandeln könnte insofern durch die vollständige Absicherung durch anderweitige Versicherungen erreicht werden.

Auch spricht es nicht gegen eine Anwendung von § 93 Abs. 2 S. 3 AktG auf die Betriebshaftpflichtversicherung, dass diese in erster Linie Nichtvermögensschäden von Dritten absichert,[1079] während die D&O-Versicherung eine

1074 *Von Rintelen*, in: Beckmann/Matusche–Beckmann, Versicherungsrecht-Handbuch., § 26 Rn. 24a.

1075 *Lange*, VersR 2009, 1011 (1016).

1076 Vgl. dazu unten unter C. VI. 5. e).

1077 *Lange*, VersR 2009, 1011 (1016).

1078 Beschlussempf. Rechtsausschuss BT-Drucks.16/13433, 12.

1079 Teilweise ist in den Bedingungswerken aber auch ein Einschluss von Vermögensschäden vorgesehen, vgl. *von Rintelen*, in: Beckmann/Matusche-Beckmann, Versicherungsrechts-Handbuch, § 26 Rn. 1.

Vermögensschadenhaftpflichtversicherung ist.[1080] Jedoch ist die Abgrenzung zwischen Vermögensschaden und Nichtvermögensschaden bisweilen schwierig, die Grenzen sind fließend.[1081] Zudem existieren am Markt Betriebshaftpflichtversicherungen, die auch Vermögensschäden erfassen, so dass es zu Überschneidungen mit der D&O-Versicherung kommen kann.[1082] Es hängt daher vom Zufall ab, ob der Vorstand mit einer Selbstbeteiligung belastet ist oder nicht. Des Weiteren wäre der Anreiz geschaffen, Elemente, die grundsätzlich Teil der D&O-Deckung sind, in die Betriebshaftpflichtversicherung zu verlagern.[1083] Die Gesellschaft könnte verleitet sein, Eigenversicherungen abschließen, die alle Vermögensschäden abdecken und damit auch solche, die ihr von den eigenen Vorständen zugefügt wurden. Verzichtet die Gesellschaft bei einer solchen Versicherung bereits im Vorfeld eines Versicherungsfalls vertraglich auf einen Regress gegen Mitglieder des Vorstands, handelt es sich im Ergebnis um eine D&O-Deckung. Insofern könnte die Beschränkung des Anwendungsbereiches von § 93 Abs. 2 S. 3 AktG auf das Produkt D&O-Versicherung zu einer Unterlaufung der Selbstbehaltspflicht führen.[1084]

Dagegen lässt sich aber sagen, dass eine Eigenschadensversicherung mit Regressverzicht eine reine Umgehungskonstruktion wäre.[1085] In dem Fall käme § 93 Abs. 2 S. 3 AktG ohnehin zur Anwendung, da es lediglich darauf ankommen kann, ob die fragliche Versicherung Elemente einer D&O-Versicherung aufweist. Wie das jeweilige Rechtsprodukt benannt ist, kann für die Frage nach der Selbstbeteiligungspflicht nicht ausschlaggebend sein.[1086] Wenn allerdings eine Betriebshaftpflichtversicherung andere Arten von Schäden abdeckt als die D&O-Versicherung, verfängt dieses Argument nicht, so dass eine grundsätzliche Entscheidung getroffen werden muss, ob der Geltungsbereich von § 93 Abs. 2 S. 3 AktG für andere Versicherungen eröffnet sein kann.

Wenngleich der Gesetzgeber bei Verabschiedung der Selbstbehaltspflicht während des Höhepunktes der weltweiten Finanzkrise eindeutig die D&O-Versicherung vor Augen hatte, die zu einem Symbol der viel beschriebenen „Vollkaskomentalität" von Managern stilisiert wurde, sprechen weder der Wortlaut

---

1080 Vgl. C. I. 1.

1081 *Almeroth*, in: MünchKomm, StVR, § 249 BGB Rn. 12.

1082 *Beckmann*, in: Beckmann/Matusche-Beckmann, Versicherungsrecht-Handbuch., § 28 Rn. 66.

1083 So auch *Lange*, VersR 2009 S. 1011 (1017).

1084 *Lange*, VersR 2009, 1011 (1017).

1085 So auch *Franz*, DB 2009, 2764 (2765).

1086 *Franz*, DB 2009, 2764 (2765).

noch der Gesetzeszweck gegen die Einbeziehung z.B. der Betriebshaftpflichtversicherung. In der Beschlussempfehlung des Rechtsausschusses werden allerdings keine anderen Versicherungen angesprochen und auch in der Literatur beschränkt sich die Auseinandersetzung mit § 93 Abs. 2 S. 3 AktG auf Fragestellungen, die im Zusammenhang mit der D&O-Versicherung stehen. Hätte der Gesetzgeber allerdings eine Beschränkung auf die Vermögensschadenshaftpflichtversicherung gewollt, so hätte er dies im Gesetz eindeutiger zum Ausdruck bringen müssen.

Die Formulierung „schließt die Gesellschaft eine Versicherung zur Absicherung von Risiken, die aus der beruflichen Tätigkeit resultieren" legt den Schluss nahe, dass alle Versicherungen erfasst sein sollen, die Schutz vor beruflichen Risiken bieten. Dass in der Beschlussempfehlung nur von der D&O-Versicherung die Rede ist, schließt die Anwendbarkeit auf andere Versicherungen nicht aus, sondern bringt lediglich zum Ausdruck, dass primärer Regelungsgestand die D&O-Versicherung sein sollte. Der Gesetzeszweck legt aber nahe, die Selbstbehaltspflicht auf alle anderen Versicherungen auszudehnen, die einen Schutz vor persönlicher Haftung im Rahmen der unternehmerischen Tätigkeit bieten.[1087]

c) *Erfasste Gesellschaften*

Fraglich ist, bei welchen Gesellschaften der Selbstbehalt zu vereinbaren ist, d.h. bei welchen Gesellschaften die handelnden Organe zwingend mit einem Teil ihres Privatvermögens für einen Vermögensschaden der Gesellschaft haften, den sie zumindest mitverursacht haben.

aa. Aktiengesellschaft

Bei der Verpflichtung zum Abschluss eines Selbstbehalts handelt es sich um eine Vorschrift des deutschen Aktienrechts. Demzufolge gilt § 93 Abs. 2 S. 3 AktG für alle Aktiengesellschaften mit Sitz in Deutschland unabhängig von ihrer Größe oder Börsennotierung. Entsprechendes gilt gemäß § 48 S. 2 AktG für die Vor-AG.[1088]

bb. KGaA und VVaG

Da der Selbstbehalt im Aktiengesetz geregelt ist, findet sie auf diejenigen Gesellschaften unmittelbare Anwendung, die dem Regime des AktG unterworfen sind.

1087 Zust. *Lange*, VersR 2009, 1011 (1017).

1088 *Kerst*, WM 2010, 594 (597).

Das sind neben der herkömmlichen Aktiengesellschaft die Kommanditgesellschaften auf Aktien (KGaA), bei denen gemäß § 283 Nr. 3 AktG sinngemäß die Vorschriften über die Sorgfaltspflicht und Verantwortlichkeit des Vorstands für die persönlich haftenden Gesellschafter gelten. Dabei umfasst der Verweis auch § 93 Abs. 2 S. 3 AktG, enthält insoweit also keine Einschränkung.[1089]

Einen solchen unbeschränkten Verweis auf § 93 AktG enthält ebenfalls § 34 S. 2 VAG für den Versicherungsverein auf Gegenseitigkeit (VVaG), weshalb die D&O-Versicherungen für Vorstände des VVaG einen Selbstbehalt vorsehen müssen, der den Vorgaben des § 93 Abs. 2 S. 3 AktG entspricht.[1090]

cc. Europäische Gesellschaft

Die Vorgaben des § 93 AktG gelten grundsätzlich für Europäische Gesellschaft mit statutarischem Sitz in Deutschland bei Wahl des dualistischen Systems gemäß Art. 9 Abs. 1 lit. c (ii) der Verordnung über das SE Statut[1091] i.V.m. §§ 15 – 19 SEAG.[1092] Wird das monistische System gewählt, gilt § 93 AktG gemäß §§ 39, 40 SEAG für die Sorgfaltspflicht und Verantwortlichkeit der Verwaltungsratsmitglieder und der geschäftsführenden Direktoren zumindest entsprechend.

Unklar ist, ob sich der Verweis auf § 93 Abs. 2 S. 3 AktG erstreckt. Dagegen spricht, dass es sich bei der SE um eine eigenständige Gesellschaftsform handelt, die der Gesetzgeber mit dem Pflichtselbstbehalt nicht erfassen wollte. Nach dieser Ansicht ergibt sich diese Annahme eindeutig aus der Beschlussempfehlung des Rechtsausschusses des Bundestages, in der nur von der AG die Rede ist. Eine Erweiterung auf die SE liefe der gewünschten restriktiven Handhabung zuwider.[1093]

Jedoch steht weder die SE–VO noch das SEAG einer Anwendung des Pflichtselbstbehaltes entgegen. Die ablehnende Ansicht verkennt, dass zwingend das nationale Recht angewendet werden muss, wenn auf europäischer Ebene nichts bzw. nichts Entgegenstehendes geregelt ist.[1094] Auch die Beschlussempfehlung spricht nicht gegen die Einbeziehung, denn der Gesetzgeber wollte Manager von Aktiengesellschaften erfassen. Auch wenn die SE als Europäische Gesellschaft

---

1089 *Koch*, AG 2009, 637 (640); *Franz*, DB 2009, 2764 (2766); a.A. *Kerst*, VW 2010, 102.

1090 *Beckmann*, in: Beckmann/Matusche-Beckmann, Versicherungsrechts-Handbuch, § 28 Rn. 96b.

1091 VO 2157/2001/EG vom 8.10.2001, Abl. EG Nr. L 294, 1, im Folgenden SE – VO genannt.

1092 BGBl. I S. 3675, zuletzt geändert am 30.07.2009, BGBl. I S. 2479.

1093 *Schulz*, ZfV 2009, 558 (561).

1094 *Laschet*, PHi 2009, 158 (160).

ausgewiesen wird, handelt es sich im Kern um eine Aktiengesellschaft. Außerdem besteht andernfalls eine Umgehungsgefahr durch die Wahl der Rechtsform der SE. Daher ist es konsequent, die SE bei Abschluss von D&O-Verträgen für ihre Vorstände, unabhängig von ihrem Aufbau (monistisch oder dualistisch) der Pflicht zu unterwerfen, einen Selbstbehalt im Versicherungsvertrag zu vereinbaren.[1095]

dd. GmbH und weitere Gesellschaften

Keine (analoge) Anwendung findet die Vorschrift bei anderen Gesellschaftsformen. Daher kann sich ein Geschäftsführer einer GmbH nach wie vor ohne Selbstbehaltsvereinbarung von seiner Gesellschaft gegen eine persönliche Haftung aus § 43 Abs. 2 GmbHG versichern lassen.[1096] Ein Analogieschluss scheitert an der fehlenden Planwidrigkeit der Regelungslücke, da dem Gesetzgeber die Situation bei der GmbH durchaus bewusst war, er aber nur für die Aktiengesellschaft Handlungsbedarf gesehen hat.[1097] Außerdem ist die Interessenlage nicht vergleichbar, da der GmbH-Geschäftsführer nicht mit den weitreichenden Befugnissen eines Vorstandsmitglieds einer Aktiengesellschaft ausgestattet ist und die Gesellschafter der GmbH in der Regel bessere Kontroll- und Eingriffsmöglichkeiten haben als die Aktionäre der AG.[1098] Zudem ist in Satz 3 des 2. Absatzes von § 93 AktG in der Verweisnorm des § 52 Abs. 1 GmbHG[1099] ausdrücklich ausgenommen, weshalb ausdrücklich keine Selbstbeteiligungspflicht für Aufsichtsräte einer GmbH besteht.

ee. Pflichtselbstbehalt im Konzern

Fraglich bleibt die Behandlung von Aktiengesellschaften innerhalb von Konzernstrukturen. Der Wortlaut des § 93 Abs. 2 S. 3 AktG „schließt die Gesellschaft eine Versicherung zur Absicherung eines Vorstandsmitgliedes gegen Risiken“ kann derart eng interpretiert werden, dass eine Selbstbehaltspflicht nur dann besteht, wenn die Gesellschaft ihre eigenen Organe versichert. Diese Auslegung ist aber zu restriktiv, da wie beschrieben in der Praxis regelmäßig

---

1095 So auch *Kerst*, DB 2009, 2764 (2766); *Laschet*, PHi 2009, 158 (160).

1096 *Franz*, DB 2009, 2764 (2766); *Kerst*, WM 2010, 594 (597); *Olbrich/Kassing*, BB 2009, 1659; *van Kann*, NZG 2009, 1010 (1011).

1097 Beschlussempf. Rechtsausschuss BT-Drucks.16/13433, 11.

1098 *Franz*, DB 2009, 2764 (2766).

1099 § 52 GmbHG verweist auf Vorschriften des AktG, wenn der Gesellschaftsvertrag der GmbH einen Aufsichtsrat vorsieht.

Gruppenversicherungsverträge abgeschlossen werden. Versichert werden dadurch gegenwärtige und ehemalige Organmitglieder für ihre Amtsausübung in der Gesellschaft und für die Wahrnehmung von Organfunktionen in Tochter- oder Schwestergesellschaften innerhalb eines Konzerns.[1100] Eine Beschränkung der Pflicht auf die Versicherung eigener Organe öffnet der Umgehung von § 93 Abs. 2 S. 3 AktG Tür und Tor. Damit ist es unerlässlich, einen Selbstbehalt in Konzernpolicen vorzusehen, wobei sein Anwendungsbereich innerhalb des Konzerns auf Vorstände von Aktiengesellschaften bzw. sonstige Personen beschränkt werden kann, für die der Selbstbehalt obligatorisch ist.

(1) Aktiengesellschaft als Konzernobergesellschaft

Sollte eine Aktiengesellschaft[1101] als Versicherungsnehmerin die Konzernpolice abschließen, bezieht sich der Pflichtselbstbehalt auf alle Aktiengesellschaften des Konzerns und deren Organe. Andere Gesellschaften des Konzerns bleiben davon unberührt. Dafür sprechen die Stellung der Vorschrift im Aktiengesetz und die Intention des Gesetzgebers. Darüber hinaus ist die Erstreckung der Pflicht auf Organe anderer Gesellschaftsformen mit dem klaren Wortlaut von § 93 Abs. 2 S. 3 AktG nicht vereinbar.[1102] Daher ist bei Formulierung der Versicherungsbedingungen darauf zu achten, dass der Selbstbehalt nur für Organtätigkeiten innerhalb einer Aktiengesellschaft des Konzerns gelten soll. Freilich bleibt es den Vertragsparteien unbenommen, Selbstbehalte für alle weiteren Gesellschaftsformen zu vereinbaren (z.B. GmbHs) zu vereinbaren, zwingend ist dies aber nicht. Daher ist im Vorfeld des Abschlusses einer D&O-Police genau zu überlegen, welche Gesellschaften erfasst werden sollen.

(2) Konzernobergesellschaft in einer anderen Rechtsform

Fraglich ist die Behandlung von Policen eines Konzerns, bei dem die Obergesellschaft keine Aktiengesellschaft ist, aber gleichwohl Versicherungsnehmerin des Versicherungsvertrages sein soll. So kann z.B. eine GmbH Muttergesellschaft sein und einen Gruppenversicherungsvertrag für ihre Tochterunternehmen abschließen, die ihrerseits Aktiengesellschaften sind. In solch einer Konstellation könnte man annehmen, dass keine Pflicht zur Vereinbarung einer Selbstbeteiligung besteht, da die Versicherungsnehmerin nicht dem Regime des AktG unterworfen ist.

1100 *Mertens*, AG 2000, 447 (448).

1101 Bzw. eine SE, vgl. oben.

1102 So auch *Harzenetter*, DStR 2010, 653 (654).

Diese Verengung des Anwendungsbereiches ist jedoch zu formal und eröffnet die Möglichkeit für Umgehungskonstruktionen.[1103] Des Weiteren spricht Sinn und Zweck von § 93 Abs. 2 S. 3 AktG gegen diese Auslegung, da Aktiengesellschaften im Konzernverbund gleichfalls präventiv vor einer Schädigung durch ihre Organe bewahrt werden sollen. Daher muss in dem Fall, in dem die Muttergesellschaft keine Aktiengesellschaft ist, sie aber einen Gruppenversicherungsvertrag für AG-Tochterunternehmen abschließen möchte, eine Formulierung in die Police aufgenommen werden, dass für alle unter der Police mitversicherten Aktiengesellschaften ein Selbstbehalt für deren Vorstände besteht, der den Vorgaben von § 93 Abs. 2 S. 3 AktG entspricht.[1104]

d) Betroffene Organe

Aus der Stellung im Gesetz ergibt sich, dass vom Pflichtselbstbehalt nur Mitglieder des Vorstands betroffen sind. Sonstige leitende Angestellte einer Aktiengesellschaft sind nicht erfasst.[1105] Mitglieder des Aufsichtsrates sind ausdrücklich von der Pflicht ausgenommen, da § 93 Abs. 2 S. 3 AktG vom Verweis des § 116 AktG explizit ausgenommen ist.[1106] Allerdings wird wie bereits erwähnt in Ziff. 3.8 Abs. 3 DCGK ein Selbstbehalt auch für Aufsichtsräte empfohlen. Jedoch unterliegt ein freiwilliger Selbstbehalt für Aufsichtsräte nicht den strikten Vorgaben des § 93 Abs. 2 S. 3 AktG und könnte individuell ausgestaltet werden.[1107]

e) Innen-/Außenhaftung

Die Stellung von § 93 Abs. 2 S. 3 AktG zeigt, dass der Anwendungsbereich des neuen Selbstbehalts in erster Linie Innenhaftungsansprüche der Gesellschaft gegen den Vorstand erfassen soll. Daran schließt sich die Frage an, ob die Haftung gegenüber gesellschaftsfremden Dritten der Selbstbehaltspflicht unterliegt. Darüber hinaus ist zweifelhaft, ob solche Kosten der Pflichtbeteiligung der Vorstände unterliegen, die dem Versicherer bei der Abwehr von unbegründeten Haftungsansprüchen entstehen.

1103 *Franz,* DB 2009, 2764 (2767); *van Kann,* NZG 2009, 1010 (1011).

1104 Im Ergebnis ebenso *Franz,* DB 2009, 2744 (2767); *Lange,* VersR 2009 S. 1011 (1014); *van Kann,* NZG 2009, 1010 (1011).

1105 *Franz,* DB 2009, 2765 (2766); *Kerst,* WM 2010, 594 (597); *Koch,* VersR 2009, 637 (639).

1106 Beschlussempf. Rechtsausschuss BT-Drucks. 16/13433, 11 f.

1107 *Hecker,* BB 2009, 1654 (1655).

Obwohl Vermögens- und Bilanzschutz für die Aktiengesellschaft einer D&O-Versicherung eine gewichtige Rolle spielen, wird sie vor allem zum Schutz vor einer persönlichen Inanspruchnahme der Mitglieder des Vorstands abgeschlossen. Daher ist es zwingend, auch Ansprüche von gesellschaftsfremden Dritten, die aus der Mandatswahrnehmung der versicherten Person resultieren, in den Deckungsschutz miteinzubeziehen. Im Hinblick auf den Pflichtselbstbehalt ist insofern zu untersuchen, ob die Deckung von Außenhaftungsansprüchen dem Anwendungsbereich des § 93 Abs. 2 S. 3 AktG unterfallen soll. Der Wortlaut schließt es zumindest nicht aus und spricht allgemein von der Absicherung von Risiken aus der beruflichen Tätigkeit.

aa. Abwägung

Gegen eine Einbeziehung der Außenhaftung könnte zunächst die Gesetzessystematik sprechen, da sich § 93 Abs. 2 S. 3 AktG durch seine Stellung unmittelbar auf die Innenhaftung aus § 93 Abs. 2 S. 1 AktG bezieht.[1108] Dies kann aber auch dadurch erklärt werden, dass die Außenhaftung im Aktienrecht nicht behandelt wird und daher eine Verortung der Selbstbehaltspflicht im Kontext der Innenhaftung naheliegend war.[1109]

Zudem wird gegen eine Einbeziehung der Außenhaftung angeführt, dass die gewünschte Verhaltenssteuerung des Vorstandsmitglieds bereits dadurch erreicht werde, dass das jeweilige Vorstandsmitglied nicht wisse, wen der Dritte in Anspruch nehmen wird. Nimmt dieser die Gesellschaft aufgrund einer Pflichtverletzung des Vorstandsmitglieds in Anspruch, müsste dieses mit einem Binnenregress der Gesellschaft gemäß § 93 Abs. 2 S. 1 AktG und damit mit einer persönlichen Inanspruchnahme in Höhe der Selbstbeteiligung zumindest rechnen. Damit bliebe der Gesetzeszweck von § 93 Abs. 2 S. 3 AktG auch ohne Anwendung des Selbstbehalts bei einer Außenhaftung gewahrt.[1110] Dass zugleich eine Haftung im Innen- und im Außenverhältnis vorliegt, ist nicht unüblich.[1111] Denn zu den gesellschaftsrechtlichen Pflichten der Vorstandsmitglieder zählt u.a. die Einhaltung der rechtlichen Pflichten und Vorgaben der Rechtsordnung.[1112] Liegt demnach eine schadensersatzauslösende Gesetzesverletzung im

1108 So auch *Olbrich/Kassing*, BB 2009, 1659.

1109 So *Thüsing/Traut*, NZA 2010, 140 (141).

1110 *Ihlas*, in: Langheid/Wandt, MünchKomm VVG, 3. Bd. Ziff. 320 Rn 501 f.

1111 Berühmtestes Beispiel: *Kirch ./. Deutsche Bank* und *Breuer*, BGH vom 24.01.2006, abgedruckt in NJW 2006, 830.

1112 *Spindler*, in: MünchKomm, AktG, § 93 Rn. 73.

Außenverhältnis vor, könnte dies zugleich eine Pflichtverletzung gegenüber der Gesellschaft begründen.[1113] In solchen Fällen haftet neben dem Vorstandsmitglied die Gesellschaft unmittelbar durch eine Zurechnung der Handlungen ihrer Organe analog § 31 BGB.[1114] Der Geschädigte hat demnach die Wahl, ob er die Gesellschaft, das Organ oder gleich beide in Anspruch nehmen möchte.[1115]

Lehnt man die Pflicht zur Selbstbeteiligung im Bereich der Außenhaftung jedoch vollständig ab, hängt es nur vom Zufall ab, ob das Vorstandsmitglied mit einem Teil seines Privatvermögens haftet. Nimmt der Dritte ausschließlich das Organ in Anspruch nehmen, muss der Versicherer den Schaden voll regulieren. Nimmt der Dritte hingegen erst die Gesellschaft in Anspruch, kann diese gemäß § 93 Abs. 2 S. 1 AktG i.V.m. § 426 Abs. 1 BGB bei den haftenden Vorstandsmitgliedern Regress nehmen.[1116] Dabei handelt es sich um einen Innenhaftungsanspruch, bei dem die Selbstbeteiligung i.S.d. § 93 Abs. 2 S. 3 AktG zwingend zu beachten ist. Es würde daher nur vom Verhalten des Geschädigten abhängen, ob sich die Vorstände persönlich am Schaden beteiligen müssen. Außerdem bestünde die Gefahr, dass der Selbstbehalt umgangen würde, wenn sich der geschädigte Dritte und die Gesellschaft darauf verständigen sollten, dass diese den Schaden begleicht und danach auf einen Regress gegen das Vorstandsmitglied verzichtet.[1117]

Im Lichte des Vorstehenden sprechen die besseren Argumente für eine Einbeziehung von Außenhaftungssachverhalten. Die persönliche Haftung der Organmitglieder kann nicht vom zufälligen Moment der Inanspruchnahme durch den geschädigten Dritten abhängig gemacht werden. Daher sollte in den D&O-Policen ein allgemeiner Selbstbehalt vorgesehen werden, der sich nicht nur auf die Innenhaftung beschränkt.[1118]

bb. Sonderfall: Company-Reimbursement

Bisweilen bestehen, wie bereits oben angesprochen, Vereinbarungen zwischen versicherter Person und Gesellschaft, wonach die versicherte Person im Falle einer Inanspruchnahme durch Dritte aufgrund von vermeintlichen Pflichtverletzungen, die sie im Rahmen ihrer Tätigkeit für die Gesellschaft begangen haben

---

1113 BGH NJW 1988, 1321 (1325).

1114 *Arnold*, in: MünchKomm, BGB, § 31 Rn. 11.

1115 So geschehen im Fall *Kirch ./. Deutsche Bank* und *Breuer*, NJW 2006, 830.

1116 *Derleder/Fauser*, BB 2006, 949 (951 f.).

1117 *Koch*, AG 2009, 637 (643).

1118 So auch *Thüsing/Traut*, NZA 2010, 140 (141); *Van Kann*, NZG 2009, 1010 (1011); *Voit*, in: Prölss/Martin, VVG, Ziff. 4.3 AVB-AVG, Rn. 10.

soll, von der Gesellschaft freigestellt werden soll (Company-Reimbursement-Klauseln).[1119] Für solche Fälle, aber auch wenn die Gesellschaft die versicherte Person ohne eine vorherige Vereinbarung freistellt, beinhalten D&O-Policen regelmäßig Bestimmungen, die es der Gesellschaft als Versicherungsnehmerin abweichend vom Normalfall in der D&O erlauben, den Deckungsanspruch selbst gegen den Versicherer geltend zu machen.[1120] Wenn die Gesellschaft die versicherte Person bereits vollumfänglich freigestellt hat, gilt in manchen Bedingungswerken und insbesondere auch gemäß Ziff. 4.3 Abs. 2 S. 2 i.V.m. Ziff. 1.2 AVB-AVG der Selbstbehalt im Verhältnis zwischen der Versicherungsnehmerin und dem Versicherer.

Diese Verlagerung der Selbstbehaltspflicht auf die Gesellschaft entspricht nur dann den Bedingungen des § 93 Abs. 2 S. 3 AktG, wenn der Selbstbehalt dann von der Gesellschaft an die versicherte Person durchgereicht wird. Andernfalls wäre die versicherte Person vollständig freigestellt, was bei einer Außenhaftung nicht der Fall ist, da hier der Selbstbehalt Anwendung findet (s.o.). Allerdings handelt es sich um eine Vereinbarung, die im Innenverhältnis zwischen Versicherungsnehmer und versicherter Person zu treffen ist und daher nicht im D&O-Versicherungsvertrag geregelt werden kann. Man könnte lediglich überlegen, ob man eine Leistung des Versicherers an die Gesellschaft davon abhängig macht, dass diese einen Nachweis vorbringt, dass sie den Selbstbehalt an die versicherte Person durchreicht, was aber wenig praxistauglich ist. Daher hat die Gesellschaft im Innenverhältnis dafür sorgen, dass die versicherte Person den Selbstbehalt trägt. Andernfalls würde sie gegen die zwingenden gesetzlichen Vorgaben von § 93 Abs. 2 S. 3 AktG verstoßen.

f) Anwendung auf Abwehrkosten

Fraglich ist, ob sich die versicherten Personen nach § 93 Abs. 2 S. 3 AktG zwingend an den Abwehrkosten bzw. an den Kosten für einen Vergleich mit dem Anspruchsteller beteiligen müssen. Der Gesetzeswortlaut von § 93 Abs. 2 S. 3 AktG spricht dabei zunächst einmal von dem Eintritt eines Schadens, was eine Vermögenseinbuße der Gesellschaft durch eine Pflichtverletzung des Vorstandsmitgliedes meint. Abwehrkosten dagegen fallen dem Vorstandsmitglied und nicht der Gesellschaft zur Last.[1121] Damit unterfallen diese grundsätzlich nicht dem Wortlaut.

1119 Vgl. C. I. 3. a) bb.

1120 Vgl. oben unter C. I. 3. b) aa.

1121 *Olbrich/Kassing*, BB 2009, 1659 (1660).

Zudem spricht der Gesetzeszweck gegen eine Ausdehnung der Selbstbehaltspflicht auf Abwehrkosten, da eine präventive Schadensverhinderung durch eine Eigenbeteiligung der Vorstände nicht gefördert wird. Die gewünschte positive Einflussnahme auf die Verhaltensweise der Organmitglieder kann dort keine Rolle spielen, wo der Vorstand sich pflichtgemäß verhalten hat.[1122] Außerdem stellen solche Leistungen schon begrifflich keinen Schaden dar, da sie gegenüber dem (möglichen) Schädiger und nicht gegenüber dem Geschädigten erbracht werden.[1123] Somit erfasst der Selbstbehalt nur die Regulierung begründeter Ansprüche Dritter.[1124] Dementsprechend ist in Ziff. 4.3 Abs. 6 AVB-AVG vorgesehen, dass Abwehrkosten von der Selbstbehaltspflicht ausgenommen sind.

6. Mindesthöhe der Selbstbeteiligung

Durch die gesetzliche Festlegung der Mindesthöhe des Selbstbehalts wurde der Streit beendet, was ein angemessener Selbstbehalt für die aktienrechtliche Innenhaftung von Organen sein könnte.[1125] Durch einfache Gesetzeslektüre erschließt sich der Wortlaut von § 93 Abs. 2 S. 3 AktG über die Mindestanforderungen, die an die Selbstbeteiligung gestellt werden, allerdings nicht unmittelbar. Erst im Zusammenhang mit der Beschlussempfehlung des Rechtsausschusses wird deutlich, wie hoch die vom Gesetz geforderte Mindestselbstbeteiligung ist.

a) Verhältnis beider Mindestgrenzen zueinander

Gemäß § 93 Abs. 2 S. 3 AktG ist *„ein Selbstbehalt von mindestens 10 Prozent des Schadens bis mindestens zur Höhe des Eineinhalbfachen der festen jährlichen Vergütung des Vorstandsmitglieds vorzusehen“.*

Demnach gibt § 93 Abs. 2 S. 3 AktG zwei Mindestgrenzen vor. Zum einen beträgt sie 10 % des Schadens und zum anderen 150 % der jährlichen Festvergütung des Vorstandes. Dies erscheint auf den ersten Blick widersprüchlich, erklärt sich aber im Zusammenhang mit der Beschlussempfehlung des Rechtsausschusses des Deutschen Bundestages, in der es heißt, dass grundsätzlich eine prozentuale Selbstbeteiligungsquote zu vereinbaren ist, die mindestens 10 % beträgt und sich auf jeden einzelnen Schadensfall bezieht.[1126] Daneben kann – was nicht

1122 *Laschet,* Phi 2009, 158 (163).

1123 *Harzenetter,* DStR 2010 S. 653 (655).

1124 *Koch,* AG 2009, 637 (644); *Olbrich/Kassing,* BB 2009, 1659 (1660).

1125 Vgl. dazu *Baumannn,* VersR 2006, 455 (464); *Bender/Vater,* VersR 2003, 1376 (1377); *Messmer,* VW 2002, 1384 ff.; *Ulmer,* ZHR 2007, 119 (121).

1126 Beschlussempf. Rechtsausschuss BT-Drucks.16/13433, 11.

zwingend ist – eine absolute *jährliche* Obergrenze im Hinblick auf die persönliche Beteiligung der Vorstandsmitglieder an einem Schadensfall vereinbart werden. Diese Obergrenze muss mindestens das Eineinhalbfache der jährlichen Mindestvergütung betragen.[1127]

Bei beiden Werten handelt es sich um Mindestgrenzen, weswegen die Gesellschaft nach oben abweichen und den Vorständen höhere Schadensbeteiligungen oder jährliche Obergrenzen auferlegen kann.[1128] Es ist allerdings nicht davon auszugehen, dass die Gesellschaften hiervon regelmäßig Gebrauch machen werden. Denn dadurch erhöhte sich die Ausfallgefahr im Hinblick auf ihre Innenhaftungsansprüche aus § 93 Abs. 2 S. 1 AktG, ohne dass eine höhere Selbstbeteiligung einen substantiellen Einfluss auf die Höhe der Prämien hätte.[1129]

b) Bestandteile Jahresfestvergütung

Bezugspunkt für die jährliche Mindestobergrenze ist die jährliche Festvergütung des Vorstands. Unter Vergütung versteht man alle Leistungen, die einem aktiven Mitglied des Vorstands als Gegenleistung für seine Tätigkeit für die Gesellschaft gewährt werden.[1130] Die Vergütung setzt sich dabei regelmäßig aus Barbezügen, Sachbezügen (Dienstwagen zur privaten Nutzung, gegebenenfalls Dienstwohnung, zinsloses Arbeitgeberdarlehen u.Ä.), Ruhegeldzusagen sowie aus Versicherungsentgelten zusammen (Lebensversicherung, Krankversicherung u.Ä.). Dabei setzen sich die Bargeldbezüge aus dem Festgehalt sowie aus variablen Vergütungsbestandteilen zusammen,[1131] die voneinander zu unterscheiden sind (vgl. § 87 Abs. 1 AktG bzw. Ziff. 4.2.3 Abs. 2 DCGK). Während zur variablen Vergütung alle Einkommensanteile zählen (v.a. Boni jedweder Art), die vom Erfolg der Vorstandstätigkeit abhängig sind, versteht man unter der Festvergütung diejenigen Bestandteile, die unabhängig von solchen Einflüssen sind.[1132]

Das Abstellen auf die Festvergütung in § 93 Abs. 2 S. 3 AktG erleichtert die Bestimmung der Mindestgrenze. Hätte man stattdessen variable Vergütungsbestandteile miteinbeziehen wollen, müsste regelmäßig eine Schätzung vorgenommen werden, in der alle denkbaren Vermögensvorteile einzubeziehen wären.[1133]

1127 Beschlussempf. Rechtsausschuss BT-Drucks.16/13433, 11.

1128 Beschlussempf. Rechtsausschuss BT-Drucks.16/13433, 11.

1129 *Dreher*, AG 2008, 429 (433).

1130 Vgl. bereits oben unter C. II. 1. a) aa.

1131 *Thüsing*, in: Fleischer, Handbuch des Vorstandsrechts, § 6 Rn. 2.

1132 *Reufels*, in: Hümmerich/Reufels, Gestaltung von Arbeitsverträgen, § 3 Rn. 420 ff.

1133 Beschlussempf. Rechtsausschuss BT-Drucks.16/13433, 11.

Eine solche Schätzung ist heute bei den hohen Anteilen von variablen und leistungsbezogenen Vergütungen kaum zu leisten. Der Gesetzgeber ist daher auf die Kritik an dem ersten Entwurf für das VorstAG[1134] eingegangen und hat in der Endfassung festgelegt, dass auf die Jahresfestvergütung abzustellen ist. Natürlich wird durch die Beschränkung auf die Festvergütung der Anreiz geschaffen, den Anteil variabler Bestandteile zu erhöhen. Jedoch musste der Gesetzgeber dieses Problem in Kauf nehmen, um einen klaren Orientierungspunkt zu geben und Rechtssicherheit zu schaffen. Die Höhe des Jahresbruttofestgehaltes lässt sich im Selbstbehaltsfall vom Versicherer leicht ermitteln, da das in Anspruch genommene Vorstandsmitglied beim Eintritt des Versicherungsfalls seiner Auskunftsobliegenheit gegenüber dem Versicherer nachkommen muss und dieser regelmäßig den Dienstvertrag des Vorstandsmitglieds anfordern wird.[1135]

Zusammenfassend bleibt festzuhalten, dass bei der Bemessung der Höhe des Mindestselbstbehaltes all das zu berücksichtigen ist, was ein Vorstand von der Gesellschaft als Gegenleistung für seine Vorstandstätigkeit erhält, wobei diejenigen Gegenleistungen ausgenommen sind, die an ständig wechselnde äußere Umstände anknüpfen. Dabei würde eine zu starke Verengung des Begriffs der Festvergütung die Gefahr in sich bergen, dass die Vorstands-Entgelte in Form solcher Leistungen gezahlt werden, die dem Festvergütungsbegriff vermeintlich nicht unterfallen.

c) Mindesthöhe bei Doppelt- oder Mehrfachmandaten

Mehrfachmandate kommen vor allem in Konzernen vor, die einen dezentralen Führungsaufbau haben.[1136] Oft werden die Vorstandsvorsitzenden von beherrschten Tochterunternehmen auch in den Vorstand der Konzernobergesellschaft berufen.[1137] Zum Teil werden die Organe der beherrschenden Gesellschaft auf Anordnung der Muttergesellschaft verpflichtet, eine weitere Vorstandstätigkeit in einer Konzerntochter auszuüben.[1138] Dabei ist Ziel von Mehrfachmandaten die Herbeiführung einer größeren Identifikation mit dem Konzern sowie die leichtere Durchsetzung der Konzernpolitik, da sichergestellt wird, dass Konzerninteressen im Rahmen der Entscheidungsfindung innerhalb der jeweiligen Gesellschaft größere Beachtung finden.[1139]

1134 Vgl. exempl. *Hirte,* Stellungnahme zum Gesetzesentwurf VorstAG, S. 7.

1135 *Messmer*, ZfV 2009, 737 (742).

1136 *Fonk,* NZG 2010, 368.

1137 *Fonk,* NZG 2010, 368.

1138 *Thüsing*, in: Fleischer, Handbuch des Vorstandsrechts, § 4 Rn. 67.

1139 *Fonk,* NZG 2010, 368 (369).

aa. Zulässigkeit von Mehrfachmandaten

Eine doppelte Organstellung in mehreren Gesellschaften eines Konzerns wird von der höchstrichterlichen Rechtsprechung als zulässig angesehen.[1140] Dies ist im Hinblick auf § 88 Abs. 1 S. 2 AktG konsequent, wonach Vorstandsmitglieder ohne Einwilligung des Aufsichtsrates keine Tätigkeit als Vorstand, Aufsichtsrat oder persönlich haftender Gesellschafter in einer anderen Handelsgesellschaft ausüben dürfen.[1141] Dies bedeutet im Umkehrschluss, dass eine doppelte Mandatsausübung aber grundsätzlich möglich sein muss, weswegen sie die Rechtsprechung bei einer Aktiengesellschaft daher alleine von der Zustimmung des Aufsichtsrates abhängig macht.[1142] Da es bei der Ausübung der Mandatstätigkeit durchaus zu Interessenkonflikten zwischen den anstellenden Körperschaften kommen kann,[1143] müssen die Organe allerdings darauf achten, dass sie immer im Interesse derjenigen Gesellschaft handeln, für die sie gerade tätig sind.[1144]

bb. Bemessungsgrundlage für den Selbstbehalt

Aufgrund der Zulässigkeit von Doppel- und Mehrfachmandaten und ihrer Verbreitung in der Praxis muss für diese Fälle eine Handhabe gefunden werden, die den Vorgaben aus § 93 Abs. 2 S. 3 AktG gerecht werden kann. In der Praxis ist es nicht unüblich, dass für die Ausübung der Tätigkeit in der Tochtergesellschaft keine gesonderte Vergütung vereinbart wird, sondern alles im Rahmen einer Gesamtvergütung, die regelmäßig im Anstellungsvertrag mit der Konzernmutter festgehalten ist, abgegolten wird.[1145] Dies ist im Hinblick auf § 93 Abs. 2 S. 3 AktG allerdings problematisch, da insofern unklar ist, welche Vergütungshöhe als Bemessungsgrundlage herangezogen werden kann bzw. muss.

(1) Wortlautgetreue Auslegung

Bei wortlautgetreuer Auslegung von § 93 Abs. 2 S. 3 AktG kommt man zu dem Ergebnis, dass bei einer Pflichtverletzung im Rahmen der Mandatstätigkeit im Tochterunternehmen überhaupt keine Pflicht zur Vereinbarung eines Mindestselbstbehalts besteht. Zum Teil wird dieses Ergebnis als sachgerecht empfunden,

---

1140 BGH NZG 2009, 744 (745).

1141 *Fonk*, NZG 2010, 368; *Thüsing*, in: Fleischer, Handbuch des Vorstandsrechts, § 4 Rn. 67.

1142 BGH NZG 2009, 744 (745).

1143 M.w.N. *Fonk*, NZG 2010, 368 (369).

1144 BGH NZG 2009, 744 (745).

1145 *Lange*, VersR 2009, 1011 (1022).

da dem pflichtverletzenden Organmitglied für seine Leitungsfunktion in der Tochtergesellschaft schließlich keine Vergütung gezahlt wird. Daher dürfe es nicht mit einer persönlichen Haftung belastet werden.[1146] Zudem spreche der Wortlaut von § 93 Abs. 2 S. 3 AktG für diese Ansicht, der die Obergrenze der Selbstbeteiligung ausdrücklich an diejenige Vorstandstätigkeit koppelt, im Rahmen derer die Pflichtverletzung begangen wird. Deshalb könne man die Gesamtkonzernvergütung nicht als Bemessungsgrundlage heranziehen.[1147]

Nimmt man allerdings an, dass bei einer unentgeltlichen Tätigkeit für eine Tochtergesellschaft kein Selbstbehalt anfällt, besteht eine nicht unerhebliche Umgehungsgefahr. Es gäbe so die Möglichkeit, eine Vergütungsvereinbarung nur noch mit Konzernobergesellschaften, womöglich einer Holding, zu treffen, während die Tätigkeiten in den operativen Tochtergesellschaften mit EUR 0,00 respektive einem symbolischen Euro vergütet werden könnten. Infolgedessen wäre § 93 Abs. 2 S. 3 AktG faktisch gegenstandslos, sofern man dem Vorstand keine Pflichtverletzung auf der Ebene der Muttergesellschaft vorwerfen kann.[1148] Dies aber gilt es zu verhindern, weswegen diese Ansicht abzulehnen ist.

(2) Konzerngesamtvergütung als Bemessungsgrundlage

Möglicherweise kann aber die konzernweite Gesamtvergütung als Bemessungsgrundlage herangezogen werden. Dabei ist zunächst denkbar, die Gesamtvergütung fiktiv auf die einzelnen Vorstandsposten aufzuteilen (je nach Gewichtung des Mandats) und hieran einen Selbstbehalt auszurichten, der den Vorgaben von § 93 Abs. 2 S. 3 AktG entspricht.[1149] Gegen diese Vorgehensweise spricht allerdings das praktische Problem, den jeweiligen Mandaten eine der Aufgabe entsprechende Vergütung zuzuweisen.[1150] Zudem wird bei steigender Mandatszahl die zugewiesene Summe immer geringer und damit gleichzeitig auch der Selbstbehalt,[1151] womit wieder die Gefahr bestünde, dass der Gesetzeszweck nicht mehr ausreichend zur Geltung kommt.

Daneben besteht die Möglichkeit, für jedes Mandat eine Selbstbeteiligung mindestens in Höhe der anderthalbfachen jährlichen Gesamtfestvergütung vorzusehen.[1152] Allerdings könnte dies zu einer finanziellen Überforderung des

1146 *Schulz,* VW 2009, 1410 (1415).
1147 *Schulz,* VW 2009, 1410 (1415).
1148 *Van Kann,* NZG 2009, 1010 (1011).
1149 *Thüsing/Traut,* NZA 2010, 140 (143).
1150 *Messmer,* ZfV 2009, 737 (742); *Thüsing/Traut,* NZA 2010, 140 (143).
1151 *Messmer,* ZfV 2009, 737 (742).
1152 *Thüsing/Traut,* NZA 2010, 140 (143).

Vorstandsmitgliedes führen. Wenn in einem Jahr mehrere Pflichtverletzungen bei der Ausübung unterschiedlicher Mandate begangen werden, aus denen hohe Schäden resultieren, müsste das Organmitglied mit einem Vielfachen seines Jahreseinkommens einstehen (vorausgesetzt es wurde nicht von der Möglichkeit einer Begrenzung auf das Eineinhalbfache der festen jährlichen Vergütung Gebrauch gemacht, bzw. die Grenze wurde deutlich darüber gezogen). Eine solche Belastung wird von § 93 Abs. 2 S. 3 AktG nicht gefordert und gefährdet überdies das Gesellschaftsvermögen, da sich Ausfallrisiko für die Ansprüche der Gesellschaft enorm vergrößert.[1153]

Im Ergebnis ist daher aus hiesiger Sicht empfehlenswert, lediglich einen Selbstbehalt für den gesamten Konzern zu vereinbaren, der sich auf alle Mandate zu bezieht.[1154] Dabei ist seine Höhe an der Gesamt-Konzernvergütung auszurichten. Kommt es zu einer Haftung eines Vorstandsmitgliedes, so hat es einen Teil des Schadens selbst zu tragen, der ausgehend von seiner Gesamtvergütung den Mindestvorgaben von § 93 Abs. 2 S. 3 AktG entspricht. Es spielt dabei keine Rolle, im Rahmen welcher Tätigkeit es eine Pflichtverletzung begangen hat und wie hoch die Vergütung bei der entsprechenden Gesellschaft ausfällt.[1155] Diese Lösung ist am leichtesten umzusetzen und es besteht weder die Gefahr der Überlastung noch die Gefahr, dass bei steigender Anzahl von Mandaten das Drohpotential einer möglichen persönlichen Haftung zu gering wird.[1156]

Da allerdings der Wortlaut von § 93 Abs. 2 S. 3 AktG die Vereinbarung eines Mindestselbstbehaltes für jedes Vorstandsmandant vorsieht, ist die vorstehende, aus hiesiger Sicht praktikable Lösung mit einigen rechtlichen Unsicherheiten behaftet, was nicht von der Hand zu weisen ist. Möchte man diese daher vermeiden, müsste das versicherte Vorstandsmitglied mit jeder Gesellschaft im Konzern gesonderte Vergütungen vereinbaren. Durch diese Vorgehensweise ließe sich das Problem von vorneherein vermeiden.[1157]

cc. Vergütungspflicht?

Aufgrund der nicht zu beseitigenden Rechtsunsicherheit bei Konzernsachverhalten ist fraglich, ob aus § 93 Abs. 2 S. 3 AktG nicht die Pflicht folgt, dass für

---

1153 So auch *Thüsing/Traut,* NZA 2010, 140 (143).

1154 So auch *Thüsing/Traut,* NZA 2010, 140 (143).

1155 *Thüsing/Traut,* NZA 2010, 140 (143).

1156 *Lange,* VersR 2009, 1011 (1022); *Messmer,* ZfV 2009, 737 (742).

1157 *Thüsing/Traut,* NZA 2010, 140 (143).

jede Vorstandstätigkeit zwingend eine gesonderte Vergütung zu vereinbaren und die Konzerngesamtvergütung damit nunmehr unzulässig ist.[1158]

Zwar verlangt bereits § 87 Abs. 1 S. 1 AktG, dass der Aufsichtsrat dafür Sorge zu tragen hat, dass die Gesamtbezüge des Vorstands in einem angemessenen Verhältnis zu den Leistungen und Aufgaben des Vorstandsmitgliedes stehen, eine zwingende Vergütungspflicht für jede einzelne Mandatstätigkeit innerhalb eines Konzerns folgt daraus nicht.[1159]

Allerdings ist eine gesetzliche Vergütungspflicht ein gravierender Eingriff in die sich aus Art. 2 Abs. 1 GG ergebende Vertragsfreiheit als Unterfall der allgemeinen Handlungsfreiheit.[1160] Aus dem verfassungsrechtlichen Grundsatz der Wesentlichkeit folgt, dass solch ein Grundrechtsingriff einer ausdrücklichen gesetzlichen Regelung bedarf, da in grundlegenden normativen Bereichen alle wesentlichen Entscheidungen vom Gesetzgeber zu treffen sind, es sei denn, sie sind keiner staatlichen Regelung zugänglich.[1161] Im Wortlaut von § 93 Abs. 2 S. 3 AktG findet sich allerdings kein Ansatz, der auf einen derartigen Willen des Gesetzgebers schließen ließe. Es ist daher nicht davon auszugehen, dass eine Vergütungspflicht die Intention des Gesetzgebers war. Das einzige Argument, das für eine solche Pflicht spricht, ist das ungelöste Problem der Mehrfachmandate, das der Gesetzgeber bei Schaffung der Norm – wie die gesamte Konzernproblematik – wohl nicht beachtet hat.[1162]

Selbst wenn man davon ausginge, dass § 93 Abs. 2 S. 3 AktG diese Pflicht beinhalte, wäre die Ermittlung der Bemessungsgrundlage nicht zwingend vereinfacht. Noch immer besteht die Gefahr der Manipulation, indem die Gesellschaften die geringste Vergütung dort vereinbaren, wo am häufigsten Schäden drohen bzw. die Schäden das größte Haftungspotential haben.[1163] Unter einem kollusiven Zusammenwirken litten vor allem die Versicherer, da der Selbstbehalt für die Mandatstätigkeit innerhalb eines Tochterunternehmens nicht mehr dem Haftungsrisiko entspreche.[1164]

Die durch die unklare Behandlung von Mehrfachmandaten bestehende Rechtsunsicherheit wird durch die Rechtsprechung behoben werden müssen.

1158 *Lange*, VersR 2009, 1011 (1022).

1159 *Thüsing*, in: Fleischer, Handbuch des Vorstandsrechts, § 4 Rn. 67.

1160 BVerfGE 8, 274 (328); BVerfGE 73, 261 (270); BVerfGE 95, 267 (303).

1161 BVerfGE 40, 237 (249); BVerfGE 83, 130 (151 f.).

1162 *Fleischer*, in: Spindler/Stilz, AktG; § 93 Rn. 250; *Kerst*, WM 2010, 594 (560), *Lange*, VersR 2011, 1011 (1014).

1163 *Lange*, VersR 2009, 1011 (1022).

1164 *Lange*, VersR 2009, 1011 (1022).

Der Ansatz, die Gesamtvergütung als Bemessungsgrundlage für einen Gesamtselbstbehalt zu nehmen, der bei allen Schäden und in allen Mandaten Anwendung findet, ist die ausgewogenste und praktikabelste Möglichkeit, dieser gesetzlichen Unklarheit zu begegnen.[1165]

7. Selbstbehalt bei gesamtschuldnerischer Haftung

Beim Vorstand einer deutschen Aktiengesellschaft handelt es sich in aller Regel um ein aus mehreren Personen bestehendes Kollegialorgan, da er in Gesellschaften mit einem Grundkapital von mehr als drei Millionen Euro aus mindestens zwei Personen bestehen muss, wenn die Satzung nichts Abweichendes vorsieht (§ 76 Abs. 2 S. 2 AktG). Im Hinblick auf den Pflichtselbstbehalt aus § 93 Abs. 2 S. 3 AktG stellt sich damit allerdings die Frage, wie die jeweiligen Vorstandsmitglieder an einem Vermögensschaden der Gesellschaft persönlich zu beteiligen sind, wenn der Schaden von mehr als nur einem Mitglied des Vorstands kausal herbeigeführt wurde.

a) Problemstellung

Gemäß § 93 Abs. 2 S. 1 AktG haften Vorstände, die eine Pflichtverletzung begehen, für den daraus entstehenden Schaden der Gesellschaft gegenüber als Gesamtschuldner. Die daraus folgende Rechtsfolge ist, dass jedes Mitglied des Vorstands, das eine Pflichtverletzung begangen hat, im „Außenverhältnis" gegenüber der geschädigten Gesellschaft unabhängig vom Grade des eigenen Verschuldens in voller Höhe des Schadens verantwortlich ist (§ 421 BGB).[1166] Dadurch soll ein umfassender Schutz des Gesellschaftsvermögens sichergestellt werden. Die individuellen Verschuldensgrade der Vorstände sind erst in einem zweiten Schritt beim Binnenregress zwischen den Vorständen gemäß den Vorgaben aus § 426 Abs. 1 und 2 BGB zu berücksichtigen.

Bei einer gemeinsamen Haftung stellt sich im Hinblick auf § 93 Abs. 2 S. 3 AktG die Frage, ob die Mindestquote von 10 % pro Schaden für jedes einzelne Vorstandsmitglied gilt oder dieser Anteil von den gesamtschuldnerisch haftenden Vorständen gemeinsam zu tragen ist. Ersteres führt zu einer Kumulation der Selbstbeteiligungen, mit dem Ergebnis, dass der vom Versicherer zu leistende Betrag umso geringer wird, je mehr Vorstände als Gesamtschuldner haften.[1167]

1165 So auch *Thüsing/Traut,* NZA 2010, 140 (143 f.).

1166 *Fiedler,* MDR 2009, 1077 (1078); *Hölters,* in: Hölters, AktG § 93 Rn. 245 f.

1167 *Harzenetter,* DStR 2010, 653 (656); *Lange,* VersR 2009, 1011 (1021); *Thüsing/Traut,* NZA 2010, 140 (143).

Zumindest steht diese Vorgehensweise aber im Einklang mit dem Wortlaut des § 93 Abs. 2 S. 3 AktG, wonach grundsätzlich für jedes Vorstandsmitglied ein Selbstbehalt von 10 % des Schadens vorzusehen ist.[1168]

Sollte man hingegen nur eine einheitliche Selbstbeteiligung annehmen, käme es im Schadensfall zu niedrigeren Beteiligungsquoten der Vorstände als in Höhe der in § 93 Abs. 2 S. 3 AktG geforderten 10 %. Dies widerspräche jedoch dem Gesetzeswortlaut. Daher wird z.T. gefordert, den Wortlaut für den Fall der gemeinsamen Haftung teleologisch zu reduzieren. Dem Gesetzeszweck sei auch bei einem einheitlichen Selbstbehalt Genüge getan. Sinn und Zweck von § 93 Abs. 2 S. 3 AktG sei schließlich die Schaffung von Verhaltensanreizen, die jedoch auch dann vorliegt, wenn die Gefahr der persönlichen Haftung aus der Sicht der handelnden Vorstände im Moment der Mandatsausübung ex ante gegeben ist.[1169] Nach dieser Ansicht gehe ein Vorstandsmitglied nicht allein deshalb größere Risiken ein, nur weil er potentiell mit anderen zusammen haften und sich der Pflicht-Selbstbehalt aus § 93 Abs. 2 S. 3 AktG auf mehrere Köpfe verteile.[1170]

b) *Stellungnahme*

Die vorstehende Argumentation, wonach durch eine Herabsetzung der Mindestselbstbeteiligungen im Falle einer gesamtschuldnerischen Haftung der Verhaltensanreiz für die Vorstände nicht gemindert sei, stößt allerdings auf Widerspruch. Nach dieser Ansicht könnten die gewollten Verhaltensanreize doch erheblich gemindert sein, wenn die Vorstände wissen, dass bei gemeinsamen Handlungen die Gefahr der persönlichen Haftung verringert ist. Auch bei einer ex ante-Betrachtung sei nicht mehr das gleiche Drohpotential vorhanden. Daher könne dem Willen des Gesetzgebers bei einer gesamtschuldnerischen Haftung mehrerer Vorstände eher durch die Additionslösung zum Durchbruch verholfen werden.

Allerdings besteht ebenfalls Kritik gegen die Additionslösung, da sie zu einer unbilligen Entlastung des Versicherers führt. Dessen Leistungspflicht fällt umso geringer aus, je mehr Vorstände haften.[1171] Der Schutz bzw. die Besserstellung des Versicherers sei nicht die Intention des Gesetzes und deswegen auch nicht

---

1168 *Beckmann,* in: Beckmann/Matusche-Beckmann, Versicherungsrechts Handbuch, § 28 Rn. 96e; a.A. *Koch,* AG 2009, 637 (645).

1169 *Thüsing/Traut,* NZA 2010, 140 (143).

1170 *Harzenetter,* DStR 2010, 653 (656).

1171 *Harzenetter,* DStR 2010, 653 (656).

geboten.[1172] Zudem bestehe die Gefahr, dass die Versicherer versuchen könnten, die Haftung auf möglichst viele Mitglieder des Vorstands auszuweiten (durch Weisungen o.Ä.), um ihren eigenen Anteil am Schaden so weit wie möglich zu reduzieren.[1173]

Allerdings schließt diese Folge die Additionslösung nicht aus, da sie nur ein Nebeneffekt einer sich am Gesetzeszweck und am Wortlaut von § 93 Abs. 2 S. 3 AktG orientierenden Auslegung wäre. Dass es durch die Additionslösung zu einer erhöhten Zahl von Prozessen kommen könnte, vermag die Einschränkung des Gesetzeswortlautes nicht zu begründen. Zudem kann nur dann anhand der jährlichen Festvergütung der Mandatsträger die eigene persönliche Beteiligung berechnet werden, wenn für jedes Mitglied eigenständig ein Selbstbehalt vorgesehen ist. Da die einzelnen Vorstände in der Praxis unterschiedlich vergütet werden, müsste man für die Berechnung der einzelnen Anteile am Gesamtselbstbehalt nicht nur die unterschiedlichen Verschuldensgrade beachten, sondern auch die individuelle Höhe der jährlichen Festvergütung. Wortlaut, Gesetzeszweck und die Praktikabilität sprechen damit gegen die Möglichkeit, einen Gesamtselbstbehalt für alle Vorstände zu bilden.

Problematisch ist allerdings, dass die Mitglieder des Vorstands nun untereinander das Ausfallrisiko tragen müssen, da sich wie oben geschildert die persönliche Beteiligung am Selbstbehalt an der jeweiligen Verschuldensquote ausrichtet und daher gegebenenfalls Regressansprüche im Innenverhältnis gegenüber den anderen Organmitgliedern bestehen. Dieses Risiko wird durch die Additionslösung von der Gesellschaft auf die Vorstände verlagert. Wenn ein Vorstand als Schuldner wegen finanzieller Überforderung ausfällt, können die anderen bei ihm keinen Regress nehmen, wodurch sich der nicht versicherte Anteil erhöht. Insofern ist denkbar, bei einem Ausfall eines Vorstandsmitgliedes eine Ausnahme vorzusehen und dessen Selbstbeteiligung von der Addition auszunehmen. Dies muss allerdings ausdrücklich im Versicherungsvertrag vereinbart werden. Der Wortlaut von § 93 Abs. 2 S. 3 AktG steht dem nicht entgegen.[1174]

8. Vereinbarungskompetenz

Das Gesetz enthält keinen Hinweis darauf, wer auf Seiten der Gesellschaft für die Entscheidung über die Höhe der Selbstbeteiligung zuständig ist. Wie bereits ausgeführt, ist die Entscheidung über den Abschluss einer D&O-Versicherung

---

1172 *Franz,* DB 2009, 2764 (2770); *Harzenetter,* DStR 2010, 653 (656).

1173 *Lange,* VersR 2009, 1011 (1022).

1174 So auch *Fiedler,* MDR 2009, 1077 (1079).

Bestandteil der in § 76 Abs. 1 AktG geregelten Geschäftsführungskompetenz des Vorstandes. Fraglich ist, ob dies auch für die Bestimmung der Höhe des Pflichtselbstbehaltes i.S.d. § 93 Abs. 2 S. 3 AktG gelten soll.

a) Interessenlage

Der Selbstbehalt soll die Vorstände einer Aktiengesellschaft vor allzu risikoreichen Entscheidungen abhalten, indem er – zumindest einen Teil – der Haftungsandrohung aus § 93 Abs. 2 S. 1 AktG wieder aufleben lässt. Pflichtverletzungen von Mitgliedern des Vorstandes soll so präventiv begegnet werden.[1175]

Insofern besteht ein großes Interesse sowohl der Gesellschaft als auch des Versicherers an der Vereinbarung einer Selbstbeteiligung. Ebenso liegt es im Interesse der Gesellschaft, den Selbstbehalt so auszugestalten, dass die Erfolgsaussichten der Geltendmachung von Innenhaftungsansprüchen erhöht werden.[1176] Dies gelingt nur, wenn sich der Anteil der persönlichen Eigenhaftung am entstandenen Schaden in einem angemessenen Bereich bewegt. Somit dient die maßvolle und interessengerechte Aushandlung vor allem dem Interesse der Gesellschaft und wäre damit nach den bereits oben geschilderten Grundsätzen kein Bestandteil der Vorstandsvergütung aus § 87 Abs. 1 AktG. Damit wäre der Vorstand im Rahmen seiner Geschäftsführungskompetenz aus § 76 Abs. 1 AktG auch für die Vereinbarung des Selbstbehaltes zuständig.

Problematisch ist allerdings, dass die Schwellenwerte in § 93 Abs. 2 S. 3 AktG als Mindestgrenzen formuliert sind. Es ist nicht davon auszugehen, dass Mitglieder des Vorstands freiwillig einen höheren Selbstbehalt aushandeln, der ihr Privatvermögen im größeren Maße als vom Gesetz vorgesehen gefährdet.[1177] Daher ist der Interessenkonflikt für Vorstände offensichtlich.

b) Interne Entscheidungskompetenz und Vertretung der Gesellschaft

Zur Vermeidung des vorstehend beschriebenen unauflösbaren Interessenkonflikts wird zum Teil angenommen, dass der Aufsichtsrat für die Bestimmung der Höhe des Selbstbehaltes zuständig ist.[1178] Dies wird u.a. damit begründet, dass die Höhe des Selbstbehaltes – anders als die D&O-Versicherung als solche – als Teil der Vergütung des Vorstands anzusehen sei, da § 93 Abs. 2 S. 3 AktG in

---

1175 Beschlussempf. Rechtsausschuss BT-Drucks. 16/13433, 11.

1176 So auch *Deilmann/Otte*, AG 2010, 323 (324).

1177 Ähnliche Befürchtungen bei *Deilmann/Otte*, AG 2010, 323 (324).

1178 So auch: *Deilmann/Otte*, AG 2010, 323 (325); *Hoffmann-Becking/Krieger*, NZG Beil. 2009, 1 (7); *Kerst*, WM 2010, 594 (603).

einem unmittelbaren Zusammenhang zur jährlichen Festvergütung steht, auf die § 93 Abs. 2 S. 3 AktG ausdrücklich Bezug nimmt.[1179] Dies vermag aus hiesiger Sicht im Hinblick auf § 87 Abs. 1 S. 1 AktG allerdings nicht zu überzeugen. Der Selbstbehalt ist weder ein Vermögensvorteil für das jeweilige Vorstandsmitglied, noch ist er eine Gegenleistung für die Vorstandstätigkeit in der Gesellschaft. Wenngleich er auf die Vermögenssituation des Vorstands Einfluss haben kann, kann er ebenso wenig als Vergütungsbestandteil qualifiziert werden wie der Abschluss der D&O-Versicherung als solcher.[1180]

Andere Autoren begründen die Zuständigkeit des Aufsichtsrats mit dessen Aufgabe, eine mögliche Innenhaftung des Vorstands durchzusetzen (§ 112 AktG). Ihm obliegt es, mögliche Schadensersatzansprüche der Gesellschaft gegen Mitglieder des Vorstands zu prüfen und diese gegebenenfalls auch geltend machen.[1181]

Diese Argumente sind überzeugend. Die Regelung des § 93 Abs. S. 3 AktG steht in einem engen systematischen Zusammenhang mit der Innenhaftung der Vorstände, weswegen es naheliegt, dass sich die Zuständigkeit des Aufsichtsrates als Annexkompetenz zur Anspruchsverfolgungspflicht ergibt. Immer wenn es um eine innergesellschaftliche Haftung des Vorstands geht, ist der Aufsichtsrat aufgerufen, Maßnahmen zum Wohle der Gesellschaft zu treffen.[1182] Die Selbstbehaltspflicht aus § 93 Abs. 2 S. 3 AktG betrifft unmittelbar Innenhaftungsansprüche der Gesellschaft. Sie soll präventiv gegen das Entstehen solcher Ansprüche wirken und hat zudem Einfluss auf die Durchsetzbarkeit der Ansprüche, denn je höher der Selbstbehalt ausfällt, desto höher ist die Wahrscheinlichkeit einer finanziellen Überlastung des betroffenen Mitglieds des Vorstands und damit seines Ausfalls. Somit muss die Höhe der Selbstbeteiligung sorgsam gewählt sein, so dass einerseits eine ausreichende Drohkulisse besteht, aber andererseits die Erfüllbarkeit der Ansprüche bestehen bleibt. Die Frage nach der Höhe des Selbstbehaltes ist damit untrennbar mit dem Innenhaftungsanspruch aus § 93 Abs. 2 S. 1 AktG verbunden, für den der Aufsichtsrat die Verantwortung trägt. Daher ist es geboten, ihm die interne Entscheidungskompetenz dafür zuzugestehen. Diese Befugnis ist damit richtigerweise als Annex zu der Zuständigkeit für die Anspruchsverfolgung zu qualifizieren.[1183]

1179 *Hoffmann-Becking/Krieger*, NZG Beil. 2009, 1 (7); *Kerst*, WM 2010, 594 (603).

1180 Vgl. oben unter C. II. 1. a) cc.

1181 Vgl. B. III. 4. a).

1182 So auch *Deilmann/Otte*, AG 2010, 323 (325).

1183 So auch *Deilmann/Otte*, AG 2010, 323 (325).

Soweit es allerdings um die Vertretung der Gesellschaft im Hinblick auf die Aushandlung des Selbstbehalts mit dem Versicherer geht, ist die Vertretungsregel in § 112 AktG nicht unmittelbar anwendbar, da dessen Anwendungsbereich grundsätzlich nur dann eröffnet ist, wenn die Gesellschaft eine rechtliche Beziehung zu einem der Vorstandsmitglieder unterhält.[1184] Da der Selbstbehalt hingegen zwischen Gesellschaft und Versicherer ausgehandelt wird, bleibt es bei der Zuständigkeit des Vorstands aus § 78 AktG. Die Entscheidungskompetenz des Aufsichtsrates hat hierauf keinen Einfluss, da die Geschäftsleitungskompetenz streng von der Vertretungsmacht zu trennen ist. Die Geschäftsleitung bezieht sich auf das Innenverhältnis und damit auf das rechtliche Dürfen, während die Vertretungsmacht das Ausmaß des rechtlichen Könnens festlegt.[1185]

Konkret bedeutet dies, dass der Aufsichtsrat intern die Höhe des Selbstbehaltes festlegt und der Vorstand diese Vorgabe bei Aushandlung des D&O-Versicherungsvertrags mit dem Versicherer umzusetzen hat. Sofern er dabei die Vorgaben des Aufsichtsrats missachtet, handelt er pflichtwidrig und macht sich im Schadensfall ersatzpflichtig, wobei der Schaden regelmäßig in der Differenz zwischen der Vorgabe des Aufsichtsrats und dem abredewidrig festgelegten Selbstbehalt liegt.

9. Rechtsfolge bei Verstoß gegen § 93 Abs. 2 S. 3 AktG

Das Gesetz enthält keinen Hinweis darauf, wie die Rechtsfolge aussehen soll, wenn eine D&O-Versicherung entgegen den Vorgaben von § 93 Abs. 2 S. 3 AktG abgeschlossen wird. Dabei ist die Selbstbehaltspflicht aufgrund der Formulierung *„ist ein Selbstbehalt zu vereinbaren"* als verpflichtendes gesetzliches Gebot zu qualifizieren.[1186] Dies könnte im Umkehrschluss das Verbot von selbstbehaltslosen Versicherungen bedeuten. Da ein Verbot aber nicht ausdrücklich formuliert ist, lässt der Wortlaut hinsichtlich der Rechtsfolge bei Nichtbeachtung des Gebotes Interpretationsspielraum. In Betracht kommt eine Gesamtnichtigkeit des Versicherungsvertrages gemäß § 134 i.V.m. § 139 BGB. Andererseits kann man § 93 Abs. 2 S. 3 AktG als bloße Regelung des gesellschaftsrechtlichen Innenverhältnisses ansehen, sodass ein Verstoß gegen die Vorschrift die Wirksamkeit des D&O-Vertrages unberührt lässt.

1184 *Hambloch-Gesinn/Gesinn,* in: Hölters, AktG, § 112 Rn. 4.

1185 *Van Ooy,* in: Heidel, Aktienrecht und Kapitalmarktrecht, § 77 AktG Rn. 2.

1186 *Hölters,* in: Hölters, AktG, § 93 Rn. 405; *Spindler,* in: MünchKomm, AktG, § 93 Rn. 197.

a) Unwirksamkeit des Versicherungsvertrages

Fraglich ist, ob es sich bei § 93 Abs. 2 S. 3 AktG um ein Verbotsgesetz im Sinne von § 134 BGB handelt. Dies ist durch Auslegung zu bestimmen. Dabei ist der Wortlaut von § 93 Abs. 2 S. 3 AktG nur ein untergeordneter Anhaltspunkt. Entscheidendes Kriterium ist hingegen, ob eine Auslegung ergibt, dass der (gesamte) Versicherungsvertrage gemäß § 134 BGB (in Verbindung mit § 139 BGB) keine Wirksamkeit entfalten soll.[1187]

Für die Einstufung als Verbotsgesetz spricht vor allem, dass dadurch am ehesten sichergestellt ist, dass nur noch D&O-Policen mit entsprechendem Selbstbehalt abgeschlossen werden. Die Aussicht auf eine nichtige Police und damit eine nicht vorhandene Absicherung der Vorstände, würde einen erheblichen Vereinbarungsdruck erzeugen. Sollte die fehlende Vereinbarung hingegen keine einschneidenden Konsequenzen zur Folge haben, könnte dies zu einem „flexiblen" Umgang mit der Vorschrift des § 93 Abs. 2 S. 3 AktG verleiten, wodurch ihr Gesetzeszweck gefährdet wäre.[1188] Allerdings ist zu beachten, dass eine D&O-Versicherung nicht alleine im Interesse der versicherten Person abgeschlossen wird, sondern ebenso dem Bilanzschutz der Gesellschaft zu dienen bestimmt ist.[1189] Nimmt man ihre Nichtigkeit an, wäre die Gesellschaft dem Risiko ausgesetzt, dass der haftende Vorstand seiner Zahlungsverpflichtung nicht bzw. nur unzureichend nachkommen kann. Außerdem führte eine vollständige Nichtigkeit des Vertrages zu einer schwierigen bereicherungsrechtlichen Rückabwicklung,[1190] weswegen die (Gesamt)-Nichtigkeit als Rechtsfolge im Ergebnis abzulehnen ist.

Daneben kommt eine Teilnichtigkeit desjenigen Teils des Vertrages in Betracht, der den Vorgaben des § 93 Abs. 2 S. 3 AktG widerspricht. Denkbar ist beispielsweise eine geltungserhaltende Reduktion der versicherungsvertraglichen Deckung bis zur Höhe des gesetzlichen Mindestselbstbehalts.[1191] An die Stelle des selbstbehaltslosen Versicherungsvertrages trete damit im Ergebnis eine Police, die zumindest den gesetzlichen Mindestvorgaben entspricht.[1192]

1187 *Armbrüster*, in: MünchKomm, BGB, § 134, Rn. 103 f.; *Dörner*, in: Schulze, BGB, § 134 Rn. 7 ff.

1188 Die gleiche Befürchtung äußert *Franz*, DB 2009, 2764 (2771).

1189 Beschlussempf. Rechtsausschuss BT-Drucks. 16/13433, 11.

1190 Vgl. ausführlich zu den Rechtsfolgen von § 134 BGB *Armbrüster*, in: MünchKomm, BGB, § 134 Rn. 113 f.

1191 *Franz*, DB 2009, 2764 (2771).

1192 *Dauner-Lieb/Tettinger*, ZIP 2009, 1555 (1556).

Gegen die Annahme einer Teilnichtigkeit des Versicherungsvertrages spricht allerdings, dass ein Vertrag ohne Selbstbehalt keinen abtrennbaren Teil enthält, der zu eigener Geltung gelangen könnte.[1193] Zwar kommt bei einer Teilnichtigkeit eine Lückenfüllung in Frage, dafür muss allerdings ein Teil des Rechtsgeschäfts überhaupt erst einmal abtrennbar sein.[1194] Bei einem D&O-Vertrag ohne Selbstbeteiligung mangelt es dem Vertrag jedoch an einer erforderlichen Vereinbarung. Es käme daher nur eine ergänzende Vertragsauslegung in Betracht. Für diese fehlt es aber am erforderlichen gegenseitigen und übereinstimmenden Parteiwillen, der unabdingbare Voraussetzung für eine ergänzende Vertragsauslegung ist.[1195]

Praktische und dogmatische Gründe sprechen somit dafür, dass es sich bei § 93 Abs. 2 S. 3 AktG lediglich um eine Regelung des gesellschaftlichen Innenverhältnisses handelt, die keine unmittelbaren Wirkungen im Außenverhältnis erzeugt.[1196]

b) Andere denkbare Rechtsfolgen

Fraglich bleibt, welche rechtlichen Konsequenzen eine Nichtvereinbarung überhaupt haben kann. Gemäß § 93 Abs. 2 S. 1 AktG haften Vorstände der Gesellschaft, wenn dieser durch ihr gesetzwidriges Verhalten ein Schaden entsteht. Somit käme bei schuldhafter Missachtung von § 93 Abs. 2 S. 3 AktG ein Schadensersatzanspruch gegen das handelnde Organmitglied in Frage. Für einen solchen Anspruch der Gesellschaft wegen des Abschlusses einer D&O-Versicherung unter Missachtung der Vorgaben des § 93 Abs. 2 S. 3 AktG bietet die D&O-Police dann konsequenterweise keinen Deckungsschutz.[1197] Allerdings steht dem Aufsichtsrat die interne Entscheidungsbefugnis über die Höhe des Selbstbehaltes zu. Die Pflichtverletzung des Vorstands kann daher nur im tatsächlichen Abschluss des Vertrages ohne Selbstbehalt im Rahmen seiner Vertretungsmacht aus § 78 Abs. 1 AktG gesehen werden. Allerdings muss in diesem Fall das Verschulden des Vorstands genau herausgearbeitet werden. Nur bei Kenntnis und Billigung der gesetzeswidrigen Vertragsgestaltung kommt ein solches in Betracht. Die

---

1193 So auch *Fiedler*, MDR 2009, 1077 (1080); a.A. *Koch*, AG 2009, 637 (639).

1194 *Busche*, in: MünchKomm, BGB, § 139 Rn. 23 f.

1195 BGH NJW 1953, 937.

1196 So im Ergebnis auch *Dauner-Lieb/Tettinger*, ZIP 2009, 1555 (1556); *Fiedler*, MDR 2009, 1077 (1080 f.); *Hohenstatt*, ZIP 2009, 1349 (1354); *Kerst*, WM 2010, 594 (600); *Spindler*, NJOZ 2009, 3282 (3288).

1197 *Kerst*, WM 2010, 594 (601).

Mitglieder des Aufsichtsrats haften in diesem Fall gemäß §§ 116 Abs. 1 S. 1, 93 Abs. 2 S. 1 AktG.

Problematisch ist zudem die Bestimmung des kausalen Schadens. Der Nachweis, dass ein Vermögensschaden der Gesellschaft als Folge einer Pflichtverletzung des Vorstands nicht entstanden wäre, wenn ein Selbstbehalt in der D&O-Versicherungspolice vereinbart worden wäre, wird nur schwer zu führen sein. Somit verbleibt als denkbarer kausaler Schaden für die Gesellschaft nur die Prämiendifferenz zwischen einer Police mit und einer ohne Selbstbehalt.[1198] Da diese aber gering ausfallen wird, sind die persönlichen Konsequenzen für gesetzeswidriges Verhalten nicht sehr einschneidend.

Allerdings werden die zuständigen Aufsichtsräte und Vorstände wohl bereits aus Compliance- und Imagegründen darauf achten, nicht contra legem Versicherungsverträge abzuschließen.[1199] Gleiches gilt im Übrigen für die Versicherer.

10. D&O-Selbstbehaltspolicen

Als Reaktion auf die gesetzliche Implementierung des Pflichtselbstbehaltes in § 93 Abs. 2 S. 3 AktG (bzw. die damit einhergehende Nachfrage durch Vorstände, die durch den Selbstbehalt betroffen sind), nahmen manche Versicherer sog. D&O-Selbstbehaltspolicen in ihr Angebot mit auf, die den Vorständen durch den Selbstbehalt entstehenden Vermögensschaden absichern sollen. Anders als bei der D&O-Versicherung, bei der sich – trotz aller Unterschiedlichkeiten – bereits ein gewisser Marktstandard herauskristallisiert hat, werden bei der Selbstbehaltsversicherung unterschiedlichste Bedingungswerke angeboten, die sich in ganz wesentlichen Punkten voneinander unterschieden.[1200] Bevor allerdings versucht werden soll, die unterschiedlichen Versionen im Überblick darzustellen, soll nachstehend zunächst auf die Frage eingegangen werden, ob eine Versicherung des Pflichtselbstbehalts aus § 93 Abs. 2 S. 3 AktG überhaupt zulässig ist.

a) Zulässigkeit

Bereits während des Gesetzgebungsverfahrens zum VorstAG wurde kontrovers zu der Frage diskutiert, ob es Vorständen erlaubt sein soll, den Selbstbehalt

1198 *Dauner-Lieb/Tettinger*, ZIP 2009, 1555 (1557).
1199 So auch *Dauner-Lieb/Tettinger*, ZIP 2009, 1555 (1557).
1200 *Fleischer*, in: Spindler/Stilz, AktG, § 93 Rn. 254.

und die damit einhergehende Vermögenseinbußen zu versichern.[1201] Dabei wurde teilweise die Ansicht vertreten, dass nur durch ein Verbot solch einer D&O-Selbstbehaltsversicherung die § 93 Abs. 2 S. 3 AktG zugedachte verhaltenssteuernde Wirkung sichergestellt werden könne.[1202] Alleine die Pflicht zur Prämientragung für die Selbstbehaltspolice der Vorstände für eine Selbstbehaltsversicherung könnte diesen Effekt kaum erzielen.[1203] Es mache im Ergebnis keinen relevanten Unterschied, ob das Vorstandsmitglied durch eine Fremdversicherung oder durch eine Eigenversicherung zu einer vollständigen Deckung komme. Das Gleichgewicht zwischen Machtbefugnissen des Vorstands und der Haftungsandrohung durch § 93 Abs. 2 S. 1 AktG wäre somit in gleicher Weise gestört wie bei einer selbstbehaltslosen Versicherung.[1204]

aa. Kein gesetzliches Verbot

Diese Diskussion war dem Gesetzgeber durchaus bekannt. Er hat dennoch auf das Verbot von Selbstbehaltsversicherungen verzichtet. Warum sollte der Gesetzgeber aber auf ein Mittel verzichten, das den Gesetzeszweck effektiv herbeiführen könnte? Erklärung hierfür ist, dass ein Verbot der Eigenversicherung einen nicht gerechtfertigten Eingriff in die Vertragsfreiheit darstellt, da es niemandem untersagt werden kann, sich privat gegen Haftpflichtrisiken abzusichern.[1205] Demzufolge besteht grundsätzlich kein gesetzliches Verbot, das den Abschluss einer D&O-Selbstbehaltspolice untersagt.[1206]

1201 *Dauner-Lieb/Tettinger,* ZIP 2009, 1555 (1557); *Goette,* Stellungnahme zum Gesetzesentwurf VorstAG, S. 7 und *Hirte,* Stellungnahme zum Gesetzesentwurf, VorstAG, S. 4; *Schulze Schwienhorst/Koch,* VW 2010, 424.

1202 *Thüsing,* Stellungnahme zum Gesetzesentwurf VorstAG, S. 14 f.

1203 So auch *Gädtke,* VersR 2009, 1565 (1568).

1204 *Gädtke,* VersR 2009, 1565 (1568).

1205 *Armbrüster/Schilbach,* RuS 2016, 109 (113); *Fleischer,* in: Spindler/Stilz/Fleischer, AktG, § 93 Rn. 254; *Gädtke,* VersR 2009, 1565 (1569 ff.); *Hohenstatt,* ZIP 2009, 1349 (1354); *Kerst,* WM 2010, 594 (602); *Lange,* VersR 2009, 1011 (1023).

1206 *Armbrüster/Schilbach,* RuS 2016, 109 (113); *Bachmann,* in: Ringleb/Kremer/Lutter/Von Werder, DCGK, Rn. 688; *Bosse,* BB 2009, 1650 (1652); *Dauner-Lieb,* in: Henssler/Strohn, Gesellschaftsrecht, § 93 AktG Rn. 64; *Fleischer,* in: Spindler/Stilz/Fleischer, AktG, § 93 Rn. 254; *Franz,* DB 2009, 2764 (2772 f.); *Gädtke,* VersR 2009, 1565 (1566 ff.); *Ihlas,* in: Langheid/Wandt, MünchKomm VVG, 3. Bd., Ziff. 320 Rn. 129; *Lange,* in: Veit/Gräfe/Gebert, Der Versicherungsprozess, § 21 Rn. 317; *Laschet,* PHi 2009, 158 (166); *Looschelders,* in: Heidel/Hüßtege/Mansel/Noack, BGB-AT – EGBGB, § 134 Rn. 265.

bb. Pflicht zur Prämientragung

Obgleich keine zwingenden gesetzlichen Vorschriften dem Abschluss einer D&O-Selbstpolice entgegenstehen, stellt sich nichtsdestotrotz die Frage, ob es zulässig sein kann, dass die Gesellschaft neben den Prämien für den D&O-Gruppenversicherungsvertag auch diejenigen für die in aller Regel (s.u.) individuell abgeschlossenen Selbstbehaltspolicen übernimmt, was bedeutet, dass diese ebenfalls als Versicherung auf fremde Rechnung konzipiert sein dürfen. Dies liefe darauf hinaus, dass die Vorstände trotz bestehender Selbstbehaltspflicht vollständig von jeglicher persönlicher Haftung freigestellt wären, ohne hierfür einen Cent aufwenden zu müssen. Dadurch wären die Vorgaben von § 93 Abs. 2 S. 3 AktG unterlaufen, weshalb eine Prämientragung durch die Gesellschaft als gesetzeswidrig abzulehnen ist.[1207]

Doch selbst wenn es bei einer Prämientragung durch das Vorstandsmitglied bleibt, liegt es nahe, dass die Selbstbehaltspolice durch die von der Gesellschaft gezahlten Prämien für die D&O-Versicherung subventioniert wird, wenn beide Policen bei der gleichen Versicherungsgesellschaft unterhalten werden, so dass das versicherte Organ nur noch eine geringe Gebühr zu entrichten hat, die keine Steuerungswirkung mehr erzeugen kann.[1208] Zudem ist denkbar, dass die Gesellschaft die Prämien für die Versicherung des Selbstbehaltes in das Vorstandsgehalt einpreist und damit eine finanzielle Schlechterstellung des Vorstandes vermieden wird.[1209] Somit lassen sich die Befürchtungen nicht ausräumen, dass der Pflichtselbstbehalt durch den Abschluss einer Selbstbehaltspolice, für die das Vorstandsmitglied überhaupt nicht oder nur mit einem kleinen Teil aufkommen muss, unterlaufen wird. Da allerdings keine Möglichkeit besteht, eine solche Vorgehensweise zu überprüfen[1210] oder gar zu unterbinden, ist dies hinzunehmen. Es bleibt zu hoffen, dass die Gesellschaften hiervon im Sinne einer guten Corporate Governance absehen, da sie es sind konkret die Share- und sonstigen Stakeholder der Gesellschaft die ein vordringliches Interesse an einer positiven

---

1207 *Bachmann*, Ringleb/Kremer/Lutter/Von Werder, DCGK, Rn. 688; *Dauner-Lieb*, in: Henssler/Strohn, Gesellschaftsrecht, § 93 Rn. 64; *Fleischer*, in: Spindler/Stilz/Fleischer, AktG, § 93 Rn. 254; *Franz*, DB 2009, 2764 (2772 f.); *Lange*, D&O-Versicherung und Managerhaftung, § 17 Rn. 29; *Looschelders*, in: Heidel/Hüßtege/Mansel/Noack, BGB-AT – EGBGB, § 134 Rn. 265; *Thüsing/Traut*, NZA 2010, 140 (143); *van Kann*, NZG 2009, 1010 (1012).

1208 *Gädtke/Wax*, AG 2010, 851 (853 f.).

1209 So die Befürchtung von *Goette*, Stellungnahme zum Gesetzesentwurf VorstAG, S. 7.

1210 *Dauer-Lieb*, in: Henssler/Strohn, Gesellschaftsrecht, § 93 Rn. 64.

Verhaltensbeeinflussung des Managements dahingehend haben, dass dieses keine übermäßigen Risiken eingeht.

b) Unterschiedliche Modelle

D&O-Selbstbehaltspolicen sind nach wie vor eher selten,[1211] obgleich der GDV bereits im März 2010 ein Muster-Wording veröffentlicht hat.[1212] Nichtsdestotrotz haben sich in der Praxis ganz unterschiedliche Policenkonzepte etabliert. Diese unterscheiden sich darin, ob eine wechselseitige Anrechnung von Leistungen des Versicherers auf die Versicherungssummen der D&O-Police und der Selbstbehaltspolice stattfinden oder nicht.[1213] Der GDV folgt beispielsweise dem Modell der Trennung, dem sog. *Kumul- bzw. Zusatzkapazitätenmodell.*[1214] In den von ihm veröffentlichten Bedingungen ist keine Anrechnung der Versicherungsleistung vorgesehen ist, d.h. sie steht zusätzlich zur D&O-Grunddeckung zur Verfügung. Daneben existiert das sog. *Anrechnungsmodell*, dass zwar preisgünstiger ist, dafür aber keine zusätzliche, ergänzende Versicherungssumme vorsieht. Beim Anrechnungsmodell besteht daher die Gefahr, dass vor allem bei einer gesamtschuldnerischer Haftung das Deckungslimit beider Policen (d.h. der D&O-Deckung und der Selbstbehaltspolice) schnell aufgebraucht ist und keine ausreichende Deckung besteht.[1215]

Hinsichtlich seiner Zulässigkeit begegnet das Zusatzkapazitätenmodell keinen weiteren Bedenken. Allerdings ist es im Hinblick auf die Herbeiführung der verhaltenssteuernden Wirkung ratsam, Einzelpolicen für jedes Organ abzuschließen, damit sich die Prämie am individuellen Risiko orientieren kann.[1216] Zweifelhafter ist die Zulässigkeit des Anrechnungsmodells, da im Hinblick auf die Gefahr fehlender Deckung wegen Verbrauchs der Versicherungssumme bei abstrakt-genereller Betrachtung eine Vertragszweckgefährdung (§ 307 Abs. 2 Nr. 2 BGB) angenommen werden könnte.[1217] Auch könnte es aus

---

1211 *Ihlas*, in: Langheid/Wandt, MünchKomm VVG, 3. Bd., Ziff. 320 Rn. 127.

1212 Allgemeine Versicherungsbedingungen für die persönliche Absicherung des Selbstbehalts nach dem VorstAG (Persönliche Selbstbehaltsversicherung), abrufbar unter: http://www.gdv.de/wp-content/uploads/2011/11/15_Persoenliche-Selbstbehaltsversicherung_1003.pdf.

1213 *Franz,* DB 2011, 2019 (2023); *Lange,* RuS 2010, 92 (97).

1214 *Franz,* DB 2011, 2019 (2023); *Lange,* RuS 2010, 92 (97).

1215 *Franz,* DB 2011, 2019 (2023); *Lange,* RuS 2010, 92 (98).

1216 *Franz,* DB 2009, 2764 (2771); *Ihlas,* VW 2009, 1360; *Laschet,* PHi 2009, 158 (166).

1217 So auch *Lange,* RuS 2010, 92 (98); a.A. *Franz,* DB 2011, 2019 (2025), der keine unangemessene Benachteiligung annimmt, dabei aber einseitig auf die Belange der Gesellschaft als Versicherungsnehmer abstellt.

der Sicht des Versicherungsnehmers überraschend i.S.d. § 305c Abs. 1 BGB sein, wenn der Versicherer trotz kontinuierlicher Entrichtung der Prämie nicht leisten muss.[1218] In diesem Zusammenhang stellt sich aber die Frage, ob Vereinbarungen zur Höhe der Versicherungssumme als einer der Hauptgegenstände des Versicherungsvertrages zum kontrollfreien Kernbereich nach § 307 Abs. 3 S. 1 BGB zu zählen sind, womit sie einer Inhaltskontrolle entzogen wäre.[1219] Dies ist im Hinblick auf das Anrechnungsmodell zweifelhaft, da nicht die Verabredung der Höhe der Versicherungssumme in Frage steht, sondern die Gefahr fehlender Deckung durch die Anrechnung auf die Versicherungssumme der D&O-Police. Demzufolge könnte man die Vereinbarung der Anrechnung als eine Einschränkung des Hauptleistungsversprechens interpretieren, womit eine Inhaltskontrolle möglich wäre.[1220] Richtigerweise konstituiert das Anrechnungsmodell allerdings grundlegend die Art und den Umfang des Versicherungsschutzes und damit das Hauptleistungsversprechen des Versicherers, weswegen die Vereinbarung der wechselseitigen Anrechnung der inhaltlichen Kontrolle nach § 307 BGB entzogen ist.[1221] Zudem stellte sich bei Unwirksamkeit der Anrechnung die Frage, welche Summe die nun bestehende Vertragslücke auffüllen soll. Dem Vertrag fehlte es an der erforderlichen Bestimmbarkeit des Hauptleistungsversprechens. Eine Inhaltskontrolle über das Anrechnungsmodell findet demnach nicht statt.

Bisweilen werden Selbstbehaltsversicherungen bei dem Versicherer abgeschlossen, bei dem auch die D&O-Police unterhalten wird (integrierte Lösung). Es ist daneben aber auch denkbar, die Selbstbehaltspolice bei einem anderen Versicherer zu zeichnen (sog. *Stand-Alone-Lösung*).[1222] Zudem werden die Policen in aller Regel als Einzelpolicen, d.h. für jedes Vorstandsmitglied individuell vereinbart, diese dann bisweilen als sog. Wanderpolicen, die der kurzen Verweildauer von Vorständen in Aktiengesellschaften geschuldet ist.[1223] Bisweilen werden Poollösungen gewählt, d.h. es wird eine ein Gruppenversicherungsvertrag für alle Betroffenen abgeschlossen.[1224]

1218 So auch *Lange*, RuS 2010, 92 (98).

1219 *Präve*, in: Von Westphalen/Thüsing, Vertragsrecht und AGB, Teil Klauselwerke, AVB, Rn. 16.

1220 BGH VersR 2007, 1690 (1691).

1221 BGH VersR 2007, 1690 (1691); zust. *Franz*, DB 2011, 2019 (2025).

1222 *Ihlas*, in: Langheid/Wandt, MünchKomm VVG, 3. Bd., Ziff. 320 Rn. 132.

1223 *Ihlas*, in: Langheid/Wandt, MünchKomm VVG, 3. Bd., Ziff. 320 Rn. 136, 139.

1224 *Ihlas*, in: Langheid/Wandt, MünchKomm VVG, 3. Bd., Ziff. 320 Rn. 136.

11. Bewertung und Ausblick

Die Regelung des § 93 Abs. 2 S. 3 AktG wird aufgrund ihrer Unklarheiten in entscheidenden Fragen heftig kritisiert. Die Regelung erscheint als Schnellschuss, die der Regierung in Zeiten der Weltwirtschaftskrise Handlungswillen und -fähigkeit attestieren sollte. Daneben ist stark zu bezweifeln, ob das beabsichtigte Ergebnis, die gewünschte Verhaltenslenkung, damit zu erreichen ist. Denn nur die Aussicht auf eine eventuelle persönliche Beteiligung am Schadensfall wird wohl kaum zu der vom Gesetzgeber erhofften verhaltenssteuernden Wirkung führen. Zudem besteht für die Vorstände die Möglichkeit, sich wiederum gegen den Selbstbehalt abzusichern, womit die gewünschte Lenkungsfunktion wohl hinfällig wäre. Dass aber die Gesellschaft die Prämien für eine solche individuelle Absicherung gegen den Selbstbehalt übernimmt, ist durchaus kritisch zu bewerten, da der Gesetzeszweck so allzu offensichtlich umgangen wäre. Da aber nicht davon auszugehen ist, dass der Gesetzgeber die Regelung in nächster Zukunft einer ehrlichen Bestandsaufnahme im Hinblick auf Zweckerreichung und Angemessenheit unterziehen wird, werden die Betroffenen hiermit umgehen und den Rechtsunsicherheiten leben müssen. Rechtssicherheit kann und wird in vielen Punkten erst durch eine einheitliche Rechtsprechung gewährleistet werden können. Da aber nur wenige Streitfälle von der ordentlichen Gerichtsbarkeit entschieden werden, ist eine einheitliche Rechtsprechung, an der man sich orientieren könnte, noch nicht absehbar.

VII. Fazit

Die zu den ausgewählten Fragen der D&O.-Versicherung gefundenen Ergebnisse lassen sich thesenartig wie folgt zusammenfassen:

1) Die D&O-Versicherung ist kein Bestandteil der Vergütung des Vorstands, weswegen ihr Abschluss in dessen allgemeine Leitungsverantwortung fällt (§ 76 Abs. 1 AktG). Es bietet sich allerdings eine Regelung in der Satzung der Gesellschaft an, die verbindliche Vorgaben im Hinblick auf Eckdaten und Umfang des Versicherungsschutzes beinhaltet.
2) Isoliert betrachtet benachteiligt das Claims made-Prinzip die Versicherten in einer unangemessenen Weise, da es zu Deckungslücken zum Ende der Vertragslaufzeit einer D&O-Police führt. Um eine Unwirksamkeit der Klauseln zum Versicherungsfall gemäß § 307 Abs. 1 S. 1 BGB zu verhindern, bedarf es der Vereinbarung von für die Versicherten vorteilhaften Regelungen, die die aus dem Claims-made Prinzip resultierenden Nachteile hinreichend kompensieren. Insofern kommt der Vereinbarung einer hinreichend bemessenen

Nachhaftungsfrist eine Schlüsselrolle zu. Deren Länge hat sich an der gängigen Zeitspanne zwischen Pflichtverletzung und Geltendmachung von Ersatzansprüchen zu orientieren, sollte aber mindestens drei Jahre betragen.

3) Kollidieren Subsidiaritätsklauseln aus gleichsam betroffenen Versicherungsverträgen, ist bei der Frage, welcher Vertrag vorrangig betroffen ist, danach zu unterscheiden, ob es sich um einfache oder qualifizierte Subsidiaritätsklauseln handelt. Kollidieren zwei einfache Klauseln, heben sich diese mit der Folge auf, dass die gesetzlichen Regeln zur Mehrfachversicherung (§ 78 Abs. 1 VVG) Anwendung finden. Dadurch sind die beiden Versicherer als Gesamtschuldner gemeinsam einstandspflichtig. Dies gilt selbst dann, wenn in einem der beiden Versicherungsverträge eine doppelte Subsidiaritätsklausel vereinbart ist.
Auch eine Kollision von zwei qualifizierten Subsidiaritätsklauseln führt dazu, dass sich diese gegenseitig aufheben und die Versicherer nach Maßgabe der gesetzlichen Regeln zur Mehrfachversicherung als Gesamtschuldner haften. Kollidiert demgegenüber eine einfach mit einer qualifizierten Klausel, ist der Verwender der einfachen Klausel vorrangig einstandspflichtig. Erst im Anschluss, d.h. nach Ausschöpfung der vorangehenden Police, muss der Verwender der qualifizierten Klausel leisten.

4) Sollte die zwischen den Vertragsparteien vereinbarte Versicherungssumme aufgezehrt sein und daher nicht ausreichen, um alle begründeten Deckungsansprüche der Versicherten zu befriedigen, ist die Verteilung des Deckungslimits nach den folgenden Maßgaben vorzunehmen:
Kommt es zu mehreren Versicherungsfällen innerhalb einer Versicherungsperiode, ist das Deckungslimit unter den Versicherten im Wege des Prioritätsprinzips aufzuteilen. Dieser Ansatz überzeugt dogmatisch und bietet am ehesten Rechtssicherheit.
Werden hingegen mehrere versicherte Personen wegen unterschiedlicher Schadensvorgänge, die aufgrund der Serienschadenklausel zu nur einem Versicherungsfall verbunden werden, in Anspruch genommen, ist der zur Verfügung stehende Betrag gleichmäßig im Wege des Kopfprinzips auf alle versicherten Personen zu verteilen. Dies entspricht dem hypothetischen Parteiwillen der Beteiligten. Sobald der Versicherer abschätzen kann, dass die Versicherungssumme voraussichtlich überschritten wird, hat er eine Pro-Kopf-Quote zu bilden, die das jeweilige Auszahlungslimit für die Versicherten darstellt. Der Versicherer bleibt allerdings während des gesamten Prozesses der Schadenregulierung bis zum endgültigen Abschluss des Vorgangs verpflichtet, die von ihm vorgenommene Aufteilung fortlaufend zu

überprüfen und gegebenenfalls anzupassen, um zu vermeiden, dass später hinzutretende versicherte Personen unberücksichtigt bleiben.

Das Kopfprinzip ist auch dann anzuwenden, wenn die Versicherten gegenüber dem Gläubiger des Schadensersatzanspruchs gesamtschuldnerisch haften.

Die dargestellten Grundsätze gelten freilich nur dann, wenn in der D&O-Police nicht ausnahmsweise bereits ein anderweitiger Verteilungsmechanismus vorgesehen ist. Aus Sicht des Versicherers ist es ratsam, in der Police Bestimmungen für die Verteilung vorzugeben, um die Vorgehensweis zumindest für die gängigen Konstellationen verbindlich festzulegen. Damit wird Konflikten vorgebeugt, die andernfalls im Verteilungsfall eintreten könnten.

5) Im Zusammenhang mit dem Pflichtselbstbehalt gemäß § 93 Abs. 2 S. 3 AktG bestehen eine Reihe von Unklarheiten, die sich durch ein übereiltes Gesetzgebungsverfahren erklären. Auch ist die ihm zugedachte Funktion zweifelhaft, die Mitglieder des Vorstandes einer Aktiengesellschaft zur Beachtung aller der ihnen obliegenden Pflichten anzuhalten.

In jedem Fall ist der Pflichtselbstbehalt in der D&O-Versicherungspolice zu vereinbaren, eine Regelung im Anstellungsvertrag des Vorstands wird den Anforderungen des § 93 Abs. 2 S. 3 AktG nicht gerecht. Er ist als Abzugsfranchise mit einer prozentualer Beteiligung des Vorstandes an der Schadenzahlung auszugestalten. Dabei ist die konkrete Höhe der Selbstbeteiligung durch den Aufsichtsrat der Gesellschaft festzulegen.

Der Selbstbehalt ist nicht auf die Innenhaftung des Vorstandes beschränkt, er kommt beispielsweise auch bei einer Außenhaftung gegenüber Dritten zum Tragen. Andernfalls würde es vom Zufall abhängen, ob das Vorstandsmitglied mit einem Teil seines Privatvermögens haftet oder nicht. Auf Abwehrkosten findet er indes keine Anwendung, diese werden dem Vorstand ohne Abzug erstattet.

§ 93 Abs. 2 S. 3 AktG enthält zwei Mindestgrenzen, wonach der Selbstbehalt mindestens 10% des Schadens und 150% der jährlichen Festvergütung betragen muss. Die zweite der beiden Mindestgrenzen bietet die Möglichkeit zur fakultativen Beschränkung des Selbstbehalts, um unbillige Härten für das Vorstandsmitglied zu vermeiden. Übt ein Vorstandsmitglied innerhalb des Konzerns mehrere Mandate aus, ist die Konzerngesamtvergütung zur Bestimmung dieser Mindestgrenze heranzuziehen, die dann als Gesamtobergrenze für alle Vorstandsmandate gilt und nur einmal anfällt. Eine Vergütungspflicht für die einzelnen Vorstandsposten innerhalb eines Konzerns folgt aus § 93 Abs. 2 S: 3 AktG demgegenüber nicht. Kommt es zu einer gesamtschuldnerischen Haftung mehrerer Vorstandsmitglieder, fällt der

Selbstbehalt bei jedem einzelnen Haftungsschuldner gesondert an, es wird kein gemeinsamer Gesamtselbstbehalt gebildet.
Ein Verstoß gegen die Pflicht, einen Selbstbehalt zu vereinbaren, der den Vorgaben von § 93 Abs. 2 S. 3 AktG entspricht, führt nicht zu einer (Teil-) Nichtigkeit des Versicherungsvertrages. Vielmehr ist § 93 Abs. 2 S. 3 AktG eine bloße Regelung des gesellschaftlichen Innenverhältnisses, die keine unmittelbaren Wirkungen im Außenverhältnis auslöst. Allerdings können sich die Mitglieder des Aufsichtsrats gemäß §§ 116 Abs. 1 S. 1, 93 Abs. 2 S. 1 AktG gegenüber der Gesellschaft schadenersatzpflichtig machen, wenn sie keinen den gesetzlichen Vorgaben entsprechenden Selbstbehalt vereinbaren. Den Mitgliedern des Vorstands steht es frei, sog. Selbstbehaltspolice abzuschließen, die den Anfall der Selbstbeteiligung versichern. Die Prämien für diese Versicherung dürfen allerdings nicht von der Gesellschaft übernommen werden, da dies eine Umgehung der Bestimmungen von § 93 Abs. 2 S. 3 AktG wäre.

***

Literaturverzeichnis

Armbrüster, Christian: Privatversicherungsrecht, 1. Aufl., Tübingen 2013, zit.: *Armbrüster*, Privatversicherungsrecht, Rn.

Armbrüster, Christian: Neues vom BGH zur D&O-Versicherung, NJW 2016, S. 2155–2158.

Armbrüster, Christian: Interessenkonflikte in der D&O-Versicherung, NJW 2016, S. 897–901.

Armbrüster, Christian: Lange, Oliver: D&O-Versicherung und Managerhaftung, ZVersWiss 2015, S. 73–77.

Armbrüster, Christian: Verteilung nicht ausreichender Versicherungssumme in D&O-Innenhaftungsfällen, VersR 2014 S. 1–8.

Armbrüster, Christian/Schilbach, Dan: Nichtigkeit von VersVerträgen wegen Verbots- oder Sittenverstoßes, RuS 2016, S. 109–117.

Bamberger, Heinz Georg/Roth, Herbert/Hanau, Wolfgang/Poseck, Roman : Beck'scher Online-Kommentar zum BGB, 43. Ed., München Stand 15.06.2017, zit.: *Verf.*, in: Bamberger/Roth/Hau/Poseck, BeckOK BGB, § Rn.

Baumann, Horst: Versicherungsfall und zeitliche Abgrenzung des Verssicherungsschutzes in der D&O-Versicherung, NZG 2010, S. 1366–1372.

Baumann, Horst: „Aktienrechtliche Managerhaftung, D&O-Versicherung und angemessener Selbstbehalt", VersR 2006, S. 455–464.

Bayer, Walter/Scholz, Philipp: Haftungsbegrenzung und D&O-Versicherung im Recht der aktienrechtlichen Organhaftung, NZG 2014, S. 926–934.

Beck, Lukas: Die Haftung des Vorstands und die D&O-Versicherung im Idealverein, VersR 2017, S. 855–860.

Beckmann, Roland Michael/Matusche-Beckmann, Annemarie: Versicherungsrechts – Handbuch, 3. Aufl., München 2015; zit.: *Verf.*, in: Beckmann/Matusche-Beckmann, Versicherunsrechts-Handbuch, § Rn.

Bitter, Georg/Heim, Sebastian: Gesellschaftsrecht, 3. Aufl., München 2016, zit.: *Bitter/Heim*, Gesellschaftsrecht, § Rn.

Blanck, Wilhelm: Doppelversicherung bei Zusammentreffen mehrerer Versicherungen mit Subsidiaritätsklausel; VersR 1973, S. 705–706.

Bosse, Christian: Das Gesetz zur Angemessenheit der Vorstandsvergütung (VorstAG) Überblick und Handlungsbedarf, BB 2009, S. 1650–1654.

Bruck, Ernst/Möller, Hans: Großkommentar zum Versicherungsvertragsgesetz, Dritter Band §§ 74–99; 9. Aufl., Berlin 2009, zit.: *Verf.*, in: Bruck/Möller, VVG, § Rn.

Bruck, Ernst/Möller, Hans: Großkommentar zum Versicherungsvertragsgesetz, Vierter Band, Haftpflichtversicherung §§ 100–124, 9. Aufl., Berlin 2013, zit.: *Verf.*, in: Bruck/Möller, VVG, § Rn.

Conrad, Hannah/Panetta, Oliver: Neuerungen durch das Gesetz zur Angemessenheit der Vorstandsvergütungen, NJOZ 2009, S. 3199–3205.

Cyrus, Rolf: Neue Entwicklungen in der D&O-Versicherung, NZG 2018, S. 7–14.

Dauner-Lieb, Barbara/Tettinger, Peter W.: Vorstandshaftung, D&O-Versicherung, Selbstbehalt, ZIP 2009, S. 1555–1557.

Deilmann, Barbara/Otte, Sabine: D&O-Versicherung — Wer entscheidet über die Höhe des Selbstbehalts?, AG 2010, S. 323–325.

Dreher, Meinrad: Die Versicherung als Rechtsprodukt, Tübingen 1991, zit.: *Dreher*, Die Versicherung als Rechtsprodukt, S.

Dreher, Meinrad: Die selbstbeteiligungslose D&O-Versicherung in der Aktiengesellschaft, AG 2008, S. 429–438.

Dreher, Meinrad: Überformung des Aktienrechts durch die Rechtsprechung von Straf- und Verwaltungsgerichten?, AG 2006, S. 213–223.

Dreher, Meinrad: Die Rechtsnatur der D&O-Versicherung, DB 2005, S. 1669–1675.

Dreher, Meinrad: Der Abschluss von D&O-Versicherungen und die aktienrechtliche Zuständigkeitsordnung, ZHR 165 (2001), S. 293–323.

Dreher, Meinrad/Görner, André: Der angemessene Selbstbehalt in der D&O-Versicherung, ZIP 2003, S. 2321–2329.

Dreher, Meinrad/Thomas, Stefan: Die D&O-Versicherung nach der VVG-Novelle 2008, ZGR 2009, S. 31–73.

Dzida, Boris/Naber, Sebastian: Risikosteuerung durch variable Vergütung, BB 2011, S. 2613–2617.

Ebenroth, Carsten Thomas/Boujong, Karlheinz/Joost, Detlev/Strohn, Joost: Kommentar zum Handelsgesetzbuch, I. Band, §§ 1–342e, 3. Aufl., München 2014, zit.: *Verf.*, in: Ebenroth/Boujong/Joost/Strohn, HGB, § Rn.

Ehlers, Harald: Ausreichender Versicherungsschutz ein Risikofeld der Managerhaftung, VersR 2008, S. 1173–1179.

Fajen, Katharina Maria: Die Subsidiaritätsklauseln im Versicherungsrecht unter besonderer Berücksichtigung der qualifizierten Subsidiaritätsklausel, VersR 2013, S. 973–975.

Fassbach, Burkhard/Wettich, Carsten: Die D&O-Versicherung in der Hauptversammlung, GWR 2016, S. 199–201.

Ferck, Claus Christian: Der Selbstbehalt in der D&O-Versicherung für Organmitglieder von Aktiengesellschaften, Hamburg 2007, zit.: *Ferck*: Der Selbstbehalt in der D&O-Versicherung für Organmitglieder von Aktiengesellschaften, S.

Fiedler, Björn: Der Pflichtselbstbehalt nach § 93 Abs. 2 Satz 3 AktG und seine Auswirkung auf Vorstandshaftung und D&O-Versicherung, MDR 2009, S. 1077–1082.

Fleischer, Holger: Handbuch des Vorstandsrechts, 1. Aufl., München 2006, zit.: *Verf.*, in: Fleischer, Handbuch des Vorstandsrechts, § Rn.

Fleischer, Holger: Rechtsrat und Organwalterhaftung im Gesellschafts- und Kapitalmarktrecht, Festschrift für Uwe Hüffer zum 70. Geburtstag, München 2010, S. 187–204.

Fleischer, Holger: Aktuelle Entwicklungen in der Managerhaftung, NJW 2009, S. 2337–2343.

Fleischer, Holger: Das Gesetz zur Angemessenheit der Vorstandsvergütung (VorstAG), NZG 2009, S. 801–806.

Fleischer, Holger: Die „Business-Judgment-Rule": Vom Richterrecht zur Kodifizierung, ZIP 2004, S. 685–692.

Fleischer, Holger: Erweiterte Außenhaftung der Organmitglieder im Europäischen Gesellschafts- und Kapitalmarktrecht Insolvenzverschleppung, fehlerhafte Kapitalmarktinformation Tätigkeitsverbote, ZGR 2004, S. 437–479.

Fleischer, Holger: Vorstandsverantwortlichkeit und Fehlverhalten von Unternehmensangehörigen — Von der Einzelüberwachung zur Errichtung einer Compliance-Organisation, AG 2003, S. 291–300.

Fleischer, Holger: Die „Business-Judgment-Rule" im Spiegel von Rechtsvergleichung und Rechtsökonomie, Festschrift für Wiedermann zum 70. Geburtstag, München 2002, S. 827–850.

Fonk, Hans-Joachim: Zur Vertragsgestaltung bei Vorstandsdoppelmandaten, NZG 2010, S. 368–374.

Franz, Einiko: Aktuelle Compliance-Fragen zur D&O-Versicherung (Teil 1) – Insbesondere Claims-made-Prinzip und Auswirkungen der Verlängerung der Verjährungsfriste, DB 2011, S. 1961–168

Franz, Einiko: Aktuelle Compliance-Fragen zur D&O-Versicherung (Teil 2) – Insbesondere Zuständigkeiten und Selbstbehalt(sversicherung), DB 2011, S. 2019–2025.

Franz, Einiko: Der gesetzliche Selbstbehalt in der D&O-Versicherung nach dem VorstAG — Wie weit geht das Einschussloch in der Weste der Manager?, DB 2009, S. 2764–2773.

Franz, Einiko: Informationspflichten gegenüber Versicherten bei Gruppenversicherungsverträgen — ein weißer Fleck auf der Landkarte des VVG?, VersR 2008, S. 1565–1624.

Gädtke, Thomas: Das Verteilungsproblem in der D&O-Versicherung, VersPrax 2016, S. 9–11.

Gädtke, Thomas: Implizites Verbot der D&O - Selbstbehaltsversicherung?, VersR 2009, S. 1565–1572.

Gädtke, Thomas/Wax, Thomas: Konzepte zur Versicherung des D&O-Selbstbehalts — Eine kritische Bestandsaufnahme, AG 2010, S. 851–867.

Gaul, Björn/Janz, Alexandra: Wahlkampfgetöse im Aktienrecht: Gesetzliche Begrenzung der Vorstandsvergütung und Änderungen der Aufsichtsratstätigkeit, NZA 2009, S. 809–815.

Golz, Tilman: D&O-Maklerbedingungen als AGB? — Orientierung am Schutzzweck des Gesetzes —, VersR 2011, S. 727–729.

Goette, Wulf: Stellungnahme zum Entwurf eines Gesetzes zur Angemessenheit der Vorstandsvergütung, zit.: *Goette,* Stellungnahme zum Gesetzesentwurf VorstAG, S.

Grob, Kurt: Die Selbstbeteiligung des Versicherten im Schadensfall im Schadensfall, Wesen und Bedeutung im Rahmen der Privatversicherung, Zürich und St. Gallen 1967, zit.: *Grob*, Die Selbstbeteiligung des Versicherten, S.

Grootermann, Johannes/Looman, Jörg: Kostentragung des Versicherers bei (teilweiser) Erschöpfung der VersSumme n der D&O-Versicherung, RuS 2014, S. 157–163.

Grottel, Bernd/Schmidt, Stefan/Schubert, Wolfgang/Winkeljohann, Norbert: Beck`scher Bilanz-Kommentar, Handels- und Steuerbilanz, §§ 238 - 339, 342 - 342e HGB, 10. Aufl., München 2016, zit.: *Verf.*, in: Beck`scher Bilanz-Kommentar, § Rn.

Harzenetter, Tobias: Abtretung des Freistellungsanspruchs aus einer D&O-Versicherung nach den BGH-Urteilen vom BGH 13.4.2016, NZG 2016, S. 728–733.

Harzenetter, Tobias: Der Selbstbehalt in der D&O-Versicherung nach dem VorstAG und der Neufassung des Deutschen Corporate Governance Kodex (DCGK), DStR 2010, S. 653–658.

Hecker, Andreas: Die aktuellen Änderungen des Deutschen Corporate Governance Kodex im Überblick, BB 2009, S. 1654–1659.

Heidel, Thomas: Aktienrecht und Kapitalmarktrecht, 4. Aufl., Baden-Baden 2014, zit.: *Verf.*, in: Heidel, Aktienrecht und Kapitalmarktrecht, § Rn.

Heidel, Thomas/Hüßtege, Rainer/Mansel, Heinz-Peter/Noack, Ulrich: BGB Allgemeiner Teil – EGBGB, 1. Band, 3. Aufl. Baden-Baden 2016, zit.: *Verf.*, in: Heidel/Hüßtege/u.a., BGB-AT – EGBGB, § Rn.

Held, Franz: D&O-Versicherung als Manager-Airbag?, CB 2014, S. 29–34.

Hellwig, Martin F.: Finanzkrise und Reformbedarf, NJW-Beil. 2010, S. 94–97.

Hemeling, Peter: Neuere Entwicklungen in der D & O-Versicherung, Festschrift für Michael Hoffmann-Becking, München 2013, S. 491–510.

Henssler, Martin/Strohn, Lutz: Gesellschaftsrecht, 3. Aufl. München 2016, zit.: *Verf.*, in: Henssler/Strohn, Gesellschaftsrecht, § Rn.

Heße, Manfred: Das Anspruchserhebungsprinzip in den Allgemeinen Versicherungsbedingungen von D&O-Versicherungsverträgen und das Recht der Allgemeinen Geschäftsbedingungen, NZI 2009, S. 790–794.

Hirte, Heribert: Stellungnahme zum Fraktionsentwurf eines Gesetzes zur Angemessenheit der Vorstandsvergütung (VorstAG) für den Deutschen Bundestag, zit.: *Hirte,* Stellungnahme zum Gesetzesentwurf VorstAG, S.

Hirte, Heribert/Mülbert, Peter O./Roth, Markus: Großkommentar Aktiengesetz, Band 4/1, §§ 76–91, 5. Aufl., Berlin 2015, zit.: *Verf.*, in: GroßKomm AktG, § Rn.

Hirte, Heribert/Mülbert, Peter O./Roth, Markus: Großkommentar Aktiengesetz, Band 4/2, §§ 92–94, 5. Aufl., Berlin 2015, zit.: *Verf.*, in: GroßKomm AktG, § Rn.

Hofmann, Edgar: Privatversicherungsrecht, 4. Aufl., München 1998, zit.: *Hoffmann,* Privatversicherungsrecht, Kap. Rn.

Hoffmann-Becking, Michael/Krieger, Gerd: Leitfaden zur Anwendung des Gesetzes zur Angemessenheit der Vorstandsvergütung (VorstAG), NZG Beil. 2009, S. 1–12.

Hohenstatt, Klaus-Stefan: Das Gesetz zur Angemessenheit der Vorstandsvergütung, ZIP 2009, S. 1349–1358.

Hohenstatt, Klaus-Stefan/Naber, Sebastian: Die D&O-Versicherung im Vorstandsvertrag, DB 2010, S. 2321–2324.

Hölters, Wolfgang: Aktiengesetz, 3. Aufl., München 2017, zit.: *Verf.*, in: Hölters AktG, § Rn.

Höpfner, Clemens/Seibl, Maximilian: Bankvertragliche Loyalitätspflicht und Haftung für kreditschädigende Äußerungen nach dem Kirch – Urteil, BB 2006, S. 673–679.

Höra, Knut: Münchener Anwaltshandbuch Versicherungsrecht, 4. Aufl. München 2017, zit.: *Verf*, in: Höra, Münchener Anwaltshandbuch Versicherungsrecht, § Rn.

Hüffer, Uwe/Koch, Jens: Kommentar zum Aktiengesetz, 12. Aufl., München 2016, zit.: *Verf.*, in: Hüffer/Koch AktG, § Rn.

Hümmerich, Klaus/Reufels, Martin: Gestaltung von Arbeitsverträgen, 3. Aufl. Baden-Baden 2015, zit.: *Verf.*, in: Hümmerich/Reufels, Gestaltung von Arbeitsverträgen § Rn.

Ihlas, Horst: D&O/Directors & Officers Liability, 2. Aufl. Berlin 2009, zit.: *Ihlas*, Directors & Officers Liability, S.

Ihlas, Horst: Die vom Manager selbst bezahlte D&O-Police ist eine Fata Morgana, VW 2009, S. 1360.

Jauernig, Othmar: Kommentar zum Bürgerlichen Gesetzbuch, 16. Aufl., München 2015, zit.: *Verf.*, in: Jauernig, BGB, § Rn.

Kästner, Karin: Aktienrechtliche Probleme der D&O-Versicherung, AG 2000, S. 113–122.

Kerst, Andreas: Haftungsmanagement durch die D&O-Versicherung nach Einführung des aktienrechtlichen Selbstbehalts in § 93 Abs. 2 S. 3 AktG, WM 2010, S. 594–605.

Kerst, Andreas: D&O-Selbstbehalt: Klare Antworten auf bohrende Fragen, VW 2010, S. 102–106.

Kirchner, Hildebert: Abkürzungsverzeichnis der Rechtssprache, 8. Aufl., Berlin 2015.

Knappmann, Ulrich: Rettungsobliegenheit und Rettungskostenersatz bei der Vorerstreckung, VersR 2002, S. 129–132.

Koch, Robert: Verteilung nicht ausreichender Versicherungssumme in D&O-Innenhaftungsfällen, VersR 2016, S. 1469–1475.

Koch, Robert: Kostenanrechnungsklauseln in der Haftpflichtversicherung, VersR 2016, S. 1405–1410.

Koch, Robert: Abtretung des Freistellungsanspruchs in D&O-Innenhaftungsfällen, VersR 2016, S. 765–768.

Koch, Robert: Das Dreiecksverhältnis zwischen Versicherer, Versicherungsnehmer und versicherten Person in Innenhaftungsfällen der D&O-Versicherung, ZVersWiss 2012, S. 151–173.

Koch, Robert: Das Claims-made-Prinzip in der D&O-Versicherung auf dem Prüfstand der AGB-Inhaltskontrolle, VersR 2011, S. 295–302.

Koch, Robert: Vorerstreckung der Schadensabwendungsobliegenheit nach der Reform des Versicherungsvertragsgesetzes, Festschrift für Johannes Wälder zum 75. Geburtstag, München 2009, S. 163–178.

Koch, Robert: Einführung eines obligatorischen Selbstbehalts in der D&O-Versicherung durch das VorstAG, AG 2009, S. 637–647.

Koch, Robert: Kollisions- und versicherungsvertragsrechtliche Probleme bei internationalen D&O-Haftungsfällen, VersR 2009, S. 141–149.

Koch, Robert: Die Rechtsstellung der Gesellschaft und des Organmitglieds in der D&O-Versicherung (II), GmbHR 2004, S. 160–170.

Kocher, Dirk: „Der BGH sollte seine neue Rechtsprechung auf bestimmte formelle Präsentationen beschränken", BB 2008, S. 1980–1981.

Kohleick, Dorothee: Die Doppelversicherung im deutschen Versicherungsvertragsrecht, 1. Aufl., Karlsruhe 1999, zit.: *Kohleick*, Die Doppelversicherung, S.

Kölner Kommentar zum Aktiengesetz: Band 2/1 §§ 76–94 AktG, 3. Aufl., Köln 2009, zit.: *Verf.*, in: Kölner Kommentar AktG, § Rn.

Kort, Michael: Voraussetzungen der Zulässigkeit einer D&O-Versicherung von Organmitgliedern, DStR 2006, S. 799–804.

Krause, Rüdiger: Ad-hoc-Publizität und haftungsrechtlicher Anlegerschutz, ZGR 2002, S. 799–841.

Kremer, Thomas/Bachmann/Gregor, Lutter, Marcus/Von Werder, Axel: Kommentar zum Deutschen Corporate Governance Kodex, 6. Aufl., München 2016, zit.: *Verf.*, in: Ringleb/Kremer/Lutter/Von Werder, DCGK, Rn.

Kubiak, Simon: Zur AGB-Kontrolle der Versicherungsfalldefinition und zu den Auswirkungen auf das Claims-made-Prinzip in der D&O-Versicherung, VerR 2014, S. 932–934.

Lange, Oliver: D&O-Versicherung und Managerhaftung, 1. Aufl., München 2014, zit.: *Lange*, in: D&O-Versicherung, § Rn.

Lange, Oliver: Die Company-Reimbursement-Klausel in der D&O-Versicherung, VersR 2011, S. 429–439.

Lange, Oliver: Die D&O-Selbstbehalt -Versicherung, RuS 2010, S. 92–100.

Lange, Oliver: Die Selbstbehaltsvereinbarungspflicht gem. § 93 Abs. 2 S. 3 AktG n.F., VersR 2009, S. 1011–1024.

Lange, Oliver: Einführung eines obligatorischen Selbstbehalts in der D&O-Versicherung durch das VorstAG, AG 2009, S. 637–647.

Lange, Oliver: Der Versicherungsfall in der D&O-Versicherung, RuS 2006, S. 177–182.

Lange, Oliver: Die Serienschadenklausel in der D&O-Versicherung, VersR 2004, S. 563–570.

Langen, Markus/Paul, Frederik: Wirksamkeit des Claims-made-Prinzips in der D&O-Versicherung, BB 2009, S. 1665.

Langheid, Theo/Goergen, Eva Maria: Auswirkungen der VVG-Reform auf die D&O-Versicherung, VP 2007, S. 161–168.

Langheid, Theo/Grote, Joachim: Deckungsfragen der D&O-Versicherung, VersR 2005, S. 1165–1175.

Langheid, Theo/Rixecker, Roland/Gal, Jens/Muschner, Jens: Kommentar zum Versicherungsvertragsgesetz, 5. Aufl., München 2016, zit.: *Verf.*, in: Langheid/Rixecker, VVG, § Rn.

Langheid, Theo/Wandt, Manfred: Münchener Kommentar zum Versicherungsvertragsgesetz, 1. Band, §§ 1–99 VVG, 2. Aufl., München 2016, zit.: *Verf.*, in: Langheid/Wandt, MünchKomm VVG, § Rn.

Langheid, Theo/Wandt, Manfred: Münchener Kommentar zum Versicherungsvertragsgesetz, 2. Band, §§ 100–216 VVG, 2. Aufl., München 2017, zit.: *Verf.*, in: Langheid/Wandt, MünchKomm VVG, § Rn.

Langheid, Theo/Wandt, Manfred: Münchener Kommentar zum Versicherungsvertragsgesetz, 3. Band, Nebengesetz/Systematische Darstellung, 2. Aufl., München 2017, zit.: *Verf.*, in: Langheid/Wandt, MünchKomm VVG, 3. Bd., Ziff. Rn.

Laschet, Carsten: Vorstandsvergütung und D&O-Versicherung — Gedanken zum neuen VorstAG, Phi 2009, S. 158–166.

Lattwein, Alois: Quo Vadis D&O? — Status der Diskussion über die D&O-Bedingungen, NVersZ 1999, S. 49–53.

Lattwein, Alois/Krüger, Burkhard: D&O-Versicherung — Das Ende der Goldgräberstimmung?, NVersZ 2000, S. 365–368.

Leuering, Dieter/Rubner, Daniel: Das claims-made-Prinzip in der D&O-Versicherung, NJW-Spezial 2016, S. 143–144.

Lingemann, Stefan: Angemessenheit der Vorstandsvergütung — Das VorstAG ist in Kraft, BB 2009, S. 1918–1924.

Looschelders, Dirk/Derkum, Boris: Befugnis zur Geltendmachung des Versicherungsschutzes und Rechtsmissbrauchsverbot bei der D&O-Versicherung, ZIP 2017, S. 1249–1255.

Looschelders, Dirk/Pohlmann, Petra: Kommentar zum Versicherungsvertragsgesetz, 3. Aufl., Köln 2016, zit.: *Verf.*, in: Looschelders/Pohlmann, VVG, § Rn.

Loritz, Karl-Georg/Hecker, Michael: Das Claims-made-Prinzip in der D&O-Versicherung und das deutsche AGB-Recht, VersR 2012, S. 385–393.

Lutter, Marcus: Bankenkrise und Organhaftung, ZIP 2009, S. 197–201.

Lutter, Marcus: Die Business-Judgment-Rule und ihre praktische Anwendung, ZIP 2007, S. 841–848.

Martin, Anton: Sachversicherungsrecht, 3. Aufl., München 1993, zit.: *Martin*, Sachversicherungsrecht, Kap., Rn.

Martin, Anton: Zusammentreffen zweier Subsidiaritätsabreden, VersR 1973 S. 691–698.

Melot de Beauregard, Paul/Gleich, Christian: Aktuelle Problemfelder bei der D&O-Versicherung, NJW 2013, S. 824–830.

Mertens, Hans – Joachim: Bedarf der Abschluss einer D&O-Versicherung durch die Aktiengesellschaft der Zustimmung der Hauptversammlung? AG 2000, S. 447–452.

Mesch, Gerrit: Die Wirkung des Selbstbehalts nach § 93 Abs. 2 S. 3 AktG auf das Entscheidungsverhalten der Vorstandsmitglieder, VersR 2015, S. 1337–1345.

Müller, Welf/Rödder, Thomas: Beck'sches Handbuch der AG, 2. Aufl. München 2009, zit.: *Verf.*, in: Müller/Rödder, Beck'sches Handbuch der AG, § Rn.

Münchener Kommentar zum Aktiengesetz: 2. Band, §§ 76–117, 4. Aufl., München 2014, zit.: *Verf.*, in: MünchKomm, AktG, § Rn.

Münchener Kommentar zum Aktiengesetz: 4. Band, §§ 179–277, 4. Aufl. München 2016, zit.: *Verf.*, in: MünchKomm, AktG, § Rn.

Münchener Kommentar zum Aktiengesetz: 7. Band, Europäisches Aktienrecht/ SE-VO/SEBG/Europäische Niederlassungsfreiheit, 4. Aufl. München 2017, zit.: *Verf.*, in: MünchKomm, AktG, Art. Rn.

Münchener Kommentar zum Bilanzrecht: 2. Band, Bilanzrecht, §§ 238–342e HGB, 1. Aufl., München 2013, zit.: *Verf.*, in: MünchKomm, Bilanzrecht, § Rn.

Münchener Kommentar zum Bürgerlichen Gesetzbuch: 1. Band, §§ 1–240, 7. Aufl., München 2015, zit.: *Verf.*, in: MünchKomm, BGB, § Rn.

Münchener Kommentar zum Bürgerlichen Gesetzbuch: 2. Band, §§ 241–432, 7. Aufl., München 2016, zit.: *Verf.*, in: MünchKomm, BGB, § Rn.

Münchener Kommentar zum Bürgerlichen Gesetzbuch: 6. Band, §§ 705–853, 7. Aufl., München 2017, zit.: *Verf.*, in: MünchKomm, BGB, § Rn

Münchener Kommentar zum Handelsgesetzbuch: 4. Band, §§ 238–342e HGB, 3. Aufl., München 2013, zit.: *Verf.*, in: MünchKomm, HGB, § Rn.

Münchener Kommentar zum Straßenverkehrsrecht: 2. Band, Verkehrszivilrecht, Verkehrsversicherungsrecht, 1. Aufl. München 2017, zit.: *Verf*, in: MünchKomm, StVR, § Rn.

Musielak, Hans-Joachim/Voit, Wolfgang: Kommentar zur Zivilprozessordnung, 14. Aufl., München 2017, zit.: *Verf.*, Musielak/Voit, ZPO, § Rn.

Mutter, Stefan: Zur Anpassung der Vergütung von Aufsichtsräten an den Deutschen Corporate Governance Kodex, ZIP 2002, S. 1230–1231.

Nießen, Tobias: Neue Regeln für die Vorstandsvergütung, NJW Spezial 2009, S. 479–481.

Nikolay, Judith C.: Die neuen Vorschriften zur Vorstandsvergütung — Detaillierte Regelungen und offene Fragen, NJW 2009, S. 2640–2647.

Notthoff, Martin: Rechtliche Fragestellungen im Zusammenhang mit dem Abschluss einer Director's & Officer's-Versicherung — Effektiver Schutz von Vorständen und Aufsichtsräten gegen Haftungsrisiken, NJW 2003, S. 1350–1356.

Olbrich, Carola: Die D&O-Versicherung, 2. Aufl., Karlsruhe 2007, zit.: *Olbrich,* D&O-Versicherung, S.

Olbrich, Carola/Kassing, Daniel: Der Selbstbehalt in der D&O-Versicherung: Gesetzliche Neuregelung lässt viele Fragen offen, BB 2009, S. 1659–1662.

Paefgen, Walter G.: Organhaftung: Bestandsaufnahme und Zukunftsperspektiven, AG 2014, S. 554–584.

Palandt, Otto: Bürgerliches Gesetzbuch, 78. Aufl., München 2019, zit.: *Verf.,* in: Palandt, BGB, § Rn.

Pammler, Sebastian: Die gesellschaftsfinanzierte D&O-Versicherung im Spannungsfeld des Aktienrechts, Berlin 2006, zit.: *Pammler,* Die gesellschaftsfinanzierte D&O-Versicherung, S.

Pataki, Tibor S.: Der Versicherungsfall in der Haftpflichtversicherung, VersR 2004, S. 835–839.

Peltzer, Martin: Die deutsche D&O Versicherung und ihr (noch operabler) Geburtsfehler, Festschrift für Harm Peter Westermann, Berlin 2008, S. 1257–1280.

Präve, Peter: Versicherungsbedingungen und AGB-Gesetz, 1. Aufl., München 1998, zit.: *Präve,* Versicherungsbedingungen, Rn.

Präve, Peter: Das neue VVG und das AGB-Recht; VW 2009, S. 98–102.

Prölss, Erich R./Martin, Anton: Kommentar zum Versicherungsvertragsgesetz, 29. Aufl., München 2015, zit.: *Verf.,* in: Prölss/Martin, VVG, § bzw. Ziff. Rn.

Reichert, Maximilian/Suchy, Oliver: Die Two-Tier Trigger Policy — Marketinginstrument oder zukunftsweisendes D&O-Versicherungskonzept? NZG 2017, S. 88–92.

Reiter, Julius: „Claims-made-Prinzip“ und Nachhaftungsbegrenzung bei der D&O-Versicherung, VuR 2009, S. 306–307.

Rolfs, Christian/Kreikebohm. Ralf/Giesen, Richard/Udsching, Peter: Beck`scher Online-Kommentar zum Arbeitsrecht, 45. Ed., München Stand: 01.09.2017, zit.: *Verf.*, in: BeckOK Arbeitsrecht, § Rn.

Rüffer, Wilfried/Halbach, Dirk/Schimikowski, Peter: Versicherungsvertragsgesetz–Handkommentar, 3. Aufl., Baden–Baden 2015, zit.: *Verf.*, in: Rüffer/Halbach/Schimikowski, VVG, § Rn.

Säcker, Franz Jürgen: Streitfragen zur D&O-Versicherung, VersR 2005, S. 10–15.

Saenger, Ingo: Gesellschaftsrecht, 3. Aufl., München 2015, zit.: *Saenger*, Gesellschaftsrecht, § Rn.

Saenger, Ingo/Inhester, Michael: Handkommentar GmbHG, 3. Aufl., Baden-Baden 2016, zit.: *Verf.*, in: Saenger/Inhester, GmbHG, § Rn.

Schaloske, Hennig/Kassing, Daniel: Kollision von Subsidiaritätsklauseln: welcher Versicherer ist eintrittspflichtig? PHi 2014, S. 174–181.

Schimikowski, Peter: Versicherungsvertragsrecht, 6. Aufl. München 2017, zit. *Verf*, in: Schimikowski, Versicherungsvertragsrecht, Rn.

Schimikowski, Peter: Vorerstreckung des Rettungskostenersatz in der Reformdiskussion, RuS 2003, S. 133–140.

Schimmer, Dieter: Die D&O-Versicherung und §§ 105 und 108 Abs. 2 VVG 2008 — kann die Versicherungsnehmerin „geschädigte" Dritte sein, VersR 2008, S. 875–879.

Schmidt, Karsten/Lutter, Marcus: Kommentar zum Aktiengesetz, Band 1, §§ 1–149, 3. Aufl., Köln 2015, zit.: *Verf.*, in: Schmidt/Lutter, AktG, § Rn.

Schmidt, Patrick: Grenzfälle frachtvertraglicher Haftung und ihre Versicherbarkeit - insbesondere bei Schub- und Schleppverträgen, VersR 2013, S. 418–433.

Schmitt, Stefan Martin: Organhaftung und D&O-Versicherung, 1. Aufl., München 2007, zit.: *Schmitt*, Organhaftung und D&O-Versicherung, S.

Schneider, Christian/Schlüter, Torben: BGH zur Schadensersatzpflicht von Maklern und zur Versicherungsfalldefintiion in der Haftpflichtversicherung, Phi 2014, S. 154–158.

Schramm, Tanja: Das Anspruchserhebungsprinzip, 1. Aufl., Karlsruhe 2009, zit.: *Schramm*, Das Anspruchserhebungsprinzip, S.

Schramm, Tanja: Anmerkung zum Urteil des LG München I vom 25.09.2008, RuS 2009, S. 18–19.

Schramm, Tanja: Claims Made mit deutschen AGB vereinbar, VW 2008, S. 2071–2073.

Schulz, Phillip K.: Bericht aus Brüssel/Zwangs - Selbstbehalt für Vorstände verfehlt Ziel, VW 2009, S. 1410–1415.

Schulz, Phillip K.: Der zwingende D&O-Selbstbehalt von Vorständen nach dem VorstAG, ZfV 2009, S. 558–562.

Schulze, Martin/Koch, Rebecca Julia: Die Versicherung der obligatorischen Selbstbeteiligung in der D&O-Versicherung, VW 2010, S. 424–425.

Schulze, Reiner/Dörner, Heinrich/u.a.: Bürgerliches Gesetzbuch/Handkommentar, 8. Aufl., Baden-Baden 2014, zit.: *Verf.*, in: Schulze, BGB, § Rn.

Schüppen, Matthias/Sanna, Thomas: D&O-Versicherungen: Gute und schlechte Nachrichten!, ZIP 2002, S. 530–553.

Segger, Stefan/Degen, Julia K.: Die Konditionendifferenz- und Schutzversicherung als subsidiärer Versicherungsschutz in der Technischen Versicherung, RuS 2012, S. 422–426.

Seitz, Björn/Finkel, Bastian/Klimke, Dominik: D&O-Versicherung/Kommentar zu den AVB-AVG, 1. Aufl., München 2016, zit: *Verf.,* in: Seitz/Finkel/Klimke, D&O-Versicherung, Ziff. Rn.

Semler, Johannes/von Schenk, Kersten: Der Aufsichtsrat, 1. Aufl., München 2015, zit.: *Verf.,* in: Semler/von Schenk, Der Aufsichtsrat, § Rn.

Spindler, Gerald: Vorstandsgehälter auf dem Prüfstand — das Gesetz zur Angemessenheit der Vorstandsvergütung (VorstAG), NJOZ 2009, S. 3282–3291.

Spindler, Gerald: Vorstandsvergütungen und Abfindungen auf dem aktien- und strafrechtlichen Prüfstand — Das Mannesmann-Urteil des BGH, ZIP 2006, S. 349–355.

Spindler, Gerald/Stilz, Eberhard: Kommentar zum Aktiengesetz, 1. Band, §§ 1–149, 3. Aufl., München 2015, zit.: *Verf.,* in: Spindler/Stilz AktG, § Rn.

Staudinger, Ansgar: Claims-made-Prinzip, Rückwärtsversicherung und Grenzen der Klauselgestaltung bei der D&O-Versicherung, VP 2009, S. 138–139.

Staudinger, Ansgar: Aktuelle Streitfragen zur D&O-Versicherung Düsseldorfer Vorträge zum Versicherungsrecht 2009, S. 19–48.

Staudinger, Ansgar/Kassing, Daniel: Anmerkung zum BGH Beschluss vom 22.07.2009 (IV ZR 74/08), VersR 2009, S. 1477–1478.

Staudinger, Ansgar/Kassing, Daniel: Das Claims-made-Prinzip in der D&O-Versicherung und die Auslegung der Begriffe Anspruchs- sowie Klageerhebung, VersR 2009, S. 607–611.

Surminski, Marc: D&O: Steigender Bedarf, sinkende Prämien, VfV 2016, S. 72–74.

Terno, Wilfried: Wirksamkeit von Kostenanrechnungsklauseln, RuS 2013, S. 577–582.

Thole, Christoph: Managerhaftung für Gesetzesverstöße, ZHR 173 (2009), S. 504–535.

Thümmel, Roderich C/Sparberg, Michael: Haftungsrisiken der Vorstände, Geschäftsführer, Aufsichtsräte und Beiräte sowie deren Versicherbarkeit, DB 1995 S. 1013–1019.

Thüsing, Gregor: Stellung zum Entwurf eines Gesetzes zur Angemessenheit der Vorstandsvergütung (VorstAG), zit.: *Thüsing*, Stellungnahme zum Gesetzesentwurf VorstAG, S.

Thüsing, Gregor/Traut, Johannes: Angemessener Selbstbehalt bei D&O-Versicherungen/Ein Blick auf die Neuerungen nach dem VorstAG, NZA 2010, S. 140–144.

Ulmer, Peter: Strikte aktienrechtliche Organhaftung und D&O-Versicherung — zwei getrennte Welten?, Festschrift für Canaris zum 70. Geburtstag, München 2007, Band 2, S. 451–472.

Ulmer, Peter: Sebastian Pammler, Die gesellschaftsfinanzierte D&O-Versicherung im Spannungsfeld des Aktiensrechts, ZHR 2007, S. 119–124.

Van Kann, Jürgen: Zwingender Selbstbehalt bei der D&O-Versicherung — Gut gemeint, aber auch gut gemacht? — Änderungsbedarf an D&O-Versicherungen durch das VorstAG, NZG 2009, S. 1010–1013.

Veith, Jürgen/Gräfe, Jürgen/Gebert, Yvonne: Der Versicherungsprozess, 3. Aufl. Baden-Baden 2016, zit. *Verf.*, in: Veith/Gräfe/Ebert, Der Versicherungsprozess, § Rn.

Vetter, Eberhard: Aktienrechtliche Probleme der D&O-Versicherung, AG 2000, S. 453–458.

Vollmar, Iris Beatrix: Beendigung von Doppelversicherungen, VersR 1987, S. 735–739.

Von Jordan, Gerhard: Doppelversicherung bei Zusammentreffen mehrerer Versicherungen mit Subsidiaritätsklausel, VersR 1973, S. 396–397.

Von Werder, Axel: Wirtschaftskrise und persönliche Managementverantwortung: Sanktionsmechanismen aus betriebswirtschaftlicher Sicht, ZIP 2009, S. 500–507.

Von Werder, Axel/Talaulicar, Till: Kodex Report 2009: Die Akzeptanz der Empfehlungen und Anregungen des Deutschen Corporate Governance Kodex, DB 2009, S. 689–696.

Von Westphalen, Friedrich Graf: Wirksamkeit des Claims-Prinzips in der D&O-Versicherung, VersR 2011, S. 145–156.

Von Westphalen, Friedrich Graf/Thüsing, Gregor: Vertragsrecht und AGB-Klauselwerke, 39. Ergänzung, München Mai 2017, zit.: *Verf.*, in: Von Westphalen/Thüsing, Vertragsrecht und AGB-Klauselwerke, Teil Kap. Rn.

Wandt, Manfred: Versicherungsrecht, 6. Aufl., München 2016, Zit.: *Wandt*, Versicherungsrecht, Rn.

Weber-Grellert, Heinrich: Schmidt, Einkommensteuergesetz, 36. Aufl., München 2017, zit.: Verf., in: Schmidt, EStG, § Rn.

Wellhöfer, Werner/Peltzer, Martin/Müller, Welf: Die Haftung von Vorstand, Aufsichtsrat, Wirtschaftsprüfer, 1. Aufl., München 2008, zit.: *Verf.*, in: Wellhöfer/Peltzer/Müller, Die Haftung von Vorstand, Aufsichtsrat, Wirtschaftsprüfer, § Rn.

Wilhelm, Mark/Winkler, Lars: BGH: „Ernstlichkeit" ist keine Voraussetzung für den Versicherungsfall in der D&O, VersPrax 2016, S. 31–32.

Winter, Gerrit: Subsidiaritätsklauseln und AGBG, VersR 1991, S. 527–532.

Wolf, Manfred/Lindacher, Walter F./Pfeiffer, Thomas: AGB-Recht, 6. Aufl., München 2013, zit.: *Verf.*, in: Wolf/Lindacher/Pfeiffer, AGB-Recht, § Rn.